먹거리와 함께하는 성서여행

박 홍 현 · 이 영 남

BOOK STAR

머리말

성서처럼 2000년 이상 인류에게 지혜와 위로, 생명으로 다가온 책은 없다. 이 책은 우리에게 영적 가르침 외에도 문화와 시, 그리고 역사, 건강과 화평을 주고 있다. 하나님께서는 육적인 양식보다 하나님의 말씀이 더 소중하다고 성서의 여러 곳에서 거듭 강조하고 있다.(신명기 8 : 3, 시편 119 : 103, 욥기 23 : 12, 에스겔 3 : 1~3, 마태복음 4 : 4, 베드로전서 2 : 2) 하나님의 말씀의 소중함을 강조하는 구절로서 그 비교의 대상이 육신에 필요한 식품이다. 이는 많은 사람들이 식품을 생명처럼 여기기 때문에 그보다 하나님 말씀이 더 소중함을 나타내기 위하여 비교의 대상으로 한 것이지 식품을 경시하는 것은 아니다. 식품도 하나님께서 지으시고 주셨기 때문에 식품 역시 소중한 것이다.

하나님께서는 인간을 창조하시자마자 먹을 것을 주셨으며(창세기 1 : 29) 성서의 마지막 말씀인 요한계시록의 끝 장(요한계시록 22 : 2)도 생명나무의 실과에 대하여 기록하고 있다. 예수님께서도 먹고 마심을 즐겼으며(누가복음 7 : 34), 주님의 기도에서도 우리를 위하여 기원하는 중요한 것이 일용할 양식이었다.(마태복음 6 : 11) 또 하나님께서, 수고하므로 먹을 것을 얻을 수 있다고 말씀하셨다.(창세기 3

: 19) 땀 없이 얻어진 식물(食物)은 우리의 먹을 것이 되지 못한다는 뜻으로 볼 때 수고 없이 얻어진 것은 우리를 강건하게 하는 식물이 되지 못하고 건강을 해치고 질병을 일으키게 하는 원인이 될 수 있음을 알려주고 있다.

고대의 식생활은 검소했지만 건강을 지키기에는 알맞은 것들이었다. 식재료가 모두 그 지역에서 생산된 것으로 신선했으며 화학첨가물을 첨가하여 가공한 것이 아니었다. 식재료는 씨앗과 열매, 채소 중심이었으며, 육류는 극히 제한적으로 이용되었다. 현대의 식생활에서 일어나고 있는 모든 문제점을 해결할 수 있는 해결방안이 성서에서 정답처럼 보여주고 있기 때문에 더욱 말씀이 소중하게 여겨진다.

자연식품의 맛, 향, 모양은 인간의 욕구를 최소한의 만족에 이르게 할 뿐이다. 식품의 기호도를 높이는 외관이나 관능적 특성은 내용물의 가치를 나타내는 것이 아닐 뿐더러 창조하신 분의 생각은 아니라고 생각한다. 이들은 인간을 병들게 하고 진실과 허위의 판단에 혼돈을 가져오게 하는 원인이 될 수 있다.

하나님께서 먹거리를 정해 주실 때 씨 맺는 모든 채소, 씨 가진 열매를 맺는 모든 나무, 즉 모든 채소와 모든 나무를 우리의 식재료로 제한 없이 허용하였지만, 동물을 먹거리로 허락하실 때에는 구체적 제한을 두어 먹을 수 있는 동물, 먹을 수 없는 동물, 동물을 먹기 위하여 잡아도 식용이 금지된 부분, 조리법의 제한,

취급의 제한 등을 규정하여 육식을 허락한 것이 채식의 허락만큼 기쁨으로 주신 것이 아님을 알 수 있다.

고대 유대교 회당의 마루, 벽, 옛 동전, 장식물에 식물의 형상을 사용하여 동물의 형상을 우상으로 허락하지 않으신 것에 비하면 식물은 고대인의 삶에 더 가까이 다가갈 수 있도록 허락한 것으로 볼 수 있다.

육신의 건강은 신실한 믿음 생활의 기초가 된다. 예수님께서도 "사람이 만일 온 천하를 얻고도 자기의 목숨을 잃으면 무엇이 유익하리오, 사람이 무엇을 주고 자기의 목숨과 바꾸겠느냐(마가복음 8 : 36, 37)"고 하여 목숨이 천하보다 더 소중하고 그 목숨은 음식을 잘 섭취하므로 건강하게 유지할 수 있다고 볼 때 탐하지 않되 필요한 음식물의 섭취는 주님의 뜻이라는 것을 알 수 있다.

하나님은 또 먹거리를 허락하실 때 좋은 식품을 골라 그것만을 먹도록 권하지 않으셨다. 어떤 식품이든 완전한 식품은 없으며 단지 여러 가지를 골고루 먹음으로써 영양적 균형을 이루도록 하셨다. 이는 생태계의 균형을 위해서도 바람직한 것으로 특정 식량자원의 지나친 섭취로 식량자원의 고갈을 원치 않으시는 것으로 이해할 수 있다.

성서에서 식생활에 관련된 내용은 아주 작은 부분이다. 단지 일부 생활의 기록이나 하나님의 말씀, 예수님의 가르침에서 최근 발굴된 유적 등과 연관시켜 추측할 뿐이다. 그러므로 새로운 사실이나 논리의 전개, 신학적인 설명, 문학적 표현, 말씀의 메시지, 표현의 기술에 치중하기보다 단편적으로 연구되고 기록된 저서나 인터넷 정보 등의 자료를 충실히 정리하는 데 중점을 두었으며, 정리자의 주관적 의견은 최소화하였다.

자료를 정리하는 과정에서 한글 성서와 영어 성서를 함께 살펴 보았으나 해석이 매우 다양하여 이해하는데 많은 혼란이 있었다. 이런 문제점은 성서가 발행되고 읽혀지는 지역에 따라 그 지역 주민들에게 쉽게 이해될 수 있는 식물명으로 바뀌지 않았나 생각된다. 많은 책과 정보매체를 통하여 얻어진 자료를 인용하고 해석하였지만 저자들의 의도를 충분히 반영하는데 부족하지 않았나 하는 두려움이 있다.

본서에서는 팔레스타인 지역의 자연환경과 동식물의 생육 발전을 기록하므로 한 지역의 식생활이 지리적, 기후적, 문화적, 종교적 환경과 큰 관련이 있음을 알려주고자 하였다. 또 식문화의 형성 과정을 조사하고 여러 규례와 제한이 식문화에 어떤 영향을 주었는지도 밝혀 보고자 하였다. 팔레스타인 지역에서 생산되는 식재료는 그 지역 주민의 식생활과 조리법의 다양성에 관련되기 때문에 성서에 기록된 식량자원을 정리하고 설명하고자 하였다.

현대 식생활의 문제점인 동물성 단백질 과잉 섭취가 어떤 피해가 있으며, 식물성 식품의 섭취가 왜 필요한지 알아 보았으며, 먹거리가 되는 식물은 영양원이 될 뿐 아니라 약리적 효과도 크기 때문에 대체의학의 대상으로 가치도 조사하였다.

또 성서에 기록된 식품 관련 구절을 여러 해설서를 참고하여 정리하였으므로 관심 있는 분들께 조금이나마 도움이 되었으면 한다.

이 책을 쓰고자 처음 마음먹었을 때보다 하나하나 정리하고 엮어 가면서 짐이 무거워지는 느낌을 받는다. 성서의 귀한 말씀이 과학적, 물질적 접근으로 손상을 받지나 않을까? 그러나 궁극적으로 성서의 위대성을 밝히고 설명하고자 하였다.

출판업계의 어려움으로 모두가 힘든 시기인데도 흔쾌히 출판을 받아주신 광문각 박정태 사장님의 배려에 감사드리며, 그 사업 위에 하나님의 크신 축복이 함께하시기 바란다.

2013년 가을 엮은이들

글 싣는 순서

제1장 성서 시대 팔레스타인의 자연 환경

1. 팔레스타인의 지형

아프리카와 아시아의 교량 역할을 하고 있는 팔레스타인 지역은 일찍부터 유목민, 상인, 군인들의 통로가 되었다. 이 통로를 통하여 이집트, 히타이트, 앗시리아, 바빌로니아, 페르시아, 에게 및 사막 유목민의 생산물이나 그들의 지식과 사고가 전해졌다.

이 땅은 풍요로움을 약속할 수는 없지만 적절한 광물자원과 지역에 따라 농사를 지을 수 있는 지역과 불모의 땅이 다양하게 존재한다. 이 땅의 진정한 가치는 전략적 요충지라는데 있다. 예부터 대륙간의 문화의 고리 역할을 하여 왔으며 큰 나라들이 일어나 팽창할 때는 완충지역 역할을 하기도 하였다.

국토는 작아서 경상도 정도의 크기에 불과하나 지형과 지세가 아주 다양하다. 팔레스타인 지역은 남캘리포니아와 비슷한데 양쪽 모두 긴 해안 평야가 사막을 가로막고 있는 산맥에 의하여 나누어져 있고 해수면보다 낮은 내수면이 있으며 해안 쪽의 온화한 기온, 고지의 한랭기후, 사막 지역의 타는 듯한 더위를 가지고 있다. 적절한 수자원만 있으면 농사짓는데 그렇게 나쁜 곳만도 아니다.

국토는 남북 230km 정도로 긴 모양을 하고 있다. 지리학자들은 길이에 따라 4개의 큰 특성구로 나누는데 서쪽부터 해안평야, 중앙 고원 지역, 요르단 계곡, 트랜스요르단 고원으로 나누기도 한다. 긴 해안은 항구에 적합한 위치를 하고 있으나 실제 팔레스타인 지역의 사람들이 해양 쪽으로 진출하지는 못하였다. 북쪽의 두로(Tyre)와 시돈(Sidon)은 페니키아인들의 속지였다. 해안을 따라 남쪽으로 악코(Acco), 돌(Dor), 욥바(Joppa), 애쉬켈론(Ashkelon)이 이어져 있다. 이 항구들 내륙 쪽에는 넓은 평야들이 이어져 있다. 샤론 평야는 무성한 삼림으로 가득하고, 남쪽으로 널리 펼쳐진 필리스타인 평야는 부드러운 기복이 있는 땅으로 물이 많아서 곡류, 올리브, 포도가 자라기에 이상적인 토양이다. 이 언덕 지역은 쉐펠라 혹은 성서에서 낮은 지역으로 불리었으나 실제 남쪽 500m 가량이 높은 땅이다. 다만, 중앙고지에서 볼 때 낮은 곳으로 보일 수 있다.

팔레스타인을 남북으로 길게 등뼈처럼 펼쳐져 있는 것이 중앙 고지대로 세 부분으로 다시 나눌 수 있다. 북쪽의 상부 갈릴리 고지는 울퉁불퉁하고 높아 거의 1,300m에 이른다. 그 아래의 하부 갈릴리는 그렇게 높지 않고 비옥한 계곡을 가지고 있어 포도, 올리브 등의 과목 숲을 볼 수 있다. 중앙 고지 제일 아래쪽은 이스르엘(Jezreel) 평야가 갈멜(Carmel)산맥 남쪽으로 뻗쳐져 기손 강가의 악코 평야에 연결되어 있다. 이 지역을 통과하는 통로의 전략적 중요성 때문에 강력한 성을 가진 도시들이 발전하여 욕느암(Jokneam, 여호수아 19 : 11, 21 : 34), 므깃도(Megiddo, 여호수아 17 : 11, 열왕기상 4 : 12, 9 : 15), 다아낙(Taanach, 여호수아 12 : 21), 이블르암(Ibleam, 여호수아 17 : 11, 사사기 1 : 27)과 같은 도시가 형성되었다.

중앙 고지대의 두 번째 지역은 사마리아 고지 혹은 에브라임 고지라고 하는데, 산맥의 팔처럼 지중해 쪽을 향하여 서쪽으로 뻗어 있으며 악코 평야와 샤론 평야로 나뉘어 있다. 중앙에는 에발 산과 게리짐 산이 있고 그 아래 예루살렘부터 서서히 높아져 헤브론 산(1,000m)이 있고 더 남쪽으로 향하면 표고 400m 가량의 브엘세바로 급격히 고도를 낮춘다.

브엘세바 저편 언덕 끝자락에서 네게브(건조한 땅, 창세기 13 : 1, 신명기 1 : 7)사막이 시작된다. 네게브에서의 생존은 물을 얼마나 효과적으로 저장하느냐에 달려있다. 네게브 서쪽 유다산지는 쉐펠라(낮은 땅의 뜻) 구릉지를 이어서 필리스타인 평야로 이어진다. 쉐펠라는 전략적으로 매우 중요한 위치에 있어 헤브론, 예루살렘의 1차 방어선이 되었다.

헤르몬 산에서 발원한 요단 강은 거대한 단층 계곡을 통하여 남쪽으로 흘러간다. 이 단층은 레바논에서 시작하여 아카바 만의 홍해로 이어진다. 헤르몬 산에서 시작된 요단 강은 훌레 호수로 흘러들어가는데. 이 호수는 따뜻하고 습지를 이루어 갈대나 파피루스가 자라는 해발 75m가량의 호수로 현재는 호수의 형태를 제대로 갖추지 못하고 있다. 파피루스를 뜻하는 훌레 호수를 떠나 요단 강은 16km가량을 급히 흘러 긴네렛 호(민수기 34 : 11, 여호수아 13 : 27, 현재 갈릴리호수)로 들어간다. 긴네렛 호는 바다 수면보다 230m가량 낮은 담수호로 탄산을 많이 함유하고 있다. 이 호수로부터 강물은 타마리스크, 올린더(서양 협죽도) 등의 숲을 굽이굽이 돌아 염해로 들어간다. 염해(사해)는 해면보다 400m 이상 낮아 지구 상에서 지표면이 노출된 곳 중 가장 낮은 곳이다. 여기에 모인 물은 오직 증발에 의해서만 감소되어 무겁고 생물이 살지 못하는 염분(25%)을 남겨 놓아 고대로부터 소금의 산지로 알려져 있다.(에스겔 47 : 11)

트랜스요르단의 고원지대는 4개의 지천에 의하여 수직으로 나누어져 있다. 제일 북쪽의 바산 지역은 소(시편 22 : 12, 아모스 4 : 1)와 목재(이사야 2 : 13, 에스겔 27 : 6)가 유명한 곳으로 남쪽 끝에 야르묵(Yarmuk) 강이 있다. 길리아드(Gilead) 고지는 야르묵 강과 얍복(Jabbok) 강 사이에 있으며 포도와 올리브 경작에 이상적인 조건을 제공한다. 그 아래 암몬 지역과 모압(Moab)의 넓은 고원은 양을 키우기에 적합한 토지와 농작물 생산(룻기 1 : 1)에 적합한 지역으로 알려져 있다. 제일 아래쪽에는 에돔(Edom) 지역이 있어 중요한 교역로가 되나 반사막 지역이며 그 아래는 아라비아 사막으로 이어진다.

2. 팔레스타인 지역의 기후

지중해 연안 지역은 온대와 열대의 중간 기후이다. 겨울에는 다습하고 여름에는 뜨겁고 건조하다. 팔레스타인 지역은 남북, 동서의 기후가 모두 달라 산악 지역에서는 눈이 내리고 평원에서는 열대과일이 열리는 다양한 기후를 보여준다.

이 지역의 생존에 가장 큰 영향을 주는 요소는 물이다. 비가 오지 않는 여름철에 대지는 건조하고 고지는 갈색으로 변한다. 6월에서 9월까지의 건조기를 거쳐 내리는 비는 농부들에게 매우 중요하다. 성서에서 말하는 이른 비와 늦은 비는 각각 10~11월과 4월을 말하며 이른 비는 파종을 돕고 토양을 부드럽게 하며 늦은 비는 봄비로 결실을 풍요롭게 한다.(야고보서 5 : 7)

강우량은 해발 높이에 따라 달라 산악 지대는 저지대보다 더 많은 비가 내린다. 갈릴리의 북쪽 산악지대는 연 750~1,500mm 정도의 강우량을 보여 유대 산지보다 더 많은 비가 내리나 남쪽으로 갈수록 강우량이 급격히 감소하여 사막 기후에 이르게 된다. 강우량이 적은 지역에서는 이슬이 땅을 적시는 데 이것이 중요한 역할을 한다. 해안지역은 연중 200일 정도 밤에 이슬이 맺혀 그 지역 습기의 1/4 정도를 차지한다. 선지자 엘리야가 가뭄을 예언하면서 이슬이나 비가 없으리라고 말한 것은 이슬의 역할이 비와 비슷하였음을 말해주고 있는 것이다.(열왕기상 17 : 1)

팔레스타인의 산마루는 거의 석회암으로 형성되어 스펀지처럼 하늘의 비를 흡수하여(신명기 11 : 11) 계곡과 산허리는 물이 풍부하였으며 이는 곧 저수지를 형성하거나 분천과 샘을 만들 수 있는 것이다.(신명기 8 : 7) 여호와께서 자신을 생수의 근원(예레미야 2 : 13)으로 표현한 것이나 물동이 깨진 것을 죽음의 상징으로(전도서 12 : 6) 기록한 것은 물이 바로 생명이라는 것을 말하며, 목마르지 않는 영원한 생수는 이 지역 사람들의 간절한 소망이었음을 알 수 있다. 이러한 생명 같은 물보다 더 귀한 것이 예수님의 말씀이라고 사마리아 여인에게 비유로 알려주셨다.(요한복음 4 : 6~14)

3. 팔레스타인 지역의 식물

팔레스타인 지역은 식물지리학적으로 4개의 식물상을 보여주고 있는데 지중해성기후 지역, 초원 지역, 사막초원 지역, 열대식물 지역으로 구분할 수 있다. 이와같이 기후대가 다양한 것처럼 식물이 다양하다는 것을 말해주고 있다. 여기에는 약 130과의 식물이 분포되어 있고 약 2,600종 이상의 고등식물이 분포되어 있어 지구상에서 이스라엘처럼 작은 지역에 이렇게 많은 식물을 가지고 있는 경우는 매우 드물다.

이 지역은 신명기(8 : 8)에 기록된 것과 같이 밀, 보리, 포도, 무화과, 석류, 올리브, 꿀이 부족함 없이 생산될 것이라는 축복을 받았으며 이 식물들은 다산과 행운의 뜻으로 쓰였다. 이 작물들은 대부분 비옥한 초승달 지역에서 작물화되었다. 비옥한 초승달 지역(Fertile Crescent)은 이라크에서 시작하여 터키, 시리아, 레바논, 팔레스타인을 거쳐 이집트까지 이어지는데 팔레스타인은 이 지역의 중심부에 위치하여 고대부터 많은 작물들이 재배되었다. 이스라엘 민족이 약속의 땅에 들어갔을 때 대부분의 상류 지역은 삼림으로 덮여 있었다. 예수님 당시에도 넓은 지역이 나무로 덮여 있어 지금의 모습보다 장관을 이루었으리라 생각된다.

레바논의 삼목(cedar) 숲은 건축을 위한 목재 생산지로 세계적 명성을 얻었으며 헤르몬의 비탈과 갈라드 산은 웅장한 소나무로 덮여 있었으며 바산의 떡갈나무 숲, 에브라임의 테레빈나무(terebinth) 숲은 이 지역의 풍요로움을 보여 주었다.

지금은 경작하고 있지 않는 땅도 경작지로 사용하였으며 충분한 결실을 가져다 주었다. 거의 모든 유대 농부들은 과수원과 채소밭을 소유하고 있어 계절에 맞는 채소와 과실을 그들의 식탁에 올려놓았으며 꽃과 약용식물도 얻을 수 있었다.

4. 젖과 꿀이 흐르는 땅

애굽 땅에서 고통받는 이스라엘 백성들의 부르짖음을 하나님께서 들으시고 구원자로서 모세를 부르시었다. 소명을 받은 모세는 생의 극명한 변화와 새 역사 창조의 의지와 확신을 갖게 되었다. 모세를 통하여 고통의 땅에서 구원의 땅으로 인도하겠다고 약속하신 땅이 바로 젖과 꿀이 흐르는 땅이며, 아름답고 광대한 땅을 말하는 것이다. 소망의 땅에 대한 하나님의 약속은 출애굽기에서 시작하여 아래와 같이 계속 반복하여 약속의 맹세를 확인하고 있다.(아하 개역개정판 성서)

내가 내려가서 그들을 애굽인의 손에서 건져내고 그들을 그 땅에서 인도하여 아름답고 광대한 땅, 젖과 꿀이 흐르는 땅 곧 가나안 족속, 헷 족속, 아모리 족속, 브리스 족속, 히위 족속, 여부스 족속의 지방에 데려가려 하노라 (출애굽기 3 : 8)

내가 말하였거니와 내가 너희를 애굽의 고난 중에서 인도하여 내어 젖과 꿀이 흐르는 땅 곧 가나안 족속, 헷 족속, 아모리 족속, 브리스 족속, 히위 족속, 여부스 족속의 땅으로 올라가게 하리라 하셨다 하면 (출애굽기 3 : 17)

여호와께서 너를 인도하여 가나안 사람과 헷 사람과 아모리 사람과 히위 사람과 여부스 사람의 땅 곧 네게 주시려고 네 조상들에게 맹세하신 바 젖과 꿀이 흐르는 땅에 이르게 하시거든 너는 이 달에 이 예식을 지켜 (출애굽기 13 : 5)

또 여호와께서 너희의 조상들에게 맹세하여 그들과 그들의 후손에게 주리라고 하신 땅 곧 젖과 꿀이 흐르는 땅에서 너희의 날이 장구하리라 (신명기 11 : 9)

이곳으로 인도하사 이 땅 곧 젖과 꿀이 흐르는 땅을 주셨나이다 (신명기 26 : 9)

원하건대 주의 거룩한 처소 하늘에서 보시고 주의 백성 이스라엘에게 복을 주시며 우리 조상들에게 맹세하여 우리에게 주신 젖과 꿀이 흐르는 땅에 복을 내리소서 할지니라 (신명기 26 : 15)

하나님께서 이스라엘 백성을 가나안 땅으로 인도하여 구원에 이르게 한 후에도 구원의 은혜를 잊어버린 이스라엘 백성들에게 반복하여 하나님께서 하신 맹세가 이루어졌음을 확인시켜 주고 있다.

내가 또 너희 조상들에게 한 맹세는 그들에게 젖과 꿀이 흐르는 땅을 주리라 한 언약을 이루리라 한 것인데 오늘이 그것을 증언하느니라 하라 하시기로 내가 대답하여 이르되 아멘 여호와여 하였노라 (예레미야 11 : 5)

그날에 내가 내 손을 들어 그들에게 맹세하기를 애굽 땅에서 인도하여 내어 그들을 위하여 찾아 두었던 땅 곧 젖과 꿀이 흐르는 땅이요 모든 땅 중의 아름다운 곳에 이르게 하리라 하고 (에스겔 20 : 6)

하나님께서는 이스라엘 백성에 대한 출애굽의 언약은 백성을 축복의 길로 인도하는 데 있으나 경제적으로 풍요로워질 가나안에서의 자만을 경계하기 위하여 40년 동안 광야에서 백성을 겸손하게 하고 충성심을 확인하시었다.

하나님께서 약속하신 풍요의 땅, 아름다운 땅 가나안에 대한 신명기 8장의 묘사가 우리의 눈길을 끈다.

먼저 풍부한 물이 있음을 알 수 있다.(신명기 8 : 7) 골짜기든지 산지든지 시내와 분천과 샘이 흐른다고 하여 지하수와 지표수가 모두 풍부하여 식물이 성장하는 데 큰 역할을 하고 있음을 알 수 있다. 모세가 이스라엘 백성들에게 약속의 땅에 대하여 말할 때 산과 골짜기가 있는 땅으로 비를 흡수하는 땅(신명기 11 : 11)이라고 하여 물이 있음으로 생명이 왕성한 지역이라는 것을 알 수 있다. 이러한 풍부한 물로 많은 농산물이 생산되는 땅이라고 하였다.(신명기 8 : 8) 이 땅은 곡류(밀, 보리), 과실류(포도, 무화과, 석류), 올리브, 꿀의 소산지로 삶을 풍요롭게 하는데 충분한 자원이 되었다. 당시 가나안 땅은 초목이 무성하여 야생 꿀이 많았고(사사기 14 : 8, 사무엘상 14 : 25, 역대하 31 : 5) 이러한 초목들은 가축이 마음껏 먹고 살을 찌워 충분한 젖이 나게 하였기 때문에 실제 젖과 꿀이 흐르는 땅이 될 수 있었다.

또한, 땅의 자원에 대하여도 부족함이 없을 것임을 알려 주셨다. 그 땅의 돌은 철이요, 산에서는 동을 캘 것이라고 약속하셨다.(신명기 8 : 9) 동은 일찍부터 채굴을 시작하여 솔로몬 시대에 많은 양이 채굴되었으며 이 시대에 철기를 제작할 수 있는 기술을 가지고 있었다.

가나안 땅에 대한 실제의 모습은 가나안 정탐꾼이 모세에게 보고하는 내용에도 나와 있다. 그 땅은 과연 듣던 대로 젖과 꿀이 흐르며 실과가 많았음을 보고하였다.(민수기 13 : 23, 27)

가나안 땅의 기름지고 풍요로운 상태를 묘사하는 부분에서도 밭의 소산을 먹게 하고 반석에서 꿀을, 굳은 반석에서 기름을 빨게 하시며(신명기 32 : 14) 소, 양, 염소의 젖과 기름, 아름다운 밀, 포도즙의 붉은 술을 마신다고 하였다.(신명기 32 : 14) 가나안 땅의 풍요로움은 유다 백성들에게 설파한 앗수르의 군대 장관의 말에서도 알 수 있다. 앗수르의 군대 장관이 유다의 이스라엘 성민에게 이주할 다른 지방도 팔레스타인 지방과 같이 풍요로울 것이라고 회유하고 있다. 그가 팔레스타인 지방과 같을 것이라고 하는 지방은 곡식과 포도주가 있는 지방이요, 떡과 포도원이 있는 지방이요, 기름 나는 감람나무와 꿀이 있

는 지방이라고 하여 유토피아를 약속하는 듯하였다.(열왕기하 18 : 32)

한편 '젖과 꿀이 흐르는 땅'은 성서적 의미가 중요한 풍요로움의 관용적 표현이라고 주장하는 사람도 있다. 이스라엘의 자연환경은 습하고 어두운 겨울과 건조하고 황량한 여름이 교체되고 있어 실제 아름다운 계절은 두 계절이 바뀌는 3월 정도일 뿐이라는 주장이다. 또 모세의 정탐꾼이 보았던 가나안 땅의 풍요로움도 광야에서 40년간 고통을 받던 이스라엘 사람들에게는 상대적인 느낌을 갖게 했을 것이기 때문에 젖과 꿀이 흐른다는 표현은 단지 풍요로움의 관용적인 표현이라는 것이다.

'젖과 꿀이 흐르는 땅'이라는 표현이 관용적이라는 데는 출애굽한 이스라엘 백성 중 다단과 아비람의 원망소리에서도 엿볼 수 있다. 모세가 이스라엘 백성을 젖과 꿀이 흐르는 땅에서 이끌어 내어 광야에서 죽이려함(민수기 16 : 13)이라고 하였는데 여기서 '젖과 꿀이 흐르는 땅'은 가나안 땅이 아니고 애굽의 고센 땅을 지칭하는 것이므로 가나안 땅에 대한 고유명사적 표현이 아니라 목축하기에 좋은 땅을 의미하는 관용적 표현이라고 주장하기도 한다.

'젖과 꿀이 흐르는 땅'의 묘사도 축복이 아닌 저주의 표현이라고도 볼 수 있다. 앗수르 왕이 쳐들어오는 날에 "버터(젖)와 꿀을 먹게 되리라"(이사야 7 : 22)고 하여 꿀을 먹는 것이 축복이 아님을 알 수 있다. 목축을 생업으로 하던 족장 시대에는 젖과 꿀이 축복이 될 수 있지만, 가나안에 정착하여 왕국 시대가 된 후에는 농경문화가 지배적이기 때문에 이 시기에 젖과 꿀을 먹게 된다는 것은 농사가 피폐하여 빵을 먹지 못하게 될 것이라는 것을 암시하는 것이다. 또 정착의 시대에서 방랑의 시대로 거꾸로 흘러갈 수 있다는 역사의 역류를 말하고 있다.

성서에서 하나님은 아담을 에덴동산에 보내어 그의 근본이 된 토지를 경작하도록 하였으나 실제 그 땅의 경작자는 그의 아들 가인으로 생각된다. 양치기인 아벨과 농사꾼인 가인은 가장 오래된 인류의 직업 형태이며 생존 방법의 한 모습이다. 가인은 그가 모든 곡식을 지나치게 거두어 들이면 다음 수확 철에 그 땅은 아주 적은 결실을 주고 만약 이삭들을 남겨 놓으면 다음 해에도 역시 결실이 좋다는 것을 알았을 것이다. 그가 주의하여 수확한 종자를 다시 심으면 그의 밭은 바로 풍부한 결실이 나타났을 것이며, 이것이 바로 농업의 탄생으로 볼 수 있다.

그 후 성서에 기록된 농사꾼은 노아이다. 대홍수 후 **"노아가 농사를 시작하여 포도나무를 심었더니"**(창 9 : 20)라고 하여 분명히 농업과 그 산물의 가공 방법을 알았던 것으로 보인다. 노아가 농업을 시작한 곳은 고대의 유명한 포도 생산지로 아라랏 산이 인접해 있는 아르메니아 지역 서북편의 넓은 야산지대로 알려져 있다.

가인, 노아에 이어서 성서에 나타난 세 번째 족장의 농사는 이삭에 의하여 이어졌다. **"이삭이 그 땅에 농사하여……"**(창세기 26 : 12)라고 기록되어 있으며, 땅을 개간하고 동시에 목축업을 행하는 고달픈 삶을 살았을 것이다.

5. 젖과 꿀이 흐르는 땅에서 농업의 시작

양이 처음으로 가축화된 것은 기원전 9000~8000년 이란, 이라크 지역에서 이루어진 것으로 보이며 야생 염소와 작은 동물들은 밀, 보리의 작물화와 함께 가축화 과정을 밟은 것으로 보인다. 기원전 5000~4000년 사이에는 농업에 큰 전기가 있었던 시기인데 동을 녹여 도구와 그릇을 만들고 가축화된 동물이 수레를 끌도록 하였다. 바퀴의 발명으로 큰 짐을 먼 거리까지 옮길 수 있었으며, 항해술의 발달로 많은 상품을 세계와 교역할 수 있었다. 과잉 생산된 농작물은 시장에서 팔고 지역 간 이동도 촉진되었다.

기원전 4000~3500년 사이에 에리두(Eridu)에서 사람들은 함께 일하는 것을 배워 건물을 짓고 관개 농업을 하였는데 처음으로 집단 생활의 동기가 되었으며, 도시의 출발점이 되었다 해도 과언이 아니다. 메소포타미아 들판으로부터 경작지가 전파되어 서부 유럽에 식물의 작물화와 동물의 가축화가 촉진되었다. 에리두가 집단 생활터로 규모가 커지면서 더 많은 식량이 필요했고 이는 또 관개 농업을 발전시키는 계기가 되었다. 에리두가 팽창하면서 사람들이 북쪽으로 이동하고 새로운 도시인 우룩(Uruk)을 세웠다. 주택이 많이 필요했고 목수들의 기술도 발전되고 대장간이 생겨나기도 하였다.

기원전 3000년경 경작은 거의 완전한 형태의 농업으로 변하고 더 다양한 형태의 농업이 등장하였다. 투트모스(Thutmose) 4세 시대에 테바나크로폴리스(Thebanacropolis, 기원전 15세기)의 무덤 벽화에서 영농법이 상세히 그려져 있어 그 시대의 농업이 많은 발전을 하였다는 것을 알 수 있다. 밀을 수확하여 자르고, 묶고, 생산물의 목록을 작성하였으며 올리브 수확 장면도 그려져 있다. 고고학적 발굴에서 돌낫, 돌절구, 돌도끼, 괭이 같은 것이 발굴되어 팔레스타인 지역의 영농기술이 많이 발전하였음을 알 수 있다. 지금 우리가 볼 수 있는 모래사막이 그 시대에는 삼림과 농지로 가득찼다는 것은 이해하기 어려울 정도이다. 초기 경작 시 갈릴리 지역에서는 밀, 보리, 올리브가 가정에서 자급용 혹은 교역을 위하여 생산한 주 농산물이었으나 요단 강계곡에서는 보리, 멜론, 호박이 생산되기도 하였다.

메소포타미아는 농업과 축산업의 중심지가 되었고 이곳에 에덴동산이 있었다고 추정하고 있다. 유프라테스 강과 티그리스 강의 저지대는 매우 비옥하여 농작물을 생산하는데 훌륭한 조건을 갖추고 있었다. 고대 이스라엘 땅의 기후 역시 야생 곡류가 자라기에 아주 훌륭한 조건을 갖추고 있었다. 지중해에서 불어오는 차고 습한 공기는 곡물이 일찍 성장하고 성숙하도록 재촉하였고, 아프리카와 아라비아에서 불어오는 뜨거운 공기는 곡물을 잘 익고 건조하게 하였다.

정착지는 곡물이 자라는 들판 가까이 정했으며 귀중한 수확의 순간을 가까이에서 맞이하는 것은 당연한 것이다. 고고학적 발굴에서도 중석기시대(기원전 9000년) 요단 계곡의 말하타(Malhata)는 그런 조건에 적합한 마을이었으며, 주민들은 생존을 위해 사냥하고 곡식을 모으고 야생 식물을 채취한 것으로 나타났다.

이스라엘 농업은 처음에는 원시적 수준이었으나 솔로몬 왕 시대 이후 농사법이 발전되어 바위가 많은 언덕에서도 경작이 이루어졌다. 오늘날 유다 사막과 같은 돌 많고 불모의 거친 언덕에서도 경작이 있었음을 알 수 있다.

에스겔 시대에 국내에서 생산된 곡식이 넉넉하여 외국에 수출하기도 하였다. 에스겔서에 **"유다와 이스라엘 땅 사람이 네 상인이 되었음이여 민닛 밀과 과자와 꿀과 기름과 유향을 네 물품과 바꾸어 갔도다"**(에스겔 27 : 17)고 하여 농산물과 그 가공품에 대한 국가 간 통상이 빈번하였음을 말하고 있다.

이브라함과 욥은 유목민의 위대한 족장이었으나(창세기 13 : 5~6, 욥기 1 : 3) 하나님께서는 유리 방황하는 이스라엘 백성을 가나안 땅에 정착시키고 싶어 하셨다. 정착된 민족은 생업이 농업이 되어야 하기 때문에 농경민족으로 만드시려는 뜻이 있었다.

팔레스타인 지역의 연안 평야와 내륙 계곡의 토양은 비옥한 흑갈색 옥토였다. 가장 비옥한 땅은 요단강 계곡, 사마리아 근방에 있는 에스드랠론 고지의 평야인 샤론 평야이다. 이곳이 성서에서 언급된 과실이 많이 맺는 기름진 광야이다.(이사야 29 : 17, 32 : 15~16) 팔레스타인의 모든 토양이 비옥한 땅은 아니었지만, 정착민의 대부분은 농업에 종사하였다. 정착민들은 약속된 땅을 분배받았고 경작권을 공동으로 가지고 있었다. 그러나 시간이 지남에 따라 부유한 사람과 가난한 사람이 서서히 나누어지고 부유한 사람들은 가난한 사람들을 사려고 하였다.(이사야 5 : 8)

보통 이스라엘 농부들은 농경지에서 살지 않고 요새화된 성읍 근처에서 살았다. 거처는 적이 공격할 때 물의 공급이 용이하거나 방어가 가능한 곳이어야 했다. 사람들은 그와 그의 가족이 자력으로 몇 명의 종이나 유급 노동자들을 데리고 경작할 수 있는 땅만을 소유했다. 그들은 포도나 올리브 같은 작물을 재배하거나 양, 염소를 키웠으며 분야별로 전문화도 가능하였다. 농부들은 가뭄과 마른 토양을 쓸어가 버리는 강한 바람, 메뚜기 그리고 외적의 침입을 극복해야 하는 어려움을 가지고 있었다. 주요 경작물은 곡식, 포도, 올리브 등이 있는데 이 세 가지 경작물은 성서의 여러 곳에 자주 언급된다.(신명기 7 : 13, 느헤미야 5 : 11, 호세아 2 : 8)

곡식 중에는 보리와 밀이 주로 재배되었음을 성서에서도 기록하고 있다. 밀만 재배되는 경우보다 보리와 함께 재배되는 경우가 많았으며 척박한 땅에서는 오히려 보리가 더 잘 자랐다. 스펠트밀과 기장도 재배되었으며 사람들의 주식은 빵이었다. 과학자들은 성서에서의 밀은 *Triticum aestivum*으로 여름 밀과 겨울 밀로 경작하였지만 다른 품종들은 야생 밀과 함께 경작한 것으로 생각된다.

일부 성서에서 옥수수(corn)가 70회 이상 나오는데 이것은 미국 옥수수(*Zea mays*)가 아니라 일반 곡류의 통칭으로 보는 것이 좋다. 히브리원어 'da+gan'의 다양한 번역이 많은 오류를 범하게 했으며 토티야(tortilla, 멕시코 지방의 둥글 넓적한 빵)는 성서 시대 그 지역 원래의 식생활에 없었던 것이다.

조심스럽게 모아들인 곡식은 사람들이 이용하도록 도정을 해야 했다. 밀이나 보리의 가식부를 거친 겨층과 분리시키는 작업은 오늘날 우리가 먹고 있는 품종보다 훨씬 어려웠으며 야생성이 크면 클수록 이 작업은 힘들었다. 말하타에서 원시 형태의 절구와 비비는 돌이 발견되었는데 곡식이 두 돌 사이에 비벼서 도정하였음을 알 수 있다. 작업자의 솜씨에 따라 깨끗하고 덜 부서진 낟알을 얻을 수 있으나 겨나 싸래기가 함께 들어가는 경우가 많았을 것이다. 성서에서는 밀의 타작 과정이 묘사되어 있는데 소가 밟도록 하든가 나무바퀴로 굴려 누르든가 나무 도리깨로 타작하고 체로 치기 전 키질을 하기도

하였다.(신명기 25 : 4, 역대상 21 : 23, 역대하 3 : 1, 이사야 28 : 27~28)

과실은 포도, 수박, 무화과, 대추야자, 석류, 밤 같은 열매가 있었으며 이 열매들은 5월부터 10월까지 6개월간의 여름 가뭄 시 물을 제공해 주었다. 9월이나 10월부터 올리브를 줍고 기름을 짜는 시기이다. 올리브나무는 가뭄 기간에도 오래 견딜 수 있고 척박한 땅에서도 잘 자란다. 수확하는 데 2년이 걸리는데 열매가 천천히 열리기 때문에 시간이 있을 때마다 나무를 돌보아야 한다. 올리브 열매는 돌과 돌 사이에서 무게에 의하여 또 돌리는 힘에 의하여 과육이 부서진다. 다윗 시대에 발견된 커다란 올리브 압착기는 올리브 바구니를 누를 수 있게 막대기로 만들어져 있다. 10월이나 11월에는 오랜 가뭄 끝에 이른 비가 내린다. 그때부터 1월까지는 쟁기질과 파종의 시기이다. 1월부터 3월까지 겨울비가 내리면 기장, 완두콩, 렌즈콩, 수박, 오이 등 농작물의 파종의 시기이다. 3월과 4월에 늦은 비가 내리면 이때 곡식들은 추수할 정도로 자라고 4~6월은 보리의 수확 시기이다.

이사야서 5장을 보면, 6~8월에는 포도원을 새롭게 준비하는 모습이 기록되어 있다. 주변의 도랑을 파고 울타리를 지탱하기 위해 버팀목을 박는다. 어린 포도나무를 심고 지지대로 가지를 세워 준다. 열매가 맺히기 시작하면 나뭇가지 보호막이나 돌탑을 세워 도둑이나 들짐승들의 침입을 경계하였다.

8, 9월에는 무화과, 포도, 석류 등 여름 과실을 거두어 작은 통에 넣고 포도는 밟아서 즙을 짠다. 유대의 작은 언덕 쉐펠라에서 이런 통들이 발견되었다. 포도를 따고 밟는 일은 모두 휴일에 행해졌고 그때에 열매도 먹을 수 있었다.

가축은 양, 염소, 소, 당나귀 등을 포함하나 돼지는 포함되지 않는다. 당나귀는 짐을 나르고 황소는 쟁기질에 이용되었는데 특별한 경우를 제외하고는 식용으로 황소를 잡지 않았다. 양은 주로 의복을 만드는 털을 제공하였다. 때때로 양고기를 먹기도 했는데 기름진 꼬리를 별미로 여겼다. 양은 가난한 사람들에게 응유 형태의 양젖을 주기도 하였고, 염소는 고기와 젖을 제공하였으며 가죽은 자루로 이용되었다.

대부분 민족의 역사 기록에는 계절의 끝, 수확, 휴일, 감사의 의식이 중요하다는 것을 보여주고 있다. 성서에서도 종류가 다른 4가지 식물을 신체의 주요 부분과 같이 관련시켜 모아져 있는 것을 볼 수 있다.(레 23 : 40) '아름다운 나무실과'는 시트론으로 심장을, '종려가지'는 등뼈를, '무성한 가지'는 눈을, '시내버들'은 입을 상징한다고 본다. 각 부분들을 함께 모아 놓고 하나님께 좋은 수확을 찬양하는 것이다. 휴일은 출애굽 후 사막을 거쳐 이스라엘로의 긴 여행을 의미하며 역시 계절의 마지막 수확을 의미하기도 한다. 초막은 들판에서 수확하며 임시 거처를 상징하는데 사막 여행 시 임시 거처를 뜻하기도 한다.(레위기 23 : 42)

과실과 채소의 장식은 그 계절에 수확한 것으로 이것이 바로 추수감사의 시간이다. 수장절(sukkot)은 성서에서 히브리인들의 주요한 성일로 인간의 끝없는 식품 취득 노력과 관련이 있다. 농작물에서 얻어진 선물은 예루살렘으로 가지고 가서 성전에 봉헌하였다. 성일(휴일)에 가장 즐겨 마련하는 식품은 보리 수프, 양배추 요리, 구운 호박, 구운 양파, 그리고 사과파이였으며 거위와 오리고기는 육류가 제공될 때 주요 제공품이었다.

6. 팔레스타인의 어업

민수기(11장 5절)에서 보는 것과 같이 역사 속의 히브리인들은 생선을 좋아했는데 꼬챙이로 꿰서 구운 것을 좋아했다. 어란은 그 지역 사람들이 먹거나 수출하기 위하여 염장을 하였으며 때로는 식초에 절여 두기도 하였다.

갈릴리 호에는 43종의 어류가 발견되고 느헤미아에서는 페니키아 상인들과 물고기를 교역하였다. 갈릴리 호 부근에 사는 사람들의 주 생업은 어류와 관련 있는 것들이었다. 물고기는 굽고, 삶고, 끓이고, 염장하고 햇볕에 말려두었다. 어란은 종종 판판하게 눌러 말려서 그대로 먹거나 빵에 넣어 먹었다.

성서에서는 먹을 수 있는 어류를 제한하였는데, 비늘과 지느러미가 있는 모든 어류는 먹을 수 있도록 하였다. 어류에 대한 여러 기록에서 고기는 구속(救贖)의 희망을 표시한 것이며 안식일 식사의 주된 메뉴였다. 생선은 다산과 불멸의 신비한 능력의 상징이었다. 마늘과 함께 조리한 생선은 구속의 희망에 대한 역사적 의미를 가지고 있기 때문에 더 많은 의미의 주체가 되었다.

제2장 동식물의 발원지로서 팔레스타인 지역

1. 식물의 농작물화

동식물의 기원지는 매우 다종 다양한 동식물이 있는 지역으로 변종이 많은 지역이 동식물의 원산지일 가능성이 높다. 자연 상태하에서 종의 전환을 위한 실험장으로는 좋은 재료가 큰 저장지에 가득할 때 자주 종의 변화가 일어난다. 종간의 교배 중 그 지역 자연에 가장 적합한 것이 우세 종으로 남게 되고 다수확 종이기 때문에 인간의 식량이 되기도 한다.

지구 상의 지역 중에서 가장 식물종이 많고 자연적, 생물학적 환경이 우수한 지역이 중동 지역과 동남아시아 지역이다. 초기에 식물의 전파 방식이 영양증식법에서 종자증식법으로 바뀌면서 전파에 큰 영향을 주었다. 전파된 지역을 보더라도 기후대가 크게 다른 남북으로의 전파보다 동서로 같은 위도에서의 전파가 효율성이 높았을 것이다. 특히 기류의 영향으로 동쪽으로의 전파는 아시아 동쪽 끝까지 전파가 이루어질 수 있었다.

작물들의 전파 촉진 요인은 인구 증가와 거주 지역의 환경 악화로 인한 이주와 확산이 거듭된 것이 큰 요인이며 그 외 교역, 전쟁, 정치적 지배 영역 확산, 종교의 확산 등이 전파를 더욱 촉진시켰을 것으로 추정된다. 전 세계적으로 가장 보편적인 곡류는 밀, 보리, 귀리, 쌀, 옥수수, 호밀, 기장과 그 외 사탕수수와 아마이다. 보편적인 식량 자원으로 작물화되었다는 것은 인류의 생존을 위하여 필요성이 일찍 입증되었기 때문일 것이다. 이러한 곡류는 그 저장 시설로 발굴된 유적을 보아도 쉽게 알 수 있으며 특히 이집트, 이스라엘, 레바논, 요르단, 이라크 등지에 널리 퍼져 있다. 그중 주요한 곡류는 밀과 보리로 역사상 제일 먼저 작물화된 것으로 알려져 있다.

그중 밀이 현재까지도 가장 중요한 식량자원의 하나이지만 초기에 나타난 품종과는 많은 차이를 보이고 있다. 엠머(Emmer)밀과 스펠트(Spelt)밀은 고전적 품종으로 엠머밀은 기원전 8000~7000년에, 스펠트밀은 기원전 5000년에 재배가 시작된 것으로 추정하고 있다. 현재의 소맥(*Triticum aestivum*)은 6배종으로 세계 소맥류의 90%를 점하고 있으며, 마카로니와 스파게티용으로 쓰는 듀럼밀(Durum, *Triticum turgidum*)이 약 10% 가량 생산되는 것으로 알려져 있다.

몇몇 식물의 작물화 시기에 대한 판단은 보고자에 따라 큰 차이를 보이나 밀은 기원전 8500~8000년, 병아리콩은 기원전 8000년, 아마는 기원전 7000년, 올리브는 기원전 8000~4000년, 아몬드는 기원전 3000년, 무화과, 대추야자, 석류, 포도도 기원전 4000년 경에 재배가 시작된 것으로 추정하고 있다.

2. 비옥한 초승달 지역의 역사적 궤적

비옥한 초승달 지역(Fertile Crescent)은 오늘날 중동 지역을 말하는 것으로 인류 역사상 문명과 농경이 최초로 시작된 곳으로 알려져 있다. 이 지역의 중요한 역사적 궤적을 보면 다음과 같다.

- 기원전 8500년 – 식물의 작물화
- 기원전 8000년 – 동물의 가축화
- 기원전 8000~7000년 – 오리엔트 문명의 싹 태동
- 기원전 7000년 – 토기의 이용
- 기원전 5500년 – 추장 사회
- 기원전 5000년 – 문명의 동서 전파
- 기원전 4000년 – 금속제 도구의 이용
- 기원전 3700년~3500년 – 도시국가의 형성
- 기원전 3200년 – 문자의 이용
- 기원전 3000년 – 문명의 4대륙 전파
- 기원전 900년 – 철기의 이용

이 외에도 이 지역은 아래와 같은 고대 주요 농작물의 기원이 되었을 것으로 추정한다.

- 곡류 : 엠머밀, 보리
- 콩류 : 완두콩, 렌즈콩, 병아리콩
- 섬유식물 : 아마
- 박과 식물 : 머스크멜론

이 외에 체리, 살구, 복숭아, 자두도 메소포타미아 문명권에서 기원이 되었을 것으로 보이며 그 후 성지에 도입되어 경작되었을 것이다.

3. 재배 작물의 특징

기본 식용 식물은 모두 역사 이전에 재배화가 이루어져 주변에서 볼 수 있는 동식물에 대한 정보를 고대인들은 잘 알고 있었던 것으로 볼 수 있다. 이들 재배 작물은 1년생 초본식물 위주였으며 이 식물들의 결실은 크고 다수확 중심으로 우수 품종으로 인정을 받았을 것이다.

재배화된 식물은 또 성숙도가 아주 빠른 것 위주였으며 장기간의 기다림은 그들에게 적합한 것이 아니었다. 인구가 많지 않은 상태에서 식량자원이 될 수 있는 재배 식물이 다수 개발될 필요는 없었을 것이며, 품종의 다양화나 과잉 재배할 필요가 없었기 때문에 인구 증가가 큰 지역에서 우선 재배화에 대한 열망이 컸을 것이다. 이런 재배화 과정을 거치면서 우수 품종을 찾아내고 그것을 다시 경작하는 단계를 거쳐 야생과는 사뭇 차이가 나는 품종들이 현대에 이르렀을 것이다. 재배화가 계속됨으로 인하여 우수한 종자만 계속 계승되는 것은 아니며, 현대적 시각으로 볼 때 우려되는 점도 많을 것으로 생각된다.

특정 품종이 단일하게 계속 재배되었을 경우 질병에 취약하게 된다.(미국의 옥수수마름병이나 이일랜드의 감자마름병이 그 사례) 질병에 강한 품종을 개발하여도 하등생물일수록 환경 적응성이 커서 곧 그 특성에 적응하는 미생물이나 동물이 생기기 쉽다. 또 생산성이 낮은 품종이라도 모든 인자가 다 열악한 것은 아니기 때문에 그 품종을 단종시켰을 경우 일부 우수한 유전자가 상실되어 이용의 다양성을 잃기 쉽다.

단일 품종이 지배적으로 재배되면 생태계의 먹이사슬도 단일하게 되어 생물다양성이 없어져 생태계 파괴에 이르기 쉽다. 단일 품종은 대개 다수확(많은 것, 큰 것) 중심의 식물 형태를 갖기 쉬워 이는 환경의 물리적 저항, 즉 태풍 등 기후 변화에 극히 취약할 수밖에 없다.

야생종과 재배종의 수확량과 크기를 비교해 보면 재배종은 인위적 수단이 가해졌음을 알 수 있으며 이와 같은 자연 선택이 아닌 인위적, 의도적 선택은 세계적으로 녹색혁명과 같은 구세주 역할을 할 것으로 믿으나 생태계 재앙의 전조가 될 수도 있음을 걱정해야 한다.

4. 동물의 가축화

굶주림에 있을 때에는 가축을 사육하여 식용으로 하기에는 여유가 없었을 것이다. 그래서 가축화는 농경문화에 따른 산물로 보는 것이 타당할 것이다. 우연히 어린 새끼를 포획하여 기를 수도 있겠지만, 굶주린 배를 채우기에 급급한 인간에게 식용으로 동물을 사육한다는 것은 생각할 수 없는 일일 것이다. 가축화된 동물은 소, 물소, 야크, 산양, 양, 손록, 낙타, 말, 당나귀 등 젖을 짰던 동물로 젖의 이용에 도움을 받았을 것으로 생각된다. 순록을 제외하고는 종자 농업의 중심지에서 가축들이 최초로 알려졌고 야생의 분포가 종자 농업의 중심 지역 또는 연변부에 있었다.

동물들의 가축화 시기와 장소의 추정은 다양한 견해가 있어 아주 개략적일 수밖에 없으나 대체로 인정되는 것을 보면 다음과 같다.

- 개 : 기원전 1만 2000~1만 년 이라크의 유물에서 발견
- 양, 염소 : 기원전 9000~8500년 서남아시아, 인더스강 서쪽,

코카서스
- 돼지 : 기원전 7000년 터키
- 소 : 기원전 6400년 유럽~서부아시아
- 당나귀 : 기원전 4000년 이집트(아프리카에서 가축화된 유일한 동물)
- 말 : 기원전 3500년 남부 우크라이나
- 물소 : 기원전 2500년 동남아시아

유제류(有蹄類), 반추동물이 주로 가축화되었는데 원인은 동물과 인간이 먹이 경쟁을 하지 않는 장점이 있다. 또 사회성이 큰 짐승들이기 때문에 집단 사육 시 유리한 점이 많다. 돼지는 군집동물이 아닌 가사동물이기 때문에 정착민에게는 유용할 수 있으나 유목민은 돼지를 혐오하고 군집동물만을 큰 자원으로 알았다.

동물의 젖을 소화할 수 있는 락타제(lactase)가 부족한 인종이 아프리카인, 동아시아인, 아메리카 원주민들과 같이 비낙농권 성인인 것을 보면 유목민족에게는 가축의 젖이 그들의 주 식량이었지만 농경민족에게는 단지 부식의 일부일 뿐이었다.

비옥한 초승달 지역의 포유류 중 염소, 양, 돼지, 낙타, 나귀가 매우 일찍 가축화되어 농경문화와 함께 세계에서 가장 먼저 가축화된 지역임을 알 수 있다. 성서에서도 소, 양, 나귀, 낙타는 창세기 12장 16절, 염소는 창세기 15장 9절, 말은 창세기 47장 17절, 개는 출애굽기 11장 7절에 기록되어 팔레스타인 지역 주민과 함께 생활했던 것을 알 수 있으며, 닭은 대부분 성서의 구약에 나오지 않지만 일부 성서에서는 잠언 30장 31절에 '수탉'이 기록되어 있다.

참고

잠언서 30장 31절 첫 부분은 심한 혼란을 보여주고 있다. 대부분의 성서에서는 '사냥개'로 번역한 경우가 많으나 영어 성서에서는 '수탉'과 '사냥개'가 비슷하게 쓰였다.

- rooster – Common English Bible, English Standard Version, GOD'S WORD Translation, Holman Christian Standard, New American Standard, New Century Version, New International Reader's Version, New Living Translation, Revised Standard Version, The Message, Today's New International Version
- cock – Douay – Rheims, Wycliffe
- greyhound – American Standard Version, Complete Jewish Bible, Hebrew Names Version, King James Version, New King James Version, The Webster Bible, Third Millennium Bible, World English Bible
- war – horse – Bible in Basic English
- 사냥개 - 개역개정, 개역한글, 표준새번역, 우리말 성경
- 수탉 - 공동번역

5. 수렵채집에서 농경문화로의 발전

인류의 생활 문화 발전 단계를 채집 〉 수렵 〉 유목 〉 농경의 순으로 보는 견해도 있으나 농경민이 목축을 시작했다고 하는 것이 더 수긍을 받을 수 있다. 농경민이 목축을 시작한 것은 생계 수단이 아닌 노동력의 이용, 종교적 수단으로 이용되는 경우도 있었을 것이다.

수렵채집 시대에는 금욕, 유아 살해, 낙태 등으로 스스로 인구를 조절하였으며 아기의 터울은 보통 4년 정도로 추정한다. 빈번한 이동과 식량자원의 제한성은 인구 증가에 대한 압박을 가하여 좀처럼 인구가 증가하지 않았다. 지금도 오지의 유목민족은 인구가 크게 증

가하고 있지 않으며 출산 후 신생아에 대한 터부가 많아 이동과 수렵, 채집에 지장을 주는 신생아는 죽이는 경우가 많았다.

농경문화가 정착하고서 인구의 증가가 두드러졌다. 농지는 단위 생산량이 많아 많은 식구를 먹여 살릴 수 있을 때에는 터울도 2년 정도로 짧아져서 인구 증가에 획기적인 계기가 되었다. 많은 인구는 많은 노동력을 필요로 하고 많은 노동력은 많은 생산성을 지켜준다는 믿음이 있어 자식의 출산을 농사에 비유하는 경우가 많은 것이 농경문화의 특징이다.

수렵채집 단계에서 경작에 의한 식량 생산으로 전환하게 된 원인으로 가장 큰 것은 야생 먹거리가 한계에 이르렀던 것이다. 비옥한 초승달 지역의 주요한 육류 공급원이었던 가젤의 수가 감소해서 육류 이외의 식량 취득 방법을 생각해야 했다. 비옥한 초승달 지역에는 야생 곡류가 비교적 많아 이들을 작물화시키고자 하는 대상 식물이 차츰 증가하기에 이르렀다. 농경이 시작되었다는 것은 지역의 환경조건에 적합했다는 것을 뜻하기 때문에 야생 곡류가 많다는 것은 농경문화가 빨리 도입되었다는 것을 뜻한다고 볼 수 있다.

비옥한 초승달 지역에서는 낫, 바구니, 절구와 공이, 맷돌, 지하 저장 시설, 볶는 기술 등이 개발되어 야생 먹거리를 채집, 가공, 저장하는 시술이 발전되어 많은 식량을 얻을 수 있었다. 이렇게 식량을 많이 얻는 것과 같은 현상은 맬서스의 인구론에 적합한 쪽으로 진행되었다. 생존 자료의 증가는 곧 인구의 증가로 이어져 현대와는 사뭇 다른 동물계의 일반적 특성을 보였다. 인구의 증가는 식량생산을 위한 노력을 더 필요로 했기 때문에 인구와 식량은 서로를 자극하며 증가하였다.

제3장 식생활과 식문화의 형성

1. 성서에서 본 인간의 먹거리

하나님께서 에덴동산에 인간을 두신 목적은 인간이 동산을 다스리고 지키게 하신 것이다. 이를 위하여 먹을 것을 주시고 지켜야 할 규례를 말씀하셨다.(창세기 2장 15~16절) 우리에게 주어진 환경은 지키고 보전하는 것이지 파괴하고 인간의 목적에 맞게 변조시키는 것은 하나님의 뜻이 아니다. 먹고 마시는 것은 하나님의 창조 질서에 참여하는 성스러운 것이다.

인간은 하나님의 규례를 지키지 않음으로 인해 먹을 것을 얻기 위하여 수고와 노력을 필요로 하게 되었다. 땀을 흘려야 먹을 것을 얻을 수 있다는 것은 단순한 선택 사항이 아니며 반드시 해야 하는 하나님의 명령이며 죄 지은 자에 대한 선고이다. 그래서 하나님께서는 수고하지 않고 먹을 것을 얻는 자에게는 여러 가지 질병으로 징계하시는 것을 알아야 한다. 그것은 여러 가지 문명병이라고도 하며 편안함과 편리함을 지나치게 추구하는 현대인에게도 적용되는 것이다.

하나님께서 인간에게 첫 번째로 준 먹을 것은 씨 맺는 모든 채소와 씨를 가진 열매 맺는 모든 나무(창세기 1 : 29, Then God said, "I give you every seed-bearing plant on the face of the whole earth and every tree that has fruit with seed in it. They will be yours for food)이며, 두 번째 주신 먹을 것은 밭의 채소(창세기 3 : 18, ……you will eat the plants of the field)로 채식만을 허용하였으며 피 흘림과 살상이 따르는 육식은 허락하지 않으셨다. 세 번째 먹을 것은 노아의 홍수 이후 산 동물은 모두 너의 식물(食物)이 되리라(창세기 9장 3절, Everything that lives and moves will be food for you. Just as I gave you the green plants, I now give you everything)고 하여 육식을 허락하셨다.

성서에서의 식품은 의례용, 상징적인 표현, 그리고 실제적인 목적으로 쓰였으며 창세기에서 요한계시록까지 식품은 생명의 역할을 충실히 하였다. 금지된 과실은 인간의 유한성과 추락을 상징하였으며 예수님 재림 후 제자들 앞에 나타나 물고기를 구워 먹음으로써 실제 죽음에서 성육신하신 것을 증명하였다.

아브라함이 세 천사를 맞아 그들을 대접하기 위하여 급히 서두르는 모습(창세기 18 : 6~7)처럼 다른 사람을 접대하여 음식을 제공하는 것은 시간을 잘 지킴으로 그 효과를 높일 수 있다. 또한, 음식을 제공하는 것이 성서에서는 극단적인 결과를 초래하는 경우가 있다. 에서가 팥죽 한 그릇에 장자 권리를 넘기는 사건(창세기 25 : 34)은 성서의 모든 기록 중 가치 있는 것을 하찮은 것과 바꾸는 비유의 대표적인 것이 되었다.

식품이 성서의 역사를 요동치게 한 것은 요셉과 그 형제들 이야기에서 볼 수 있다. 이스라엘 땅은 곡물 생산에 변동이 많아 흉년이 들 때면 늘 풍요로운 땅 이집트를 찾게 된다. 가나안에 기근이 들어 야곱의 자식들이 파라오의 땅으로 들어가게 되고 거기서 그들의 형제 요셉을 만나게 된다. 그들이 번창하여 큰 집단을 이루었고 출애굽 사건이 일어난 것을 보면 만약 가나안 땅에 먹을 것이 풍요로왔다면 성서의 역사는 달라졌을 것이다. 하나님이 주신 먹거리가 단순히 생명 유지의 역할만이 아니라 말씀을 이루는 도구가 되기도 한다.

젖과 꿀은 인류 초기의 먹거리였고 성지도 젖과 꿀이 흐르는 땅이라고 기록하고 있다. 성지는 경작을 주로한 먹거리 생산에 적합지 않고 벌이 꿀을 생산할 수 있는 야생화가 피어 있는 지역이었다. 이런 거친 땅에 이스라엘 사람들이 정착을 하면서 겨울의 우기에는 곡식을 심었고 여름 건기에는 포도, 올리브, 무화과 등의 과실을 생산하였다. 정착 당시 가나안 땅에서 생산되는 농산물은 밀, 보리, 포도, 무화과, 올리브, 석류, 대추야자 7종으로 신명기(8 : 8)에 기록되어 있다.

일상적으로 먹는 식품을 보면 이스라엘 사람들이 블레셋 사람들과 싸울 때 이새가 다윗을 시켜 전장에서 싸우고 있는 형들에게 전하는 식품들이다. 거기에는 곡류와 유제품만 기록된 것을 보면 일상 식생활의 단면을 엿볼 수 있다.(사무엘상 17 : 17~18)

아비가일의 남편 나발에게 모욕을 당한 다윗은 나발을 무력으로 징계코자 하였으나 아비가일이 이를 무마시키고자 다윗을 만났을 때 많은 식품을 준비하였다. 그 식품 중에는 떡, 포도주, 양, 곡식, 건포도, 무화과가 있어 급한 중에도 사과의 뜻으로 준비한 일상의 식품으로 볼 수 있다.

또 에스겔서 4장 9절에서는 하나님이 직접 빵 만드는 재료를 말씀하셨다. 그 재료로는 밀, 보리, 조, 귀리, 팥, 콩을 섞어 빵을 만들라고 명하신 것을 보면 그 지역의 산물을 알 수 있다. 이사야서(28 : 25)

에서는 소회향, 대회향, 귀리를 심는 방법을 알려주셨는데 십일조로 드릴 만큼 소중한 것들이었다.

2. 식문화의 형성

한 집단의 식생활과 식문화 형성에 영향을 주는 요인은 매우 다양하지만 다음과 같이 세 가지 형태로 나누어 볼 수 있다.

첫째, 생물학적 요소이다. 인간은 생존과 재생산에 영양소를 필요로 하며 이것이 충족되지 못하면 그 집단이나 개인은 도태되어 버리고 만다. 특정 동물과 식물을 식용으로 선택하게 된 동기가 관능적 평가에 따라 결정하였을 것이며, 그것으로 영양소의 공급에 큰 부족이 없었을 것이다. 사람이 좋아하는 것을 먹는다는 것은 신체의 발육과 유지에 필요한 것을 섭취한다는 것으로 초기 인류에게는 적용이 가능한 행위였을 것이다. 자연 상태의 미가공품은 어느 정도 이러한 섭취 과정에 적합할 수 있었다. 그러나 현대에는 전혀 맞지 않는 말이 되어 버렸다. 식품의 인위적인 가공이 바로 관능적 기호성에만 그 기술의 진보가 이루어진 경우가 대부분이기 때문에 오히려 최근에는 기호성이 높은 식품은 식생활을 오도할 우려가 있는 식품으로 볼 수도 있다.

둘째, 환경적 영향이다. 과거의 수렵채집 시기에는 집단의 크기가 커질 수 없었다. 왜냐하면 일정 지역에 있는 식량자원이 일정하게 한정되어 있기 때문에 동물처럼 영역을 설정하였을 것이며, 그 영역은 바로 생존의 영역이기 때문에 여럿이 나누어 가질 수 없었을 것이다.

약 1만 년 전 먹거리 관습이 바뀌기 시작하였다. 수렵채집의 채취

시대에서 식량의 생산자로 바뀌면서 집단의 크기가 커지는 것은 노동력의 집중으로 생산 효율성을 높일 수 있다는 의미를 갖게 되었다. 그러기 때문에 식량 생산자가 된 후에는 인구의 증가 및 집단 취락 구조를 형성하게 되었다.

이처럼 주변 환경이 바로 식량 생산의 척도가 되고 그 집단의 생존력에 결정적 영향을 주었으나 수송, 냉장, 가공 기술의 발달로 먼 거리까지 상호 교류가 가능해 지면서 환경의 영향이 감소하게 되었다. 그러나 기술적, 정치적, 경제적 환경은 이를 늘 자유롭게 교류하도록 허용하지 않았다.

셋째, 문화적 요소이다. 동일한 환경에서 같은 식품 자원을 얻을 수 있는 조건에서도 사뭇 식생활이 다른 경우가 있다. 이는 한 집단이 다른 집단과 다른 전통, 관습, 종교를 가지고 있기 때문이며 무슨 식품을 어떻게 취하고 어떻게 조리하여 먹을 것인가를 결정하게 된다. 예를 들어 영양적 가치가 풍부하고 주변에서 흔히 구할 수 있는 것들도 문화적으로 식생활에 수용되는 데는 각기 다른 모습을 보일 때가 많다. 말, 개, 개구리, 일부 조류, 뱀, 곤충, 성게, 문어 등과 같이 민족이나 종교에 따라 다른 시각을 보이는 것들이 많기 때문에 한 지역이나 한 국가의 식문화가 다른 집단의 식문화를 평가하는데 기준이 되어서는 아니 된다.

먹는 방법도 매우 다양하여 육류를 익히거나 날것으로, 생선도 날것이나 익혀서 또 발효시켜서 먹을 수 있고 난류(卵類)도 다양한 방법으로 먹는 것을 알 수 있다. 특히 발효 식품은 국가간 기호성에 크게 영향을 주어 기호의 차이를 극대화시키고 있다. 문명화될수록 얻기에 위험한 식자재나 수확량이 적은 것은 메뉴에서 사라져 일상 먹는 식품의 종류는 단순해지고 가공 방법은 다양해진다. 식량자원이 부족 시에 구황작물이었던 것은 거의 사라지고 단종되고 있으며 다수확 위주로 식량자원이 축소되고 단순화되었다.

식문화는 한 세대로부터 다음 세대로 완전히 복제되는 것이 아니라 새로운 적응 과정을 통하여 변화하는 경우가 많다. 한 집안의 요리법도 대물림할 수 있으나 변화의 가능성도 충분히 있다고 볼 수 있다. 어느 나라든 음식문화는 오랜 역사 속에서 그 나라의 풍토와 자연 조건의 제약을 받는 것이 가장 큰 형성 요소가 된다.

세계의 주식은 크게 동물성 식료형, 밀형, 쌀형, 옥수수 또는 잡곡형, 피나 수수형, 감자형으로 나눌 수 있는데, 어느 것을 선택하는지는 그 나라 국민의 기호 문제가 아니고 자연 조건의 문제이다. 일반적으로 위도가 높으면 동물성 식료, 위도가 낮으면 식물성 식료에 의존하는 경우가 많다. 동물성 식료, 특히 목축에 의한 육류를 주식으로 하는 유목민족과 식물성 식료에 의존하는 농경민족 사이에는 자연관도 다르고 민족성도 크게 다르다.

유목민족에 있어서 자연은 늘 정복이 대상이고 따라서 자연과 인간은 늘 대립 상태를 이룰 수밖에 없다. 그러나 농경민족에 있어서 자연은 결코 정복이 대상이 아니다. 그들에게 있어서 인간은 늘 자연의 섭리에 따라 이에 순응하고 자연으로부터 혜택을 받으며 살아가는 존재인 것이다.

기후에 따른 음식의 특성을 보면 아열대 지역은 음식이 맵고 짜며 향료를 비교적 많이 쓰고 음식에 기름이 많다. 열대 지역은 음식에 향료를 다량 사용하며 음식의 종류가 단출하고 기름기 많고 찰기가 적은 쌀을 쓰는 경향이 있다. 온대 지역은 향료를 사용하지만 많이 사용하지는 않으며 식품의 종류가 많고 가공법도 발달하였고 찰기가 많은 쌀을 좋아한다. 아한대 지역은 음식이 비교적 담백하고 음식의 종류나 가공법은 온대에 비하여 덜 발달되었다. 한대 지역은 음식이 담백하고 가공을 적게하며 음식의 종류가 적고 술이 독한 특징을 보인다.

3. 식사 기도

"주께서 내 마음에 두신 기쁨은 저희의 곡식과 새 포도주의 풍성할 때보다 더하나이다"(시편 4 : 7)라는 시편 기자의 고백처럼 주께서 주시는 기쁨은 곡식과 포도주에 비교하여 더 큰 기쁨으로 기록하고 있다. 그래서 사람들에게 기쁨을 주는 곡식과 포도주를 하나님께 감사의 제물로 드리는 것은 당연한 것이다. 풍성한 수확에 감사하여 제단에 제물을 드리는 것은 현재까지도 각 문화권에서 전통으로 이어왔다.(레위기 2 : 12, 민수기 15 : 21, 느헤미야 10 : 37) 제물로 쓰인 곡류나 빵은 성직자들의 생계에 도움이 되도록 제단에서 소비하지 않고 성직자에게 주었다.(레위기 2 : 3,10, 7 : 9~10, 느헤미야 13 : 5)

농경사회는 유목사회와는 달리 농작물의 재배와 수확 과정이 분명히 구분되어 있다. 재배 중의 어려움을 극복하고 수확을 풍요롭게 얻었을 때 하나님께 감사하고 의식을 행하였다.

식사 전 감사 기도는 신약성서에서 보면 예수님이 주로 하셨다. 그때 감사의 대상은 떡(빵)인 경우가 많았다. 물론 떡은 떡 자체의 의미보다 하나님께서 주신 식탁 모두를 상징한다고 볼 수 있다. 식사 감사 기도에서 떡 이외의 것을 가지고 기도한 것은 '칠병이어'의 기적 시 생선과 떡을 함께 들고 기도한 것이 유일한 것이다. 그 관련 구절을 보면 다음과 같이 여러 상황에서 식사 기도를 하신 것을 알 수 있다.

【최후의 만찬 자리에서(마태복음 26 : 26)】
그들이 먹을 때에 예수께서 떡을 가지사 축복하시고 떼어 제자들에게 주시며 이르시되 받아서 먹으라 이것은 내 몸이니라 하시고

【엠마오에서 예수님은 제자들을 만나 함께 음식을 잡수실 때(누가복음 24 : 30)】
그들과 함께 음식 잡수실 때에 떡을 가지사 축사하시고 떼어 그들에게 주시니

【오병이어의 기적을 일으키신 후(요한복음 6 : 11)】
예수께서 떡을 가져 축사하신 후에 앉아 있는 자들에게 나눠 주시고 물고기도 그렇게 그들의 원대로 주시니라

【사천 명을 먹이기 위하여 기적을 일으키신 후(마태복음 15 : 36)】
떡 일곱 개와 그 생선을 가지사 축사하시고 떼어 제자들에게 주시니 제자들이 무리에게 주매

바울은 예수께서 행한 식사 기도를 계속 행하였는데 바울 일행이 가이사랴를 떠나 지중해 서안 멜리데(Melite) 섬으로 가는 동안 배 속에서도 행해졌다.

떡을 가져다가 모든 사람 앞에서 하나님께 축사하고 떼어 먹기를 시작하매 (사도행전 27 : 35)

4. 식습관의 형성

식습관이란 음식과 관련하여 한 개인이 속한 집단이 공통적인 습관을 갖도록 그 개인의 행위에 제약을 가하여 그것이 하나의 문화

형태로 굳어진 일종의 집단 문화이다. 가식성을 중심으로 한 개인의 식품에 대한 태도는 각자의 식생활이 결정되어 가는 과정을 알 수 있다.

먹을 수 없는 식품

이런 식품은 독이 있거나 종교적 신념, 금기(taboo) 때문에 먹지 않는다. 어떤 식품은 문화적 의미에서 가식성을 잃게 되는 경우가 있다. 어떤 문화 집단에서 유익한 동물, 인도의 소와 같은 동물이며, 어떤 것은 잡기가 너무 위험한 것, 질병이나 이유를 알 수 없는 원인으로 죽은 동물, 쓰레기나 폐기물을 먹고 사는 동물, 인간의 질병과 비슷한 질병을 앓는 동식물도 먹을 수 없는 식품에 속하며, 그 이유가 잘 알려지지 않은 상태에서 먹지 않는 것도 있다.

동물들은 먹을 수 있으나 개인이 먹지 않는 식품

자연 상태에서 동물들의 먹이가 될 수 있는 것은 매우 다양하여 인간과 차별화될 수 있다. 단지 인간이 동물을 가축화시켜 나가면서 인간의 식량을 공유하다 보니까 식물(食物)의 공통성이 커지고 있는 것이다. 동물들은 먹이 피라미드를 충실히 따르고 있기 때문에 먹이의 종류가 많고 생존력이 커질 수 있다. 곤충은 모든 육식동물의 먹이가 될 수 있으나 인간이 먹을 수 있거나 먹는 곤충은 극히 제한적이다.

인간은 섭취가 가능하나 내가 속한 문화권에서 먹지 않는 것

어떤 사회에서는 받아 들이나 다른 문화권에서는 수용하지 않는 경우를 말한다. 이런 종류의 식품은 아시아의 개고기, 카리브 연안의 이구아나, 유럽의 말고기, 몽골리아의 곰 발바닥 등은 그 지역에서만 소비되며 타문화권에서는 거부감을 갖는다.

또 다양한 식재료를 자랑하는 프랑스인들은 스코틀랜드의 해기스(haggis : 순대와 비슷한 내장 요리), 일본의 청국장을 싫어하며, 미국인은 야생 버섯을 싫어하고, 해산물을 접하기 어려웠던 중앙 유럽 거주민은 해물 요리를 좋아하지 않는 것으로 알려져 있다. 또 발효 식품에 대한 기호는 국가에 따라 아주 다르다.

인간은 섭취가 가능하나 개인이 먹지 않는 것

여기에 속한 식품은 내가 속한 문화권에서 일반적으로 식용되고 있으나 개인의 기호, 경제적 이유, 건강상 이유, 종교 등 보편적이지 않은 이유로 개인이 섭취하지 않는 식품군을 말한다.

내가 먹을 수 있는 것

약간의 기호도에 차이가 있을지라도 나의 식생활에서 받아들일 수 있는 모든 것을 말한다. 그러나 독이 있다고 반드시 식품에서 배제되는 것은 아니다. 복어와 같은 어류는 강한 독을 가지고 있는 것이 많으나 독 부위를 제거하고 식용하는 경우가 많아 예외가 된다고 할 수 있다. 또한, 식용한다고 하더라도 그 식용의 빈도 차가 매우 큰 것이 일반적이다.

일부 국가에서 메뚜기는 척박한 시골의 중요한 식품 역할을 하였는데 말린 것을 팝콘처럼 다량 섭취하기도 한다. 메뚜기는 단백질이 70% 이상이고 지방 또한 20% 이상을 함유하고 있으며 비타민과 무기질도 풍부히 들어 있어 영양적으로 훌륭한 식품으로 아프리카의 일부 지역과 중동의 오지에서는 아직도 먹고 있다.

5. 성서 시대 식생활의 상징성

식품은 영적 메시지를 주는 가장 강력한 상징물의 하나이다. 첫 유월절에서 최후의 만찬까지 어떤 식품 특히 포도주와 빵은 기독교인들에게 성스러운 기억으로 인식하게 한다. 발효빵과 비발효빵, 포도와 포도주, 소금, 씨뿌림 등 모두 교훈적이고 상징적이다.

아브라함이 천사들에게 했던 것과 같이 식사를 대접하는 것은 손님을 환영하고 적대감을 끊는 것이다. 오늘날에도 중동에서 "빵을 떼다(breaking of bread)"라는 표현은 전에 적이었던 사람과 적대감을 종식하는 중요한 표현이며 상징이다. 시편 23장 5절에 **"주께서 내 원수의 목전에서 내게 상(床)을 베푸시고……"**라고 기록된 것도 주와 함께 상을 놓고 마주 앉아 있는 모습에서 전능하신 주와 나와의 친밀감의 표현으로 적으로부터 보호받을 수 있다는 의미이다.

물에 대하여도 예수께서 사마리아 여인을 만났던 기록(요한복음 4 : 13~14)에서 여인이 주는 물과 예수께서 주시는 물을 대비로 보여주고 있다. 일상의 물이 곧 일시적인 목마름의 해결 방법이지만 예수께서 주시는 영생의 물은 결코 목마르지 않을 것이라고 설파함으로써 영생수의 중요성을 알려주고 있다. 우리가 성찬식에서 먹고 마시는 떡과 포도주도 생명을 주는 영의 양식이라는 뜻이다. 음식에 대한 비유와 상징은 음식 자체의 가치보다 사람들이 가치 있고 소중하다고 생각하는 음식을 이용하여 하나님의 말씀을 생명처럼 소중하게 여기라는 말씀으로 받아들여야 할 것이다.

음식을 같은 식탁에서 함께 먹는다는 것은 특별한 관계를 말해주고 있는 것이다. 아브라함이 천사를 대접하고자 분주히 서두르는 모습은 호의를 나타낸 것이며 그 후손들에게도 본보기가 되었을 것이다. 이삭이 우물의 사용 관계로 전에 적대 관계를 갖던 아비멜렉에게 큰 잔치를 베푼 것은 화해의 표징으로 볼 수 있다. 음식을 나눈다는 것은 지금도 평화의 상징으로 베두인족의 손님 접대 관습에서도 볼 수 있다. 그들의 텐트 안에서 식사를 제공한다는 것은 그들이 손님을 보호하겠다는 의미와 동일하다. 이처럼 음식의 접대는 환대한다는 뜻이 가장 크다.(누가복음 10 : 8) 한 지붕 밑에 손님이 있다는 것은 선한 행위를 할 하나님이 주신 기회로 생각하고 있다.

6. 성서 시대의 식습관

식품의 조리는 일반적인 식생활에서는 여자들에 의하여 행하여지고 있지만, 큰 연회나 종교적 식사에는 원칙적으로 남자들에 의하여 행해지고 있다. 고대 중동에서는 많은 사람들이 채식주의자였다. 종교적인 이유나 정결한 생활을 위하여 채식을 하기도 했으나 상류층을 제외하고는 육류를 이용할 수 있는 층이 한정되어 있기 때문이다. 이것이 현대에 와서도 채식을 위주로 하는 이유로 볼 수 있다.

유대교에서 히브리인의 조상들은 엄격한 채식주의자였으며 노아의 홍수 후 변화가 있었다. 그 후로는 육류 섭취가 허용되기는 했으나 생명의 근원으로 생각한 피는 제거하여야 했다. 이것이 유대인의 식사 규례의 첫 번째가 되었으며 그후 어떤 동물이나 새, 어류의 식용 금지 규정이 만들어졌다. 금욕적인 유대인은 육류 섭취를 잔인하고 탐욕스러운 것으로 생각하여 싫어하였다.

노아의 규례는 모든 사람들에게 적용되는 것으로 노아와 그 후손들에게 하나님의 명령으로 내린 것이다. 일곱 가지로 정리해 보면

① 우상 숭배 ② 간통, 근친 상간 ③ 살인 ④ 하나님에 대한 불경 ⑤ 도적질 ⑥ 사회적 불공정 ⑦ 살아 있는 동물의 살해 및 섭식으로 나눌 수 있다.

중동 지역 음식에서 매우 흥미 있는 것은 이집트로부터 이스라엘, 레바논을 지나 터키, 그리스에 이르기까지 비슷한 음식들이 많고 또 이름도 비슷한 것이 많다. 이들 요리의 차이라면 동일한 향신료를 많이 쓰는가 적게 쓰는가 정도이며 또 향식물을 다양하게 넣는 것이다. 이처럼 음식에서 공통성을 가질지라도 각기 다른 문화를 갖는 지역적 특성으로 그들 자신의 고유한 지역 요리를 발전시켰다. 예를 들어 이스라엘 사람들의 무교병과 과자는 모든 지역에서 다른 이름으로 불리고 있다. 위 모든 지역에서 똑같이 튀기고, 굽고, 끓이고, 찌는 요리법을 쓰고 있는 것을 알 수 있으며 또한 같은 기본 식품 재료를 쓰고 있다.

- 고기류 : 염소, 양
- 채소류 : 오이, 고구마, 감자, 샐러리, 호박, 양파
- 과실류 : 여러 가지가 있으나 감귤과(citrus) 식물 열매가 특히 같다.

다양성과 차이점은 커스터드, 단과자, 빵에서 볼 수 있는 감미료와 빵 재료인데, 그 지역에서 생산되는 향신료와 풍미제에 따라 다르게 된다. 곡류와 두류는 인구 밀집 지역과 황폐한 사막 지역에서 육류와 채소가 부족할 때 균형 있는 영양 섭취를 위하여 중요한 역할을 하고 있는 것을 알 수 있다. 강과 바다에 인접한 지역에서는 어류와 수산 식품이 그들의 식생활을 폭넓게 해주고 있다. 염장하고

건조하는 것은 오늘날 식품을 냉장하는 것과 같다. 육류와 어류를 염장하는 한편 채소는 건조하거나 당절임을 하였다.

볶은 씨앗은 중동 지역의 먹거리로 매우 중요하다. 육류는 가난한 사람들의 식탁에 충분하지 못하므로 두류나 종자를 육류 대신 단백질 급원으로 선택하는 것은 자연스러운 것이다. 멜론, 호박, 해바라기씨는 그 지역 전체 식생활에서 중요한 식재료로 발견된다.

그리스 로마 전 시대에 즐겨 섭취했던 식품의 종류를 알아보려면, 기원전 5000~4000년 동안 이집트의 하왕조는 물론 상왕조에 이르기까지 기초 건물의 양각화나 사원의 조각을 통해서 그 시대의 식생활을 생생히 알 수 있다. 한 예로 이집트 상왕조의 통치자인 우니스(Unis)왕의 아들 우니스앙크(Unis-Ankh)의 무덤에서는 왕의 아들에 걸맞은 식품들이 예술적인 그림 문자 형식으로 보여주고 있다. 여기에는 포도주, 새, 가축화된 동물, 과일, 견과류, 곡식류와 함께 그릇 및 물병 등을 볼 수 있다.

히브리인들은 식품과 사후 생명과의 종교적 상호 관련성이 중요하다고 생각하였기 때문에 사람이 죽으면 그 땅에서 생산된 가장 좋은 음식과 음료 및 보석, 개인적 애장품, 심지어 하인, 첩까지 함께 매장하였다. 다음 세계로 여행을 준비하는 것이기 때문에 파티를 새로운 세계로 옮긴다는 뜻에서 축하연으로 이어졌다. 이 품목들의 대부분은 이집트 박물관에서 오늘날에도 볼 수 있다.

중왕조 시대의 개인적인 기념 석주에는 연회 장면을 많이 보여 주고 있는데 맥주, 빵, 돌빵, 감미식품, 과실, 메론 등 다양한 식품을 볼 수 있다. 특히 소와 염소의 왼쪽 다리는 매우 좋아하는 것으로 위대한 지도자를 위한 가장 훌륭한 연회의 요리 품목이다. 거의 모든 기념 석주에서 볼 수 있는 야생 오리와 거위는 왕자나 상류층을 위한 것이며 스튜로 요리되었다.

한 지역의 식품과 조리법은 그 지역 사람들이 살아온 역사를 말한다. 이스라엘 사람들이 먹고 있는 음식, 조리법에서 이스라엘의 역사와 주변 국가의 영향을 알 수 있다. 수메르, 앗시리아, 이집트, 바빌로니아, 히타이트, 스키타이, 아나톨리, 그리스, 로마 등 여러 지역의 식문화가 이스라엘 식문화로 직조되어 다양한 무늬의 이스라엘 식문화를 형성하였고 이것은 이스라엘 식문화만의 고유성이 적다는 말도 된다.

교역은 식습관의 형성과 발전에 중요한 역할을 한다. 트라카이(Thrace), 유프라테스, 나일 계곡, 요르단 계곡에서 채소류, 이집트, 요르단, 이스라엘로부터 과실과 견과류, 인도로부터 닭, 중국이나 앗시리아로부터도 여러 식품이 유입되거나 유통되었으며 특히 이스라엘과 그 주변 국가에서는 야생 조류, 올리브, 대추야자, 무화과, 포도 등이 생산되어 교역품이 되었다. 기원전 600년경의 수탉 그림이 유리 접시, 물병과 함께 발견되었다.

고대에 장식용 유리그릇, 보석, 식탁 용품은 악고(Akko) 근처에 있는 벨루스(Belus) 강 외곽 지역에서 만들었다. 여러 가지 유리제 식품 용기가 계속 개발되어 식생활과 함께 크게 발전하여 다양한 모양과 형태를 만들었다.

도자기가 발견되면 대개 시기를 추정할 수 있기 때문에 고고학자들에게는 매우 소중한 자료들이다. 도자기는 시대에 따라 다르고 목적에 따라 다르기 때문이다. 발견된 대부분의 가정용 도자기는 접시 형태를 하고 있다. 먹고 마시는데 주로 쓰였으며 포도주를 마시는 도구로 성서에 기록되어 있다.(아모스 6 : 6)

기원전 12세기에 잔이 이미 쓰였고 식탁용 포도주를 담기 위하여 마개 있는 유리병도 사용되었다. 목이 좁고 길어 정확히 따르는데 유용하게 쓰였으며 비싼 음료가 들어 있기도 하였다.

도자기는 기원전 6000년경에 사용한 것이 처음 발견되었다. 진흙 바닥 위의 불이 진흙을 단단하게 만드는 것을 보고 우연히 발견하였으리라 생각된다. 부유층에 속하는 사두개인(Sadducee)들은 금과 은으로 만든 식기를 사용하여 음식을 먹었다. 대부분의 사람은 유리그릇을 사용할 수 있었지만, 불순물이 들어 있지 않은 백색 유리를 사용할 수 있는 사람은 부유층뿐이며 가난한 사람들은 토기그릇을 썼다.

다양하고 빈번한 교역은 영토와 음식과의 연관성을 약화시켰으며, 계절적 불확실성으로부터 한 지역을 해방시켜 기아의 극복에 기여하였으며 결국 음식의 탈지방화, 도시화의 경향을 보이기 시작하였다.

일반적으로 초기 농경사회나 목축사회에서는 하루 두 끼가 보통이었으나 최근과 같이 일일 3식으로 바뀌게 된 원인은 생활 시간이 길어지고 조명기기의 발달이 한 원인일 수 있으며, 또 농업 생산력의 증대와 식량 공급이 늘어 충분한 식량자원이 있기 때문이다.

식사 자세는 식탁이 생기기 전 돌이나 낮은 의자에 앉아 평지에 늘어 놓은 음식을 먹는 경우가 많았으며 서서 먹거나 누어서 먹기도 하였다. 초기에는 바닥에 펼쳐 놓은 식탁이 고작이었으나 후기에는 등을 기댈 수 있는 긴 의자가 식탁으로 보급되어 사람들은 왼편 팔꿈치를 뒤에 기대고 오른 손으로 음식을 먹었다. 호머 시대 그리스인은 앉아서 식사를 했지만, 시대가 흐르면서 사치스런 아테네인들은 바빌로니아인들이 기원전 7세기경에 시작했던 방식을 받아들여 옆으로 비스듬히 누워 식사를 하게 되었다.

일반 평민들은 마루 바닥이나 매트에 앉아 가운데 놓인 음식을 먹었다. 그러나 부유층이나 축제의 경우에는 3면에 기대는 시설이 있는 긴 의자에 앉아 하인이 가져오는 음식을 먹었다. 주인은 식탁의 열린 면과 마주하는 왼쪽 의자의 두 번째에 앉았으며 그의 양쪽은 영예로운 자리였다.(누가복음 14 : 7, 마태복음 20 : 21)

기원전 2000년경에 이집트인들은 숟가락을 사용한 흔적이 보이지만 그들은 대부분의 음식을 손으로 먹었으며, 로마 사람도 역시 손으로 식사하는 것이 보편적이었다. 간단한 식사에서는 부드럽고 넓은 납작한 빵을 숟가락이나 접시처럼 써서 큰 음식 그릇으로부터 퍼서 옮겼다. 이 빵의 남은 조각은 누가복음 16장 21절처럼 부자의 식탁에서 떨어지기도 하고 부자들의 손가락을 닦는 손수건 역할도 했을 것이다.

예수 시대에도 나이프와 숟가락이 사용되었다.(포크는 중세에 등장) 그러나 전통사회에서 일반적인 관습은 부재료가 담긴 공동 접시에 빵 조각을 적절한 크기로 잘라 찍어 먹는 것이었다.(마가복음 14 : 20) 찍어 먹는 것도 먹는 사람의 수에 따라 예절이 다르고 연령이 높은 사람이 먼저 음식에 손을 댄 후 젊은 사람이 먹었다.

음료나 주류를 마시기 위한 컵은 공동으로 사용할 때도 있었지만 단독으로 사용하는 것을 더 좋아했다. 세균이 발견되기 오래전인데도 컵을 돌려 마시면 건강에 위험이 온다고 믿었다. 그래서 돌려 가며 마실 때도 마신 후에는 깨끗이 닦은 후에 테이블 위에 내려놓았다.

7. 고대 이집트인의 식생활

히브리인들이 이집트로 이주 후(기원전 1876년) 출애굽(기원전 1446년)까지 400여 년가량 히브리인의 식생활은 이집트인의 식생활에 많은 영향을 받았을 것이다. 식량 부족으로 이주한 것이기 때문에 자신들의 식문화나 전통을 유지하기보다 이집트인의 식문화에 동화되기 쉬웠을 것으로 판단할 수 있다. 더구나 생산되는 식재료가 다르고 이집트인에 의하여 고용되어 지급되는 식량으로 살았기 때문에 이집트인의 식생활이 히브리인의 식 행위에 많은 영향을 주었을 것이다.

지금은 이집트의 불모지나 다름없는 땅이 기원전 5000년경에는 거대한 삼림으로 큰 동물들이 살고 있었다. 그 후 인간들은 연료와 건축용으로 큰 나무를 마구 벌목하는 무지를 저질러 겨우 작은 동물과 새 정도가 살 수 있었다. 이에 따라 기후 조건도 나빠지면서 나무와 숲이 사라졌고, 기후는 더욱 건조해지고 동물들이 모두 사라져 죽음의 땅, 척박한 황무지가 되었다.

그러나 이집트는 나일 강 유역을 비롯한 비옥한 지역이 많아 주민들에게 풍요로운 생활을 제공하였고 이것은 초기 이집트인의 무덤에서도 많은 식품과 식생활 관련 자료들을 그림으로 남겨 놓았다. 일부 묘실의 남북 벽에는 빵, 맥주, 고기, 가금류는 물론 항아리를 사후 세계를 위하여 준비하여 그려 놓았다. 또 다른 무덤에서는 거위, 양, 염소, 오리, 공작새, 무화과, 포도, 대추야자, 빵을 그려 놓아 사후 세계의 풍요로운 연회를 연상하게 한다. 공작새는 그 시대 중요한 축제나 연회의 주요 요리 품목이었으나 그 후 예수님의 시대에는 예술적 상징물로 사용되고 식품으로는 쓰이지 않았다.

고대 이집트에서 경작되는 주요 곡물은 보리와 밀이었다. 수확의 계절에 재앙이 있어 흉년이 들기도 했는데, 그 재앙은 뇌우, 우박과 같은 기후적 요소와 메뚜기떼, 메추리기떼, 들새와 같은 동물들에 의하여 작물이 피폐하게 되어 기근을 가져오기도 하였다. 밀과 같은 곡류의 재배는 저장, 가공법의 개발로 이어져 신석기 시대 유적에서는 빵, 케이크 제법과 기포빵(발효빵)이 발견되었다.

기원전 1560년의 유물 가운데 발견된 효모는 현재의 것과 비슷할 정도로 순수한 것으로 이스트의 보편적 사용을 의미한다고 추정할 수 있다. 신왕국 시대(기원전 1567~1130년)에는 사과, 자두, 올리브, 수박, 멜론이 재배되었으며 복숭아와 배는 프토레마이오스왕조 시대(기원전 305년경)에 전파되어 재배되었다. 신왕국 시대에 이집트에서 살았고 출애굽했던 히브리인들이 이집트에서 먹던 채소나 과실을 그리워한 것은 그들의 식생활의 기본을 알려 주는 것이다. 채소로는 마늘, 부추, 양상추 등을 심어 식생활의 다양성과 풍요로움을 더해 주었다.

이집트 사람들의 식사 풍경을 요셉이 형제들과 만나 식사하는 장면(창세기 43 : 32)에서 엿볼 수 있다.

이집트 사람들은 방의 벽을 따라 식탁을 놓으며 손님들은 얼굴을 벽쪽으로 향하고 앉아서 먹는다. 요셉과 형제들이 각가 반대편 끝에 앉고 요셉이 따로 먹은 것은 다른 이집트인들보다 신분이 높아 이집트인들과도 함께 식사를 하지 않았던 것으로 보인다.

이집트인들은 이방인들을 부정하다고 생각하여 음식의 나눔, 접촉, 생활 기물의 사용도 구분하였다. 이는 이집트 사람들이 신성시하는 짐승을 도살하거나 먹는 것과 같이 정한 음식과 부정한 음식에 대한 식사 규례가 다르기 때문이다.

창세기 43장 16절에 요셉이 가족들에게 음식 준비를 명하는 장면이 있는데, 고대 이집트에서는 식사에 쓸 짐승을 각자 자기의 집에서 잡았던 것으로 보인다. 고기 파는 집의 그림이 없는 것으로 보아 수요가 많지 않고 귀한 것이었을 것이다. 짐승의 고기를 일상의 식생활에서는 먹을 수 없었고 잔치에서만 먹을 수 있었다. 요셉이 정오에 식사를 위하여 "짐승을 잡고 준비를 하라"(창세기 43 : 16)는 것은 요리법이 간단하여 시간이 많이 걸리지 않는다는 것을 뜻한다고 볼 수 있다.

민수기 11장 5절에서도 이집트의 생활을 그리워하며 값을 지불하지 않고 생선, 외, 수박, 부추, 파, 마늘 등을 먹은 것을 회상하는 것을 보면 히브리인들이 피라미드를 건축하는 노동자로서 공급받고 있던 식품들이 무엇인지를 추측할 수 있다. 물고기는 값이 가장 싼 식량 가운데 하나일 정도로 흔하고 풍부했다. 노동자들의 임금으로 생선이 배급되고 흔한 것으로 값이 싸 시장에서는 교환 가치가 없었던 것으로 보인다.

이집트 사람들은 기원전 1500년경에도 효모에 의하여 발효된 빵을 먹었으며, 이는 아브라함 시대에도 이용되었으나 여호와께 드리는 제물로는 사용하지 못하도록 하였다.

8. 성서 시대의 식생활

중동 지역의 식사는 빵이 주식이다. 빵은 밀가루와 보리로 만들었으며, 빵이란 말은 일반적인 음식(meal)을 통칭하는 역할을 하기도 하였다. 우리나라에서는 밥이라는 것이 쌀 등을 주재료로 한 우리의 주식이지만 '밥'이라는 말 자체는 한 끼의 식사, 음식 전체에 대한 포괄적인 의미를 갖는데 빵도 동일한 뉘앙스를 갖는다고 하겠다. 그래서 빵이란 어휘는 성서에 따라 'bread' 외 'meal', 'something to eat' 등으로 번역되고 있다.

히브리인들은 신선한 포도즙을 오래 저장할 수 없다는 것을 잘 알고 있었다. 더운 기후에서 포도즙은 즉시 발효를 시작하여 시간이 경과함에 따라 알코올 발효와 초산 발효로 진행되기 때문이다. 그래서 프라이팬 같은 기구에 포도즙을 넣고 끓여 진한 당액을 만들었는데, 이것이 성서에 자주 등장하는 '젖과 꿀이 흐르는 땅'의 꿀을 말한다고 주장하기도 한다.

그러나 천연 꿀도 풍부하여(신명기 32 : 13, 마태복음 3 : 4) 샤론의 평원에서 온갖 꽃들이 피어 천연 꿀을 채취할 수 있었을 것이다. 샤론 평원에 아름다운 꽃이 피어있음을 찬송하는 찬송가 89장(샤론의 꽃 예수)과 아가서(2장 1절)에서 솔로몬이 "나는 샤론의 수선화요"라는 구절에서도 알 수 있다. 인공 과실 꿀은 포도뿐만 아니라 당분을 가진 모든 열매에서 만들 수 있었으며 저장성이 높아 저장 식량이 되었다.

생선의 이용도 보편화되었던 것으로 보이며 예수님 탄생 후 더 다양하게 이용되었던 것 같다. 스바냐(1장 10절)에 어문(魚門, Fish Gate)이란 말이 나오는데, 그곳으로 생선이 들어오고 그 근처에서 팔았던 것으로 보인다. 신약성서에서는 비교적 자주 생선이 등장한다. 오병이어의 기적을 보더라도 일상 식생활의 일부로 생선이 일상 식품으로 이용되었다.

예수님의 첫 제자 베드로, 안드레, 야고보, 요한도 갈릴리 바다 근처에 살면서 정어리, 틸라피아, 잉어까지 잡았다. 비유적으로 예수님께서 그들을 사람을 낚는 어부가 되도록 하시겠다고 한 말씀에서 그 뜻을 읽을 수 있다.

지중해의 고대 페니키아 항구인 두로(Tyre)는 생선의 거래로 유명하였다.(대부분 염장 및 건어물 형태) 두로 사람들은 생선을 발효시켜 냄새가 많이 나는 젓갈을 만들었으며 그 젓갈이나 생선을 갈릴리와 예루살렘 남쪽에 수출하였다.(느헤미아 13 : 16)

대부분의 가정은 채소밭을 가지고 있었고(열왕기상 21 : 2) 주요한 식자재가 거기서 공급되었다. 수박, 페르시아 멜론은 더위를 이기기 위한 과실이었고, 녹색 줄이 있는 수박은 이집트와 출애굽 후 이스라엘에서도 인기가 있었다.(민수기 11 : 5). 가지는 가장 인기 있는 채소였으며 그 뒤로 얌(yam), 오크라, 고추, 콩류, 완두류가 뒤따랐다. 참깨를 으깬 것은 제일 많이 사용하는 소스였다. 초기에 밀을 먹는 법으로 생각되는 가공법은 밀 낟알을 물에 담근 후 뜨거운 사막 태양으로 완전히 건조시킨다. 그리고 세 가지 형태로 쓰도록 가루를 만든다.(가루의 입자 크기에 따라 세 가지 음식 재료로 결정된다)

빵과 오이는 점심이나 늦은 저녁 식사로 먹었으며, 종종 수박을 식후 디저트로 먹었다. 부추는 양파나 마늘과 같은 부류의 식물로 빵과 함께 날로 먹거나 고기와 함께 맛을 내기 위하여 썼다.

욥기(30장 4절)에서와 같이 가난한 사람들은 짠나물(salt herb)의 어린 잎을 삶아 먹거나 날것에 식초를 부어서 먹었다. 뽕나무 열매, 대추야자, 피스타치오(견과류의 일종)는 가난한 사람들의 식량이었고 올리브, 건포도, 석류는 식사 후의 후식으로 이용되었다. 히브리인들은 애굽을 떠나기 전 물고기, 오이, 수박, 부추, 양파, 마늘을 먹었으나 광야에서도 초기에는 이것들을 먹기 위하여 재배하고자 노력하였을 것이다.

과일은 종종 건조해서 단단한 과자 덩이처럼 눌러 놓았다. 살구, 건포도, 무화과는 모든 사람이 육류와 함께 먹었고 또 후식으로도 이용하였다. 지금도 불 가에 앉은 노인들의 주머니에서 건조한 과실 덩이를 꺼내어 조그만 조각으로 잘라 불에서 뜨거워진 염소고기나 양고기와 섞어서 먹는 것을 볼 수 있다.

설탕 절임한 무화과는 연중 먹었으며 비타민과 무기질의 훌륭한 급원이었다. 이사야서는 동물은 물론 인간을 위한 의약품으로 무화과를 사용하기도 하였다.(이사야서 38 : 21) 대추야자, 무화과, 포도, 오리브는 말려서 대상들이 장기간 여행하는 데 식품으로 사용하였다. 말린 과실과 낙타 젖은 대상들이 여행 중 수 주일 동안 생명을 지켜

주는 것이다. 설탕 절임 과일은 준비하기가 쉽고 뜨거운 기온에서 변질되지 않아 여행 식량으로 적합하였다.

성서 시대 사람들은 대부분 채식 위주의 식생활을 하였으며, 각 가구마다 약간의 동물을 키우고 있었으나 종교적 행사의 제물로 쓰기 위함이었으며 특별한 행사 때에만 제한적으로 육류를 먹었다. 또한, 그 동물로부터 털, 젖, 유제품을 얻어 소유주들은 매우 소중히 여기었다. 궁중이나 사원, 부자들은 육류를 비교적 자유롭게 먹을 수 있었으며 가장 많이 소비되는 것은 염소 고기이며 그 다음으로 어린 양고기(lamb), 양고기(mutton)의 순이었다.

현대의 건강한 식생활로 알려진 것과는 달리 옛 히브리인들은 지방을 매우 좋아하여 기회가 되면 요리에 기름을 넣었다. 그래서 살진 송아지, 황소, 지방이 많은 양, 가금(대부분 거위)들이 사랑을 받았다.

육류는 대부분 가축이었지만 사냥을 통하여 야생 염소, 가젤, 영양, 노루, 다미사슴, 비둘기, 자고새, 메추리 등도 식용으로 약간 도움을 주었다. 암양, 염소는 고기와 버터는 물론 치즈와 요구르트를 얻는 데도 유용한 동물이었다. 육류의 조리법은 굽는 것을 더 좋아했는데 이는 사무엘서에서 제사장 엘리의 불량한 자식들이 삶은 고기보다 구운 고기를 더 좋아했던 것을 보아도 알 수 있다.(사무엘상 2 : 15) 창세기 27장 9절에 리브가는 이삭이 사냥해온 염소고기와 같은 맛이 나도록 요리할 수 있는 훌륭한 요리사였다.

케밥(kebab)은 초기 시대의 흔적이 남아 있는 역사적인 요리로 살진 양의 가슴살 약간을 기름과 식초에 담아 놓은 것이다. 꼬챙이에 꿰어 구어서 쌀이나 곡식과 함께 제공되었다. 때로는 채소 조각이나 양고기와 함께 꼬챙이에 꿰었다.

9. 성서 시대의 하루 식사

유대인들은 하루 두 끼가 정상이었다.

"또 자기를 청한 자에게 이르시되 네가 점심이나 저녁이나 베풀거든 벗이나 형제나 친척이나 부한 이웃을 청하지 말라 두렵건대 그 사람들이 너를 도로 청하여 네게 갚음이 될까 하노라"(누가복음 14 : 12)

이 구절에서 점심과 저녁을 기록한 것을 보아도 아침도 먹었던 것으로 추정할 수 있으나 원문에는 "아침이나 저녁"만을 기록하고 있다. 아침 식사는 올리브나 치즈, 말린 과일을 넓적한 빵으로 감싸 먹었기 때문에 식사라기보다는 요기 정도에 지나지 않았다.

농촌에서는 아침 식사가 없었으며 일하는 중에 먹을 수 있지만 가벼운 것 중심이었고, 중식에는 빵, 올리브, 과실 등이었으며, 저녁에는 빵과 채소류가 첨가되고 손님이 있을 때에는 고기 요리가 추가되었다. 저녁 식사에는 채소나 콩을 넣어 만든 스튜, 빵, 말린 과실을 먹었으며 국물은 얇은 빵을 뜯어 그것을 수저처럼 말아서 떠먹거나 적셔서 먹었기 때문에 식사 전후에 꼭 손을 씻는 습관이 있었다.(열왕기하 3 : 11, 마태복음 15 : 2)

로마 통치 시대의 영향을 받은 저녁 잔치는 먼저 간단한 음식과 꿀을 섞은 포도주를 제공하고 그 다음으로 주식이 쟁반에 담겨져 나온다. 손으로 먹고 나면 마지막으로 과자류와 과실이 후식으로 나오고 다음에 술과 여흥이 따른다.

고대 히브리인들은 우유와 빵 한 조각, 그리고 버터나 치즈로 구성된 가벼운 아침 식사를 하였고 하루 중에 주가 되는 식사는 저녁이었다. 저녁은 식욕을 증진시키기 위하여 소금이나 식초에 절인 것으로 식사를 시작하고 그 다음에 간단한 포타지(진한 채소수프), 계절에 맞는 약초와 채소의 스튜, 곡류로 만든 요리를 먹었다. 육류를 포함하는 공들인 요리는 특별한 축제를 위하여 준비한다. 축제는 추수감사절, 유월절, 부림절(바빌로니아에서 자유를 얻음을 기념) 등이 있는데 풍부한 수확이 그런 축제의 대상이다. 이런 이유로 많은 종교적 축제는 씨 뿌리고 수확하는 것과 같은 계절에 관련되어 있다.

고대 히브리인들은 목자든 유목민이든 또 농부든 어부든 그들의 생명을 유지하게 하는 식물을 땅의 관대한 하사품으로 여겼고, 또 땅을 지으신 하나님의 선물로 생각했다. 이런 축전은 하나님과 백성들 사이에 일체감을 갖게 해 백성들로 하여금 늘 하나님과 함께 하고 있다는 믿음을 주어 생활의 활력소가 되었다.

10. 성서 시대의 식사 순서

손님 접대 시 손님이 오면 먼저 대기실에서 기다리게 하고 모든 손님이 도착하면 함께 먹도록 했다. 사도 바울도 고린도의 성도들에게 식사 모임 시 예의를 가르쳤다.(고린도전서 11 : 33~34) 식사의 다음 단계는 포도주 한 컵을 만들어(물을 섞는다) 서로 축복의 말을 하고 그 다음 애피타이저를 가져와서 또 서로 축복한다. 그 후 식사장에 가서 길게 기대어 앉는다. 물을 가져오면 손을 씻고 또 다른 포도주 1컵을 손님들을 위하여 준비한다.

호화로운 연회의 식탁에서는 여자들이나 아이들은 남자들과 함께 먹지 않는다. 또 이교도와 자리를 함께하지 않는 관습이 있다. 그러나 일상생활에서 특히 농부들은 룻과 보아스처럼 아침 늦게 가벼운 식사를 했고 저녁에는 성찬을 즐겼다. 환대가 생활에 매우 중요한 역할을 했기 때문에 식사에서 손님을 초대하는 경우가 자주 있었다.

예수께서도 바리새인의 손님으로 식사에 초대받은 기록이 있다.(누가복음 7 : 36, 11 : 37, 14 : 1)

식사 시에 자리에 앉는 순서는 요셉이 그의 형제들을 만나 음식을 먹는 장면에서 알 수 있다. 요셉의 앞부터 연령순으로 앉고 요셉의 식탁에서 음식을 나누어 주었다.(창세기 43 : 33~34)

'table'이라는 단어의 초기 의미는 마루에 펴는 가죽이나 매트를 말하였으나 신약 시대에는 사각 식탁이 있었음을 알 수 있다.(마태복음 15 : 27) 그러나 더 잘 알려진 식탁은 식탁의 한 면이 긴 소파에 붙어 있어 길게 비스듬이 누어 식사하였던 것이 로마 시대 상류 사회의 풍습이었다.

식탁은 나무나 돌로 만들었고 식탁 윗면의 일부는 음식 찌꺼기를 쉽게 털어버릴 수 있게 분리형으로 되어 있었다. 우리에게 잘 알려진 것은 최후의 만찬 모습이다. 예수님께 기대고 누어 있는 모습(요한복음 13 : 23)은 현대의 식탁 모습과는 전혀 다른 느낌이다.

손 씻는 그릇은 손님 각자에게 제공되었는데 이것도 연령순으로 제공하였다. 손을 씻는 것은 원칙적인 의례 행위(마가복음 7 : 2~4)로 볼 수 있다. 발을 씻는 또 다른 관습은 미적인 관점이었을 것이다. 발을 씻는 것은 아브라함이 천사들을 환영하며 발 씻을 물을 제공한 것(창세기 18 : 4), 발을 씻음으로 깨끗하게 된 것을 강조한 아가서의 기록(5 : 4~5), 예수께서 바리새인의 집에 식사 초대를 받았을 때(누가복음 7 : 36~38), 최후의 만찬(요한복음 13 : 5)에서도 볼 수 있다.

이런 관습은 사막 지역이기 때문에 생겼을 것으로 추정된다. 텐트에 돌아올 때 더러워진 발을 씻고 들어오게 하는 것으로 오늘날 베두인에게 그 관습이 남아 있다. 예수께서 제자들의 발을 씻은 것은 물론 더 큰 의미를 갖는다.

가족이나 친구들이 함께 모여서 하는 식사는 하나님의 은혜를 받을 수 있는 완전한 기회라고 고대 영적 지도자들은 말했다. 성서에서도 예수께서 식사 시 축복 기도를 하셨고 바울도 역시 이런 관습을 따라 행하였다.

11. 성서 시대의 양식(糧食)

보통 사람들에게 양식과 의복은 항상 관심사였다. 예수께서 말씀하시기를 "무엇을 먹을까, 무엇을 마실까, 무엇을 입을까 염려하지 말라"고 하셨다. 사람들의 걱정 근심거리가 주로 어떤 것이었는지 알 수 있으며, 그것이 바로 그 시대의 생활상을 알려주는 것이다.

사람들은 먹을 것이 충분히 있을 때에도 앞날을 걱정하였다. 이들이 걱정하는 이유는 곡식을 수확할 무렵 적들이 침입하여 짓밟아 버리는 경우가 많아 생존에 위협을 받았기 때문이다.

기드온 시대에는 "**이스라엘이 파종한 때면 미디안과 아말렉과 동방 사람들이 치러 올라와서 진을 치고 가사에 이르도록 토지 소산을 멸하여 이스라엘 가운데에 먹을 것을 남겨 두지 아니하며 양이나 소나 나귀도 남기지 아니하니**"(사사기 6 : 3~4)라고 기록되어 있어 적들이 그 시대의 큰 위협 요인이었음을 알 수 있다. 더구나 가뭄, 메뚜기와 같은 해충이 수확을 불안하게 만들어 기근이 삶의 정상적인 과정으로 여겨질 정도이었다.

양식의 원천은 주로 곡식, 과실, 채소 등이었으며 빵은 모든 사람들의 일반적인 주식이었다. 주기도문에 나타난 '빵'이 바로 일반적인 식량을 말하는 것이며 예수님은 자신을 생명의 양식을 의미하는 '생명의 떡'이라고 불렀고 현재의 성찬식도 이를 의미하는 것이다. 유대인들은 빵을 칼로 자르지 않고 손으로 떼는 풍습이 있고, 이것이 기독교 문화를 주체로 하는 서양의 음식문화에 그대로 용해되어 있다고 생각된다.

이것은 **"나는 생명의 떡이다"**(요한복음 6 : 35), **"이것은 너희를 위한 내 몸이니……"**(고린도전서 11 : 24, 마태복음 26 : 26)라고 말씀하신 것처럼 빵의 중요성을 강조하였기 때문에 칼로 빵을 자르는 것은 생명을 자르는 것으로 생각할 수 있다.

무엇을 마실까 염려하지 말라고 하신 예수님의 말씀은 마시는 음료의 공급이 적절하지 못하였음을 알 수 있다. 물을 요리에 쓰기는 하지만 그냥 마시기에는 그리 적절치 않은 것은 중동과 유럽의 일반적인 현상으로 지질과 관련이 깊지만 샘이나 우물은 대체로 안전하였다. 길어온 물이 안전하고 시원한 데 비하여 빗물을 저장하는 가정용 수조는 매우 더럽고 안전하지 못했다. 로마 시대에는 가이사랴나 베들레헴과 같은 지역은 수로를 통하여 물을 수송했으며 상처를 소독하고 치료하기 위하여 올리브기름을 물에 섞어 사용하였다. 그러나 수로를 통하여 들어온 물도 마시기에는 적절치 못했다. 이런 이유 때문에 마시기에 적절한 음료가 필요했다.

집에서 키우는 염소의 젖을 짜거나 배달해 오는 우유가 있었다. 그러나 술이 보다 보편적인 음료였다. 포도를 수확하면 포도송이에서 얻는 신선한 포도즙이 있었다. 그러나 이런 즙은 거의 다 발효시켜야 보관할 수 있다. 가장 좋은 술은 술틀에 넣고 밟아서 처음으로 나오는 즙을 발효시켜 만든 것이다. 두 번째 등급의 술은 그 나머지를 다시 잘 밟아 나오는 즙으로 만든다. 때로 술에 몰약이나 쓸개를 섞어서 고통을 감소시키는 약으로 썼다. 이런 술을 십자가에 달린 예수님께 마시게 했다.(마태복음 27 : 34)

술이 일반적인 음료이고 비록 예수님께서 가나에서 물을 술로 만들어 주시고, 바리새인들로부터 먹고 마시기를 탐하는 자라는 말을 듣기도 했지만, 하나님께 서원한 사람이나 어떤 특별한 일을 맡아서 하는 사람들은 술을 금하도록 하였다.(레위기 10 : 9, 민수기 6 : 3)

과도한 음주는 항상 정죄를 받았다. 레갑인들은 유목민의 생활 원칙을 준수하기 위해 술을 금했다. 포도나무를 재배하고 술을 담그는 일이 정착민에게는 생활의 일부였다.

신약 시대에 부유한 집은 지중해 연안과 세계 각지로부터 수입한 고급 술을 저장하는 지하 창고를 가지고 있었다. 이 술들은 끝이 뾰족한 긴 항아리에 담아 둔다. 그 항아리를 땅이나 모래에 묻어두면 시원하게 보관할 수 있다. 그러나 보통은 가죽 부대에 담아서 저장했다.

12. 성서 시대의 식품 보관법

농사 짓기에 좋은 해는 흙이 부드러워 밭갈이가 쉽고 씨를 뿌리면 햇빛은 부족한 적이 없지만, 비가 적당한 양이 와야 풍요로운 수확을 거둔다. 위와 같은 꿈은 농부 개인이나 마을, 지역사회 혹은 국가 수준에서도 깨질 수 있다. 요셉이 이집트에서 장기적 곡물 비축 계획을 세운 것도 깨지기 쉬운 호조건을 말해 주고 있다. 여기에는 가뭄, 전쟁, 병충해가 크게 영향을 주며 적절한 식품 공급에 차질을 빚게 한다. 물론 여기에는 식품을 어떻게 저장하고 분배, 유통 단계를 거쳐 소비자의 입에 들어갈 때까지 식품을 신선한 상태로 유지해야 한다는 조건이 필요하다.

선사 시대 사람들은 살고 있는 집 안에 땅을 파서 구덩이를 만들고 그 벽을 돌로 둥글게 쌓아 식품을 지면 아래쪽에 저장했던 것이 유적 발굴에서 나온다. 이러한 구덩이는 요단 계곡에서 발견되고 세계 최초의 도시인 여리고에서도 볼 수 있다. 돌로 둥글게 쌓은 구덩이에서는 아직도 탄화된 곡류가 발견되며, 아라드의 초기 가나안 유적에서도 발견되었다.

성서 아마겟돈의 장소인 므깃도의 곡류 저장 시설은 1만 2,800부셀을 넣을 수 있을 만큼 컸으며 이는 이스라엘 왕정 시대의 것이다. 이렇게 큰 규모는 지역 행정 단위의 저장 시설인 구덩이이며 주변의 마을로부터 왕에게 세금으로 낸 것을 저장했던 시설로 보인다. 고고학자들은 므깃도의 곡식 창고는 덮개가 없어 비효율적이라고 하였는데 덮개가 아직 발달되지 않았기 때문은 아니다. 그러한 곡식 저장고의 모델인 기원전 3000년경 상이집트의 무덤에서 볼 수 있는데, 이는 므깃도의 곡식 저장고보다 훨씬 오래된 것으로 이 창고에는 뾰족한 뚜껑이 있었다. 최근 예루살렘 근처에서 곡물 창고 유적이 36개나 발견되었다. 땅을 파고 돌로 벽을 쌓은 모습으로 가장 깊은 것은 깊이 2m 넓이 1.5m이었다. 이 지역이 예루살렘과 주변 지역에 식량을 공급하던 곳으로 추정된다. 현대와 같은 저장 시설이나 기구가 없었기 때문에 저장 곡류의 40%는 곰팡이나 설치류에 의하여 손실을 받았을 것으로 추정한다.

성서 시대 회당 주변은 조그만 도시처럼 많은 사람이 모이기 때문에 큰 규모의 식품 저장 시설이 필요했다. 느헤미야 13장 5절에 큰 방에 소제물, 유향, 기명, 곡물, 포도주, 기름을 넣어 두는 곳이라 하였다. 또 말라기(3장 10절)에도 십일조가 되는 식품을 저장하는 창고가 있었다.

가정에서의 식품 저장은 구덩이나 곡식 창고가 오래전부터 이용되었지만 기원전 4300~3300년경에는 흙으로 구운 항아리가 개발되어 식품 저장에 큰 전기가 되었다. 이는 쉽게 덮을 수도 있고 이동할 수 있으며 다양한 크기와 모양을 만들 수 있었다. 항아리의 목 부근에 테두리가 있는 것은 이스라엘 사람들이 이스라엘 땅에 정착하면서 만들어졌고 기름, 포도주, 물과 같은 액체 식품의 저장이 가능하게 되었다. 큰 것은 2,500~1,800리터의 것도 있으며 곡식을 저장했던 것으로 보인다. 건조한 식품 중 나중에 먹을 것은 다양한 크기의 항아리에 넣어 보관하였다. 큰 용기를 식품 저장에 썼다는 것은 사람들이 정착 생활을 하였다는 의미이다. 유목 생활을 하였다면 작은 크기로 만들어 이동 시 편리하도록 하였을 것이다. 열왕기상 17장 14절에 밀가루통(jar)과 기름병(jug), 사무엘상 26장 11절에 물병(water jug)은 옆을 평편하게 만들어 이동 시 허리에 찰 수 있도록 만들어 현대의 물병과 비슷하였다.

저장용 항아리는 식자재를 넣거나 저장용 외에도 도둑을 맞지 않도록하는 목적도 있어 작은 것은 개인 가정에도 가지고 있을 수 있었다. 마태복음 5장 15절에 **"사람이 등불을 켜서 말 아래 두지 아니하고……"**란 구절에서 '말'은 곡식의 양을 측정하는 도구로 영어 성경에도 매우 다양한 표현을 보이고 있다. "bushel, bowl, basket, vessel, bucket, bushel basket, measure, peck-measure" 등으로 기록되어 있으며 우리말 성경에도 '말' 이외 '됫박, 그릇' 등으로 기록하였다. 이 용기의 크기에 대하여도 많은 주장들이 있으나 대략 10~20리터 들이 용기로 생각되며 문맥으로 보아 작은 용기는 아니었을 것이다. 이런 용기는 곡식 외에도 말린 채소나 과실을 넣어 저장용 식품으로 이용하였을 것이다. 변질이 쉬운 액체의 저장에도 용기의 이용을 볼 수 있다. 기원전 2900년경 특별히 고안된 용기에 우

유를 저장하였다가 나중에 먹기도 했으며 때로는 가죽 부대를 이용하였다.(사사기 4 : 19)

보통 가정의 마당에는 큰 항아리가 있어 물을 저장하였다. 수원으로부터 작은 운반 용기에 담아 직접 혹은 동물들을 이용하여 집까지 운반하여 큰 항아리에 모아 저장하였다. 의례용 물은 큰 돌 항아리에 보관하였다. 왜냐하면 돌은 의례를 부정하게 하는 것들이 들어오지 못한다고 믿었기 때문이다.(요한복음 2장 6절) 큰 항아리는 역시 포도주의 저장에도 쓰였다. 포도주는 다른 물질이 스며들지 못하게 역청으로 테를 두르고 집과 흙으로 만든 마개로 막았다. 항아리에는 소스, 식초, 기름, 꿀을 역시 저장하였으며 이들 중 어떤 것은 사람이 들어갈 수 있을 정도로 컸다.

어떻게 고대에 식품을 신선하게 장기간 보존하는 방법을 알고 있었을까 하는 의문이 든다. 이집트 바로 왕의 총리로서 요셉은 7년 가뭄을 견뎌낼 식량을 창고에 저장하였다. 이렇게 장기간 보관하는 것은 현대에도 쉽지 않은 일이기 때문에 특별한 방법을 사용했을 것으로 생각된다. 요셉은 곡식을 도정하지 않은 상태로 보관하고 그 위에 소금을 넣은 재와 흙을 덮었을 것으로 추정하는 학자들도 있다. 어떤 방법이든지 곰팡이와 부패 변질로부터 지키기 위하여 매우 신중한 방법들이 고려되었을 것이다.

어떤 음식은 불을 피울 수 없는 안식일까지 따뜻하게 유지되도록 나누어 저장해야 했으며 이때 비둘기털, 톱밥 또는 천을 짜고 남은 조각들을 이용하여 온장고 역할을 하게 했을 것이다.

식품 저장의 다른 방법으로는 산(酸) 저장(특히 올리브, 양파, 생선 등), 염장(올리브, 생선 등), 훈연(주로 육류)이 있었다. 채소류의 산 저장은 특별한 용기가 많이 이용되었으며 현재와 같이 물, 소금, 식초를 넣고 밀봉하는 방식이었다. 또 다른 저장법은 물을 넣어 끓이는 것으로 몇몇 과일이나 채소가 이용 대상이 될 수 있으나 수일 이상 저장이 어려웠다.

제4장 성서의 음식 규례

1. 음식 규례의 의의

하나님은 그의 백성들의 영적 상태뿐만 아니라 무엇을 먹고, 무엇을 입고, 어디로 가고, 무엇을 해야 하는지에 대한 생활의 세세한 부분까지 관여하고 계신다는 것을 성서를 통해 알 수 있다. 분명히 성서의 각종 규례는 성서가 쓰였던 시대에 살던 사람들의 사고 체계를 기본으로 하고 있기 때문에 이를 뛰어넘는 지식이나 이해에 근거하지는 않았을 것이다. 그렇기 때문에 간혹 성서의 기록 중 과학적 타당성에 대한 논란이 일어날 때가 있다.

과학적으로 부정확하다고 지적된 많은 성서의 구절이 단순히 관찰에 따른 현상적 언어라고 주장한다면, 많은 구절 중 과학적으로 부정확한 내용들은 모두 관찰에 따른 언어의 선택이었다고 판단하는 것도 수긍해야 한다.

제한적 인지 능력이나 단순히 관찰적 표현이거나 그 시대의 과학적 접근의 한계일 수밖에 없다. 어느 경우에는 알면서도 관습적인 표현으로 쓸 수 있다. 지구는 둥글지만 땅끝이란 말은 지금도 보편적으로 쓰이며, 서양에서도 "The end of the world"란 노래가 있는 것처럼 관습적으로 쓰이고 있다. 또 해가 뜨고 지는 것은 어린 아이들은 과학적 사고를 할 수 있는 나이 전이기 때문에 사실로 받아들이고 어른들도 이것이 지구의 자전에 의하여 생긴 현상이라는 것을 알고 있지만 일상적으로 쓰이고 있으며, 이를 생활에서 관찰적 표현이 더 적합한 것으로 받아들인다.

성서는 과학적 현상을 말하고자 하는 것이 목적이 아니라 무슨 목적으로 쓰여졌는가, 무엇을 말하고 있는가를 중심으로 이해해야 한다. 음식 정결법이 과학적 근거에 맞게 쓰였다면 옛날이나 지금이나 같아야 하지만 이 또한 그렇지 못하다.

마빈 해리스는 제단에 희생 제물로 동물을 바치는 것이 동물의 도살을 신성화시키고 자신들의 동물성 식품에 대한 열망을 잘 나타낸 것이라고 하였다. 귀한 식품에 대한 열망은 자칫 집단 내의 충돌을 초래하기 쉽기 때문에 상호 의무와 분쟁의 소지를 제거하기 위하여 규례를 만들었다고 주장하였다. 그래서 희생 제물은 예배의 초점이 아니라 가축의 고기를 먹는 종교적 살상 행위라고 하는 인간의 욕구 중심으로 옮겨 설명하기도 하였다.

식품에 관련된 규례와 같이 집단의 장기적 행위가 규제를 필요로 할 때 행정적인 명령이나 법에 의하여 이루어지는 것보다 종교적 규례로 규제하면 자발적이고 능동적으로 규례의 전수가 이루어질 수 있다. 또 고대의 종교는 국가의 존립 근거이기 때문에 종교를 통하여 먹거리의 생산과 소비에 대한 규제는 사회 질서를 유지하는 데도 한몫을 하였다.

식사 규례를 지키는 것이 건강에 이익이 있을 것이라는 해석과 함께 순전히 영적인 이유에서 이 규례를 하나님께서 주신 것이라고 믿는 학자도 있다. 하나님의 말씀이기 때문에 그것을 따르면 인간이 이해할 수 없는 영적인 은혜를 줄 것이며, 육체적 은혜를 뜻하는 것이 아니라는 해석도 있는 것처럼 여러 가지 다양한 의견이 있어 몇 가지 소개하고자 한다.

위생적 이론

레위기 11장에서는 부정한 짐승으로부터 정한 동물을 구별하는 방법과 실제 위생에 관한 방법을 가르치고 있어 주변의 만연된 질병과 전염병으로부터 이스라엘 백성을 보호하기 위한 뜻이 있다고 생각하는 것이다.

심미적 이론

보기에 혐오감을 주는 동물, 시체를 먹는 동물을 지칭할 수 있으나 아름다움과 더러움의 차이를 구분하는 시각은 문명권에 따라 차이가 있을 수 있고 가축인 낙타, 말, 당나귀, 토끼 등의 식용 금지에 대하여는 설명하기 곤란하다.

제의적 이론

동물들이 신을 대신하는 경우는 고대 종교에서 흔히 있을 수 있는 관습이다. 또 민족에 따라 신을 대표하는 동물이 다를 수 있기 때문에 동물의 도살에 관한 규례를 만들었다고 하는 의견이다. 그러나 지역에 따라서는 그 지역을 대표하는 동물을 공통으로 숭상하는 경우가 있어 논리에 맞지 않는 경우가 있다.

상징적 이론

동물이 인간과 비슷하거나 행동이 비슷하기 때문이라는 이론이다. 정결한 동물의 행동은 이스라엘 백성이 본받아야 하며 부정한 동물의 행동은 배격해야 한다는 뜻이다. 정결한 동물이 반추하듯 인간은 율법을 명상해야 한다는 뜻으로 자의적 논리로 생각된다.

유대인들에게 식품으로 이용하는 것을 금지시킨 대부분의 동물은 그 자체가 나쁜 것이 아니라 금지의 상징적 교훈으로 가르치기 위하여 특정 동물을 식품으로 이용하는 것을 금지시켰다는 것이다. 사도행전 10장 14절에서 부정하다고 알려진 것에 대하여 하나님께서 베드로에게 잡아먹으라고 했으나 베드로가 먹기를 거부했다. 하나님께서는 하나님이 깨끗하다고 한 것을 인간이 정하다 부정하다라고 인간의 기준에서 결정하지 말라고 하시면서 동물의 식용 여부가 아니라 금지의 상징으로 보여준 것으로 이해하여야 한다는 의견이다.

경제적, 물질주의적 이론

식습관은 문화나 종교가 정하는 것이 아니라 경제적 이유에서 식습관이 생기고 종교가 그 습관을 강화시켜 준다는 주장이다. 인도의 소는 농사용으로, 낙타와 말은 교통 수단이기 때문에 주어진 생태계의 환경 속에서 발생한 습관이 종교로 강화되어 보호의 대상이 되었다는 것을 이 논리의 주장의 예로 들었다.

그러나 일부 물고기와 조류에 대한 금지 이유를 설명하기 곤란하다. 때로는 경제적 이유보다 문화 종교적 이유가 더 큰 영향력을 발휘할 때도 있다. 동일 지역에서 경제적 생태적 환경이 비슷한 유대인과 이슬람인들이 서로 다른 음식 규례를 가지고 있다.

도덕적 상징적 이론

동물, 사람, 땅을 거룩한 정도에 따라 세 가지 영역으로 분류하여 이스라엘만의 특수 상황으로 이해하고자 하는 것이다. 음식 규례는 이스라엘 백성과 이스라엘 땅의 선택의 표시이며 구분이기 때문에 이방인에게는 적용되지 않는다는 주장도 있다.

가축은 반드시 성전에서 도살하도록 제한함으로써 육식 섭취의 기회를 줄여 동물의 생명을 보호하고자 하였는데, 이는 농경사회에서 가축이 갖는 재산상의 의의가 크기 때문이다. 그래서 육식 섭취는 축제와 같은 특별한 행사에만 허용되어 이스라엘의 음식 규례는 동물의 보호 규정과 같다고 본 것이다.

물고기에 대한 여러 규례는 해안 접근이 어려운 지리적 이유 때문일 것으로 생각하였다. 또 제의 습관은 사회의 가치 체계를 반영하는 측면에서 동물 영역을 세 가지로 나누어 땅의 짐승은 네 발로 걷고, 공중의 새는 두 날개로 날고, 물의 물고기는 비늘이 있고 지느러미로 헤엄치는 것으로 각 영역을 규정하였다. 만일 행동 양식이 각 영역을 지킬 때에는 정결하고 영역을 넘나들면 부정하다고 판단한 것이다.

2. 유대인의 식사 규례

유대교에서는 레위기에 기록된 여러 규례를 충실히 준수하고 있는 것으로 알려져 있기 때문에 그들의 규례를 살펴보는 것은 레위기의 이해에 도움이 될 것이다.

① 유대인의 음식이 될 수 있는 모든 동물과 식물은 인정된 종으

로부터 나온 것이어야 한다. 그들이 알지 못하는 식품, 품종 개량으로 생산된 새로운 식품, 다른 지역에서 새롭게 도입된 낯선 식품은 이용할 수 없다.

② 도살의 방법도 규제하여 동물의 고통을 최소화하기 위해 도살자는 잘 훈련되고 자격 있는 사람에 의하여 날카로운 칼로 죽여야 한다.

③ 도살자는 도살된 동물의 신체 부위가 식용에 부적합한 부위가 있는지 검사한다. 고기에서 지방, 피, 혈관, 좌골신경은 제거한다.

④ 식용으로 허용된 동물 중에도 금지 사항이 있어 노른자에 붉은 혈반이 있는 달걀, 근육과 분리된 지방층은 식용이 금지된다.

⑤ 젖과 고기는 함께 조리하지 않는 것이 원칙이다.

⑥ 과실, 채소, 곡류 등의 식품에 작은 곤충이나 벌레가 숨어 있을 수 있기 때문에 먹기 전에 주의 깊게 검사한다.

⑦ 부정한 동물(벌도 포함)이 생산한 것 중 꿀은 예외이다. 꿀은 동물의 한 부분이 아니기 때문에 정결한 식품으로 인정한다.

결과적으로 종합하면 어떤 동물과 식물이 인간에게 적합한가(which), 의식에 맞게 어떻게 준비해야 하는가(how), 동시에 소비할 수 있는 식품에는 무슨 범주의 식품들이 들어 있는가(what)에 대한 규례이다. 그러나 규례의 의의보다 규례 자체의 항목에 치중하여 오히려 지나치게 세분화되고 규제 중심이 되어 그 자체를 이해하는 것이 힘들고, 엄격한 것이 더 믿음 생활에 충실한 것으로 강조하여 그 자체에 구속받는 경우가 있다.

최근에 사회적으로 크게 문제화되었던 유전자변형식품(GMO, genetically modified orgnisms), 동식물의 복제와 같은 옛날에는 상상도 못 했던 일들이 일어나므로 유대 식품 규례(Halakah)에서도 어떤 판단을 필요로 하게 되었다. 또 식품가공업과 같이 다양한 식품 성분을 분리하고 또 혼합하는 과정에서 어떤 식품이 정한지 부정한지 명료한 판단을 내리기가 어렵게 되었다.

그들의 규례를 보면 부정한 식품에서 뽑아낸 유전자를 정결 음식에 첨가하였다면 결국 부정한 식품이 되고 만다는 식의 판단이다. 식품 생산을 목적으로 종 간의 유전자 이동은 그 식품들이 정결하다 하더라도 받아들이지 않는다. 이것은 혼합하는 것이 성서적이 아니라는 판단에 의하여 이루어진 것이다. 단지 그것이 자연적인 교배에 의하여 유전자 이동일 경우에만 수용한다. 최종 제품 중에 비정결 첨가제가 60분의 1 정도 들어가도 피해야 한다. 또 여기에 단서를 두어 우연히 들어갔을 때도 예외로 하고 있다. 예외라는 것은 우연과 자연을 전제로 한 것이기 때문에 유전자 변형과 같이 극히 작은 부분일지라도 결과가 명백히 의도된 작업은 정결 식품에서 제외하고 있다.

실험실에서 이루어지는 복제는 종 간의 문제가 아니고 모든 생물이 계속 복제하려고 하는 힘을 단지 실험실에서 이루는 것으로 보며 새로운 세포가 늙은 세포를 대치하는 것으로 이해한다.

극미량의 첨가제 첨가는 정결 식품에 어떤 영향을 주지 않는다고 믿고 있다. 극미량 성분은 그 자신이 활성을 가지지 않고 성장하지 않고 그대로 머물러 있기 때문이다.

위와 같은 유대 규례는 식품의 정·부정에 대하여 식품 산업이 발전하던가 생명공학이 발전하면 할수록 복잡한 해석을 필요로 하며, 거기에 양적 규제까지 적용하면 더욱 정결한 식품을 만들기 어렵기 때문에 외부 세계와 차단된 지역에서 스스로 생산하고 소비하는 고립된 사회가 아니면 적응하기 어려운 규례가 되어갈 것이다.

3. 정(淨)한 식품과 부정(不淨)한 식품

성서에서 정과 부정(clean and unclean)은 일반적으로 식당, 수술실, 반도체 회사 등에서 사용하는 청결이나 위생과는 다른 뜻을 가지고 있다. 웬햄은 그의 논평서에서 부정과 그와 같은 어원을 가진 말이 구약에서 132회 나오고 그중 거의 반은 레위기에 나온다고 하였다. 또 정(clean)과 그와 관련된 말은 레위기에 74회 나오고 이는 구약 전체에서 발견된 것의 1/3을 넘는다고 하였다.

레위기 11장에서는 정 · 부정한 동물에 대한 구분을 분명히 하고 있다. 육상 동물(1~8절), 물에 있는 물고기(9~12절), 공중을 나는 새(13~23절)에 대하여 식품으로 정 · 부정을 구별하였고 모든 주검에 대한 부정을 24절 이후에 기록하고 있다.

인간이 식용을 위하여 동물을 죽이면 죽음으로 인해 부정하게 되기 때문에 결국 동물을 부정하게 만든다. 그래서 동물을 부정하지 않게 동물을 죽이는 것은 하나님께 제물로 바쳐 성화시키는 행위가 필요하다. 동물이 죽는 것 자체가 부정에 이르는 길이기 때문에 깨끗한 동물인 소나 양 같은 동물도 정해진 방법으로 도살하지 않으면 부정을 면할 수 없다.

정 · 부정은 상태(condition)의 문제가 아니라 범주(category)의 문제이다. 부정하게 분류된 것은 아무리 깨끗이 하여도 변할 수 없는 것이다. 정(淨)은 하나님에 의하여 정의된 것이며 제사장에 의하여 선언된 것이다. 부정한 것은 하나님께 가까이 할 수 없으며 의식을 통하여 깨끗하게 될 때까지 기다려야 한다.

식품의 정 · 부정에 대한 이유

하나님은 어떤 것이 왜 정한지 왜 부정한지 이스라엘 사람들에게 말씀하시지 않으셨다. 많은 사람이 많은 시간 동안 이를 설명하고자 노력하였으나 웬햄 등의 설명이 관심을 끌게 하였다. 대부분의 정 · 부정에 관한 구별 이유를 논리적이고 합리적인 측면에서 접근하는 경우와 상징적이고 추상적인 측면에서 해석하고자 하는 경우가 많다.

첫째, 하나님의 주권적 선택이라는 해석이다.

왜 하나님은 돼지는 부정하고 소는 깨끗하다고 하셨는가? 하나님은 그 이유를 설명하지 않으셨다. 하나님이 정 · 부정을 말한 것 이상 그 어떤 이유도 없다. 하나님이 국가로서 왜 이스라엘을 택하셨는가? 이스라엘 사람들이 영적으로 순수하였기 때문에 선택받았는가? 그렇지 않다. 그들이 이집트에 있을 때 이방 신을 섬겼으며 출애굽 시 이방 신을 함께 가지고 나왔다. 유대 민족이 강력하고 다른 민족에 비하여 우수하다고 판단하여 그들을 택하였는가? 하나님께서 다른 민족을 택하지 않고 유대 민족을 택한 것은 논리적 문제가 아니라 오로지 하나님의 주관적 선택일 뿐이며 다른 민족을 택하였다면 동일한 의문이 또 잇따르게 된다.

본질적으로 여기에 잘 · 잘못, 선과 악이 있는 것이 아니다. 하나님이 에서를 거절하고 야곱을 택하셨다. 이것은 단지 주권적 선택일 뿐이며 그 이유를 설명하고자 하는 것은 현명한 일이 아니다. 하나님의 선택은 이스라엘의 구원과 마찬가지로 정 · 부정에 대한 주권적 선택일 뿐이라는 것이 주된 의견이다.

둘째, 상징적 해석은 정 · 부정의 구별 대상이 되는 동물의 생리, 구조적인 문제와 생활습관에 대하여 구별하고자 하는 것이다. 날카로운 발톱, 날카로운 이빨은 모두 평화 공존과는 거리가 멀고 파괴자, 투쟁자로 본 것이다. 또 반추하지 않는 동물, 죽은 동물, 다른 동물을 잡아먹는 동물 등 생명과 관계되어 동물을 상징화시켜 구분하고자 하는 주장이다.

셋째, 논리적인 설명으로 위생적인 측면에서 이해하고자 하는 것이다. 오늘날 많은 기독교인들은 이렇게 설명되는 것을 좋아한다. 기본적 논리는 하나님께서 어떤 동물을 먹지 못하게 하신 것은 그 시대에 그들이 먹었던 것이 비위생적이기 때문이란 것이다. 세균의 발육을 막거나 죽일 수 있는 냉장고나 전자레인지가 없었기 때문에 그럴듯하게 들리지만 하나님께서 먹기에 위생적이지 않은 동물을 특별히 부정하다고 하는 것은 좀 편의적 해석으로 여겨진다.

그러한 구별을 예수님께서 그들 모두 깨끗하다고 선언하셨으며 물이나 불로 깨끗하게 하셨기 때문은 아니다. 예수님 시대는 냉장고나 전자레인지가 역시 없었고 앞에 있던 위생적 위험 요인이 그대로인 상태에서 "이제부터 모든 것은 정하다"라고 선언하셨다. 그런 까닭에 정·부정의 판단 기준으로 위생상 이점이 있는 것은 사실이지만 원래의 목적으로 볼 수 없다. 정·부정의 차이는 '죄 있음'과 '죄 없음'의 문제가 아니다.

또 다른 견해는 일부 동물이 이교도들의 의식이나 숭배에 사용되었기 때문에 구별하기 위하여 부정한 것으로 분리하였다는 견해이다. 근동 지역에서 돼지의 뼈가 여기저기서 발견되고 있어 분명히 이집트에서도 희생 제물로 사용되었을 것이다. 그러나 모든 이교도의 제물이 부정한 것은 아니며, 이교도 중에는 소를 제물로 사용하는 경우도 있어 이 견해도 부분적으로는 수용할 수 있지만 포괄적으로 수용하기에는 무리가 따른다.

구약에서의 정 · 부정

성서에서 정 · 부정이란 단어를 찾아보면 창세기 7장 8절에 노아와 함께 찾을 수 있다. 방주 속에 넣은 동물에 관한 기록에서 발견된다. 창세기 7장 2절에 정결한 것 암수 7쌍씩, 부정한 것은 암수 둘씩 취하였다. 창세기 8장 20절에 노아는 하나님께 제물로 정결한 짐승을 드렸다.

정 · 부정은 레위기를 기록한 모세 시대보다 아주 오래전 노아의 시대로 거슬러 올라간다. 노아는 하나님께 무엇이 정한지, 무엇이 부정한지 물어보고 동물을 선택한 것이 아니다. 노아는 정결한 동물이 무엇인지 이미 알고 있었기 때문에 물을 필요가 없었고 주저함이 없었다. 정 · 부정의 종교 의식 구분은 이미 히브리인들에게는 관습과 전통으로 수립된 것이었다.

이와 같은 구분은 많은 이론이 있을 수 있으나 단지 사는 곳이 더럽고 냄새가 많이 나면 싫어했을 것이다. 그 후 이스라엘 사람들에게 정 · 부정은 좀 더 실제적으로 하나님을 경배하는 방법과 식습관으로 정착되었다고 생각된다. 예언자들은 정과 부정에 대하여 외적인 것보다 내부적인 것을 말하고 있다.

여호와를 경외하는 도는 정결하여 영원까지 이르고 여호와의 법도 진실하여 다 의로우니 (시편 19 : 9)

하나님이여 내 속에 정한 마음을 창조하시고 내 안에 정직한 영을 새롭게 하소서 (시편 51 : 10)

신약에서의 정 · 부정

사도행전 10장 15절에 하나님께서 베드로에게 먹도록 명령한 것이 구약 시대부터 부정한 것으로 알려진 것이기 때문에 베드로는 먹지 않겠다고 하였으나 세 번이나 반복하여 내가 깨끗하게 한 것을 부정하다고 하지 말라고 말씀하셨다. 정과 부정은 하나님의 임의적 정의라는 뜻이다. 하나님이 부정하다고 말씀하신 것도 하나님이 다시 깨끗하다고 선언하면 깨끗하게 되는 것이기 때문에 베드로도 이해하기가 어려웠을 것이다. 이것은 하나님께서 생각하는 것과 일반인들이 생각하는 정 · 부정의 인식에 차이가 있음을 말하고 있는 것이다.

또 신약에서 예수님은 손을 씻지 않고 식사하고 이방인과 함께 먹어 정 · 부정 사이의 구분이 없어지고 외적인 것이 정 · 부정의 판단 기준이 아님을 알려주고 있다. 로마서 14장 14절과 20절에 모든 것은 정하며 사람들이 그렇게 생각하므로 부정하게 되는 것이라고 하여 베드로가 하나님의 말씀을 이해 못 하였던 것과 같은 맥락에서 이해할 수 있다.

레위 규례에서 음식 구분을 규정한 것은 하나님이 선민과 이방인을 구분하는 구분벽 역할을 하였다. 초기 기독교 교회에서는 유대 식사 규례를 지켜 왔지만 기원후 48년 예루살렘의 사도회의(apostolic conference)에서 이방인의 기독교 개종은 우상의 제물, 피, 목매 죽인 동물의 고기, 성적 부도덕(음행)을 멀리하면 허락하기로 결정하였다. (사도행전 15 : 29)

그러나 사도 바울은 구약에서 규례로 정한 음식 제한을 예수님이 제거하였다고 믿고 있다. 고린도 전서 10장 25절 **"무릇 시장에서 파는 것은 양심을 위하여 묻지 말고 먹으라"**고 하였다. 당시 고린도 지역에는 이방 신전들이 많았으며 그곳에서 제사를 지낸 후 제물들을 시장에 내다 팔았다. 따라서 시장에서 판매되는 대부분의 고기는 우상의 제물이었다. 이것을 묻지 말고 그냥 먹으라는 바울의 권면은 사도회의 결정과 다른 것이나 우리는 우상이나 우상의 제물은 본래 아무것도 아니며 실제 문제가 되는 것은 미혹된 사람들의 마음이라는 것을 말해주고 있다.

4. 정한 동물과 부정한 동물

구별 기준과 의의

동물을 식용으로 사용하는 적합 여부에 대한 기준에는 여러 가지 의견들이 있으나 대체로 위생, 섭생, 종교 의식, 생태학적 및 상징적 요소를 들고 있다. 식용 금지된 동물 대부분이 더럽고 질병 전파의 가능성이 높다는 의견, 이교도의 제사와 관련된 동물이라는 의견, 포악하고 이방적인 요소가 많다는 의견들이다.

그 반면에 식용이 허락된 동물은 다른 짐승에 해를 주지 않는 평화롭고 순종적인 초식동물들이다.

식용이 금지된 동물을 정리해 보면 다음과 같다.

- 맹금류(피와 함께 고기를 먹는다)
- 고독하고 슬픈 새
- 정상적인 환경에서 살지 않는 새
- 더럽고 불결한 새

식용 가능한 동물이라도 그 생태에 따라 식용 여부가 달라지는데 부정한 짐승에 의하여 상처를 입게 되면 역시 부정하게 되고, 어떤 경우에도 주검은 정결성을 잃고 부정하게 된다.

성서에서는 동물을 육지 동물, 조류, 파충류, 어류, 곤충류의 5가지로 나누어 설명하고 있다. 레위기 11장과 신명기 14장의 내용을 보면 육상 동물로 정한 것은 굽이 갈라지고 되새김질하는 것으로 규정하고 있다. 두 가지 조건을 모두 만족시키는 동물은 소, 양, 염소, 사슴, 산양으로 대체로 평화로운 초식동물이다. 되새김질하나 발굽이 갈라지지 않은 말, 당나귀는 정한 짐승이 아니며, 굽은 갈라졌으나 되새김질하지 않는 낙타, 바위너구리, 토끼, 돼지도 역시 정한 짐승이 아니다.

되새김질은 성서를 읽는 많은 사람들이 성서를 읽고(read), 받아들이고(swallow), 잊어버리는(forget) 과정을 거치기 때문에 성서의 풍요로움을 쌓아가는 방법은 두 번, 세 번 반복하여 반추하므로 얻어지기 시작한다고 믿는 데서 나왔다. 굽이 갈라짐은 분리(seperation), 구별(discrimination), 식별(discernment)에 대한 모습으로 아래 것과 위의 것, 사단의 거짓말과 하나님의 계시를 나눈다는 뜻이 있다.

육지 짐승 중 먹을 수 있는 짐승과 먹을 수 없는 짐승에 대한 구별 기준을 하나님께서 제시하셨을 뿐만 아니라 동물의 이름을 일일이 지명하여 혼란이 일어나지 않게 분명히 나누었다. 그러나 그 외 새 등에 대하여는 구별 기준은 있으나 육지 동물처럼 분명히 말씀하지 않으시어 육지 짐승이 더욱 엄격히 적용되었음을 알 수 있다.

조류는 식용에 적합하지 않은 부정한 동물의 이름이 열거되어 있음으로 그 외의 새들 중 기준에 적합하면 식용이 가능하기 때문에 비교적 관대한 규례라고 볼 수 있다. 닭, 오리, 비둘기 등은 정한 동물로 식용이 가능하나 맹금류와 까마귀 종류는 부정한 동물로 취급되었다. 살과 썩은 고기를 먹는 육식성 조류, 무엇이든지 먹어 치우는 잡식성 청소 동물은 부정한 동물로 규정하였으며, 육지 짐승과

표 정결한 짐승과 부정한 짐승의 구분 내용

구분	식용 적합 동물명	식용 부적합 동물명	구별 기준
육상 동물	있음	있음	굽, 반추
어류	없음	없음	비늘, 지느러미
조류	없음	있음	식습관 등
곤충류	있음	없음	날개, 뜀

비슷한 느낌을 주는 동물들 역시 식용에 적합한 것으로 정하였다.

조류에 대한 금기는 레위기 11장 13~19절에 가증히 여길 것이 기록되어 있다. 부정하다고 율법에 금지된 새들을 생태학적 측면에서 보면 보호를 받아야 할 새들이라는 것을 알 수 있다. 독수리는 썩은 고기를 먹어치우기 때문에 환경 청소부 역할을 한다. 맹금류는 들쥐의 숫자를 일정하게 유지시켜 준다. 들쥐가 많으면 많은 질병을 인간이나 가축에게 전파시킬 수 있기 때문에 맹금류가 있으므로 생태계를 안정시킬 수 있다. 곤충이나 메뚜기를 먹고 사는 새들도 보호를 받는다. 중동이나 아프리카 지역에서 메뚜기에 의한 식물이나 농사에 큰 피해를 주기 때문에 이런 곤충을 잡아먹는 새는 식용보다 더 이로운 일을 하기 때문에 보호받았을 것이다.

어류는 기준은 있으되 물고기 이름이 정 · 부정 전부에 기록되지 않아 당시의 생활에서 어류의 중요성이 크지 않았음을 알 수 있다. 레위기나 신명기의 기록 장소가 시내 광야나 모압 광야처럼 어류를 얻기 힘든 곳이었기 때문이었는지도 모른다. 취할 수 있는 기준은 간단히 지느러미와 비늘이 있는 것만을 취하도록 기록하였다. 지느러미는 물고기가 움직이고 물(세상)을 뚫고 나가는 능력의 상징으로, 비늘은 해로운 환경으로부터 자신을 보호할 수 있는 것으로 해석하기도 한다.

곤충류에서 메뚜기, 베짱이, 귀뚜라미, 팟종이류 만을 식용 가능한 곤충으로 분류하여 이들 섭취가 단백질 함량이 높아 영양에 도움은 되지만 제한적인 허용이라고 할 수 있다. 곤충은 날개가 있어야 하고 뛰어오를 수 있는 것으로 한정하였다.

그 외 파충류는 대개 배를 땅에 접촉하고 다니기 때문에 부정한 것으로 보았으며 이것은 뱀의 사악함에 대한 인간의 저주와 관련되어 있다. 대개 구약성서에서 먹어도 좋은 동물은 인간과 먹이 경쟁을 하지 않고 무리 짓는 특성이 있고 가축화할 수 있는 것을 선호하였다. 또 이들은 고기, 젖, 비료(똥), 노동력(농업), 의복, 신발의 재료를 제공하였다.

식용으로 부정한 것은 육식동물처럼 탐욕스럽고 다른 동물의 살로부터 만족을 취하는 경향이 있어 거부되었다. 잡식성은 여기저기서 좋다고 스스로 판단한 것을 취하는 것처럼 모든 종교로부터 자기 판단에 의하여 취사선택하여 섞어서 이해하려는 시도가 있기 때문에 순수성이 없어 금지하였다. 땅에서 뛰어오름과 날개는 모두 땅과 하늘을 연결시킨다고 보지만 땅에서만 기어다니는 것은 하늘과의 관계를 단절하는 것으로 이해할 수도 있다.

상태에 따른 음식의 부정

식용으로 할 수 있는 정한 동물도 정상 범위를 벗어나면 부정한 것으로 인식되었다. 스스로 죽은 것은 부정하다 하였다. 물론 병사하거나 늙어 죽거나 자살하는 것도 모두 포함된다. 또한, 들짐승에 찟긴 것도 부정하다고 하여 늑대, 개, 여우와 같은 육식동물에 의하여 상처를 입은 것은 물론 싸움에 의하여 입은 상처도 부정함을 면치 못하였다.

이들이 싸우고 상처 입고 죽는 과정에서 혈액 성분 중 아드레날린(adrenalin)과 같은 좋지 않은 성분이 생체 내에서 과잉 생산된 채로 죽고, 그 피가 그대로 멈춘 상태에서 죽었다면 건강을 위하여도 먹지 않도록 권고하는 것이 현명하다고 주장하기도 한다. 이스라엘 사람들은 육체적 수준에서 먹는 것이 금지되었지만 우리는 우리의 속생활(inner life)의 정신적, 정서적 수준에서 식품의 취사를 결정해야 할 것이다.

5. 몇몇 동물에 대한 식용 금지 이유

돼지

- 돼지의 습성상 체온을 내리기 위하여 진흙에 뒹굴어 매우 더럽고 혐오스럽다.
- 돼지고기는 선모충의 중요한 매체이다.
- 돼지는 밀, 옥수수, 감자, 콩 등 섬유소가 적은 식품을 선호하므로 인간과 먹이 경쟁을 하게 되어 비용이 많이 든다.
- 돼지는 땀샘이 없어 물이 많고 그늘진 숲, 골짜기, 강둑에서 살기 때문에 건조한 아랍의 기후에 적합하지 않다.
- 돼지는 이동을 자주 해야 하는 유목민에게 이동의 불편을 준다.
- 돼지는 운송이나 농업의 노동력을 제공하지 못하고 가축의 용도가 적다.

돼지를 사육하기 어려운 데 대하여 생태학적 접근도 가능하다. 인구의 증가는 식량의 증가를 필요로 한다. 결국, 농지가 증가하여야 하며 이는 숲의 감소와 파괴가 따르게 된다. 나무의 감소는 돼지가 먹을 열매와 그늘의 감소를 뜻하기 때문에 결국 돼지 사육의 실제 기반이 무너지게 되어 돼지의 사육이 어렵다.

낙타

낙타는 새김질은 하지만 먹지 못한다(레위기 11 : 4)고 하였으나 낙타는 해부학적으로 반추동물이 아니며 단지 토하고 되새김을 하여 새김질하는 것은 인정된다. 낙타는 물을 저장하고 짐을 운반하며 사막에서 생활하기에 적합한 특징을 가지고 있다. 이런 신체적 우수성은 사막 생활을 하는 유목민에게 큰 재산이 될 수밖에 없다. 또한, 낙타는 출생과 성장이 느려 고기를 목적으로 도살하기에는 아까운 다른 유익한 점을 많이 가지고 있다.

토끼, 사반

토끼는 자신의 똥을 먹는 경우가 있어 결국 반복(reflection)하여 소화 과정을 통과시켜 새김질하는 것과 비슷한 효율성을 갖는다. 사반도 역시 혹위가 없고 되새김질을 하지 않는다. 또한, 토끼와 사반은 야생동물로 사냥을 하는데 많은 시간과 정력이 필요하나 실제 획득량은 적기 때문에 효율성의 문제가 생긴다.

말

말은 사료에 대한 선택성이 매우 까다롭고 소화 기능이 떨어진다. 물론 말은 식용으로 하기보다는 수송이나 사냥, 가축을 돌보는 데 유용하며 군용으로 쓰일 때도 많다. 그래서 말은 식용으로 쓰기보다 사람들의 필요를 위하여 아끼는 것이 생활에 도움이 된다.

6. 피의 식용 금지(신명기 12 : 23)

피는 죽음을 생명으로 바꿔 놓는 속죄의 상징적 수단으로 최고의 종교적 성물이기 때문에 식용을 금지하고 어기는 자는 엄격히 처리하였다. 피를 이처럼 철저히 금지시킨 이유를 보면

① 피는 육체의 생명으로 동일시되었으며 피를 마시는 것은 생명을 마시는 것으로 본다.

② 피로 상징된 생명은 오로지 하나님의 주권 영역에 속하기 때문에 피를 마시는 것은 신성 모독죄에 해당된다.

③ 피를 마시는 행위는 이방의 우상 숭배자들이 즐겨 행한 것이다.

④ 피는 속죄의 유일한 수단으로 장차 인류의 죄를 대속할 그리스도의 보혈을 예표하고 있기 때문이다.

성서에 기록된 피에 관한 내용을 보면

- 피의 식용 금지는 장소의 제한이 없다.(레위기 7 : 26)
- 피의 식용 금지는 모든 사람에게 적용된다.(레위기 17 : 10, 12)
- 피의 식용 금지는 모든 동물의 피에 적용된다.(레위기 7 : 26, 17 : 14)
- 피에 대한 규례는 시간의 제한성이 없다.(레위기 3 : 17)
- 피는 땅으로 돌려보내라.(레위기 17 : 13, 신명기 12 : 16)
- 피가 들어 있는 고기는 식용하지 않는다.(레위기 19 : 26, 신명기 12 : 23)
- 피는 생명의 상징이다.(창세기 9 : 4, 레위기 17 : 11, 신명기 12 : 23)
- 피는 속죄의 역할을 한다.(레위기 17 : 11)

7. 음식 정결법에 대한 일부 의학적 해석의 허구

고르스키(Gorski)는 논쟁거리가 되고 있는 정 · 부정 음식에 대한 일부의 해석이 오류와 편견에 의한 것이라고 주장하였다.

- 돼지고기 섭취의 금지가 돼지고기를 통하여 선모충이 전파될 수 있다는 위생적 관점의 의견 : 돼지고기 외에도 쇠고기나 다른 육류에서도 기생충이 많아 전파 기회는 늘 상존하고 있다. 만일 하나님의 목적이 식이성 질병의 감소에 뜻이 있었다면 모든 고기를 철저히 조리하고 식품 취급 시 손을 잘 씻으라는 구절만 추가 지시하면 족할 것이다. 소, 양, 염소도 브루셀라병(brucellosis), 탄저(anthrax) 등의 수십 종의 인축공통전염병의 매체가 되는데 금지시키지 않았다.
- 패류의 섭취가 질병을 전파할 수 있다는 의견 : 모든 식품은 질병을 전파할 수 있다. 식용에 적합한 어류가 패류보다 안전하다고 말할 수 없다. 철저히 조리하면 위험을 막을 수 있고 조리법에 따라 안전성을 확보할 수 있다.
- 고기와 젖을 함께 섞으면 장티푸스의 위험이 있다는 의견 : 함께 섞어도 가열이라는 행위를 거치면 위험으로부터 벗어날 수 있다. 출애굽기 23장 19절에 염소의 새끼를 어미의 젖으로 삶지 말라는 것은 어미와 새끼의 문제이지 고기와 젖의 위생적인 문제는 아니라는 뜻이다.

위와 같이 성서 구절을 과학적 근거가 있다고 주장하며 해석하고자 한다면 과학이 발달하고 새로운 사실이 밝혀지면 계속 새로운 해석이 이루어져야 한다. 그 시대의 상황에 대한 인식이나 하나님의 원래 뜻보다 꿰맞추듯이 과학화하고 또 그 해석을 큰 발견이나 한 것처럼 다른 사람들에게 동의하도록 강요하는 어리석음을 범하기 쉽다.

시행착오의 단순한 반복 과정에서 자연 선택의 수행은 그 유용성이 어떤가에 따라 결정되기 쉽다. 더구나 그 결정이 생명 유지와 관계되어 있다면 그 선택은 더욱 그럴듯해 보이기 쉽다.

구약 시대의 엄격하고 세세히 기록한 음식 규례도 예수님이 오신 후로는 거의 철폐되기에 이르렀다.

신명기의 각종 제한 규례는 예수님이 오신 후에 다음과 같이 신약의 여러 곳에서 제한 규례를 해제시키고 있음을 알 수 있다.

무엇이든지 밖에서 사람에게로 들어가는 것은 능히 사람을 더럽게 하지 못하되 (마가복음 7 : 15)

또 하늘로부터 두 번째 소리 있어 내게 이르되 하나님이 깨끗하게 하신 것을 네가 속되다고 하지 말라 하더라 (사도행전 11 : 9)

음식으로 말미암아 하나님의 사업을 무너지게 하지 말라 만물이 다 깨끗하되 거리낌으로 먹는 사람에게는 악한 것이라 (로마서 14 : 20)

무릇 시장에서 파는 것은 양심을 위하여 묻지 말고 먹으라 (고린도전서 10 : 25)

예수님께서는 음식 자체의 정·부정을 말하는 것은 온당치 못한 일이며 그 음식을 먹는 사람의 마음가짐에 따라 다르다는 것을 알려주셨다. 구약의 율법을 고집하는 것은 예수님의 뜻이 아닐 뿐더러 형식주의의 틀에 자신을 얽어매는 일이라고 질책하고 있다.

8. 인간의 동물 지배와 제물 이용

성서에서는 사람이 온 땅의 동물을 다스리도록 기록되어 있다.(창세기 1 : 26) 다스리고 지배한다는 것은 우리의 의지에 따라 행할 수 있다는 뜻이다. 우리는 모든 동물을 지배할 만큼 지구상에서 가장 우수하고 지능이 높은 종이다.

그러나 이것이 동물을 학대하거나 또 다른 사악한 행위를 통하여 그 힘을 남용해도 좋다는 뜻은 아니다. 의심할 것 없이 하나님은 우리가 동물에게 자비를 베풀기를 원하신다.

민수기 22장에는 발람이 그의 나귀를 때리는 장면이 묘사되어 있다. 여기에서 동물도 나름대로 존재 이유가 있음을 하나님께서 강력하게 말씀하고 계신다. 하나님이 발람에게 진노한 것이 그가 동물을 학대하였기 때문이 아니라 목적지에서 얻게 될 부귀영화에 마음이 빼앗겨 있는 발람의 마음을 보셨기 때문이다. 23절에 천사는 발람의 나귀에게 길을 돌리도록 하여 발람의 도덕성을 시험하였다. 발람은 길에 그대로 머무르지 않고 나귀를 때림으로 그의 첫 시험에 실패했다. 나중에 천사가 발람을 꾸짖었을 때 발람이 "내가 범죄 하였나이다"라고 한 것은 무엇에 대한 죄인가? 그 죄에 동물을 때린 것도 포함되어 있다.

하나님께서 동물을 식용으로 허락한 것은 채식보다 많은 시간이 지난 후의 일이다. 육식을 허락받았어도 일반인들은 거의 채식 중심 식생활이었으며 육식은 왕궁이나 부유층, 특별한 잔치 때만 먹을 수 있는 귀한 것으로 일상 식탁에서 쉽게 볼 수 없는 소중한 것이었다.

소는 노동력을 제공하였고 염소, 낙타, 말과 같이 젖을 주었다. 양은 그 털로 의복을 만들 수 있으며 당나귀, 낙타, 황소는 짐을 나르는 데 유용한 수단이었다. 한 가정의 부는 소(cattle)의 수에 따라 결정되는 경우가 많아 그 귀한 소를 쉽게 도살할 수는 없었다. 법적 용어로 동산, 소지품을 'chattel'로 부르고 있는데 이것은 'cattle'에서 유래된 것을 보아도 소의 중요성을 알 수 있다.

육류 섭취에 대한 성서의 근거도 불명확하다. 신명기 12장 20절에 네 지경을 넓힌 후에 네 마음에 고기를 먹고자 하면 네 마음에 원하는 만큼 고기를 먹을 수 있다고 기록된 것은, 고기를 먹도록 허락하였다는 것이 중요한 것이 아니라 하나님께서 이스라엘 영토를 넓히신 후 그들에게 풍성한 양식을 제공하겠다는 미래의 약속에 의미가 있다.

또 잠언 15장 17절에 사랑이 있는 채식이 미움이 있는 살진 쇠고기를 먹는 것보다 낫다고 한 것은 물질적 풍요가 사랑과 행복을 더해주지 않는다는 뜻이다. 부자가 천국에 들어가기 어렵다는 내용과 맥을 같이 하다고 할 수 있다. 쇠고기를 먹는 것은 물질적 풍요를 뜻하고 부유한 것을 뜻하기 때문에 쇠고기 먹는 것을 좋은 뜻으로 기록한 것은 아니다.

동물에 자비심을 가지신 하나님께서 왜 동물을 바치도록 인간에게 명하셨는가? 진실은 동물 자체의 제물에 하나님의 뜻이 있는 것이 아니다. 소중하고 가치 있는 것을 바치도록 하셨는데 한 가정에서 제일 소중하고 귀한 재산이 소와 같은 동물이기 때문이다. 그러므로 하나님께서 가난한 사람들에게는 그 제물을 가볍게 하여 비용이 적게 드는 다른 것으로 대체해 주셨다. 창세기 22장을 보면 하나님께서 아브라함을 시험하기 위하여 이삭을 제물로 바치도록 명하셨다. 이삭은 아브라함이 100세에 얻은 귀한 아들로 너무나 소중한 것을 드리라고 명하신 것을 보면 제물이 꼭 어떤 형태의 것이어야 하는 것보다 어떤 마음으로 드리느냐가 더 중요하다고 할 수 있다.

히브리인이 애굽에서 나온 후 모세 시대에 와서 하나님은 동물 제물을 허락하셨다. 히브리인이 애굽에서 동물을 제물로 쓰는 것이 습관화되어 있기 때문에 애굽에서 행한 우상 숭배를 끊기 위하여 일시적으로 동물 제물을 허락하시었다. 그것도 오직 한 곳의 지성소에서만 동물을 도살하도록 하였으므로 하나님의 동물 제물 허락이 그렇게 적극적이지는 않은 듯하다.

동물의 제물에 관련된 성서의 기록을 살펴보면 하나님의 뜻이 어디에 있는지 알 수 있다.

이스라엘 자손에게 말하여 이르라 너희 중에 누구든지 여호와께 예물을 드리려거든 가축 중에서 소나 양으로 예물을 드릴지니라 (레위기 1 : 2)

성서에서 희생 제물에 대한 첫 번째 기록으로 "드리려거든"으로 표현하여 자발적인 행위를 뜻한다고 볼 수 있다. 동물 제물은 하나님의 고정된 법이 아님을 알 수 있다.

공의(rightness)와 정의(justice)를 행하는 것은 제사(sacrifice) 드리는 것보다 여호와께서 기쁘게 여기시느니라 (잠언 21 : 3)

나는 인애를 원하고 제사를 원하지 아니하며 번제보다 하나님을 아는 것을 원하노라 (호세아 6 : 6)

참으로 하나님께 드려야 할 것은 삶 그 자체로 삶을 통한 헌신과 사랑의 실천을 요구하며 형식을 요구하지 않으셨다.

여호와께서 말씀하시되 너희의 무수한 제물이 내게 무엇이 유익하뇨 나는 숫양의 번제와 살진 짐승의 기름에 배불렀고 나는 수송아지나 어린 양이나 숫염소의 피를 기뻐하지 아니하노라 (이사야 1 : 11)

하나님께서는 누가 너희에게 이런 제물을 요구하였느냐고 반문하므로 제물이 하나님을 기쁘게 하는 것이 아니라 제물을 바치는 사람들의 심리적 만족을 위하여만 이용되는 것은 아닌가? 형식주의, 율법주의, 습관적인 타성에 의한 행위만 남아 영적 불감증에 젖어 있으면서 신앙인의 이름만 가지고 있는 자들에 대한 질타로 보인다.

네 번제의 양을 내게로 가져오지 아니하였고 네 제물로 나를 공경하지 아니하였느니라 나는 제물로 말미암아 너를 수고롭게 하지 아니하였고 유향으로 말미암아 너를 괴롭게 하지 아니하였거늘 (이사야 43 : 23)

동물 제물은 의무가 아닌 자발적인 것으로 결코 하나님께서는 제물로 백성들을 수고롭게 하지 않으셨다. 동물 제물만 하나님을 기쁘게 할 수 있다는 생각은 잘못이다.

사실은 내가 너희 조상들을 애굽 땅에서 인도하여 낸 날에 번제나 희생에 대하여 말하지 아니하며 명령하지 아니하고 오직 내가 이것을 그들에게 명령하여 이르기를 너희는 내 목소리를 들으라 그리하면 나는 너희 하나님이 되겠고 너희는 내 백성이 되리라 너희는 내가 명령한 모든 길로 걸어가라 그리하면 복을 받으리라 하였으나 (예레미야 7 : 22, 23)

하나님께서 꼭 지켜야 할 명령이라면 십계명과 같이 대대로 지킴이 될 수 있는 명령으로 남기었을 것이다. 제물보다 하나님의 음성에 귀를 기울이는 것이 나의 하나님, 우리 하나님이 될 수 있는 비결이다. 제물은 여러 종류의 동물이 드려졌으나 의식적으로 청결한 것이어야 하며 식용 동물이어야 했다. 사냥물은 식용이 가능하나 제물로 사용할 수는 없다. 그러기 때문에 제물은 가축 중에서 드려져야 하며 또 백성의 재산으로 값이 나가는 소중한 것이어야 했다.

9. 축제와 휴일의 음식

이스라엘인의 음식을 살펴보면 모든 음식물에는 축복이 있고 모든 휴일에는 음식이 따른다. 하나님과 음식과의 관계는 레위기 2장 1~4절에 예시하고 있다. 즉 식품과 그 준비 과정에서 사람들에게 어떻게 할 것인가를 알려주셨다. 음식 자체뿐만 아니라 그 준비 과정이 중요하다는 것을 보여주고 그것이 바로 축복에 이르는 길이라는 것을 가르쳐 주고 있다. 물론 이런 준비 과정은 이스라엘 사람들의 식생활의 단면을 보여 주는 것으로 이것이 그들의 식생활 문화이다.

신명기 8장 6~10절에 이스라엘 사람들에게 하나님의 명령과 규례를 따르고 행하면 그들에게 좋은 땅과 여러 가지 식물을 주실 것이라고 하여 믿음이 곧 현재의 축복으로 이어질 수 있음을 보여 주고 있다.

일반인과 부자들의 연회 모습은 사뭇 달랐을 것으로 생각되며 특히 궁중의 연회는 사치스러웠을 것이다. 궁중의 연회는 많은 계층의 사람들과 많은 종류의 식품이 진열되었다. 왕의 식탁은 정치적 사건의 초점이 모아지는 자리이며 주요한 사회적 문제도 논의되었을 것으로 볼 때 식탁은 음식을 먹는 것 이상의 큰 의미를 갖는 자리가 되었을 것이다.

자연적으로 수확 시에 벌어지는 연회는 겨울과 봄의 연회보다 훨씬 다양하고 신선한 식품들이 아낌없이 제공되었고 빵 종류도 다양하고 풍부하였을 것이다. 예수님 탄생 시 팔레스타인 지역을 통치하고 있던 헤롯 왕의 연회에 자주 오르는 것은 송실 수프, 구운 가젤,

오리와 거위, 여러 가지 채소, 대추야자, 당과 시럽을 넣은 무화과, 석류 주스, 여러 가지 빵 종류가 있었을 것으로 조세푸스(Josephus, 기원후 37~105년)는 기록하고 있다.

유대력에서 가장 중요한 축제와 휴일은 9회로 하루 혹은 9일까지 축제를 즐겼다. 축제가 많은 것은 역사 속에서 많은 역경을 헤치고 왔다는 뜻으로 이해할 수 있으며, 기억할 만한 날들이 많았다는 것으로 추정할 수 있다. 또 수확의 계절이 식물에 따라 각각 다르기도 하였을 것이며, 자연의 영향은 물론 주변 국가와 대립 상태에 있었기 때문에 수확의 기쁨은 더욱 컸을 것이며 축제로써 기억될 만하였을 것이다.

현대는 각박한 세상 속에서 즐거움을 더하고 구성원 간의 단합을 도모하는 뜻에서 축제를 만들기도 하나 과거의 축제는 생명의 위협으로부터 구원받은 진정한 감사의 축제였을 것이다. 안식일은 십계명의 제4계명으로 모든 휴일 중에서 가장 중요한 것으로 특별한 음식을 준비하고 좋은 옷을 입었다. 주중에는 통상 두 끼 식사를 하였으나 안식일에는 세 끼를 먹었다. 안식일은 즐겁고 존귀한 성일로 내 자신의 즐거움을 위하여 행위와 말을 하지 않는 것이 즐거움에 이르는 길이라 하였다.(이사야 58 : 13) 즉 공공의 행위로 즐거움을 얻는 날이었다. 안식일에 가장 즐겨 먹던 식품은 후추와 마늘을 넣어서 요리한 생선, 과일과 함께 구운 거위와 닭, 과일빵, 고기와 콩을 섞은 요리였으며 식욕 증진을 위하여 생선요리를 먹었다. 생선을 먹는 것은 예수님이 오신 초기 시대의 전통으로 구원과 속죄에 대한 이스라엘 사람의 상징으로부터 현대에도 구원의 표시로써 기독교인임을 나타내는 상징이 되었다.

성서에서 하나님은 유월절 준비를 위하여 양을 준비하는 방법을 모세와 아론에게 가르쳐 주셨다. 고대 히브리인들은 불 위에 태운 고기로부터 나오는 향내 나는 연기는 하나님이 좋아하시는 것으로 믿고 있었다. 고기를 굽는 것은 특히 유월절과 같이 특별한 종교적 축제에 합당할 만큼 사치스러운 것으로 믿고 기뻐하였다. 유월절 축제 저녁의 음식은 포도주 1잔, 상추 약간, 시큼한 소스, 구운 양고기, 무교병, 사탕무국, 기타 구운 뼈는 희생양을 표시하고 구운 달걀은 축제 제물을, 쓴 풀은 노예 생활의 쓰라림을, 푸른 채소는 자유인으로 첫 식사였으며, 소금물은 고통의 눈물을, 샤로셋(charoset, 사과, 호두 등과 감미 성분을 섞어 만든 벽돌 모양의 디저트)은 애굽에서 이스라엘 사람들이 만들었던 벽돌을 상징한다. 또 고기를 불에 구어 무교병, 쓴 나물과 함께 먹되 무교병은 기름을 발라 하나님의 선하심을 알게 하였다.(출애굽기 12 : 8, 레위기 7 : 12)

오순절의 주 식품은 유제품, 우유, 치즈, 요구르트, 치즈케이크였다. 많은 종류의 과일을 먹었으며 블린처(blintze, 치즈, 잼 등을 넣어 구운 팬케이크)는 이날에 제공되는 식품 중 가장 인기 있는 것이었고 유대 역사의 초창기부터 시작되어 그리스와 로마 시대까지 이어졌다.

유대교 신년제는 아브라함이 그의 아들 이삭 대신에 숫양을 제물로 바친 것을 기념하여 양의 머리를 구어서 먹는 전통이 이어졌고 이것이 주요리가 되었다. 꿀, 사과, 향신료는 그 다음 식품으로 자리잡았고 새해의 감미로움을 대신한다고 생각했다.

수장절(출애굽기 23 : 16)은 모든 식품이 수확되는 기쁜 날이지만 그 식품을 장식용으로도 쓰였다.(느헤미야 8 : 15) 야생 감람나무, 화석류 나무, 종려나무 가지로 초막을 지으라고 하셨다.

한편 레위기 23장 40절에는 수장절(초막절, 장막절) 첫날에는 아름다운 나무 실과(감귤류), 종려가지(어리고 잎이 아직 펴지지 않은 것), 무성한 가지(은매화), 시내버들(이스라엘 땅에는 4종의 시내버들이 자라고 있음)을 취하여 즐거워하라고 하셨다.

제물의 가식 기간을 보면 감사함으로 드리는 화목제의 희생 고기는 그날 먹어야 하며(레위기 7 : 15), 희생의 제물이 서원이나 자원의 예물이면 2일까지 먹을 수 있다고 하였으나 3일에는 어떤 제물도 먹지 못하도록 하였다.(레위기 7 : 16~17)

성서에서 아주 특별한 연회는 에스더에서 볼 수 있다. 금잔으로 마시며 잔의 모양도 각기 다르다(에스더 1 : 7)고 했으며 남녀가 자리를 함께하지 않았다. 또 연회의 한 순서로 연주와 가무가 있었던 것으로 생각된다.

10. 금식

성서에서 금식을 기록한 첫 의미는 양심의 가책을 느껴 하나님의 용서를 빌기 위함이었다. 다윗이 브엘세바의 첫 아기를 잃게 되는 상황에서 단식을 하고 하나님께 간구하는 모습을 볼 수 있다.(사무엘하 12 : 16) 또 다른 금식의 목적은 자신을 부인하고 겸손하게 자식과 소유물이 여행 중에 안전을 기원하는 데 있었다.(에스라 8 : 21) 그러나 금식이 모든 것을 해결해 주는 방법은 아니다. 남에게 보여주기 위하여 또 다툼과 즐김이 있는 상태에서 금식은 여호와께서 열납하지 않는다고 하였다.(이사야 58 : 3~5) 금식이 목적 달성을 위한 수단으로 이용되는 경우도 있다. 나봇의 포도원을 빼앗기 위하여 금식을 선포하고 나봇을 대중 가운데 두고 하나님과 왕을 저주하였다고 하여 아람 왕의 아내 이세벨이 장로와 귀인들에게 편지를 보낸 사건이다.(열왕기상 21 : 8~14)

대부분의 금식(사시기 20 : 26, 사무엘상 7 : 6, 역대하 20 : 3)은 전쟁과 같은 재난이 임박했을 때 선포되었다. 그 후에는 금식하는 많은 날이 고정되어 종교생활의 틀 속으로 정착하게 된 것으로 생각된다.(스가랴 8 : 19)

모세는 예수께서 했던 것처럼 40일간 금식을 했다.(출애굽기 34 : 28) 에스더는 3일간 금식을 하면서 수산에 있는 히브리인들에게도 똑같이 금식을 하도록 명하였다. 그러나 대부분의 금식은 24시간을 기준으로 하고 안식일이나 다른 축제일에는 그날의 기쁨을 훼손할까 봐 금식을 하지 못하게 하였다.

예수 시대에는 금식이 특이한 사항이 아니었다.(마가복음 2 : 18, 누가복음 2 : 37, 18 : 12) 탈무드는 금식이 죄를 속죄하거나 죄 짓는 것을 예방하기 위한 것으로 기록하고 있다. 또 부모나 존경하는 스승의 기일에 금식하는 것은 일반적인 일이라고 하였다.

금식에는 공중이거나 개인이거나 기도가 따르게 된다. 예수께서는 금식할 때 사람들에게 보이려고 얼굴은 흉하게 하거나 슬픈 표정을 짓지 말라고 말씀하셨다. 금식은 은밀한 중에 계시는 하나님께 보이려 하는 것이라고 하였다.(마태복음 6 : 16~18)

제5장 성서와 성서 지역의 식물(植物)

여러 성서를 검색하여 보면, 성서에 기록된 식물을 정확히 표현하는 것은 거의 불가능에 가깝다는 생각이 든다. 성서에 나온 식물이 번역본마다 다르다는 데 고충이 있다. 성서에 식물을 기록한 시대와 지역이 번역하는 시대와 지역이 서로 다르기 때문이다. 또 성서 시대에는 식물에 대한 이름과 분류가 발달되어 있지 않아 불분명한 것을 후세의 성서 학자들이 임의로 해석했을 가능성도 있다.

우리나라의 성서는 초기에 중국어 성경을 한글로 번역하다 보니 중국에 있는 식물 중심으로 성서가 번역된 것을 그대로 한글로 번역하였기 때문에 우리나라에서 볼 수 없는 식물도 등장하게 된다.

성서를 원래의 기록과 정확히 일치시키지 않았기 때문에 오역이라고 주장하는 경우도 있으나, 세계 각국어로 번역할 때 그 나라에서 쉽게 볼 수 있고 사람들이 읽어 쉽게 이해할 수 있는 가장 비슷한 식물로 번역하는 것을 오역이라고만 할 수는 없다는 생각이 든다. 그 나라에 없는 식물은 그 나라 말로 부르는 식물명도 없었을 것이기 때문이다. 또 같은 종류의 식물일지라도 그 식물이 갖는 이미지가 다를 수 있고 성장 과정이나 개화, 결실의 계절이 다를 수 있다.

그래서 성서의 식물은 정확성을 추구하고자 하면 수많은 이론이 등장할 수밖에 없다. 단지 성서에서 뜻하는 바를 훼손하지 않는 범위에서 유사 식물까지도 이해의 범주에 넣으면 더 이해가 쉽지 않을까 생각한다.

1. 곡류(grains)

성서에서는 이삭이 그 땅에 농사하여 그가 뿌린 씨앗의 백배나 수확을 하였다고 기록하였다.(창세기 26장 12절) 이런 놀라운 수확의 시대는 이미 수천 년 동안 곡식을 재배하고 있었다는 것을 뜻한다. 곡류의 경작은 선사 시대에 다른 지역에도 보급되었었다. 갈릴리 바닷가 근처에서도 탄화된 밀과 보리 흔적이 발견되었고 여리고에서도 수천 년 전의 지층에서도 곡물의 유적을 발견하였다. 여리고 오아시스에서는 야생 곡류가 자라지 않았기 때문에 씨앗을 유다나 사마리아 산지로부터 구하여 심었을 것으로 추정할 수 있다.

이삭이 야곱에게 축복하기를 **"하나님은 하늘의 이슬과 땅의 기름짐이며 풍성한 곡식과 포도주를 네게 주시기를 원하노라"**(창세기 27 : 28)고 하여 하늘과 땅의 축복으로 경제적 풍요를 기원하였다. 또 이삭이 축복하여 주길 바라는 에서의 간청에 대답하기를 **"이삭이 에서에게 대답하여 이르되 내가 그를 너의 주로 세우고 그의 모든 형제를 내가 그에게 종으로 주었으며 곡식과 포도주를 그에게 주었으니**

내 아들아 내가 네게 무엇을 할 수 있으랴"(창세기 27 : 37)고 하여 곡식과 포도주가 축복의 모든 것처럼 묘사되어 있다.

여기에서와같이 곡식과 포도주는 바로 축복의 상징이며 생명 유지에 필요한 식량이 바로 축복의 우선임을 나타낸다. 여기에서 곡식이란 모든 곡물을 대신하며, 즉 먹을 것과 마실 것의 수사적 표현이라 해도 좋을 것이다.

또 "**곧 너를 사랑하시고 복을 주사 너를 번성하게 하시되 네게 주리라고 네 조상들에게 맹세하신 땅에서 네 소생에게 은혜를 베푸시며 네 토지 소산과 곡식과 포도주와 기름을 풍성하게 하시고 네 소와 양을 번식하게 하시리니**"(신명기 7 : 13)라고 하여 위 식물들은 이스라엘 사람들에게 생명 유지에 필수적인 것을 알 수 있다. 이는 히스기야 왕이 축복을 받아 나라에 소산물이 풍부해졌을 때 곡식, 포도주, 기름을 저장할 국가 식량 창고를 세우도록 함으로써 세 가지의 풍요 여부가 국부에 직결된다는 것을 알 수 있다.

앗수르 왕은 유다 백성을 이주시킬 땅에 대한 회유책으로 묘사한 말에 "**곡식, 포도주, 올리브, 꿀이 풍요로운 축복의 땅으로 죽지 않고 살리라**"(열왕기하 18 : 32)라고 하여 가장 듣기에 좋은 말은 위 4가지 식품이 넉넉하다고 하는 말임을 알 수 있다.

팔레스타인 지역에는 밀과 보리가 주로 생산되었지만 에스겔서 4장 9절에 기록된 것처럼 조와 귀리도 자라고 있었다. 조는 성서에서 이곳에만 기록되어 있는데 고대 그리스 역사학자 헤로도투스(Herodotus, 기원전 484~424년)는 바빌론의 정원에서 2m 가까운 크기로 자라나고 있는 조에 대하여 기록하였다. 그래서 어떤 학자들은 조라고 기록된 것은 기장 혹은 아프리카 일부에서 일상 식품으로 쓰인 '사탕수수'일 것이라고 주장하기도 한다.

밀과 보리의 경작화는 이란, 이라크의 자그로스(Zagros) 산맥, 터키의 타우루스(Taurus) 산맥, 이스라엘, 레바논의 갈릴리 고지대에서 시작된 것으로 추정하고 있다. 각 지역에서는 야생 엠머(Emmer)와 아인콘(Einkorn) 밀을 택하여 가장 열매가 훌륭한 것을 골라 심었을 것이다. 아직도 야생의 아인콘 밀은 중동과 아시아에서 자라고 있는데, 현재 적색 겨울밀과 비교해 보면 단백질 함량이 22% 이상으로 매우 높다.(적색 겨울밀은 14~15%)

이러한 곡류의 농사는 약 8000년 이상 긴 역사를 가지고 있다. 곡류로부터 생산된 주요 상품은 곡류 가루에 물을 넣어 반죽하여 만든 무교병으로 불에 달군 뜨거운 바위나 평평한 돌 위에 붙여 만들었다.

이집트 제5왕조 시대(기원전 2600년) 사람들은 발효 빵은 물론 벌집 모양의 오븐을 발명하였고 곧이어 체를 발명하였다. 빵으로 사회적 신분을 나누는데는 체가 그 역할을 하였다. 곱고 흰 가루는 왕, 왕자, 귀족들의 흰 빵을 위한 것이었고 거칠고 검은 빵은 하층 계급의 사람들이 이용하였다.

기장(millet pannag)

라틴어 'panis'는 프랑스어 'pain'과 관계가 있으며 모두 빵(bread)을 뜻한다. 기장은 다른 곡류보다 좀 특이한 곡류이다. 기장은 단단하고 무거운 순백의 씨앗으로 좋은 가루를 만든다. 학명 *Panicum miliaceum*에서 miliaceum은 이삭 하나에 1,000개의 씨앗이 달린다는 뜻과 같이 많은 씨앗을 맺으며 씨앗의 크기는 매우 작다.

기원전 3000년경 메소포타미아에서 기장은 먹을 수 있는 씨앗을 맺는 식물 중 하나로 이미 잘 알려져 있었으며 1년생으로 온대성 식물이다. 기장은 인간이 경작한 곡류 중 가장 작은 것으로 성서 시대 식용했던 곡류 중 기호도가 제일 떨어졌기 때문에 가난한 사람들의 식량이 되었다. 오늘날 기장은 대부분 녹색 퇴비로 재배하고 있지만 지중해 연안에서는 아직도 귀리와 보리를 대신하기도 한다.

기장은 1만 2000년 전에도 중국에서는 일상 식량이었다. 만약 우리가 오래 사는 것을 최고의 가치로 여긴다면, 히말라야 산록에 살고 있는 훈자족이 기장을 먹고 사는 세계 최고의 장수족이라는 것을 주목해야 한다.

에스겔은 하나님으로부터 밀, 콩, 보리, 팥, 조, 귀리를 섞어 빵을 만들도록 명을 받았다. 여기에서 조는 영어 성서에서 millet(기장)으로 기록된 것을 번역 단계에서 혼란이 있었던 것으로 보인다. 위의 여섯 가지 재료를 섞어서 낙타젖, 기름, 버터와 함께 반죽을 하였다. 이것은 일반 백성들의 주식이었으며 에스겔 역시 포위당하고 굶주린 상태에 있을 때 귀리와 보리 대신 식품으로 널리 이용하였다.

조와 기장은 포아풀과의 식물이지만 조는 동부 아시아가 원산지로 동아시아에 재배가 집중되어 있지만, 기장은 유사 이전부터 유럽, 이집트, 아시아에 재배되고 있어 'millet'을 '조'로 번역한 것은 동아시아인들의 이해를 돕고자 의도적으로 접근한 것으로 생각된다.

밀(wheat)

밀은 지리학적으로나 식물학적으로나 고고학적으로도 유사 이전에 즉 빙하기 말기에 이미 있었던 식물로 연구 조사되었다. 약 기원전 1만 5000년~1만 년경부터 있었다. 아프가니스탄에서 코카서스까지에 이르는 서아시아 지역이 원산지였을 것으로 추정되며, 인류와 오랜 역사를 함께 한 식물이다. 그 흔적을 살펴보면 6700년 전 메소포타미아의 옛 유적지에서 밀이 발견되었고, 5000~6000년 전 이집트 고분과 신석기 시대의 유적지에서도 밀이 발견되었으며, 스위스의 한 호수 근처에 살았던 사람들의 주거 유적에서도 부싯돌의 도구와 함께 탄화된 밀이 발견되었다. 그뿐 아니라 기원전 3000년경에 고대 이집트인들이 발효빵을 만들었다는 연구도 있어 밀의 재배 이용 역사가 먼 옛날로 거슬러 올라감을 알 수 있다.

원래 야생종은 엠머 밀과 아인콘 밀 두 종류이나 듀럼(durum) 밀은 교잡종으로 대부분 제빵용 밀로 쓰인다. 밀은 세계에서 가장 보편적인 곡류이다. 요셉이 파라오의 꿈을 해몽하도록 요구받았을 때 그는 다가올 기근을 대비하기 위하여 수확물을 저장해 두어야 한다고 주장하였다.

성서의 밀은 한 줄기에 7개의 이삭이 맺히는 까락이 있는 종이다. 수확은 6월에 이루어지는데 날카로운 낫으로 밀 이삭을 잘라 모은다. 까부르기는 낟알과 왕겨를 나누기 위하여 바람에 날리도록 공중에 던져 올린다. 큰 더미가 되도록 긁어 모으고 도둑을 맞지 않도록 더미 옆에서 파수를 서곤 하였다.

이집트나 가나안에서 'corn'에 대한 기록은 대부분 특별한 식물을 뜻하는 것이라기보다 풍만함의 표현으로 쓰이고 있다. 비옥한 초승달 지역에서 옥수수가 자랐다는 근거는 찾아볼 수 없다. corn과 볶은 이삭은 아마 밀이었을 것이며, 종자를 비벼서 먹을 수 있도록 볶는다는 것은 밀을 두고 하는 말이다.(KJV 성서에서 corn이 100회 이상 나온다.)

우리가 알고 있는 corn은 기원후 1500년경 콜럼버스가 미대륙에서 귀환할 때까지 유럽, 중동, 중국, 인도에서 발견되지 않았다.

corn은 중동 지역에서는 거의 알려지지 않아 이용자의 수도 아주 적었다.

미국에서 옥수수를 'maize'로 쓰기를 좋아하나 많은 나라에서는 'corn'으로 쓰고 있다. 경우에 따라 'corn'을 주곡으로 쓰고 있기 때문에 영국에서는 밀을, 스코틀랜드와 아일랜드에서는 귀리를 corn으로 부르기도 한다.

곡류의 영양 가치는 중동 사람들의 건강에 매우 중요하다. 신체 성장의 중요한 요소인 단백질의 급원이며 과실, 열매, 견과류는 식량 구성의 부족분을 채워 주고 있다. 중동은 유럽처럼 곡류를 많이 도정하지 않는다. 곡류의 전립(全粒)은 인간이 성장하는 데 유용한 성분을 균형 있게 함유하고 있다. 밀 외에도 주식으로 하는 곡류가 한 나라에서 다른 나라로 이주하는 것을 알아 보는 것은 식문화의 전이 현상으로 흥미 있는 일이다.

밀은 1년생 화본과 식물로 줄기 끝에 이삭이 달리는 수상화(穗狀花)로 3~7개의 꽃을 가지고 있으며 그중 단지 몇 개만 곡식을 생산한다. 하나의 씨앗은 배아, 배유, 호분층, 겉껍질 등으로 구성되어 있는데 배아는 식물의 가장 중요한 생명력이 있는 부분으로 새로운 개체를 생산할 수 있으며 비타민과 무기질이 많이 들어 있다. 배유는 배아를 둘러싸고 있으며 글루텐을 형성하는 단백질과 전분이 함유되어 있다. 배유 주위는 호분층이 있는데 단백질이 풍부한 곳이며 이 외에도 몇 개의 층으로 이루어져 있다. 겉껍질은 왕겨층으로 씨앗을 온전히 보호하는 최외곽 성이다.

단단한 껍질 속에 둘러싸인 왕겨층을 분리시켜야만 가식부를 얻을 수 있다. 더구나 야생종은 더 단단하여 상당한 노력이 필요하다. 이삭이 가볍게 구워지면 겨층이 바삭바삭하여 부서지기 쉽기 때문에 비비면 떨어져 나간다. 곡류를 볶기 위하여 뜨거운 돌을 사용하였으며, 볶아서 빻은 밀은 너무 건조되어 있어 그냥 먹기 어렵기 때문에 물이나 술로 반죽하여 풀처럼 만들어 먹었다. 그 후 화로처럼 만든 뜨거운 돌 위에 반죽을 펴면 무교병이 되었다. 초기의 무교병은 뜨거울 때 먹었으며 차거워지면 단단하고 무거워 소화시키기 어려웠다.

창세기 18장 6절에 아브라함이 나그네를 깍듯이 대접하다가 사람의 형상으로 나타난 여호와 하나님을 대접하는 대목이 있다. 거기에서 고운 가루를 가지고 떡을 만들라고 사라에게 당부하는 가루가 밀가루였으며 그 손님 접대로 사라가 자식을 얻을 것이라는 축복을 받았는데 즉 밀은 축복의 근원이 되기도 했다.

신명기 8장 8절에 하나님이 이스라엘 백성에게 주시기로 약속한 젖과 꿀이 흐르는 풍요로운 땅 가나안의 축복을 약속하는데 등장하는 일곱 가지 식물 중에도 첫째로 등장하는 중요한 곡물이다.

요셉이 애굽으로 팔려가서 바로 왕의 꿈을 해몽해 주고 재상이 되어 7년 풍년 때 곡물을 비축하여 다가올 7년 흉년을 대비하였는데 그때 비축한 곡물도 주로 밀이였다.(창세기 41 : 48) 고대 바벨론이나 시리아 팔레스타인 등은 관개 시설이 없었으므로 자연 강우에 의존해서 농사를 지었다. 가뭄으로 흉년이 들어서 기근에 허덕이는 것을 성서 여러 곳에서 볼 수 있다. 요셉 때나 룻 때도 마찬가지이다.

그러나 애굽은 관개 시설이 잘되어 있어서 농사가 잘되기에 기근으로 허덕이는 이웃 나라들을 돕는 곡창이었다. 그래서 애굽의 부는 나일 강의 물로 재배한 밀의 선물이었다고 했을 정도이다. 로마 제국이나 비잔틴 제국의 곡창이었으며 정치적으로는 애굽을 제압한 자가 세계의 패자가 되었다고도 할 정도였다.

그러나 정착하여 전성기를 누리던 솔로몬 왕조 이후는 거꾸로 곡물을 수출하는 나라가 된 것을 열왕기상 5장 11절에서 볼 수 있다. 그것은 솔로몬 왕이 성전 건축을 위해 두로 왕 히람에게서 건축재를 제공받고 밀 2만 석과 맑은 기름 20석을 해마다 주었다는 것을 알 수 있다.

밀은 가루로 만들어 제단에 드리는 제물인 빵을 만드는 재료였고(출애굽기 29장 2절) 혼합 빵의 재료(에스겔 4 : 9)이며 발효빵을 만드는 재료였다. 이밖에 날알째 쪄서 햇볕에 말린 후 절구로 빻아서 burghul이라는 음식을 만들었다. 그리고 맷돌로 탄 것(잠언 27장 22절)은 고기, 양파, 향료 등과 함께 절구에 넣어 찧어서 kibbeh라는 음식을 만들어 먹었다고 한다. 볶은 곡식이라고 한 것도 밀을 지칭한다.

그의 형통함과 그의 아름다움이 어찌 그리 큰지 곡식은 청년을, 새 포도주는 처녀를 강건하게 하리라 (스가랴 9 : 17)

보리(barley)

보리는 석기 시대의 주거 유적에서 발견되며 아주 먼 옛날부터 사람과 동물의 먹이로 경작되었다. 기원전 5000년경에는 이집트와 레바논(Phoenicia)에, 기원전 3500년경에는 메소포타미아(지금은 이라크)에 보리에 대한 기록이 있다. 기원전 3000년경에는 이스라엘, 에티오피아, 동남아시아 전체에서 보리가 실제적으로 식생활의 주체가 된 것으로 보이며 히브리인들이나 고대 그리스인들에게도 보리빵의 이용이 많았던 것으로 보인다.

기원전 2500년경 수메르의 기록에 농부가 보리 경작을 하는 방법에 대한 상세한 내용이 나오는데 아마 첫 번째 이용된 곡류였을 것으로 추정된다. 예수님 오시기 적어도 2000년 전에 중국에서도 보리를 재배하였고 무게 측정과 임금 지불의 표준 단위로 이용하였다. 바빌로니아에서 함무라비는 여러 가지 일에 대한 임금의 지불을 곡류로 하도록 노동과 물품에 대한 법을 정해 놓았다.

보리는 팔레스타인에서 보통 10월에서 11월 사이에 씨를 뿌린다. 수확은 유월절 기념일 즈음인 봄에 시작된다. 두 번째 파종은 겨울이 지나면 이루어진다. 보리로 만든 빵은 히브리인의 일상 식량이었으며 아주 오래전부터 재배하여 왔다. 히브리어 'seorah'는 긴 머리(long hair)를 뜻하며 보리 수염이 매우 길고 머리와 같다는 뜻에서 유래된 것으로 본다.

보리는 테베(Thebae)의 이집트 무덤에서 발견되어 솔로몬 성전 건축 시 종사했던 노동자들의 식량으로 배급되었다. 성서 지역에서 쌀이 알려지지 않은 것은 경작 환경이 적절치 않기 때문이며 보리가 우리의 쌀과 같이 식생활의 주요 역할을 하였을 것으로 볼 수 있다. 반면 보리는 성서에서도 30회 이상 기록되어 있어 성서 시대 식생활에서 보리가 차지하는 비중이 높았던 것으로 볼 수 있다.

보리는 원래 말이나 소와 같은 가축들의 사료로 경작되었으나 식량 사정이 여의치 않은 경우가 많아 가난한 사람과 노동자들의 주식이 되었다. 보리는 볶거나(레위기 2 : 14) 가루로 만들어 반죽하여 빵이나 과자, 포리지(우유 또는 물을 넣어 만든 죽)로 만들었으며 특히 보리죽은 가난한 사람들의 일상 음식이었다. 가장 흔하기 때문에 가치가 없다고 생각하였으며 팔레스타인의 많은 지역에서 야생으로 자랐다.

보리는 밀보다 단위 면적당 많은 수확을 할 수 있었는데 이는 물을 적게 필요로 하기 때문이다. 도정도를 높인 보리는 껍질과 배아가 제거된 것으로 크림색을 띠며 진주와 같은 모습이다. 열, 수분,

기름을 잘 받아들여 풍미가 부드럽고 조리 시간이 적게 걸린다. 도정한 보리로 만든 보릿가루는 도정 중에 제거되는 호분층을 가지고 있어 단백질의 보급에 도움이 된다. 껍질은 벗기되 곱게 도정하지 않은 자연스런 갈색 가루는 단백질, 비타민, 무기질 함량이 높아 제빵 특성이 좋다.(에스겔서 4 : 9)

보리의 수확 시기에 따라 새해(아빕월)가 시작된다. 12월 말에 보리가 익었나 점검하여 익었으면 다음 달이 새 달이 되는 것이고, 아직 안 익었으면 13번째 월말에 점검하여 익었으면 그다음 달이 새달이 되어 보리가 익어가는 단계가 계절 변화의 지표가 된다. 아빕월의 시작은 2~3주 후 수확할 것을 알려주는 것이며 이때가 유월절이다.

보리는 성서에서 고대 이스라엘 8대 작물 중 두 번째로 기록될 만큼 중요한 농작물이다.(신명기 8 : 8)

또 땅의 가치를 재는 기준으로 보리 생산량을 쓴 것을 보면(레위기 27 : 16) 구약 시대에 보리 농사가 일반화되었다는 증거이다. 보리로 떡(빵)을 만들어 일상식량이 된 것은 기드온이 미디안을 물리칠 때 보리떡 한 덩이의 꿈으로 나타나 승리에 이르는 것을 보아도 알 수 있다.

엘리사 선지자 시대(약 기원전 843년)에는 고운 밀가루가 보리보다 두 배의 값이 나갔으나(열왕기하 7 : 1) 예수님 시대에는 보통 밀이 보리보다 세 배가량 비싸(요한계시록 6 : 6) 밀가루를 더 귀하게 여겼고 많은 사람들이 밀을 선호하였다.

옛 조상들에게 다행스런 것은 보리는 다른 곡류보다 더위와 가뭄에 강하고 밀보다 1주일 내지 한 달 먼저 익었는데 이것이 바로 왕 시대에 이집트에서 우박 때문에 보리는 망가졌으나 밀은 망가지지 않은 이유이다.(출애굽기 9 : 32~33)

보리의 수확은 사람들에게 봄이 왔다는 징표였으며 성서에서 연간 시간표에 농사의 일정을 사용한 것은 놀라운 일이 아니다. 우리나라의 절기도 농사와 관련이 깊은 것을 보면 계절의 흐름을 농사와 일치시켜 시기를 놓치지 않고 농사에 임하고자 하는 조상들의 지혜를 엿볼 수 있다.

룻기에 곡물을 수확하는 풍경이 이름답게 묘사되어 있다. 들판에서 익은 보리의 향기로운 냄새를 맡으며 룻이 부자인 보아스의 밭에서 보리 이삭을 줍는 것이 기록되어 있다. 보아스는 뜨거운 태양 아래서 향기롭고 꽃과 같은 룻에게 매료되어 그 애정의 징표로 보리를 여섯 번 되어 선물로 주었다.(룻기 2 : 17, 3 : 17)

다윗왕이 전장에 있을 때 길르앗 사람 바르실래가 군대용 식량의 일부로 보리를 가져 왔다. 그 후 예루살렘이 포위되어 있는 동안 선지자 에스겔은 보리, 밀, 콩, 팥, 기장, 귀리를 섞은 것으로 만든 빵으로 390일을 살았다. 이것을 이들의 일상적인 제빵 과정으로 이해하여서는 안 된다. 이렇게 특이하게 여러 가지를 섞어 만든 빵은 포위된 중에 크게 기근이 있었음을 말한다.(사무엘하 17 : 28~29)

보리떡은 보통 노임으로 어부들에게 지급되기도 하였다. 떡과 고기는 오병이어의 기적에서 보여준 것처럼 보리떡은 가난하지만 선한 예수님의 구원의 대상인 고통받는 사람들을 위한 떡으로 볼 수 있다.

요한계시록 18장 13절에 보면 각종 고귀한 것은 총망라되어 있는데 그 속에 보리는 포함되어 있지 않은 것을 보더라도 값진 것으로는 여기지 않음을 알 수 있다. 따라서 보리는 가난의 상징이요, 또 값없는 것의 상징으로 쓰였음을 민수기 5장 15절에서 보게 된다. 즉 타인과의 부정을 저질렀든지 그런 의심을 받은 여인에게 의심의 소제로서 보릿가루 1/10 에바를 예물로 드리되 그것에 기름도 붓지 말고 유향도 두지 말라고 했다. 이는 의심의 소제요, 생각하게 하는 소제라고 죄악을 생각하게 하는 데 쓰인 비열한 사람을 표현한 하찮은 것의 상징이 되기도 했다.

호밀(rye)

출애굽기 9장에서 여호와께서는 이집트 왕 파라오가 이스라엘에 대하여 마음을 완악하게 하였기 때문에 역병을 보냈다는 이야기가 나온다. 또 하늘의 재앙을 내리었으나 밀과 호밀이 상하지 아니하였다고 하였다. 우리가 호밀(rye)로 알고 있는 것은 이집트가 원산지가 아니다. 북쪽의 먼 곳으로부터 왔고 단지 소량만 자라고 있어 예수님 시대 이후에 경작화한 것으로 알려져 있다. 성서에서의 호밀은 아마 스펠트(spelt) 밀이었을 것이다. 밀의 한 종류이지만 원시 형태의 밀로 그 줄기는 밀보다 크고 척박한 땅, 풀이 잘 나지 않는 땅에서도 잘 자라 현재의 호밀과 비슷한 모양이나 생육 환경을 가지고 있다.

호밀로 만든 빵은 밀가루 빵에 비하여 품질이 떨어진다. 단지 밀이 자라기 어려운 땅에서 수확한다는 것이 큰 이점이다. 이사야서에 기록된 것처럼 그 시대 사람들에 의하여 재배되고 수확되었다.(이사야 28 : 24~26)

대부분의 곡식과 마찬가지로 호밀도 막대기나 도리깨, 황소에 의하여 치아같이 울퉁불퉁한 면을 가진 연자방아에서 탈곡하였다. 껍질이 벗겨지면 바람으로 왕겨를 날려보내고 낟알을 모아 체질 후 가루로 만들었다. 제분기는 두 개의 둥근 돌로 되어 있는데 한 개의 돌은 각각 20cm가량의 두께와 60cm의 지름으로 만들어져 있다. 우리나라 맷돌과 같이 윗돌의 구멍으로 곡식을 넣고 윗돌을 손으로 돌려 가루가 된 곡식이 옆으로 흘러나오게 하였다.

호밀은 외양과 맛이 밀과 비슷하나 낟알이 더 크다. 밀보다 알레르기를 가진 사람들에게 더 좋고 더 많은 단백질, 지질, 섬유소를 가지고 있으며 인체 면역 체계를 자극한다고 생각되는 단순 다당류를 함유하고 있다.

호밀과 관련된 영어 성경의 내용은 아주 혼란스럽다. 영어 성경에서는 호밀을 spelt, rye, rie, fitches로 쓰여 있는 반면 한글 성경에서는 나맥, 쌀보리, 귀리로 기록하고 있다. 귀리를 oat로 보면 예수님 시대 이후의 곡물이며 호밀(rye)도 4세기경 독일에서 경작이 시작되었다고 알려져 있다. 그래서 이 모든 표현은 스펠트 밀(spelt wheat)로 보는 것이 타당할 것이다.

조(millet)

에스겔서 4장 9절에 **"너는 밀과 보리와 콩과 팥과 조와 귀리를 가져다가 한 그릇에 담고 떡을 만들어 네 모든 눕는 날수 곧 390일에 먹되"**라는 구절이 나온다. 예루살렘의 멸망을 예상하여 거친 음식인 혼합 빵을 만들라고 한 재료 중의 하나인 조에 대하여 살펴보고자 한다.

조는 중국 동부, 만주, 우스리 강 유역 등 동부아시아가 원산지로서 이 지역에서는 옛날부터 중요한 곡물로 재배하였다. 고대 이집트, 로마, 그리스 등 고대국가에서는 조를 알지 못했다. 유럽 남부까지를 합쳐도 재배하지 않던 작물이므로 그들을 알지 못하였을 것이다. 성서 시대 성지에 없던 식물이었으므로 조의 히브리어는 알 수 없다. 조는 유럽에 기장보다 늦게 전파된 것이다. 아랍, 시리아, 그리스를 거쳐 신석기 시대 및 청동기 시대에 전파된 것이다.

성서에 나오는 조는 기장이나 수수일 것이라고 하는 주장도 있다. 기장은 이삭 모양이 수수를 닮은 곡물이다. 고대 이집트, 메소포타미아, 아랍 지역, 몽고, 코카서스 등 중앙아시아, 동부아시아가 원산지로서 메소포타미아 지역에서는 기원전 3000년경부터 재배하였다고 한다. 기장은 고온 건조한 기후를 좋아하며 가뭄에 강하고 모래 땅이나 메마른 땅에서도 잘 자란다. 높은 지대에서도 잘 적응하는 작물이다. 재배 기간이 짧아서 유목민에게는 중요한 식량자원이 되었을 것이라고 쉽게 이해할 수 있다. 유럽에서는 신석기 시대의 유적에서 발견되고 있어 그 전파 및 재배 이용의 역사가 오래된 것을 알 수 있다.

히브리어 'dohan'을 수수라는 주장은 수수가 그 지역의 환경에 가장 잘 적응할 것이라는 관점에서 나온 주장이나, 역사적 기록이나 유적이 뒷받침을 못 하고 있어 기장이라는 주장이 더 수긍이 간다.

2. 두류(legumes)

신구약 시대를 두루 살펴보면 제일 유명한 콩류는 팥(lentil)이다. 팥은 곡류 다음으로 식생활의 중요한 요소가 되었다. 연구가들은 팥과 병아리콩이 가장 중요하며 그 외에도 두류는 20종이 넘는다고 하였다.

역사학자들은 원시인들이 두류를 경작하고 소비하는데 일찍 눈을 뜬 것에 대하여 놀라워하고 있다. 두류는 현대 영양학에서도 우수식품으로 인정하고 있기 때문이다. 두류는 역사가 깊은 만큼 그 종류도 다양하여 여러 곳에서 여러 형태로 발전하여 왔다.

두류는 역사가 깊어 원산지가 분명하지 않지만 서남아시아와 중동의 비옥한 초승달 지역(The Fertile Crescent)으로 알려져 있으며 성서에서도 창세기에 두류에 관한 기록이 있다.

콩(bean)

콩은 원산지가 중국 북부, 시베리아, 한국, 일본 등 동북아시아이다. 중국에서는 약 4000년 전부터 우리나라는 3000년 전부터 재배하여 온 것으로 알려져 있다. 실제로 성서에 기록된 콩(사무엘하 17 : 28, 에스겔 4 : 9)은 잠두(蠶豆)를 지칭하는 것이라는 주장도 있다.

역사적인 식물인 콩은 1년초로 거의 1미터까지 자란다. 시리아와 이집트 지역에서는 콩이 일상 식생활의 일부가 되었으며 밀가루와 혼합하여 영양이 풍부한 빵을 만들기도 하는데 때로는 말과 같은 동물의 먹이로도 쓰였다. 또 그 줄기는 낙타의 먹이가 되었다.

콩은 12월에 파종하고 꽃은 2월 셋째 주쯤 핀다. 밀을 수확하는 6월 말까지 콩도 거의 수확하게 된다. 고대의 콩은 투표의 도구로도 사용하였는데 흰콩은 찬성을, 검은콩은 반대의 뜻으로 쓰였다. 심지어 행정관을 뽑을 때도 콩을 이용하기도 하였다. 이집트의 고대 성직자들은 위와 같은 콩의 이용을 신성 모독이라고 생각하여 콩을 싫어했다.

병아리콩(chick pea)

병아리콩은 덤불 같이 가늘게 자라는 1년생 식물이다. 상대적으로 가뭄에 잘 견디며 한여름 전에는 수확하지 않는다. 열매는 완두와 같이 끓이거나 볶아서 먹을 수 있으며 땅콩처럼 갈아서 쓸 수도 있다. 때로는 볶아서 커피 대용으로 먹는다.

말의 먹이용으로 심기도 하였다.

완두(pea)

보통 밭의 완두는 근동에서 기원전 7000~6000년의 유적에서 발견할 수 있는데, 놀랍게도 성서에서는 어디에도 완두에 대한 기록이 없다. 아마 그들이 완두에 이름을 붙여 무엇인가 부르기는 했을 것으로 짐작되나 전달 과정에서 잘못되거나 누락된 것이 아닌가 생각된다.

곡류와 함께 섭취했던 두류는 야생 완두를 비롯하여 팥, 콩, 병아리콩 등이 있다. 완두와 콩은 앗시리아와 바빌로니아에서 히타이트족(Hittites)에 의하여 재배되었다. 그리스 사람들은 콩의 신을 가지고 있었고 콩 축제도 열었다. 완두 수프는 그리스 거리에서 뜨거운 상태로 팔았다. 로마 문학에서 완두를 가난한 사람들의 식품으로 기술하지만 부자들을 위한 조리법에서도 완두를 사용하였다.

두류는 꼬투리에 열매를 맺고 익었을 때 개열(開裂)되어 나오나 콩과의 다른 식물들과는 달리 익지 않은 상태로 먹거나 말려서 먹었다. 싱싱한 완두는 맑고 밝은 녹색을 띤다. 꼬투리가 단단해지면 과숙한 것으로 완전 건조시켜 이용하므로 저장성을 높일 수 있다.

잠두(fava bean, broad bean, horse bean)

잠두는 알제리를 중심으로 한 북아프리카, 카스피 해안, 북이란이 원산지로 알려진 식물로 우리나라에서는 잠두외 마마콩으로 부른다. 잠두는 성서에서도 알 수 있듯이 옛날에는 매우 중요한 식량으로 역사가 기록되기 전 모든 사람들이 먹던 것이었다. 스페인, 헝가리, 이탈리아 등의 호서민(湖棲民)의 유적에서 발견되고 있어서 재배 기원을 추정하는데 어려움이 없다. 고대 이집트 옛 무덤의 미라의 관 속에서도 잠두가 발견되고 있으므로 이 지역에서 오랫동안 재배한 식물임을 입증하고 있다. 기원전 4500년 나사렛 부근의 유적에서 잠두의 탄화 흔적이 발견되기도 하였다. 그들은 오늘날에도 성서 시대처럼 동지중해에서 광범위하게 경작하고 있다.

구시대의 잠두는 모두 *Vicia fava* 로서 broad bean이나 Winser bean으로 알려져 있다. 이러한 종류의 콩은 단백질 21~25%, 탄수화물 60%, 지방 2~3%를 함유하고 있다. 고대 히브리인들은 콩을 짠물에 넣었다가 날로 먹기도 하였는데, 아직도 이와 같은 방법이 남아 있다. 또 다름 방법은 성서 요리사들의 방법으로 콩을 삶아 거기에 올리브유와 마늘을 섞어 풍미를 주는 요리법이다.

잠두는 용도가 다양했다. 가루로 만들어 기장과 섞어서 죽이나 스프도 만들고 거친 빵을 만들었으며 삶아서 통째로 먹기도 했다. 지금도 팔레스타인에서는 성서 시대와 똑같이 빵을 만드는 데 이용하며 주로 가난한 사람들의 식량이라고 한다.

오랜 역사 속의 잠두는 지금 미국인들이 먹고 있는 강낭콩보다 거의 3배의 열량과 단백질을 가지고 있으며, 무기질과 비타민 함량도 훨씬 높아 아주 인기 있었던 것으로 채소나 고기요리의 재료로 쓰인다.

잠두는 세계적으로 널리 분포되어 있고 많이 소비되고 있으나 미국에서는 잘 알려져 있지 않았다. 성지의 고대인들은 매년 봄이면 맛이 있고 신선한 잠두를 수확하였다. 그들은 종종 콩을 말려 가루로 만들어 다른 곡류와 섞어 빵을 만들기도 하였다. 프랑스와 이탈리아 언어로 빵은 각각 pain과 pane로 쓰고 있는데, 이 말들이 그리스어 잠두 panos로부터 유래된 것은 매우 흥미로운 사실이다.

고대 그리스의 의학자들은 콩이 가스를 생성시키고 소화를 어렵게 할 뿐만 아니라 나쁜 꿈을 꾸게 하지만 기침에는 좋다고 하였다.

편두(扁豆, lentil)

편두의 원산지는 정확히 알려져 있지 않지만 9000년 전 근동에서 기원한 것으로 보이며 콩과식물 중 가장 먼저 작물화한 것 중의 하나이다. 편두는 1년생 반포복성 식물로 척박한 토양에서도 잘 자라며 가난한 사람들의 영양 공급원이 되었다.

편두를 뜻하는 히브리어 adashim은 'advesh'로부터 나왔으며 이는 '떼지어 몰려오다'의 의미를 갖는다. 이것은 농부와 목축자들을 위한 기호성이 높은 식품이었다는 것을 시사하는 것이다. 편두는 이집트에서 일찍 식품으로 이용되었는데, 이것은 이 식물이 이집트에 많이 자라고 있기 때문이며 알렉산드리아 편두는 매우 가치가 높다고 알려져 있다. 단백질과 탄수화물이 풍부한 이 식품을 고대 이집트 사람들이 즐겨 먹었던 것은 편두가 정력을 증진시켜 준다고 믿었기 때문이다. 편두죽을 준비하는 그림을 그린 벽화를 통해 우리는 람세스 2세 시대로 생활이 다가오는 느낌을 받을 것이다.

편두는 모압(moab)과 에돔(Edom, 사해 동쪽)에서 야생으로 자라고 있지만 아브라함 시대 널리 경작하였다. 팔레스타인 지역의 편두는 적색이다. 아프리카의 북부나 중동의 베두인 목축인들은 아직도 적색 편두죽을 먹고 있다.(야곱의 팥죽)

모압의 남쪽 땅인 에돔은 'red'를 뜻한다. 이는 이곳에서 자라고 있는 적색 두류 혹은 에돔의 바위와 흙이 붉은색을 띠는 데서 유래되었을 것이다. 출생 시 머리가 붉어서 에돔이란 별명이 붙었는지 적색 편두죽 한 그릇에 장자 명분을 팔았기 때문인지는 명백하지 않다.

성서 시대에도 편두를 갈아서 밀가루, 스펠트 밀가루와 섞어 빵을 만들어 먹었다.(창세기 25 : 34, 사무엘하 27 : 29, 에스겔서 4 : 9) 편두는 빵과 과자를 만들기 위하여 다른 곡류와 섞어서 갈았다. 채소 스튜나 채소와 고기를 넣은 포타즈도 편두로 만들었는데, 편두는 그 자체도 고단백이었지만 콩과 함께 섭취하면 완전한 단백질 급원이 되었다.

성서 시대 사람들은 그 사실을 알지 못하였지만 곧 중노동자, 농부, 목부들이 만족하는 것을 보고 영양이 많은 식품이라는 것을 알게 되었다. 포타즈(pottage, 진한 채소 수프)는 편두로 만드는데, 편두는 조그만 완두 같은 식물로 야생 완두와 관련이 깊다. 다른 식물들이 자라기 힘든 땅에서도 쉽게 번식할 수 있기 때문에 시리아와 중동 전체에서 자라고 있다.

편두는 밀이 수확되는 6월 이후 밀과 같이 수확하여 두드려 떤다. 식품으로서 편두는 밀가루와 섞어 품질이 조금 떨어지는 빵을 만들거나 포리지(porriage, 오트밀에 우유나 물을 넣어 만든 죽)를 만들 때 사용한다.

팥[小豆, 赤豆]은 인도, 중국, 한국, 일본 등지가 원산지로 2000~3000년 전부터 재배되어 온 것으로 알려져 있다. 따라서 원산지로 볼 때 성서에 나오는 팥은 불콩 혹은 편두(扁豆)로 추정할 수 있으며 볼록렌즈와 흡사하다고 하여 렌즈콩이라고도 한다. 불콩은 서남 터키와 파키스탄의 반건조 기후의 구릉 지대에 야생한 것을 지중해 연안과 남유럽에서 재배화한 것이라고 한다. 우리나라에서는 재배되고 있지 않다.

편두는 이스라엘의 고대 농업에서 중요한 위치를 차지했던 흔하지만 귀한 식품이었다.

편두는 팥과 달리 단백질이나 비타민 B군이 풍부한 영양원으로서 이집트, 팔레스타인, 이스라엘 등지에서 널리 재배되고 있다. 주로 가루로 부수어서 과자를 만드는데 쓰이며 보리와 섞어서 빵을 만드는데도 쓰인다. 편두 중에는 색이 붉은 이집트 불콩이 가장 맛이 있다. 야곱이 만든 팥죽도 이 콩으로 만들었을 것이다. 삶으면 팥과 같이 붉게 되어 성서 번역 시 가장 비슷한 식물로 옮기다 보니 성지에는 없는 팥으로 번역한 것으로 보인다.

편두는 말리지 않은 상태로 먹을 수 있지만 말리면 저장해두고 먹을 수 있어 고대 식생활에 매우 가치 있는 식품이었다. 편두는 시리아와 이집트에 흔하며 특히 붉은색을 띤 것이 많다.

편두를 말리거나 조리하면 여행 시 가지고 다니기 편리하기 때문에 바르실래가 다윗의 추종자들이 배고파했을 때 가져온 것이기도 하다.(사무엘하 17 : 28) 편두는 단백질 함량이 적절하여 곡식과 함께 조리하면 영양도 맛도 만족시킬 수 있다. 'Lent'(사순절)란 단어가 'lentil'로부터 유래되었을지도 모른다. 왜냐하면, 그때 육식을 금지하는 관습이 있었고 다른 식량 자원으로 육식을 대체하도록 하였기 때문이다. 편두가 저장, 수송, 영양면에서 대체 식품으로 적합하기 때문이다.

예수 시대 감미원으로 편두를 이용하였다. 아가서 2장 5절에 "**너희는 건포도로 내 힘을 돕고……**"라는 구절 때문에 예수 시대에 살았던 현인들은 깜짝 놀라기도 하였다. 여기에서 건포도를 뜻하는 히브리어 'ashashiyot'는 건포도가 전혀 아닌 단맛을 주는 어떤 물질이라고 하였는데, 이는 볶은 편두에 꿀을 바르고 튀긴 것으로 믿고 있기 때문이다.

3. 견과와 종실

아몬드(almond)

아몬드의 원산지를 미루어 짐작하게 하는 성경 구절이 있다. 창세기 30장 37절에 야곱이 라헬을 위하여 다시 외삼촌 라반의 양을 7년 동안 치며 봉사하되 그 품삯으로 양이나 염소 중에서 아롱진 것을 제 몫으로 하기로 약속을 받았으며, 양떼는 물을 먹으러 와서 교미하여 새끼를 배었다. 그런데 이때 얼룩진 가지를 바라보고 아롱진 것을 낳게 하기 위하여 버드나무, 살구나무(아몬드), 신풍나무 등의 푸른 가지의 껍질을 벗긴 후 흰 무늬를 내어서 물 먹는 개천의 물 구유에 세웠다는 것으로도 흔한 나무였음을 말해 주고 있다.

또 창세기 28장 19절에 야곱이 외삼촌 집을 찾아가던 중에 돌베개를 베고 자다가 꿈에 하나님 축복의 약속을 받고 그 돌에 기름을 붓고 '벧엘'이라 불렀다는 그 성의 본래 이름은 '루스'(Luz)였다. 루스란 말은 아몬드를 가리킨 말로서 이 지역에 이 나무가 많았기 때문에 붙여진 것이라고 한다.

민수기 17장 8절에서 아론의 지팡이인 아몬드나무로 기록되어 있으나 번역은 살구로 한 것이 많다. 꽃을 피운 것은 하나님의 이적 중의 하나이다. 겨울이 끝나기 전에 복숭아꽃보다도 먼저 피는 것이 아몬드꽃이다. 아몬드나무는 성지에서 1월에 꽃이 피며 잎이 나오기 오래전에 꽃이 핀다는 것은 봄을 알린다는 것과 관계가 있다. 연홍색 혹은 백색으로 옅은 향기를 내는 아몬드꽃은 잎이 없는 가지에 약 1개월간 꽃이 피며 겨울의 황량함을 이기고 나온 생명의 영속성을 상징한다.

아몬드의 주요한 두 가지 품종은 분홍색 꽃과 달콤한 열매를 맺는

Dulcis종과 흰색 꽃과 쓴 과실을 맺는 Aroma종이 있다. Aroma형은 성장 말기에 생성된 독성분 알카로이드를 파괴시키기 위하여 볶아야만 한다. 주요한 아몬드 경작지는 북 네게브 지역에서 발견된다.

서양 자두와 복숭아에 가까운 식물인 아몬드 열매는 꽃이 핀 후 약 10주 동안 익는다. 열매의 껍질은 쭈굴쭈글하고 가죽 같은 껍질로 싸여 있다. 속 알맹이(인)는 좁고 오렌지색이며 껍질을 벗기면 크림 같은 흰색이 된다.

아몬드나무 열매에서 기름을 얻을 수 있는데 알맹이에서는 40% 이상의 기름을 얻을 수 있으며 포도주의 독성을 해독시켜 주는 효과가 있다고 믿어 왔다. 열매는 보통 대추야자나 건포도와 같이 제과에 쓰인다. 갈아 놓은 아몬드는 보통 소스를 진하게 하는데 사용하고 젤리와 잼에 풍미를 더해주는데 사용하기도 한다.

지방과 단백질 함량이 많아 아몬드는 오랫동안 가치 있는 식품으로 인정받았다. 아몬드는 비타민 B_2와 칼슘 함량이 높아 치아와 뼈에 유익하다. 디오스코리데스(Dioscorides)는 햇빛에 타서 얼굴에 검은 점이 생길 때 이를 없애기 위하여 찜질 약으로 아몬드 가루를 추천하였다. 아몬드 기름은 고급 안면 크림으로 인기 있는 성분이다.

팔레스타인 지역에 기근이 심할 때 야곱은 그의 아들이 통치자로 있는 이집트에 가서 도움을 청하도록 그의 다른 아들들에게 지시하였다. 그때 유향, 꿀, 향품, 몰약, 비자, 아몬드를 예물로 가지고 가도록 하여(창세기 43 : 11) 아몬드가 이집트에서 자라지 않거나 귀한 것임을 알려주고 있다. 팔레스타인 카멜 산에 많은 야생 아몬드나무가 있으며 5m 정도의 높이까지 자란다.

아몬드는 영어 성경(NIV, KJV, NASB)에서 모두 'almond'로 기록되어 있으나 번역된 우리말 성경 일부에서는 파단행, 유향나무 열매, 감복숭아 등으로 여러 가지로 번역하고 있다.

살구와 아몬드는 매우 가까운 관계의 식물이지만 살구는 중국이 원산지로 알렉산더 대왕에 의하여 그리스로 옮겨져 유럽에 전파된 것으로 알려졌으며, 아몬드(편도, 파단행)는 서아시아와 북아프리카 원산으로 지중해 연안 국가에는 야생으로 널리 분포되어 있다. 이를 보더라도 'almond'를 살구로 번역한 것은 정확한 번역이 아니라고 할 수 있다.

잣(pine nut)

백향목과 함께 중요한 건축 자재로 솔로몬 왕이 성전 건축 시 히람 왕에게 목재를 요청한 나무 중의 하나이다.(열왕기상 5 : 8) 잣은 아직도 많은 사람들이 즐겨 먹지만 선사 시대부터 알려지고 이용되었으며 수확하고 가식부를 얻기 어렵기 때문에 더욱 귀한 식품으로 여겼다.

고기 요리 시에 사용하였으며 곱게 갈아 과일이나 포도주와 섞어 소스로 썼다. 잣나무는 많은 사람들에 의하여 그 기풍 때문에 숭배를 받았고 그리스, 로마, 가나안에서는 이 나무를 생명과 부의 근원으로 생각했다. 또한, 그 목재와 잣이 다른 식품과 교역의 대상이 되어 다른 지역에서도 가치 있는 식품으로 인정받았다. 잣은 양질의 지방과 단백질을 가지고 있고 지역 특산품으로 술을 생산하는데 쓰기도 했다

참깨(sesame seed)

참깨는 그 기름과 박(粕)의 우수한 품질 때문에 고대 근동의 사람들

에게 중요한 작물이었다. 고고학자들은 이집트, 팔레스타인, 바빌로니아, 앗시리아에서 참깨 경작의 증거를 발견하였다. 앗시리아 수도 북쪽 니네브(Nineveh)에서 아라랏 왕국(Ararat kingdom, 예레미야 51 : 27)의 발굴에서 부서진 참깨 씨앗을 발견하였다. 고대의 참기름은 원래 등유로 썼지만 그 외 조리용, 의약용, 화장품 제조용으로도 쓰였다.

참깨가 성서에 특별히 기술되어 있지 않지만 고대 히브리인들이 조리에 썼던 것은 확실하다. 오늘날 동지중해 지역의 요리에는 어디에서나 볼 수 있는 재료이다.

피스타치오(pistachio)[1]

이 나무는 시리아를 중심으로 한 중동 지역에서만 자라는 것으로 제2대 로마 황제인 티베리우스 시대(서기 14~37년)에 통치자의 한 사람인 비텔리우스(Lucius Vitellius)가 유럽에 처음으로 소개하였다. 그 후 스페인과 같이 먼 서쪽까지 퍼지고 지중해 연안에 완전히 전파되었다. 중동에는 아주 흔한 식물이며 오늘날에도 이탈리아 남부에는 피스타치오 농장이 있다.

피스타치오 나무는 7~10m가량 자랄 수 있으며 나무줄기의 껍질

1) 일부 성경에는 '비자'로 번역되어 있으나 비자(榧子)는 극동아시아 지역에 나는 식물이다. 즉 성지에는 없는 식물이므로 정확한 번역이 아니다. 다만 피스타치오의 열매가 비자나무의 열매와 비슷하므로 중국어 성경에 비자로 번역한 것을 그대로 옮긴 착오인 듯하다.

은 적갈색이나 가지는 밝은 갈색을 띤다. 녹회색 잎에 상처를 내면 열매와 같은 냄새를 풍긴다. 가지에는 꽃이 덩이를 이루어 피며 꽃이 지면 맺히는 열매는 알 모양을 하고 두 개의 껍질을 갖는다. 바깥 껍질은 얇고 마르면 적색을 띤다. 속껍질은 연녹색으로 매우 기름지고 달콤한 맛을 갖는다. 과자로 만들어 먹기도 하며 다른 기초 식품과 섞어 빵, 과자를 만들거나 다양한 용도로 쓰인다.

피스타치오는 단맛을 더 내기 위하여 접목법을 이용하여 새로운 품종을 얻어낼 수 있다. 열매는 중동의 요리에 자주 사용되며 녹색 껍질과 아몬드와 비슷한 향은 양과 염소고기를 요리할 때 자연스러운 맛을 내기도 한다.

창세기 43장 11절을 보면 가나안 땅에 흉년이 들어서 야곱의 아들들이 양식을 구하려고 애굽 땅으로 갔다. 그런데 애굽으로 팔려간 요셉이 총리가 되어 양식을 구하러 온 형들을 보고 막내동생을 보고자 했다. 그래서 그들을 시험하여 첩자로 몰아서 한 사람을 인질로 하고 아우를 데려와서 결백을 증명하여 누명을 벗으라고 하였다. 그 때에 몰래 곡식 자루에 돈뭉치를 넣게 했다. 그 돈을 발견한 그들은 누명까지 쓰게 될까 봐 아비를 설득하여 아우를 데려가면서 요셉에게 바치는 귀한 선물 목록을 작성하였다. 피스타치오는 그 목록에 들어 있던 귀한 과일이었다. 이 열매는 또 십일조로 드릴 수 있는 것의 하나이기 때문에 더욱 귀하게 생각했다.

호두(walnut)

호두는 지역적으로 중동 동쪽 가나안부터 중국의 히말라야에 이르기까지, 또 유프라테스 계곡에서 요르단 계곡까지 잘 알려져 있다. 고대의 호두나무는 페르시아, 그리스, 아시아 일부, 카쉬미르, 네팔 등 동양에서 주로 야생으로 발견된다. 그중에 가장 좋은 품종은 페르시아산이다. 팔레스타인 지역에서도 오랜 역사를 가지고 있으며 로마의 풍습 중에도 호두나무가 다산과 번영의 상징으로 결혼식이나 연회에 쓰고 있다. 호두는 저장성이 뛰어나서 최근까지도 구세계 거주민의 유적에서 발견되는 오랜 역사를 가진 과일이다. 수천 년 전에 페르시아나 터키로부터 레바논이나 가나안으로 도입되어 현지 적응이 이루어진 것으로 전해진다.

성서의 정원에 대한 기록은 오늘날의 과수원으로 생각하는 것이 좋다. 솔로몬 왕의 정원은 매우 크고 다양한 식물을 심었고 그중 가장 귀중한 나무 중의 하나가 호두나무다. 껍질이 회색이며 매끄럽고 신선한 녹색 잎을 가진 멋있는 나무로 더운 기후에 그림자를 줄 뿐 아니라 향기가 좋다.

호두나무는 낮은 기후 조건에서 잘 자라기 때문에 팔레스타인에서 좋아하는 나무이다. 3월 하순에 꽃이 피고 8월에 열매가 열리는데 3~4개가 무더기를 이루어 열린다. 열매는 육중한 녹색과 과육으로 둘러싸여 있다. 이 껍질은 뜨거운 물에 넣으면 멋있는 갈색 색소를 얻을 수 있다.

아가서에 인용된 호두 동산은 예루살렘에서 수십 킬로미터 떨어진 베들레헴에 가까운 에돔에 있는 광대한 솔로몬의 동산 중 수분이 많은 골짜기에 심었을 것으로 생각된다. 예수님 시대 호두나무는 갈릴리 호수가에서 자랐다. 바느질하지 않은 예수님의 옷은 짙은 갈색이었으며, 그 염료는 호두나무 껍질에서 얻어질 수 있었다. 이 호도나무는 페르시아 나무로 그리스 사람들에게 알려졌는데, 그들은 호두나무 그늘 아래서 연회를 베풀기도 하였다. 호두는 식재료일 뿐만 아니라 나무는 건축용 목재로서 훌륭하였으며 성전의 제단용 화목으로 선호하였다. 어떤 나무는 직경이 1.5m, 키가 45m에 이르기도 한다.

가루로 만든 호두는 사보리(savory) 소스를 진하게 하든가 달콤한 향미를 주는 데 쓰였다. 호두는 가식부가 딱딱한 껍질에 쌓여 있으므로 생명과 불멸의 상징으로 삼았다. 고대 그리스나 로마 사람들이 풍요와 다산의 상징으로서 결혼식 때 좌석 주위에 호도를 뿌렸다고 하며, 그것이 나중에는 결혼식이나 크리스마스 때에 풍요와 다산의 심벌로서 선물하는 풍습으로 발전했다.

호두는 또 놀라운 치료 효과를 갖는다고 전해졌다. 굶주림 후에도 호두를 씹으면 광견병에 걸린 개에게 물린 것도 치료될 수 있다고 하였다. 호두는 불포화지방산 함량이 매우 높으며 또한 근육을 만들고 튼튼하고 건강한 치아와 잇몸을 만들며 대사를 개선하고 간질환을 고쳐 준다.

4. 채소류(vegetables)

채소류는 아름다운 정원과 함께 낙원을 연상케 하며 여러 세대를 지나와도 풍요와 평화의 상징으로 예술이나 문학 작품에서 묘사되고 있다. 그러나 식재료로서는 높은 등급을 받지 못하고 오히려 멸시를 받기도 하였다. 출애굽한 이스라엘 사람들은 이집트에 있을 동안 먹었던 오이, 수박, 부추, 파, 마늘을 그리워하였다.(민수기 11장 5절) 이집트에서 노예 생활을 하면서 풍부히 먹었다면 이들 채소에 대한 이집트인들은 저급 식재료, 하찮은 식품으로 인식하고 있다는 것을 알 수 있을 것이다. 다니엘서에서도 왕의 진미는 채식이 주재료가 아니었을 것이다. 채식이 건강에 더 좋은 것으로 보여주는 것은 일반적인 사람들의 사고를 뒤집는 것이었다.(다니엘서 1 : 8~15)

지중해식 식사라고 하면 토마토, 가지, 고추, 감자 없는 식사를 생각할 수 없다. 그러나 실제 성서 시대 사람들은 이런 채소를 알지 못하였다. 대부분 신세계 아메리카로부터 15세기 이후에 도입된 것들이다. 더구나 우리가 알고 있는 오늘날의 오이는 성서 시대에 지중해에 들어오기 전이었다. 성서에서 오이라고 하는 것은 주키니(서양호박)였을 것이다.

완두, 아스파라거스, 샐러리, 양배추, 부추, 양파, 무, 크레스(cress, 유채과 채소), 마늘, 오이, 호박, 겨자잎 등 남지중해 연안에서 페르시아 만까지 일상에 기본적으로 이용되는 채소류로 들 수 있다. 배추(cabbage)는 구약 시대에는 먹지 않았지만 로마 점령 시대 이전 그리스 사람들에 의하여 성지에 소개되었다. 쇠비름(purslane)은 이스라엘에 야생하고 있으며 채소로 먹었다. 무(radish), 사탕무(beet), 순무(turnip)는 성서에 기록되어 있지 않지만, 고대 이집트와 팔레스타인 지역 사람들의 보통 식사용 채소였다. 무잎은 독이 있다고 생각하였으나 사탕무와 순무잎은 조리하여 먹었다.

채소는 밭에서 키우는 것과 야외에서 자연스럽게 자라나는 잡초와 같은 것들이 있다. 잡초와 같은 채소에는 당아욱, 짠나물, 나도냉이가 포함된다. 1948년 이스라엘 독립전쟁 당시 예루살렘이 포위되었을 때 많은 주민은 당아욱을 모아 굶주림을 면했다. 어떤 학자들은 욥기(6 : 6)에 기록된 "싱거운 것(tasteless food)"이 당아욱을 지칭한다고 주장한다. 이 식물은 빨리 자라고 빨리 시들기 때문에 운명의 상징으로 쓰고 있다. 시편의 "푸른 채소(green plant)"(37 : 2), "아침에 돋는 풀(the new grass of the morning)"(90 : 5)이 이 식물을 지칭한다고 생각한다.

쑥(wormwood)

쑥은 성서에 종종 나타나지만(신명기 29 : 18, 잠언 5 : 4, 예레미야 23 : 15, 요한계시록 8 : 11) 매번 쓴맛과 독에 관련되어 있다. 쓴 즙은 *Artemisia* 속 식물의 일반적인 특성이며 그리스 여신 아테미스(Artemis)의 이름으로부터 차용 명명되었다.

성서에서는 쑥을 어떻게 표현했나 살펴보자. 예레미야 9장 15절에는 하나님의 법을 버리고 우상 숭배로 바알을 좇은 이스라엘 백성에게 하나님은 **"쑥을 먹이고 독한 물을 마시우고…… 알지 못하던 열국 중에 그들을 해치고 진멸되기까지 그 뒤로 칼을 보내리라"**고 징벌의 도구로 사용하여 죽음이나 멸망을 뜻하고 있다. 예레미야 23장 15절에는 바알을 의탁하게 하고 소돔과 고모라처럼 간음하고 악행한 자에게 돌이킬 수 없게 한 예루살렘 선지자에게 내린 벌로 그들에게 **"쑥을 먹이며 독한 물을 마시우리라"**고 하여 재앙의 의미가 되고 있다.

그런가 하면 신명기 29장 18절에서 우상 숭배의 결과는 **"독초와 쑥의 뿌리가 생긴다"**고 하여 저주의 대상으로 비유하고 있다. 예레미야 애가 3장 15절에는 **"나를 쓴 것으로 배불리시고 쑥으로 취하게 하셨으며"**라고 했고, 3장 19절에는 **"내 고초와 재난, 곧 쑥과 담즙을 기억하소서"**라 하여 견딜 수 없는 고난을 쓴 쑥으로 표현하였다.

세계적으로 분포되어 있고 변종이 매우 많지만 성서에 기록된 쑥은 우리나라의 식용 쑥(mugwort)과는 다른 종으로 쓴 쑥 혹은 약쑥으로 불린다. 생명력이 왕성하고 번식력이 커서 오히려 잡초처럼 귀찮은 존재이기도 하다. 쑥은 작은 관목처럼 자라고 모지(母枝)로부터 가지가 퍼져 나간다. 그 싹은 작고 초록 잎을 가지며 아래쪽에 밝은 회색을 보인다. 잎은 매우 쓴맛을 내며 의약적 목적으로 주로 쓰이며 정유는 쑥술인 압생트(absinthe)의 원료가 된다. 고대에 이 약초는 알코올의 효과를 중화시킨다고 하여 쑥에 넣기도 하였다.

쑥은 북반구의 건조 지대에 약 250종이나 분포되어 있다. 그중에는 우리가 즐겨 먹는 식용 쑥도 있고 성경에 나오는 쓴 쑥도 있지만 성경에 나오는 쓴 쑥은 우리나라에는 없는 종류이다. 일부 성경에는 인진(茵蔯)이라고 번역한 경우(아모스 5 : 7)도 있지만, 인진은 한국, 중국, 일본, 필리핀, 말레지아, 네팔 등에 분포되어 있고 중동에는 없는 쑥이다. 우리나라는 사철쑥, 더위지기 등으로도 불리우는 약쑥의 일종이다. 중국어 성경 번역을 그대로 옮겨 썼기 때문에 나타난 현상이다.

부추(leek)

약속의 땅으로 여행하는 동안 이스라엘 사람들은 그들이 이집트에서 즐겨 먹던 맛있는 채소를 그리워하였다. 부추도 그중 하나로 아주 옛날부터 오늘날까지 팔레스타인 지역에서 즐겨 먹는 식품이다. 이집트 사람들은 부추를 신성한 식물로 여겼다.

어떤 이유에서인지 부추는 마늘, 양파와 함께 옛 로마의 삼두정치 시대에 가장 가치 있는 채소로 여겼다. 부추는 마늘, 양파보다 잎이 더 많이 자라고 땅속의 구근이 충실히 형성되지 않는 경향이 있다. 양파, 마늘은 가난한 사람들을 위한 식품이었지만, 부추는 로마 황제에게 귀한 것으로 취급되었다. 네로 황제는 1세기경에 수 에이커의 땅에 부추를 심어 먹었다. 플리니(Pliny)에 따르면 네로는 목소리를 좋게 하려고 부추와 기름을 먹었다고 하며 32가지 약효가 있다고 기록하였다.

부추는 야생으로 자라는 경우가 많지만 성지에서도 재배하였다. 고대 이집트인과 히브리인의 기호품이었으나 대체로 가난한 사람들의 식품으로 여겨져 결국 겸손의 상징이 되었다. 예수님 시대에 살았던 한 저자는 그의 요리책에서 부추를 이용한 요리를 많이 수록하였다. 파와 같은 모양이지만 가늘은 부추는 고대 히브리인, 이집트인, 로마인 모두에게 양파나 마늘보다 자극성이 적어 인기가 높았다.

영양 많은 2년생 풀인 부추는 약 20cm까지 자라며 파보다 맛이 부드럽고 짙은 녹색 잎 밑에는 유백색의 구근이 자란다. 녹색 부분은 샐러드로 먹고 구근은 채소나 조미용으로 썼다. 고대 히브리인들은 양파, 마늘, 부추, 이 세 가지 채소를 특히 좋아했는데, 식초와 빵과 함께 생으로 먹거나 끓이거나 기름으로 조리하여 먹었다. 부추는 근동에서 아직도 인기 있는 식품으로 알려져 있다. 또 영국의 웨일스(Wales)의 상징 꽃이며 그들이 독립을 위한 투쟁을 한 후 웨일스인의 기장(badge)으로 선정되었다.

민수기 11장 5절에 원래 히브리어로의 번역은 'green herb'이지만 대부분의 구약성서 기록자들이 양파, 마늘과 연결시켜 기록하였기 때문에 부추를 뜻하는 것이 틀림없다고 믿고 있다.

짠나물(mallow, salt herb)

욥이 심한 고통을 받고 있을 때 그의 박해자들이 하찮은 존재였던 것을 회상하였다.(욥기 30 : 4) 그들은 짠나물을 거두어 들였는데 그것은 바다쇠비름(sea purslane)의 잎과 잔가지였다. 이 풀은 살기 위하여 바다 공기를 필요로 하였기 때문에 이스라엘에서 남유럽의 해안에 많이 자라고 있으며 사해 주변에도 자란다. 원래 'malah'로 부르는데 이는 소금을 뜻하며 히브리어 'malluach'는 짠맛을 갖는 식물의 뜻을 가지고 있다.

짠식물은 3m 가까이 자란다. 마르면 작은 가지가 두툼한 덩이를 만든다. 봄에는 작은 자색의 꽃이 줄기에서 피어난다. 잎은 두툼하고 맛은 나쁘지만 신선할 때 먹을 수 있다. 이 식물은 소금 식물로 알려져 있고 때때로 아주 가난한 사람들이 먹기도 하였다. 사막 동물들은 소금 대신 이 식물을 취하기도 한다. 짠식물의 밭이 예루살렘의 교회 근처에서 발견되었는데 이는 교회에서 이 식물을 옮겨 심고 재배하였음을 알려주는 것이다.

팔레스타인 지역에는 적어도 세 종류의 비슷한 식물이 자라고 있다. 탈무드는 유대인들이 기원전 520~516년 성전 건축 시에 음식으로 이 식물을 먹었다고 기록하고 있다.

상추(lettuce)

상추는 재배되기 전부터 동아시아 전체에 야생으로 자라고 있었음이 틀림없다. 고대 이집트에서 먹었다는 것은 고대 이집트의 무덤에서 그 씨앗이 발견되었기 때문이다. 상추에서 나오는 흰 유액은 최음성이 있다고 생각하여 다산의 신 Min은 상추를 그에게 가져 오게 하였다. 히포크라테스(Hippocrates)와 아리스토텔레스(Aristotle)는 그들의 의학 서적에 상추에 대하여 기록하고 있는데 이는 치커리, 꽃상추, 체빌(chervil, 파슬리의 일종), 쇠비름을 모두 포함하는 말로 생각된다. 민들레와 물냉이가 높이 평가받았지만 동일 계통의 식물 중 가장 고전적인 형태를 가진 품종은 romaine(상추의 일종)이었다. 때때로 코스(cos, 상추의 일종)라 불렀는데 이는 그리스 해안에서 떨어진 섬의 이름을 따서 명명하였다.

쇠비름은 오랫동안 야생 잡초로 생각하고 있으나 샐러드를 만들 때 비타민이 풍부한 재료로 한때 주목을 받았다. 맛있는 풍미를 가지고 있으며 독성이 없는 녹엽은 샐러드용 녹색 채소로 이용될 수 있다.

상추는 드레싱과 함께 샐러드로 오늘날 우리가 먹고 있는 것과 같은 방법으로 먹었다. 상추는 수많은 종과 변종이 있는 내한성의 1년생 식물이다. 비옥하고 배수가 잘되는 땅에서 수분을 충분히 공급하면 빨리 자라게 된다. 멋진 샐러드를 만들기 위하여는 다양한 녹엽 채소를 섞어서 만들어야 하며, 그중에도 짙푸른 색을 가진 것들이 좀 더 건강 지향적이다. 채소는 한 입 거리가 되게 찢어 놓고 꽃상추, 골파, 파슬리, 쇠비름을 넣어서 만들고 가능하면 박하를 넣는다. 또 세이버리(savory), 운향, 파, 다임을 넣기도 한다.

쓴나물(쓴풀, bitter herbs)

유월절 연회에서 양고기와 함께 먹었던 쓴나물은 이집트에서 노예 생활을 하던 히브리인들이 겪었던 역경을 상징하는 것이다. 유월절은 7일간 계속되는 큰 행사인데 시작과 끝은 매우 엄숙한 의식이 있다.

밀가루를 이용하여 매일 얇은 과자를 만들기도 하였는데, 전날 사용하다 남은 유교병이나 sourdough(효모가 활성을 가져 발효과정 중에 있는 반죽을 일부 떼어 놓은 것으로 유교병을 만드는 데 썼음)는 유월절 동안 히브리인들에게는 사용이 금지되었다.

어린 양을 잡아 함께 먹고 쓴나물과 밀가루로 만든 무교병이 구운 양과 함께 제공되었다. 쓴나물은 겨울에 자라기 시작할 때는 단맛을 보이다가 유월절이 지나며 쓴맛을 갖게 되어 쓴나물이 필요할 때 쓴맛을 띠게 된다. 그래서 이집트에서 노예 생활을 할 때 처음에는 단맛이었지만 점차 쓴맛 같은 생활을 하게 되는 것과 비슷하다고 생각한다.

쓴나물은 특별한 성일에 주로 먹었으나 일상 식생활에서도 먹었으며 그 지역의 형편에 따라 다르게 이용하였다. 쓴나물은 보통 신선한 상태로 수확하여 샐러드로 먹었는데 'salad'란 말이 라틴어 'salata'에서 유래되었고 이는 'salted'의 뜻인 것을 보면 유월절 연회 중에 쓴나물을 단지 소금에 담갔다가 먹음으로써 노예 생활 때의 눈물을 소금물로 상징화하였다고 볼 수 있다.

쓴풀이 어떤 종류의 식물이었는가에 대하여 여러 의견들이 있으나 야생에서 취한 것이기 때문에 지역에 따라 다르게 적용되었을 것이다. 어떤 식물학자에 따르면 치커리, 상추, 물냉이, 엉겅퀴, 쇠비름, 민들레, 박하, 미나리과 약초(lovage), 참소리쟁이(sorrel) 등이었을 것으로 추정하고 있다.

치커리류는 지중해 연안~북아프리카에 약 10종이 분포하고 있는데 황폐한 들판이나 길가에 흔히 자라는 국화과에 속하는 다년초이다. 치커리는 굵은 뿌리는 곧은 뿌리이며 굵고 다육질인데 몹시 쓰다. 그래서 이 뿌리를 캐어서 잘게 썰어 말린 뒤에 볶아서 가루로 만들어 커피 대용으로 이용하였다. 치커리 커피는 나폴레옹 시대부터 이용했다고 한다. 카페인이 없는 건강 음료로서 강장(强壯) 기능과 소화작용이 뛰어나다고 알려져 있다. 일명 '파리쟌 커피'라는 애칭으로 불리기도 했다. 이 밖에도 커피에 섞어 쓴맛과 검은빛을 내는데 쓰이기도 하였다. 치커리는 높이 60~100cm로 자라며 어린잎은 쓰지만 부드러워 데쳐서 먹거나 샐러드로 이용한다. 치커리를 채소로 이용한 역사는 고대 로마로 거슬러 올라가며 그때 이미 재배하여 채소로 이용하였다.

미나쉬(유대인 율법학자의 구전 해설을 모은 탈무드의 본문)에 쓴나물로 열거된 상추나 민들레 등은 잎을 뜯으면 유백색 유액이 나오는 것도 치커리와 같고 그 분비액이 쓴 것도 공통점이다. 상추나 서양민들레도 지중해 연안이 원산지인 식물들이다. 야생의 상추는 고대 그리스, 로마 시대에 이미 재배하여 생식용으로 이용했다. 지금은 개량되어 담백하고 단맛이 있지만 옛날의 야생 상추는 쓴맛이 강했다.

쓴풀의 하나로 알려진 민들레는 남유럽이 원산지로 많은 나라에서 자라고 있다. 그 이름은 프랑스어 'dent de lion'에서 왔으며그 뾰족한 잎이 사자의 이빨처럼 생겼다고 하여 'dandelion'으로 붙여졌다.

서양민들레는 우리나라 자생종 민들레와 차이가 많다. 우리나라 민들레는 흰색 또는 노란색 꽃이 봄에만 피는 봄을 알리는 들꽃이지만 서양민들레는 1년 내내 꽃이 피며 주로 노란색이다.

스넥 루트(snake root)는 역시 국화과의 식물로 키가 5~11cm로 자라는 왜소한 1년 초이다. 잎이 깊이 찢어져 있고 흡사 양귀비를 닮았으며 2~3월에 노란색 두상화가 핀다. 주로 사막 지대에 많이 나며 어린잎은 쓰지만 샐러드로 이용하고 뿌리는 뱀에 물렸을 때에 해독제로 쓰이므로 'snake root'라는 이름이 지어졌다.

박, 들외(gourd, wild gourd)

들외는 익었을 때 파열하는 열개성(裂開性)을 가지고 있다. 열왕기하에서 엘리사가 솥에 있는 국에서 쓴맛을 제거하는 방법을 보여 주었다. 이 식물은 오이를 닮았고 잎은 손바닥 모양으로 포도잎과 같고 바닥에서 줄기가 자란다. 열매는 단단하고 둥글며 색깔은 다양하여 밝은 노란색에서 녹색 점이 있는 밝은 오렌지색까지 있다. 익으면 열매가 마르고 과육은 가루가 되는데 이것은 맛이 쓴 의약품이며 하제(下劑)로 효과가 좋다고 알려져 있다. 아랍 사람들은 이 가루를 모아 불쏘시개로 쓴다.

열왕기상 7장 24절에서 솔로몬 성전의 물그릇을 박과 식물로 장식하고 히말라야 삼나무에 새겨서 장식품으로 사용한 것을 기록하고 있다. 이 박과 식물은 'globe cucumber'로 알려져 있으며, 또 다른 이름은 '선지자의 오이'로 불러 성서적 의미를 가지고 있다.

성서에 기록된 조롱박은 아마 호박 종류였을 것으로 생각되며 이는 아비시니아에서 기원하였다. 아직도 지중해 연안 지역에서 즐겨 이용되는 것으로 길이는 60cm 이상 자라며 길게 구부러진 목과 잔털이 많은 연녹색 껍질을 가지고 있는 것이 특징이다. 성서 식물학자들은 요나서의 기록(4 : 6)이 조롱박인지 호박인지 정확히 알 수 없으나 대부분 하얀 꽃이 피는 조롱박일 것으로 추정하고 있다.

영어 성서에서 'gourd'라고 쓴 것을 번역서에서 '박' 또는 '들외'로 각각 달리 번역하였다.(열왕기상 7 : 24, 열왕기하 4 : 39)

샐러리(celery)

샐러리는 근동과 동지중해 지역이 원산지이며 로마나 그리스에 알려져 있지만 고대 언어에서 발견되지 않는 것을 보면 초기에는 많은 양이 자라고 있지 않았다고 추정할 수 있다. 샐러리는 주로 방향제로 사용하고 오랫동안 의약식물로 이용되었다.

무(radish)

무는 뿌리가 아삭아삭하게 기호성을 높여주는 1년생 식물로서 성서에서는 그 이름이 나오지 않지만 오랜 역사를 갖는다. 무씨 기름은 올리브유가 나오기 전에 사용되었다. 초록색의 작은 가시가 있는 잎을 먹었으나 그 가시는 조리하면 부드러워진다. 최고의 품질은 아삭아삭하고 자극성이 적게 키운 것으로 그 비밀은 무를 빨리 키우고 성숙하기 전에 수확하는 것이라고 한다. 그러나 고대인들은 무가 아주 클 때까지 두었고 잎과 함께 조리하였다.

당근(carrot)

당근은 2년생 식물로 가늘고 털이 많은 야생 당근으로부터 개발 경작되어 뜻밖의 식량 자원으로 등장했다. 경작에서 쉽게 품질 개량된 것 중의 하나로 예수님 탄생 수 세기 전에 지중해 지역에서 자라왔다. 엄격히 말해서 성서에서는 당근을 찾아볼 수 없다. 성서는 개별 식품을 구체적으로 나타내지 않고 향식물로서 포괄적으로 기록한 곳이 많다.

양파(onion)

양파는 나일 강 유역에서 대량으로 재배하고 있었다. 그리스 역사학자 헤로도투스는 피라미드 건축 시 거대한 양의 양파가 마늘, 무와 함께 건축 노동자들에게 공급되었다고 하였다. 이집트 사람들은 마늘과 양파를 신성시했다. 실제 옛 이집트 도시인 프루시움(Plusium)의 주민들은 양파는 숭배했으나 마늘은 숭배하지 않았다.

성서 시대에 널리 이용되었지만 성서에서 파에 대한 언급은 단 한 번밖에 없다.(민수기 11 : 5)

성서에 나오는 파는 우리가 흔히 말하는 양파, 옥파, 둥근파를 말한다. 지중해 동편과 서북 인도가 원산지로 추정되고 있으며, 기원전 5000년경부터 고대 이집트에서 재배했던 오랜 역사를 가진 식물이다. 우리가 말하는 파는 중국의 서부와 알타이 산맥 쪽의 시베리아, 북부 몽고가 원산지다.

고대에 파에 대한 묘사는 무덤의 조각에서 볼 수 있다. 헤로도투스는 쿠푸(Khufu)의 거대한 피라미드를 건설할 때 노동자들에게 파를 공급하는 데 많은 비용이 들었다고 하였다. 어떤 이집트 성직자는 파가 우주를 상징한다고 하였다. 그들은 양파의 둥근 부분을 하늘, 땅, 지옥의 반구로 해석하였다.

파는 온난한 지역보다 따뜻하고 건조한 지역에서 더 많이 자라고 있다. 그 풍미는 달고 산뜻한 맛을 가지나 팔레스타인의 양파가 어느 지역에서나 같은 풍미를 갖는 것은 아니다. 고대의 의학 기록에 파를 이용한 약품을 26가지 기록하였다. 가난한 사람들의 식생활에 필수적인 재료였으며, 부자들은 육류나 채식요리에 상당량의 양파를 넣기도 하였다. 양파에 대한 미신도 남아 있어 문간에 양파를 달아 놓으면 질병 감염을 예방한다거나 St. Thomas's Eve에 베개 밑에 날 양파를 넣고 자면 미래의 배우자에 대한 꿈을 꾸게 된다고 하는 것들이다.

양파, 부추, 마늘은 백합과 식물의 한 종류로 거의 600종에 달한다. 기원전 3200년 고대 이집트에도 잘 알려졌었고 오늘날까지도 '이집트 양파'로 한 종을 이루고 있다. 일반적으로 양파가 땅 밑에 구근을 형성하고 지상부가 죽은 후 수확하는 것이라면 이집트 양파는 반대로 줄기의 꼭대기에 구근을 형성한다.

수박(watermelon)

수박은 청동기 시대 이래 나일 강 연안에서 자라고 있다. cucurbit과의 한 식물로 대부분 큰 공 모양에 줄이 있는 모양이며 과육은 붉은색으로 무더운 여름날 시원하고 달콤하여 원기를 돋우게 한다. 사막을 여행하던 이스라엘 사람들에게 그리움의 대상이 되었던 수박은 가난한 이집트 사람들에게 양식처럼 여겨졌다. 나일 강 유역의 수박은 거의 10kg까지 나가기도 하였다.

수박은 노란색 꽃이 피는 식물로 바닥에 기면서 자라고 건조한 기후나 습한 기후에서도 잘 자란다. 익은 과육은 오렌지색에서 루비색을 띠며 껍질은 단단하고 질긴 녹색을 띠며 레몬색의 얼룩 반점을 보이는 것도 있다. 과즙은 아주 신선하고 오늘날에도 수백 종류의 수박이 예루살렘 다마스커스 문 밖에서 팔리고 있다.

그러나 수박에 대한 논쟁도 있다. 어떤 학자는 'cucumber'라고 번역된 히브리말은 정확히 'muskmelon'을 뜻하는 것이므로 오이는 성서 시대에 자라지 않고 멜론이 자랐다고 주장하였다. 다른 성서 식물학자는 성서에 오이, 수박이 동시에 기록되어 있기 때문에 둘 다 있었다고 주장하였다. 두 번째 주장을 더 많은 사람들이 타당성이 있다고 생각하고 있으며, 수천 년 동안 이집트에서 둘 다 재배되었고 기원전 2000년 수메르 자료에도 기록되어 있다.

성서에 기록된 'melon'은 수박으로 번역되는 경우도 있으나(민수기 11 : 5) 머스크멜론인지 수박인지는 확실치 않다. 두 가지 모두 수천 년 전부터 고대 이집트에서 재배되었기 때문에 더욱 혼란스럽지만 더운 날씨에 시원함을 그리워했다면 수박이 더 어울릴 것으로 생각된다. 고대인들은 수박을 식품으로는 물론 음료나 의약품으로 썼으며 더운 날씨에 이보다 더 좋은 것은 없었다.

오이(cucumber)

오이는 피라미드가 건설될 때 카룬(Karun)호 연안에서 자라고 있었으며 기원전 2100년에 우르에서도 자랐다. 이스라엘 사람들이 이집트를 떠났을 때 그들은 포로 시절 이집트에서 먹던 많은 식품을 그리워하였는데, 오이가 그런 채소 중의 하나였으며 나일 강가 진흙밭에서 자랐다.

지도자 모세가 이스라엘 백성들과 약속의 땅으로 가는 중에 바란 광야를 지나게 될 때 뜨거운 열기에 백성들은 이집트에서 즐겨 먹던 시원한 과실을 그리워했다. 이집트와 팔레스타인의 강가의 습기가 많은 진흙은 오이가 자라는 데 완벽한 조건을 갖추었다. 덩굴은 더위에 빠르게 자랐으며 가난한 사람들의 더위를 시원하게 해주기 때문에 중요한 작물로 여겼다. 오이가 귀중한 작물이었기 때문에 그 밭을 지키는 사람이 있었고, 지키는 사람이 머무를 수 있는 임시 거처도 있었다.

고대 팔레스타인에는 두 종류의 오이가 있었다고 추정하고 있다. 약간 희고 껍질이 매끄러운 것과 길고 가는 것이 있었다. 오늘날의 오이는 성서 시대의 것과 매우 비슷하다. 색깔은 짙은 녹색이며 꽃은 노란색이 예쁘게 피며 줄기는 바닥을 따라 퍼져 간다. 오이는 황녹색에서 암록색의 색깔을 띠고 가시가 많거나 없는 것도 있다. 크기는 매우 다양하며 레몬오이는 거의 둥글고 밝은 녹색이다. 꽃은 황색이며 작은 컵 모양을 하고 있다. 씨는 유백색으로 평평하며 단춧구멍 모양을 하며 양쪽 끝이 뾰족하여 길이가 넓이보다 3배 가량 크다.

여기에 속하는 식물로는 박(squash), 호박(pumpkin), 멜론이 있으며 암수의 꽃이 다르다. 우리는 일반적으로 박은 먹지 않는 것, 메론은 단 것, 호박은 달지는 않으나 먹을 수 있는 것으로 생각한다. 고대인들은 여러 가지 다양한 종류를 식생활에 친숙하게 이용했는데 우리에게 모두 전해졌다고 할 수는 없다.

다즙의 녹색 열매는 중동에서 아직도 널리 쓰이고 있으며 특히 요구르트, 치즈, 마늘, 박하, 올리브, 토마토 등과 함께 섞어서 샐러드를 만들어 먹는다.

오이즙은 수 세기 동안 피부를 부드럽게 하고 화상이나 햇빛에 자극을 받은 피부를 진정시키는 로션으로 사용되었다. 시들거나 위축된 오이는 거칠고 쓴맛을 갖기 때문에 위의 목적으로 써서는 안 된다. 전통적으로 피클을 만드는 방법은 오이, 사과사이다, 백포도주, 식초, 회향, 물, 마늘, 소금을 질그릇에 담고 오이가 물 위로 떠오르지 않도록 뚜껑을 덮어두면 수 주일이 지나면 가까운 데서 피클의 냄새를 맡을 수 있다.

오이는 언어적으로 차다는 말의 대명사처럼 쓰인다. 과학자들은 실제 온도를 측정하여 수 세기 동안 일반인들이 그럴 것이라고 인정하던 것을 증명하였다. 더운 날에도 오이의 내부 온도는 외부보다 약 10℃ 정도 낮은 것으로 밝혀졌다. 그래서 무더운 날에는 평민이나 왕족이나 모두 시원한 것을 먹기 위하여 오이를 심었다.

마늘(garlic)

마늘은 5000년 전 범어(梵語, sanskrit)로 기술된 기록이 있으며 고대 수메르인의 식사에 일상식량으로 쓰였다. 그들은 티그리스와 유프라테스 강 계곡에 마늘을 심었는데 히브리인이 이집트에서 노예 생활을 하며 먹었다는 기록보다 앞선 것이다. 실제 피라미드의 명문(銘文)에는 피라미드를 건설하는 데 10만 명의 노동자가 30년 동안 고용되었다고 적혀 있다. 이들은 마늘, 부추, 양파를 신 포도주와 함께 먹고 견디었다고 한다.

민수기 11장에는 이스라엘 백성들이 약속의 땅으로 여행 중 이집트의 채소를 그리워하는 내용이 있다. 마늘은 부추, 양파와 함께 일상식으로 이용되었으며 고기나 다른 식품의 풍미를 주기 위하여 함께 이용되기도 하였다. 또한, 마늘은 내한성이 있는 다년생 구근 식물로 양파와 부추처럼 Allium과의 식물로서 고대부터 함께 알려졌으며, 드레싱 소스로 풍미를 더해 주고 또 빵과 함께 날로 먹거나 익혀서 조리하는 식품의 풍미제로 이용되었다.

호머(Homer)는 마늘이 건강을 지켜준다고 칭송하였고, 그리스의 의사인 히포크라테스와 디오스코리테스는 Allium과 식물을 곤충에 물린 데, 기침, 월경불순, 피부질환, 전간의 치료에 이용하였다. 그리스와 로마 병사들은 전쟁에 나가기 전에 힘과 용기를 북돋기 위하여 마늘에 의존하였으며, 마늘은 성욕을 증진시킨다고 알려져 있다. 플리니는 마늘로 치료될 수 있는 질병 61가지를 예로 들었는데 야생동물에 물린 것에서부터 기침까지 거의 모든 질병에 효과가 있다고 하였다. 고대 로마 사람들에 따르면 마늘을 약으로 만들 때는 꿀이나 포도주에 섞거나 고수풀로 향을 주기도 하지만 이러한 처리가 고창증이나 목마름의 원인이 될 수도 있다고 하였다. 그러나 위대한 로마의 의사인 갈렌(Galen)은 가난한 사람들이 건강에 대한 대비를 하지 못하기 때문에 가난한 사람들의 약으로 사용되는 마늘을 높이 평가하였다.

옛 사람들은 마늘이 만능약으로 감염, 고혈압, 결핵, 독감, 치통, 감기 등 수백 가지 질병을 치료하는 데 유효하다고 믿었다. 이러한 평판은 그 후에도 계속되어 흑사병 예방, 신경 질환 치료에도 효과가 있다고 하였다. 발칸 제국에서는 흡혈 박쥐를 쫓기 위하여 문틀이나 창틀에 마늘을 문질러 두기도 하였다. 볼리비아 원주민들은 마늘을 운반하는 사람은 황소가 공격하지 않는다고 굳게 믿고 있다.

오늘날 마늘이 분명한 효과가 있다고 하는 과학적인 증명이 이루어졌다. 소화제, 자극제, 이뇨제, 항경련제로 분류하고 있다. 자연적 항미생물성을 가지고 있다는 것은 연구자들이 마늘 추출액의 시험관 시험에서 결핵균을 죽이는 것으로 밝혀졌고, 10ppm 정도의 낮은 농도에서도 모기 유충을 98% 죽이는 것으로 밝혀졌다. 장미와 가까이 심은 마늘은 진딧물과 일본 딱정벌레를 쫓아낸다. 마늘과 다른 식물을 함께 심어 놓으면 마늘의 즙이나 향이 곤충을 쫓아내는 곤충 기피제 역할을 한다.

5. 향미식물과 향신료(herbs and spices)

성지는 한때 비옥한 땅이었지만 수 세기 동안 방치함으로써 불모지화 되었으며 현대에 와서 회복시키려고 노력하고 있다. 광야는 단순히 사진이나 그림으로 표현할 때 식물이 거의 자라지 않는 곳으로 잘못 알려지고 있다. 그러나 성지의 건조한 산악 지역은 수많은 향기로운 꽃들이 피어나고 있다. 한여름의 뜨거운 열기는 마조람과 세이지 같은 식물이 향기를 공기 중에 내뿜는 절호의 기회이다.

향미식물과 향신료는 조리 세계의 보석을 만드는 원석과 같다. 향미식물은 특이한 향미의 잎을 가진 식물로 생것으로 쓰거나 건조시켜 소량씩 사용한다. 건물(건조품) 1차술(tea spoon)은 생것 약 1큰술(table spoon)에 해당한다.

초기 앗시리아와 바빌로니아의 정원에는 다양한 향미식물을 재배하였는데 거기에는 참깨, 바질(basil), 고수풀(coriander), 회향(dill), 박하(mint), 다임(thyme), 월계수 잎, 펜넬(fennel), 세이지(sage)가 포함되어 있다. 향신료는 식물 중 방향성 부위를 말하는데 건조시키거나 분말화하여 식품에 사용하며 기름이나 연고 등으로 만들어 다른 목적에 쓰이기도 한다. 치료제로 쓰지 않을 때는 시신의 방부 처리에 쓰였는데 미라를 만들기 전에 복강을 깨끗이 씻어내는 데도 쓰였다. 향신료는 뿌리, 나무껍질, 수액, 수지, 열매, 꽃, 꽃봉오리, 씨 등에서 얻어지기도 한다.

고대인들은 악령을 물리치거나 불쾌한 냄새, 곤충, 쥐, 뱀 등을 쫓아내는데 향신료의 향이나 기름을 사용하였다.(아가서 4 : 16) 많은 양의 향신료가 아라비아와 팔레스타인으로부터 이집트 정원으로 찾아들었고 교역 루트는 로마까지 이어져 상류 사회의 식탁용 요리에 사용된 향미식물과 향신료는 그 종류가 매우 다양하였다. 귀족들은 소스나 드레싱이 없는 식사는 거의 생각할 수 없었다. 향신료 수입에 덧붙여 그들의 정원사들은 지역별로 향미식물과 향신료를 키웠다. 여기에는 아니스, 육계, 고수풀, 대회향, 겨자, 번홍화, 참깨, 양귀비, 운향, 파슬리, 세이보리, 러비지(lovage, 당귀류의 식물)가 포함되었다.

아니스

후세에 많은 사람들이 향신료는 잘못 보관된 식품이나 부패한 음식의 나쁜 맛을 숨기려고 고기에 주로 쓰였다고 잘못 이해하고 있으나, 실제로 고기는 신선한 상태에서 먹었으며 향신료는 요리를 한 후에 사용하는 것이 일반적이었다.

이탈리아의 한 저술가는 후추 1온스. 육계 1온스, 생강 1온스, 정향 1/8온스, 샤프란 1/4온스를 합치면 모든 음식에 적합한 만능 향신료가 될 수 있다고 추천하였다.

소회향(fitches, caraway)

하나님은 그의 백성들에게 아주 세세한 것까지도 가르쳐 주셨다. 사람들이 쓰기 위하여 뿌리는 씨앗의 경작 방법과 수확 방법을 알려주셨다. (이사야 28 : 24~27) 소회향은 너무 작기 때문에 흔히 하는 도리깨질법으로는 수확하기 힘들기 때문이다. 이사야의 기록에 따르면 이런 씨앗은 하나님의 지시대로 하면 쉽게 수확할 수 있다.

이 식물은 60~90cm가량의 크기로 자라 하늘색의 파란 꽃을 피운다. 5개의 녹색 암술과 수많은 수술은 검은색 꽃밥으로 덮여 있다. 깃털 같이 예쁜 잎은 밝은 녹색을 띠며 깨끗이 나누어져 있다. 꽃이 시든 후 열매 깍지를 만드는데 그 속에는 씨가 여러 방으로 칸이 나누어져 있다. 겉껍질은 쉽게 벗길 수 있으며 씨는 매운맛이 강해서 후추와 같다. 때때로 유럽 사람들은 진짜 후추와 섞어 쓰기도 하였으며 빵이나 케이크 위에 뿌려서 먹기도 하였다. 동방에서 소회향을 상업적으로 경작하고 있다.

회향(anise, dill)

마태복음에서 예수님께서 십일조를 드리는 식물로 박하, 회향, 근채를 들고 있어 회향이 십일조에 포함될 만큼 중요하게 여겼다는 것을 알 수 있다. 'anise'란 표현도 있으나 잘못된 번역이다. 라틴어화된 그리스어 'anethum'은 분명히 'dill'이기 때문이다.

'dill'은 앵글로색슨 어의 'dili'에서 유래된 것으로 이는 '잠자도록 달랜다'의 뜻이다. 회향 추출물은 우리의 조상들이 아기를 재울 때 자장가처럼 이용되었다. 물론 어린이부터 어른까지 소화기능을 돕고 소화기를 편안하게 해주는 것으로 알려져 있다.

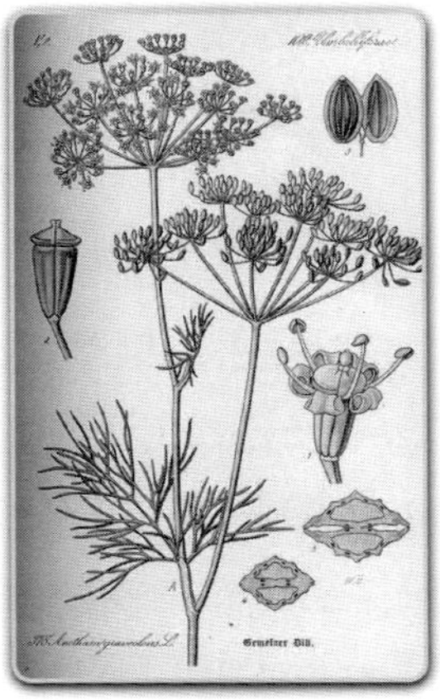

회향은 아시아소국, 이집트, 그리스 섬의 토착종으로 알려져 있으며 옛 이집트 유적이나 기원전 1500년 그리스 유적에서도 발견되었다. 수메르인들은 회향과 그 유사 종인 fennel에 대한 기록을 그들 역사 초기 기록에 남겨 놓았다. 회향은 fennel을 닮았고 화려한 황색 꽃을 피운다. 이것이 구풍제(장의 가스 배출제)의 기능을 가지며 정유를 생산한다. 옛날부터 식품으로 일찍 사용하였고 향기 성분을 가졌다.

1세기경에 쓰여진 음식 관련 기록을 보면, 회향은 모든 육류의 조미를 위하여 자주 사용하고 주방에 회향 없이 요리한다는 것은 거의 생각할 수 없는 일이라고 하였다. 회향은 수프, 샐러드, 소스의 풍미제로 사용하였고 그 잎과 씨는 피클의 조미에 이용되었다.

발향성 회향은 우리에게 잘 알려진 감초와 같은 풍미를 갖는다. 고운 가루, 거친 가루, 갈지 않은 씨는 빵, 쿠키, 수스, 푸딩, 크림, 케이크, 캔디의 풍미를 높이는데 사용되었다. 식후에 씹으면 그 씨는 호흡을 시원하게 하고 소화를 돕는다.

의약적으로는 피부의 상처 치료에 쓰인다. 열매는 갈색으로 단단하고 자극성을 가지며 달걀 모양이다. 고대 그리스와 로마 사람들에 의하여 재배되었고 탈무드에서도 줄기, 잎, 씨가 십일조의 대상으로 기록할 정도로 성서 시대에는 아주 귀한 식물이었다.(마태복음 23 : 23)

회향과 소회향에 대한 표기는 매우 다양하여 여러 가지로 불리고 있다. dill, anise, caraway, fennel은 모두 파슬리와 비슷한 모양과 방향을 갖는 공통점이 있으나 식물 분류학적으로는 다른 식물들이다.

이사야서 28장 25절에 관련된 단어를 12종의 영어 성서에서 보면 'caraway, dill, black cumin, fennel, fitches'로 다양하게 사용하고 있으나 'dill'로 표기한 것이 제일 많다. 특히 'fitches'는 식물의 이름으로 성서에서만 쓰이고 있어 동물의 털과 같은 식물의 모습에서 차용되지 않았나 생각된다. 한글로는 '소회향, 회향, 검정풀씨' 등으로 기록하고 있어 역시 통일성을 보여주지 못하고 있다.

마태복음 23장 23절의 관련 구절은 한글로 '회향' 혹은 '어니스'로 표기하였으며 영어 성서에서도 'dill'과 'anise'만을 쓰고 있다. 위의 두 구절의 표기 내용이 각각 다른 식물을 말하는지 같은 식물을 다르게 표기하였는지는 확인할 수 없으나 성서 시대에 다양한 향식물이 생활에 많이 쓰였고 소중하게 여겨졌던 것은 분명한 사실로 받아들일 수 있다.

침향(aloe)

알로에는 아덴만 입구 근처에 있는 소코트라(Socotra) 섬이 원산지이다. 잎은 두껍고 다육질의 다즙성 식물이며 뿌리로부터 장미꽃처럼 모양을 가지고 돋아난다. 그 중심에는 잎이 없이 꽃을 맺을 줄기가 나온다. 꽃은 백합과에 속하며 5cm가량의 크기로 밝은 주홍빛이다. 알로에의 회녹색 잎은 알로인(aloin)을 함유하고 있어 죽은 사람의 몸을 깨끗하게 하기 위하여 물에 녹여 사용한다. 농축된 아로에 즙은 강력한 하제로 예부터 잘 알려져 있고 그리스와 이집트 사람들에 의

하여 이용되었다. 잎으로부터 짠 즙은 밝은 자색을 띤다.

알로에는 십자가에서 돌아가신 예수님의 시신을 처리하는데도 사용하였다. 이 식물은 기원전 4000년경의 이집트 벽화에서 조각품으로 발견되었다. 이집트 사람들은 알로에가 마력적인 힘을 가지고 있는 것으로 믿어 왕실에서는 파라오 다음으로 알로에를 소중하게 여겼다.

aloe란 말은 아랍어 'alloeh'에서 유래되었으며 '쓰고 빛나는 물질'이란 뜻을 가지고 있다. aloin 성분을 갖는 알로에만 치료 효과가 있다. 아로에에는 약 300종이 있으나 그중 3가지만 효과가 있다.

- *Aloe vera* : aloin 18~25% 함유
- *Aloe succotrina* : aloin 7.5~10% 함유
- *Aloe fero* : aloin 4.9% 함유

예수님의 시신에 바른 것은 *Aloe succotrina*이며 냄새가 좋지 않기 때문에 몰약과 섞어 썼다. 구약 민수기 24장 6절의 '침향목'은 신약 요한복음 19장 39절의 '침향'과 다른 것으로 설명되는 경우가 많으나 영어 성서에서 다같이 'aloe'를 쓰고 있다. 침향목은 약 40m까지 자라는 매우 큰 나무이며 재목으로 매우 가치가 높고 광택이 있는 나무이다. 북인도에서 발견되며 열대 아시아가 원산지로 알려져 있다. 침향목은 부패 단계를 거치면서 예로부터 알려진 향기를 갖게 되며 아주 귀한 향수를 얻을 수 있다. 또 에덴동산으로부터 인류에게 내려보낸 단 하나의 나무라는 전설도 있다.

침향[2)]은 옛날부터 유명한 향료이다. 다른 향료와는 달리 나무의 진이 스며나와서 향기를 전하는 향목을 침향이라 한다. 침향이 되는

원료식물이 몇 가지 있으나 그 대표적인 것이 침향수이다. 침향수는 인도 동부와 동남아시아가 원산지로서 피침형의 잎을 가진 나무로 목재의 냄새는 매우 향기롭다. 이 심재부(心材部)가 땅속에 묻힌 후 수지가 스며 나와 오랜 세월을 경과하면서 나무 전체가 향기로운 침향이 되는 것이다. 침향이라는 이름은 비중이 커서 나무가 물에 가라 앉기 때문에 붙여진 이름으로 좋은 품질일수록 비중이 더 크다고 한다.

월계수나무(laurel, green bay tree)

유백색의 하얀 꽃은 봄에 피고 그 후 열매를 맺고 익어서 짙은 흑청색의 결실을 맺는다. 오늘날 이 나무는 팔레스타인 북쪽의 나무가 많은 언덕과 갈릴리 근처의 골짜기와 카멜 산에서도 자라며 두로와 시돈, 즉 북아프리카와 남유럽의 정원에서도 발견할 수 있다.

월계수나무는 주가 되는 나무 둥치 주변 땅에서 어린 싹이 돋아나 숲을 이루게 된다. 월계수는 5m 이상 자라 크고 짙은 녹색, 방향이 있는 잎, 녹황색 꽃, 검게 반짝이는 열매를 맺으며 수프나 육류, 어류의 방향제로 쓴다. 이 상록 숲을 자르면 그 잎은 달콤한 향내를 내고 동양 사람들이 향유를 만드는데 사용하는 액이 나온다. 뿌리, 껍질, 잎은 의약용으로 가치가 있으며 조리에 풍미를 더해준다.

고대 올림픽 경기에서 승자는 그 머리에 월계수 잎으로 만든 관을 쓰게 하였는데 기원전 342년의 로마 금화는 월계수 잎으로 만든 관을 조각하였다. 그리스 로마 시대에는 번영과 영광의 상징으로 월계

---

2) 침향을 산스크리트어로 aguru라 하며 히브리어는 ahaloth, 영어명은 aloes wood라 한다. aloes wood가 aloe로 오역되는 바람에 침향이 알로에 베라로 알려지게 되었다.

수 잎으로 만든 관을 위대한 사람에게 씌워 주었지만, 시편 37편 35절에서 신실하지 않은 사람의 종말에 대하여 예견하는 중 월계수는 사악과 부의 상징으로 비유되었다.

시편 37편 35절의 관련 구절은 '나뭇잎, 푸른 나무, 무성한 잎' 등으로 번역되었고 영어 성서에서는 'green tree, green bay tree, luxuriant tree, cedar tree' 등으로 기록하고 있으나 월계수나무로 추정하고 있다.

계피와 육계(cassia and cinnamon)

월계수과의 한 종류인 육계나무는 10m 이상 자라는 상록수로 잎은 길고 작으며 뻣뻣한 모양이다. 계피를 수확할 수 있을 정도가 되려면 8년 이상이 걸린다. 연노랑 꽃은 1cm도 되지 않을 정도로 작고 황백색으로 솜털같은 덩이로 무리를 이룬다. 이 용도가 많은 껍질은 막대 모양이나 가루로 팔리는데 절묘한 향기를 갖는다. 어떤 때는 달콤하고 부드럽고 어떤 때는 자극적인 향기를 낸다.

오늘날 우리가 계피라고 부르는 것은 실제 계수나무(cassia)로 성서에 기록된 향신료이다. 상업용 계피는 이 나무의 내피로부터 얻어진다. 이를 상업용에 적합토록 작은 덩이로 만들어 팔았으며 황금 갈색을 띠고 자극성이 있으나 산뜻한 방향을 가진다. 어린 나무에서 얻을 수 있는 색이 옅은 계피가 품질이 좋다. 껍질은 얇고 쉽게 부서져야 좋은 품질이다.

육계나무 잎

기름은 식물, 잎, 작은 가지, 덜 자란 열매를 수증기 증류하여 얻을 수 있다. 이 환상적인 향신료는 건조 과실, 빵, 케이크, 쿠키, 음료 등에 향기를 주었으며 유월절 축제 동안 이스라엘 사람들의 가정에 제공되었다.

세일론이 원산지이지만 수 세기 동안 고대 아랍과 페니키아 무역업자들은 그 원산지를 아랍 사람들에게 비밀로 했다. 이 나무에서 생산한 향신료는 초기 그리스 로마 시대 이래 계속 사용되었다. 지성소에 필요한 관유를 만드는데 각 재료의 양은 세겔(shekel)로 칭량했으며 지금의 단위로 약 15g쯤 된다. 성서에서 cassia는 히브리어 'kiddah'에서 유래된 것으로 벗겨낸 껍질이라는 의미를 갖는다. 시나몬(cinnamon)과 닮은 향기 있는 식물로 시나몬보다 향기가 다소 약하고 감미가 떨어진다. 껍질은 두껍고 더 거칠어 값이 싸며 다른 향신료와 섞어 쓰는 경우가 많다.

이 나무의 싹은 정향 대신 사용하기도 한다. 더 작은 잎은 senna(그 잎을 말려서 만든 완화제)로 알려진 의약품이다. 계피 꼭지는 카타틴(cathartin)으로 알려진 자극성 물질을 만들기 위하여 잎에 함께 넣는다. 외국으로부터 공급이 풍부하여 두로에서 교역품으로 알려져 있다.

성경은 분명히 육계와 계피가 다른 것임을 출애굽기 30장 22~24절에서 말해주고 있다. 하나님이 모세에게 성별하는 기름인 관유(灌油)를 만드는 재료로 액체 몰약 500세겔과 그 반수의 향기로운 육계 250세겔, 향기로운 창포 250세겔, 계피 500세겔을 성소의 세겔 대로 하고 감람 기름 한 힌(hin)을 가지고 만들라고 하셨다. 그것으로 관유를 만들어 회막과 증거궤와 성소의 모든 기명에 발라서 거룩하게 하고 아론과 그 아들들에게 그 기름을 발라 거룩하게 하여 제사장의 직분을 행하게 했던 아주 귀한 향품의 하나이다.

육계와 계피가 혼동된 것은 중국에서 계수나무 껍질을 벗겨 외피를 제거하고 건조시킨 것 중에서 새로 나온 어린 가지로 지름이 1cm 이하의 연한 나무껍질을 벗긴 것을 계피라 하고, 다소 굵은 가지나 줄기의 껍질을 벗긴 것을 육계라 했기 때문에 이러한 오류가 생겼다고 할 수 있다.

이 나무에서 어린 가지를 골라서 그 껍질을 벗겨 외피를 제거한 후에 건조시킨 것이 시나몬 즉 육계인데 담황갈색의 종이처럼 매우 얇은 껍질이다. 육계는 고상한 향이 있으며 씹으면 상쾌한 맛과 단맛이 있으나 계피 같은 매운맛은 없다. 따라서 육계는 예부터 향료, 향수, 향미료, 약용 등에 아주 귀하게 쓰인 값비싼 무역 상품이었다.(에스겔 27 : 19, 잠언 7 : 17, 아가서 4 : 14)

육계와 계피는 성서 시대에 먼 길을 건너온 귀중한 무역 상품으로서 아주 값진 귀한 것으로 다루어졌음을 성서에도 기록하고 있다. 이 상품들은 페니키아인과 아랍인에 의해서 이스라엘로 무역되었으며 이스라엘뿐만 아니라 그리스나 로마 시대에도 값비싼 귀한 향품이었다.

계피는 흔히 cassia로 부르며 중국 남부와 인도, 베트남 등이 원산지이다. 이 나무의 껍질을 벗긴 계피는 외피를 제거하고 건조기키는 일 등 제조 방법이 육계와 동일하지만 계피는 매운맛이 있는 대신에 단맛이 적고 향기도 시나몬보다 떨어진다. 그러나 현재 카시아를 시나몬 대용으로 쓰는 경우가 많다.

우리말 성서에서 cinnamon은 육계(출애굽기 30 : 23), cassia는 계피(출애굽기 30 : 24)로 번역하고 있으나 두 식물은 모두 녹두나무과에 속한 상록수로 아주 비슷하여 그냥 혼용할 정도이다. 성서와는 달리 세일론(인도의 남부에 있는 섬으로 현재 스리랑카)에서 생산되는 것은 계피(cinnamon)라 부르며 중국 남부가 주산지인 것은 육계(cassia)라 부른다. 세일론산 계피는 세계에서 가장 품질이 뛰어나며 세계에서 가장 오래된 향신료 중 하나이다.

대회향(cumin)[3]

매우 작은 식물인 대회향은 약 30cm 크기이며 곧게 자라는 1년생

---

3) 회향, 소회향, 대회향의 구분에 대한 혼란이 많아 어떤 성서에서도 명쾌히 구분하고 있지 못하고 있다. 이사야서 28장 25절에 "…… 소회향을 뿌리며 대회향을 뿌리며……"란 구절이 있는데 회향을 표현한 영어 성경을 보면 대회향은 거의 "cumin"으로 쓰였는데 소회향은 "dill(*Anethum graveolens*), fitches(*Nigella sativa*), caraway(*Carum carvi*), fennel(*Foeniculum vulgare*), cumin(*Cuminum cyminum*), black cumin(*Bunium persicum*)"으로 다양하게 표현되어 있다. 그중 "dill"로 쓴 것이 가장 많았으나 식물 종이 다르더라도 사용하는 목적이 비슷하여 혼용하지 않았나 생각된다.
마태복음 23장 23절에 "…… 너희가 박하와 회향과 근채의 십일조를 드리되……"로 쓴 기록 중 박하는 "mint"로 통일되게 쓰였으나 회향은 "dill"과 "anise"로 표현되어 있고 근채(芹菜, 뿌리채소가 아님)는 미나리를 뜻하는데 중국에서 한자로 기록된 성서의 내용을 그대로 옮겨쓴 데서 유래되지 않았나 생각된다. 또 영어 성서에서는 일관되게 "cumin"으로 기록하여 대회향과 동일한 식물로 쓰여진 것을 왜 우리말 성경에서는 근채로 기록하였는지 이해되지 않는다.

식물로 정교하고 톱니 같은 잎, 섬세한 흰색 또는 분홍색 꽃이 피며 이 꽃은 가지, 줄기, 꼭대기에 무더기를 이루어 핀다. 서아시아가 원산지로 추정되지만 야생으로 발견되지 않으며 오래전부터 경작되어 온 것으로 보인다. 작고 털이 많은 타원형의 열매는 방향성 씨앗을 가지고 있으며 소회향과 비슷한 풍미를 갖는다. 분말로 만들어 빵, 수프, 커리는 물론 육류, 소시지, 사우어크라우트 등에 쓰이며 겨자가 없어도 대신 음식 맛을 낼 수 있기 때문에 널리 쓰인다.

오래전에도 페르시아 지역에서는 씨를 수확하기 위하여 대회향을 경작하였는데 회향풀(fennel)과 모양이 비슷하며 아주 향기로운 기름을 가지고 있다. 건조된 둥근 열매는 막대기로 줄기를 두드려서 수확할 수 있는데, 이렇게 함으로써 작고 부드러운 씨앗이 망가지지 않도록 보호할 수 있다.(이사야 28 : 25, 27)

대회향은 기원전 1500년경의 고대 이집트 파피루스에 기록된 800종의 약초 중에 들어 있을 정도로 중요하게 생각한 식물이었는데 미라를 만들 때 방부제로 쓰기도 하였다. 옛날에는 에티오피아산이 최고라고 했고 그 다음이 이집트산이라고 했다. 지금도 북아프리카연안, 중근동 지방, 인도 등지에서 재배하고 있다. 특히 인도에서는 카레 가루의 혼합제로서 뺄 수 없는 향료로 널리 재배되고 있다.

로마 사람들은 아주 많은 식품의 요리에 대회향을 썼으며 실제 만능 향미식물로 이용되었다. 대회향은 굴, 조개 요리에 또 사탕무와 양배추 요리 시 조리하는 물에 넣거나 보리 수프, 팥, 완두, 콩 요리에도 쓰였다. 이처럼 많은 식품에 쓸 수 있다는 것은 그 향미가 특이하지 않은 보편적 기호성을 가지고 있기 때문인 것으로 생각된다. 대회향은 항경련성 약품으로 또 기름은 향수의 성분이 된다.

서양풍조목(caper berry)4)

서양풍조목의 히브리어는 '욕망의 자극제'를 뜻하며 일부 최음제의 역할을 한다고 알려져 있다. 서양풍조목의 익지 않은 열매는 바위나 벽 틈에서 자라나는 식물로부터 얻을 수 있고 자라는 곳이 다양하다. 예수님 시대에 갈릴리로부터 유대 광야, 네게브 지역의 바위 지역에 야생으로 자라고 있었다. 바위 가운데서 억척같이 자라기 때문에 '숲 속의 케이퍼(풍조목)'라고 하면 이스라엘 사람들의 삶의 의지와 닮았다고 생각한다.

이 식물은 이집트와 시나이 반도에서 흔히 볼 수 있는 것으로 바닥에 기어 낙엽성의 가시투성이 관목 숲을 이루며 1m 내외의 크기

---

4) 전도서 12장 5절의 한글로 번역된 성경에서는 풍조목이란 단어를 찾을 수 없으나 일부 영어 성경에서는 풍조목(케이퍼, caper, caper berry, caper bush 혹은 caper tree)을 볼 수 있다. 그래서 대부분의 성경에서는 "desire"로 기록되어 있고 그 외에도 "want, appetite"로 기록한 성서도 소수이지만 볼 수 있다. 이는 그리스어로 된 성서의 이 구절의 단어가 그리스어 사전에 "caper"과 "desire"로 함께 기록되어 있기 때문으로 생각된다. 한글 성서에서는 "정욕", "원욕", "욕망" 등으로 번역하였다. 특히 이 식물이 노인들의 연령과 비유할 때 자주 쓰이는 것은 이 식물이 식욕, 갈증, 배고픔 등 육체적 욕망을 자극하는 성질이 있지만, 나이를 먹으면서 이런 자극도 아무 효과가 없다는 뜻을 포함하고 있다. 그래서 일부 번역본에서는 더 의역을 하여 "양기가 떨어져 보약도 소용없이 되리라"(공동번역), "원기가 떨어져서 보약을 먹어도 효력이 없을 것이다."(표준새번역) , "높은 욕망이 더는 일어나지 않을 그때"(우리말성경)로 썼고 일부 영어 성서에서도 동일한 번역을 한 것이 있다.

로 서로 엉클어지는 습성을 가지고 있다. 꽃이 피면 넓게 벌어진 꽃잎의 가운데는 자홍색 수술을 가진 흰색 꽃이 핀다. 봉오리는 아주 정확한 시간에 채취해야 하기 때문에 봉오리를 다량 재배하는 것은 숙련된 사람들만 할 수 있다. 오늘날처럼 꽃봉오리를 소금이나 식초에 절임해 두었다가 샐러드의 풍미를 더하기 위하여 약간씩 넣어 먹는다. 풍조목의 익지 않은 열매 역시 절임해 두었다가 먹을 수 있다. 오늘날에도 지중해 연안에서 이를 모아 식초에 넣어 식욕 촉진제로 사용한다. 서양풍조목은 5~6cm 길이의 큰 열매를 맺는다.

화석류나무(myrtle)

선지자 스가랴는 화석류 나무 사이에 서 있는 여호와의 천사를 보았다.(스가랴 1 : 8) 레위기 23장 40절에 "무성한 나뭇가지"도 화석류 나무를 뜻한다고 본다. 선지자 이사야는 찔레의 추한 가지와 아름다운 화석류 나무를 비교하였다. 그는 회개하는 사람은 찔레나무 대신 화석류나무로 태어날 것이라고 하였다.(이사야 55 : 13)

느헤미야 8장 15절에 **"또 일렀으되 모든 성읍과 예루살렘에 공포하여 이르기를 너희는 산에 가서 감람나무 가지와 들감람나무 가지와 화석류 가지와 종려나무 가지와 기타 무성한 나뭇가지를 취하여 기**

록한 바를 따라 초막을 지으라 하라하였는지라"라고 한 초막절 첫 날에 사용토록 명령한 4종의 나무 중의 하나이다. 레위기 23장 40절에 초막절에 무성한 나무로 초막을 지으라 한 것도 화석류를 지칭한 것이다.

유태인들은 지금도 초막절에는 화석류 가지를 사용한다. 유태인들은 화석류를 평화와 감사의 상징으로 여기며 저주받은 상태의 회복을 상징해 주는 식물로 생각한다. 이사야서 41장 19절에 **"내가 광야에는 백향목과 싯딤나무와 화석류와 들감람나무를 심고 사막에는 잣나무와 소나무와 황양목을 함께 두리니"**라고 하였다. 그리고 이사야서 55장 13절에는 **"잣나무는 가시나무를 대신하여 나며, 화석류는 질려를 대신하여 날 것이라. 여호와의 명예가 되며 영원한 표징이 되어 끊어지지 아니하리라"**라고 하였다. 또 스가랴 1장 8, 10, 11절에는 스가랴가 본 환상 중에 여호와께서 보내신 홍마, 자마, 백마를 탄 사자들이 화석류나무 사이에 섰다고 기록되어 있어서 용기와 소망, 그리고 평화를 말할 때 쓰였음을 알 수 있다.

화석류나무는 향기로운 잎 때문에 사랑을 받는다. 이 나무는 5m 이상 자라는 상록수로 중동의 일부 지역에 많이 자라고 있다. 이 고전적 식물은 비너스에게 바친 것으로 그 이름은 그리스어 '향수'를 뜻하는 말로부터 유래되었다.

오늘날 유대인들이 성전에서의 향연(The feast of tabenacles)이 있을 때 그 집과 주변을 장식하기 위하여 가지를 모은다. 이 식물은 아름다운 하얀 꽃이 피는데 많은 수술이 가운데를 덮고 있다. 유대인들은 이 식물의 향기가 매우 우수하여 장미 향보다도 좋아한다. 무신(mursin)으로 알려진 자색의 검은 열매는 의약적 가치가 있다. 껍질은 붉은 색을 띠며 잎은 알 모양으로 빛이 나며 부드럽다. 이 나무는 고대 로마 사람들이 정성들여 경작하였다. 오늘날에는 이 잎이 이탈리아에서 향신료로 시리아에서는 나무 전체가 향수를 만들기 위하여 건조하고 있다.

베델리엄(bdellium)

베델리엄은 창세기 2장 12절에 나오는데 하빌라의 산물로 묘사되어 있다. 민수기 11장 7절에는 그 색깔이 만나와 비슷하다고 하였다. 이것은 아마 아라비아, 메디아, 인도에서 아직도 발견되고 있는 특별한 나무에서 나온 방향성 수지일 것으로 추정된다.

16세기 영국의 식물학자 파킨슨은 베델리엄으로 알려진 향기로운 수지를 생산하는 나무가 페르시아 서쪽 점령지인 하빌라에서 자라고 있다고 기록하였다. 또한, 그 잎은 떡갈나무와 닮았고 껍질을 벗기면 솟아나오는 수지가 흰 올리브만큼 컸다고 기록하였다. 플리니는 1세기경 아라비아 페릭스(Felix)에서 자라는 나무에서 향기로운 수지가 나온다고 하였다. 이것은 인도에 있는 박트리아(Bactria)로부터 보내온 것이다. 수지를 나무 껍질에서 떼어내면 곧 단단하게 된다. 이것은 투명한 왁스처럼 되어 진주같이 보인다. 이집트의 여인들은 이 베델리엄 조각을 넣는 작은 주머니를 가지고 다녔는데 매우 향기가 좋았기 때문이다.

고수(coriander)

시나이 반도로부터 바란까지 여행하는 동안 이스라엘 사람들이 약속의 땅에 도착하기를 갈망하고 있었다. 그들이 배고프고 먹을 것을 구하고자 울부짖을 때 여호와께서는 그들에게 하늘로부터 고수 씨앗 같은 만나를 보내주셨다. 만나가 고수의 씨와 같다고 하는 구절도 인도, 그리스, 아시아에서 널리 사용되었음을 말하는 것이다. 아랍 사람들은 이 고수를 건강에 좋은 향신료로 알고 이집트인과 인도 사람들이 사용했던 것처럼 고기에 이용하였다. 고수는 이집트와 팔레스타인에서 야생으로 자라고 있고 중국에서도 발견되며 빵, 사탕, 케이크에 사용하고 있다.

미나리와 비슷한 식물인 고수는 파슬리와도 비슷하다. 씨와 열매가 둥글고 회색 혹은 갈색을 띠며 크기는 후추 알과 비슷하다. 이 씨는 예리하지만 산뜻한 방향을 갖는다.

초봄에 뿌린 씨앗은 1년에 60cm 정도의 크기까지 자라며 20cm 정도 옆으로 퍼진다. 밝고 파란 부채 모양이며 꼭대기는 깃털 모양이 된다. 한여름에서 늦여름까지 피는 작은 꽃은 희거나 분홍색이며 잎은 정교하여 조각된 것 같다. 연갈색 뿌리는 섬유질이 많고 당근과 같이 끝이 가늘어진다. 고수는 습한 기후에서는 잘 자라지 않는다. 건조한 여름과 햇빛이 잘 쪼이는 장소가 필요하다. 씨앗은 서리의 위험성이 완전히 사라진 후 정원에 직접 뿌린다.

씨에서 추출한 기름은 방향제로서 가치가 있다. 성지에서 일반적인 식물인 고수는 기원전 1550년에도 조리용, 의약용으로 쓰인 것으로 알려졌다.

고수의 녹색 깃털과 같은 잎이나 공 모양의 씨앗은 모두 강한 향을 가지며 주방에서 꼭 필요한 향미식물로 특히 커리를 좋아하는 사람들에게 적합하다. 고수풀의 잎, 줄기, 덜 익은 열매는 빈대 냄새가 나서 역하다. 하지만 익은 열매는 달콤하고 톡 쏘는 매운맛의 아주 향기로운 풍미를 지녔다. 따라서 이 방향성 때문에 가루로 만든 것을 카레 가루에 섞으면 향이 더욱 뛰어나서 즐겨 쓰인다. 소시지, 비스킷, 쿠키, 스프 등의 향미료로도 이용된다. 씨에서 뽑은 정유는 향수, 캔디, 빵제품, 육류 제품이나 주류의 부향제로도 쓰이며 오이피클에도 뺄 수 없는 부향제이다.

만나는 깟씨와 같고 모양은 진주와 같은 것이라 (민수기 11 : 7)
The manna was like coriander seed and looked like resin (Number 11 : 7) (NIV)

운향(rue)

운향은 정원식물로서 사람들에게 가치 있는 식물이다. 네 개의 변종이 있으나 가장 보편적인 것은 그라베오렌스(graveolens)로 이 이름은 강항 냄새를 뜻한다. 운향은 살균제로 쓰였고 감옥의 열병으로부터 관리들을 보호하기 위하여 법정에 뿌렸으며, 옛날에는 악취를 제거하기 위하여 사용하였다. 향이 특히 강하여 좋아했던 것으로 보이며 성서에서는 단 한 번 기록되어 있다.(누가복음 11 : 42)

성지에서는 운향이 1.5m 크기로 자란다. 꽃은 줄기 끝에 무리를 이루어 핀다. 꽃 하나하나는 선명한 레몬 황색을 띤다. 꽃은 4개의 꽃잎으로 되어 있으며 중심에는 녹색의 둥근 모양의 기관이 있다. 다년생으로 매우 잘 자라기 때문에 정원식물로 환영을 받으며 요리와 의약용으로도 유용하게 쓰였다.

겨자(mustard)

겨자는 지중해 연안이 원산지로 재배식물 중에서 역사가 가장 오랜 것 중의 하나이다. 기원전 1600년경 이집트의 파피루스 문서에 기록되어 있을 정도이다. 수메르인들은 성지에서 야생하고 있는 겨자를 재배하였으며 야생으로도 잘 자라기도 한다. 때로는 말을 탄 사람을 가릴 정도로 키가 크기도 하며 되새류나 홍방울새가 자주 들락거리며 먹이와 집을 얻는 식물이기도 하다.

성서에서는 겨자를 나무로 표현하고 있으며, 새가 깃들만큼 튼튼한 것으로 적고 있어서 겨자를 나무로 오해하기 쉽다. 그러나 겨자는 분명히 1~2년생 초본이다. 그렇지만 중동 지역에서는 3~5m씩 자라서 사람이나 말의 키보다도 큰 것이 숲을 이루는 곳도 있었다고 한다. 또 원줄기가 사람의 팔뚝만큼 굵은 것이 있고 1~2년생 식물이지만 줄기가 목질화하여 나무처럼 된다. 새들이 씨를 따먹으러 와서 집을 틀어도 그 무게를 넉넉히 감당할 수 있어서 예수님께서 나무라고 말씀하셨을 것이다.

봄철이 되면 모든 초원은 레몬과 같은 색을 가진 겨자꽃으로 노랗게 물든다. 잎은 솜털이 나 있고 짙은 녹색으로 채소로 쓰고 있는데 건강 식품으로 여겨진다. 씨는 물론 작아서 신약에서 믿음의 크기가 작은 것을 비유로 예수님의 말씀에 몇 번 나타난다.(마태복음 13 : 31, 17 : 20, 누가복음 13 : 19)

씨앗은 작지만 으깨서 물을 가하면 찌르는 듯한 강한 향을 가지며 육류와 치즈 요리에 풍미를 주기 위해서 사용한다. 의약용으로도 널리 이용되었고 외부용 찜질 약이나 고약과 같이 만들어 쓰고 있다. 일년생 식물인 겨자는 흑겨자로 이 종류의 식물 중 가장 키가 크며 상업용 겨자를 만든다. 십자화과에 속하며 여기에는 양배추, 케일, 브로콜리, 콜리플라워, 부루셀 스프라우트, 콜라드가 포함된다.

나드(nard, spikenard)

나드는 네팔, 부탄, 티벳의 계곡이 원산지이다. 인도어로 'tamul'이라고 하는데 아주 맛있는 향을 가지고 있다는 뜻이다. 솔로몬 왕은 아가서 1장 12절에서 이 향을 즐겨하였다고 적고 있다. 라틴어로는 '밀이삭'을 뜻하며 작은 꽃의 모습에서 유래된 듯하다. 'jatamansi'는 인도어로 길고 부드러운 털, 족제비 꼬리와 관련된 말로 줄기를 덮고 있는 털이 많음을 나타내고 있다. 이 조그만 식물의 뿌리와 잎으로부터 얻어진 향유는 고대부터 많은 양이 인도에서 수출하였다. 로마 사람들은 머리를 치장하는 데 사용하였고 짙은 붉은 장밋빛을 띠었으며 향기가 아주 달콤하였다.

봄철에 싹이 뿌리로부터 똑바로 자라 올라와 그 꼭대기에 분홍색 작은 꽃무리를 이룬다. 그 밑의 털이 많은 줄기는 놀랍게도 좋은 향수를 만드는데 이용된다. 이 식물은 뿌리에서 모두 함께 묶여 있는 모습이다. 이 식물은 북인도로부터 팔레스타인까지 먼 거리를 수송하였기 때문에 매우 비쌌다. 한 파운드의 향료 값이 300데나리온이나 되었다. 1데나리온은 노동자들의 하루 품삯이었다. 그래서 나드향은 그 품질을 그대로 보존하기 위하여 낙타 등에 옥합(alabaster box) 석고 상자를 싣고 다녔다.

나드초는 키가 15~30cm로 자라며 잎이 크고 꽃은 연분홍색 잔 꽃이 꽃대 끝에 뭉쳐서 핀다. 근경에는 털이 덮여 있어서 피기 전에는 이삭처럼 보인다. 이 뿌리에는 강렬한 방향 성분이 있다. 잎이 벌어지기 전에 뿌리를 파내서 방향 성분을 증류하여 다른 기름과 섞어서 나드 향유를 만든다. 휘발하기 쉬우므로 옥합에 넣어 밀봉하여서 먼 나라 팔레스타인으로 수출했는데 사용할 때는 이것을 깨뜨려서 사용해야 했다. 그 향이 얼마나 강한지 방에 향이 가득했다고 적고 있다.

히브리인들과 로마인들은 시신에 향유를 발라 악취가 나는 것을 방지하였으며, 때로는 자기 집에 귀한 손님이 방문했을 때 이 향수를 머리에 발라 주기도 하였다. 마리아가 예수님께 아낌없이 바친 값 비싼 선물이었다.(마가복음 14 : 3)

소합향(stacte)

소합향은 서양때죽나무에서 나온 수지로서 성지에서는 향수의 성분으로 이용되었다. 히브리어로 'nataph'라고 하는데 액체 방울이라는 뜻이다. 이 소합은 아름다운 관목으로 완전히 자라면 중간 크기의 나무 정도이다. 때죽나무류는 유라시아 대륙, 미국 난대 지역에 약 130종이 분포하고 있다. 그중에서 지중해 연안에서 서남아시아 지역에 걸친 지역에는 서양때죽나무 1종만 분포하고 있다. 서양때죽나무는 두터운 수피에서 수액이 분비되는데, 이것이 농축되어 고무

같이 된 향기로운 나무진을 모은 것을 나타프향이라 한다.

이스라엘의 낮은 언덕에서 많이 볼 수 있다. 3월이면 꽃이 3~4개씩 무리를 이루어 피고 달콤한 향기를 가지며 꽃은 눈송이 모양이고 초로 만든 것처럼 하얗다. 꽃밥은 오렌지색이며 완전히 꽃이 피면 숲은 눈으로 덮인 것 같다. 잎은 위쪽이 깨끗하고 빛나는 녹색이며 아래쪽은 회색이나 흰색을 띤다.

나무껍질에 상처를 내면 수지가 흘러나오는데 이 수지를 갈대에 모은 후 굳어지면 소합향을 긁어내어 덩이를 만든다. 이 덩이를 더 조그마한 것으로 나누면 'tears'라고 부르는 것이 된다. 이것은 수지와 안식향산(benzoic acid)을 함유하며 포도주에 녹일 수 있다. 초기에 영국에서는 머리에 바르는 향유로 사용하였으며 로마 가톨릭 교회에서는 향유로 썼다.(출애굽기 30 : 34)

소합향은 영어로 Oriental Sweet Gum이라고 하는데 중국에서 성서를 번역 시 소합향이라 하였으므로 우리나라도 소합향으로 옮긴 것이다. 실제 이 나무는 풍나무의 한 종류로 서남아시아에 분포하는 10~12m의 소교목이다. 그러나 서양때죽나무는 높이 3~7m로 자라는 낙엽수이다.

풍자향(galbanum)

모세는 여호와로부터 성소의 금제단에 태울 향을 만들라는 지시를 받는다. 풍자향 수지는 시리아에서 페르시아에 이르는 지역에서 자라는 식물로부터 나온다. 이 수지는 악취가 나는 황색으로 움벨리페론(umbelliferone)을 함유하고 있다. 이것은 성서 시대부터 수입되기도 하였으며 현재는 많은 종의 관련 식물이 성지에서 자라고 있다.

이 식물은 강한 뿌리를 가지고 있으며 수십 센티미터 높이로 자란다. 열매가 익었을 때 땅 위에서 줄기를 자르면 하얀 즙이 흘러나와 곧 단단하게 굳는다. 이것을 태울 때에 그 향은 자극적이나 상쾌함을 느끼게 한다. 이 식물에서 나온 단단한 수지는 광택제로 쓰며 경련 진통제를 만드는 약으로 쓰기도 한다.(출애굽기 30 : 34)

나감향(onycha)

출애굽기에 기록된 나감향은 라브다눔(labdanum)이라는 수지를 만드는 물푸레나무과의 식물(rockrose)을 말한다. 나감향의 꽃은 직경이 7cm가량의 크기로 흰색이며 꽃잎은 짙은 홍색에서 검은색이 나는 많은 반점을 갖는다. 그 꽃의 중심은 금빛이 나며 조그마한 수많은 수술과 하나의 암술로 구성되어 있다. 그리스 말로 'onycha'는 손톱을 뜻하며 아마 꽃잎 위의 무늬에서 유래된 듯하다.

1m가량의 크기를 이루는 이 식물의 숲은 건조한 계절 내내 꽃의 군락을 이룬다. 잎은 짙은 회록색으로 강한 향기가 있고 고운 잎맥이 있다. 연말에 부드럽고 끈적한 수지가 잎과 줄기에서 나온다 .이 수지는 향기가 매우 좋아 동양에서는 의약적 효능이 크다고 믿고 있으며 성서 시대에도 귀하게 여겼다.

디오스코리테스에 의하면 이 식물의 수지는 오래전 염소 무리 때문에 알려지게 되었다고 한다. 염소가 어린 나감향의 싹 사이를 왔다갔다한 후 축사에 들어올 때 긴 턱수염을 딱딱하게 하는 물질이 묻어 왔는데, 그 물질이 나감향 수지로 수염에 묻은 후 공기 중에서 단단하게 되었다고 한다.(출애굽기 30 : 34)

유향 1 (balm)

유향은 향나무의 수액으로 만들어진 농축된 수지로 옛 유대에 많았다. 남아라비아와 아비시니아가 원산지로 여리고 평원에서 경작되었고 유대인들은 이것이 솔로몬 왕에 의하여 심어진 것으로 믿고 있다. 역사적으로 볼 때 시바의 여왕이 솔로몬 왕을 방문할 때 유향(번역서는 향품, spices)을 가져온 것으로 추정한다.

유향은 아주 귀하고 값이 비싸 로마에서 진열했을 때 많은 사람이 보러 올 정도였다. 유다를 정복한 후 폼페이가 전시를 위하여 가져갔다. 베스파시안(vespasian)이 예루살렘을 파괴했을 때 유향은 그 약탈물 가운데 들어 있었다.

유향은 팔레스타인의 문장(紋章)이었으며 새로 경작한 숲은 보초가 지키게 하였다. 포도처럼 키웠는데, 잎은 매우 적고 술로 장식한 것 같은 꽃이 핀다. 과육 안에는 씨를 가지고 있는데 향기가 좋으며 색깔은 황색이다. 또 유향은 약용식물로도 알려져 있다.

창세기 37장 25절에 길르앗의 유향에 대하여 기록하고 있는데, 이는 사해 근처 평원에서 자라고 있는 것이다. 유향은 상록의 관목이며 하얀 꽃이 피고 그 후 녹색 사과 같은 열매가 맺힌다. 열매를 완전히 익기 전에 따면 달콤한 기름이 흘러나온다. 완전히 익도록 두면 나중에는 진한 자색 열매가 된다.

아랍 사람들은 길르앗 유향이라고 부르며 시장에 내어 놓는다. 이 식물은 껍질이 가치가 있다. 왜냐하면 그 수지의 향기가 좋고 17세기까지 의약품으로 썼기 때문이다.

예레미야서 8장 22절에 **"길르앗에는 유향이 있지 아니한가?"**라는 구절이 나오는데, 일상생활에 친근하게 이용되던 것으로 보이며 질병의 치료에 흔히 쓰였음을 알려주는 것이다. 그래서 예레미야는 애굽의 딸들에게 길르앗으로 올라가 유향을 취하도록 충고하였다. 바빌론 역시 상처의 치료를 위하여 유향을 구하도록 권유하고 있다.

유향 2 (frankinscense)

현자들은 예루살렘에 도착하기 위하여 여러 달을 여행하였을 것이다. 그들은 매우 가치 있는 선물을 가지고 왔는데 첫째 금으로 왕권을 상징하는 것이고, 둘째로 유향은 신성함의 표현이고, 셋째 몰약으로 이 땅에 오신 예수님이 이 땅에서 받은 고통을 상징하는 것이다.(마태복음 2 : 11)

유향나무(乳香樹)는 남아라비아, 동부아프리카, 소말리아, 인도 등에 자생하는 3~10m의 감람나무과 상록교목이다. 크고 아름다운 모습의 이 나무는 밝은 녹색 잎을 가지고 있으며 별 모양의 꽃이 핀다. 꽃은 분홍색이며 중심은 노란색을 띤다. 나무는 무겁고 단단하며 내구성이 아주 커서 여러 가지 목적으로 쓰인다.

2월 말경 얇은 껍질을 벗겨 내면 한 달 후쯤 또다시 얇은 껍질을 벗겨낼 수 있게 된다. 이 나무의 가지나 줄기에서 분비되는 방향성(芳香性) 고무수지(樹脂)를 유향이라고 한다. 수지는 단단하고 빛이 반짝반짝하며 쓴맛이 난다. 유향은 세상에서 가장 깨끗한 방향 물질이다. 그 이름도 빛난다고 하는 'free lighting'의 뜻을 갖는다.

유향의 색깔은 흰색, 황색, 황갈색 등이며 백색 유향이 가장 좋은 것으로 인정된다. 줄기에서 유백색의 액이 나오는 모양이 젖과 같다하여 유향이라는 이름이 붙여졌다. 유향은 맛이 쓰며 분향료로 태우면 검은 연기를 낸다. 처음에는 향기가 옅으나 나중에는 흰 연기가 나며 아주 향기로운 짙은 향기를 풍긴다. 유향의 수지에는 휘발성 정유(精油)가 함유되어 있다. 그 성분에 기분을 온화하게 진정시키는 작용이 있으므로 향기 요법의 치료 목적으로도 쓰이는데, 이 향기를 흡입하면 고요하고 침착한 안정 상태에 이르게 한다.

성서에서 자주 기술하고 있으며 특히 성전의 경배와 관련된 것이 많다. 동물을 희생 제물로 드릴 때 훈증제로 쓴다. 나무껍질에서 모은 수지는 열을 받거나 태우면 부드러운 향기를 발한다. 유향은 여호와가 기뻐하시는 향기로운 제물로서 주로 제사 의식의 분향제로서 화제나 소제에 쓰이는 거룩한 향료였다.(레위기 2 : 1, 2, 15, 16)

번홍화(saffran)

아가서 4장 13~14절에 **"네게서 나는 것은 석류나무와 각종 아름다운 과수와 고벨화와 나드초와 나드와 번홍화와 창포와 계수와 각종 유향목과 몰약과 침향과 모든 귀한 향품이요"** 라고 성서에 단 한 번밖에 나오지 않지만, 각종 아름다운 과수와 모든 귀한 향품과 함께 다루어진 가장 값진 식물 중의 하나이다.

남유럽이나 소아시아가 원산지로 알려진 번홍화는 줄기 끝이 밝은 오렌지색으로 좁고 실과 같은 모습이다. 이것은 특이한 향기를 뿜고 있으며 맛은 쓰고 입술을 물들게 한다. 여러 개를 함께 묶어 번홍화 덩이로 팔며 인도에 수출되어 카레에 황색을 내는 데 쓰기도 하며 또 버터, 치즈, 케이크의 착색제로 쓰이기도 한다.

상업용 번홍화 한 그레인(0.064g)은 꽃 9송이의 수술에서 얻어진 것이며, 1온스(28.25g)의 번홍화 향을 얻기 위하여 4,000송이의 꽃, 1kg

을 얻는 데는 약 16만 개의 꽃이 필요하다. 세계에서 가장 값비싼 향신료가 샤프란이다. 최근까지도 샤프란의 무게는 금의 무게와 대등한 값으로 매겨졌다. 1개의 구근에서 2~3송이의 꽃이 피고 그 한 송이 꽃에서 세 갈래로 갈라진 1개의 빨간 암술이 개화하는데 개화 다음 날에 따서 그늘에 말린 것이 샤프란이다. 샤프란은 마르면 실같이 가늘어진다.

고가인 사프란은 향기로운 황금색의 아름다움 염료로서 로열 컬러라 하여 고대 그리스나 로마 시대에는 왕실의 영예와 고귀함의 상징으로 삼아 왕실의 의상을 염색하는 데 쓰였다. 고상한 향기는 유대에서 귀한 향료로서도 존중을 받았다.

고대 페니키아인들은 번홍화 꽃으로부터 염료를 추출하였는데 이는 초기 문명사회에서 처음으로 쓴 염료로 생각되고 있다. 이집트 사람들은 번홍화 기름으로 그들의 왕에게 기름 붓는데 사용하였고, 부유한 로마 사람들은 최음 효능이 뛰어나다는 소문으로 집 마루에 이 귀중한 것을 뿌려 놓았다. 방향성 꽃 성분은 솔로몬 왕 시대 이래 요리에 색과 향을 주기 위해 이용하였다.

성지에서도 번홍화는 의약용, 방향제, 식용 색소, 직물 염료로 쓰였으며 조그만 샘에 꽃잎을 넣어 공공장소나 이용 시설에 향기가 나도록 하였다. 또 번홍화는 그리스의 공회당, 법정, 극장에 뿌려졌으며 그리스 로마 사람들은 크로쿠스(krokus)로 불리는 사치스런 목욕탕에 방향제로 사용하였다.

네로 황제가 로마로 들어갈 때 거리에 번홍화를 뿌려놓았던 것처럼 번홍화는 오랫동안 왕국의 상징색으로 생각되었다. 식단 중에 소금, 향미식물, 향신료를 사용할 때는 번홍화를 사용하지 않았다.

번홍화는 붓꽃과의 구근을 가진 식물로 잎이 나기 전 가을에 꽃이 핀다. 말려서 분말로 한 주두(柱頭)는 아주 비싸서 조리에 사용할 때는 아주 작은 양을 써야 오묘하고 특이한 향을 얻을 수 있다.

사프란의 주생산국은 스페인과 포르투갈, 네델란드 등이며 값이 비싸서 주로 최고급 요리의 향신료로 쓰인다. 보통 외국 요리에서 황색 착색제는 울금이 주로 쓰인다.

박하(mint)

박하는 기원전 1550년경에 이집트에서 재배했다는 기록이 있고 기원전 1200~600년대에 고대 이집트의 오래된 무덤에서도 발견되었다고 전해진다. 인류가 가까이 두고 이용한 역사가 오랜 향료 식물이다.

박하의 종류는 3,000종 이상이며 성지의 웅덩이, 냇가, 습지 등에서 야생으로 자란다. 그리스어로 'mintha'로 부르며 그 후 라틴어에서 'mentha'로 되었다. 로마 사람들이 연회에서 자리에 앉기 전에 식탁 위를 박하로 비벼 향을 내곤 하였다.

방향성 잎을 가진 다년생 풀로 성서 시대 사람들에게는 세 가지 종류가 알려져 있다. 밝은 녹색 잎과 자색 줄기를 가진 페퍼민트(peppermint), 좀 더 복잡한 향과 회록색 잎을 가진 스페어민트(spearmint), 땅 위를 기는 줄기와 조그만 청자주색 꽃을 가진 페니로얄(pennyroyal)의 세 가지이다.

박하는 보통 방향성 기름을 가지고 있기 때문에 조미료로 사용되었다. 풀밭에서 자라는 페니로얄은 모기를 쫓고 어떤 박하는 들쥐를 쫓는다고 한다. 의약적으로는 박하 잎을 부수어 우려낸 물이 두통이나 일반적인 통증 특히 위장을 부드럽게 하는 효과가 있다고 한다. 향유는 박하가 꽃 필 때 제일 강하기 때문에 이때 잎을 모아 건조시켜 여러 용도에 사용한다. 박하는 양고기에 소스로 사용하거나 박하 젤리로 사용하면 아주 자연스럽게 어울린다. 또한, 박하는 산뜻한 차로, 과일과 샐러드 위에, 채소 조리할 때, 셔벳, 냉동 케이크, 초콜릿 디저트의 풍미제로 사용되었다.(마태복음 23 : 23)

박하는 성서의 누가복음과 마태복음에만 기록되어 있어 다른 식물보다 많이 기술되지는 않았다. 유대인들은 특히 십일조의 대상으로 박하를 이용하였다. 플리니는 박하가 41가지 약효를 가지고 있다고 하였다. 고대 그리스인, 히브리인, 로마 사람도 박하를 사용하였으며 요리 책에도 자주 등장하였다. 유대인들은 유대교회당 마루에 박하를 뿌려서 성스러운 장소를 향기롭게 하였다.

누가복음 11장 42절에 **"화 있을진저 너희 바리새인이여 너희가 박하와 운향과 모든 채소의 십일조를 드리되 공의와 하나님께 대한 사랑은 버리는 도다. 그러나 이것도 행하고 저것도 버리지 아니하여야 할지니라"**라고 했다. 바리새인들이 채소류에까지 십일조의 규정을 두어 종교적인 열심을 자랑하면서, 오히려 율법의 참 정신에서 벗어난 것을 꾸짖으시는 예수님의 비유의 말씀에 등장하는 식물이다.

몰약(myrrh)

구약에서 잘 알려진 이야기 중의 하나가 요셉이 그의 형제들에 의하여 배반당하는 것이다. 그 후 형제들은 심한 식량 부족 상태에 이르게 되고 이집트의 파라오 궁전으로 가게 된다. 그들이 식량을 구

하기 위하여 지극히 겸손하게 청을 할 때 함께 가지고 간 것 중의 하나가 몰약이다.(창세기 43 : 11)

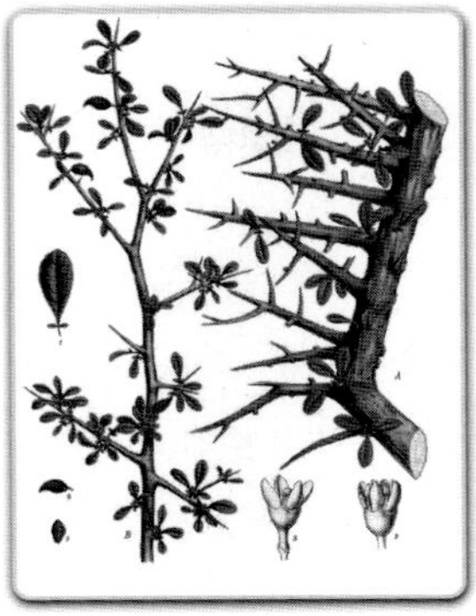

팔레스타인에서는 이른 봄에 모래나 바위 틈 사이에 작은 숲들이 번창하고 있는 것을 볼 수 있는데, 난장이 진달래꽃 크기 정도의 식물이 보인다. 몰약의 꽃은 들장미꽃과 같은 모양이며 진한 적색으로부터 홍색까지 다양하게 피어난다.

이 식물은 아라비아, 에티오피아, 소말리아 등 동부아프리카 해안이 원산지로서 대개는 암석이나 석회암의 구릉 지대에서 자라는 관목이다. 굵고 단단한 가지와 가시가 있으며 열매는 자두처럼 생겼다. 목재와 수피에는 강렬한 향기가 있다. 자연적으로 줄기나 가지에서 기름기 있는 고무 같은 수액 방울이 분비된다. 이 수액은 처음에는 말랑하고 흰색이지만 땅으로 떨어지면 노란빛을 띤 갈색으로 변하여 굳어져서 나뭇진이 된다. 이 나뭇진을 수집한 것이 상품의 몰약인데 그 맛이 쓰고 톡 쏘는 자극성이 있으며 향이 매우 짙다.

몰약은 자연적으로 수액이 분비되지만, 인공적으로 줄기에 상처를 내면 수액의 분비가 증가되므로 많은 양을 수확하기 위하여 일부러 상처를 냈다고 한다.

다섯 개의 꽃잎과 중심에는 한 개의 암술이 서 있고 금빛의 수술이 있다. 이 식물은 모든 부위에서 달콤한 냄새를 내는 연노랑 수지를 만들기 때문에 농부들은 오랫동안 이들을 모았다. 이 숲으로부터 달콤한 수지들을 주의 깊게 닦아내어 공처럼 둥글게 만들고, 향료로 사용하기 위하여 덩이를 압착하여 성형한다. 이것이 잘못 번역되어 구약에서는 몰약으로 취급되었다. 진정한 몰약은 'mor'(히브리어)라는 식물에서 나온다.

마태복음 27장 34절과 마가복음 15장 23절에 예수님을 십자가에 못 박고자 골고다로 끌고 가서 몰약을 탄 포도주를 드렸으나 마시지 않으셨다는 기록이 있는데, 마태복음에서는 그 맛이 얼마나 쓴지 쓸개를 탄 포도주로 표현하고 있다.

몰약은 뜨겁게 하거나 태우면 강렬한 향기를 풍긴다. 이 향기는 악취를 제거해 주며 진통과 방부의 약리 작용이 있다고 해서 예로부터 수렴성 강장제로 사용했다. 예수님이 그 몰약을 탄 포도주를 드셨드라면 진통 작용이 있으므로 그 고통을 조금이라도 잊을 수 있을 텐데 그보다 아버지의 뜻을 따라 인류의 고통을 짊어지셨다. 장막과 성전에서는 거룩한 기름을 만드는 데 사용되었으며 동방박사들이 예물로 예수께 드릴 만큼 귀한 것이었다.

지금의 소말리아는 옛날의 시바 지방으로 몰약과 유향의 주산지였다. 몰약은 유대인만 종교 의식에 쓴 것이 아니라 고대 애굽인도 사원에서 훈제로 피웠고 태양신의 제단에 매일 정오에 피웠던 향이었다고 한다. 또 시체의 방부 보존에도 사용했는데 미라를 만들 때 사용한 향품이라고 한다.

향품, 향료, 향(spices)

이 향신료는 관유로 성전에서 쓰였다. 영어 성서에서 'astragal plant'를 'spices'로 잘못 번역하였다. 이 식물은 실제 향신료를 만들지 않으며 'gum tragacanth'이거나 가시 많은 'astragal'로 생각된다. 이 식물은 연황색의 완두와 비슷한 꽃을 피우지만 숲을 크게 이루는 특성이 있다. 사막에 있는 astragal은 이스라엘이 원산지이며 사막은 물론 북쪽의 춥고 비가 많이 오는 지역에서도 잘 자랄 수 있다. 또 해저 400m가량 되는 사해의 연안이나 3,000m가 넘는 헤르몬 산의 정상에서도 발견할 수 있다. 종류는 약 20여 종이 있다. 이 식물은 공 모양을 만들기도 하며 키는 60cm 정도이지만 수많은 가시가 나 있어 동물과 인간의 접근을 막기도 한다.

성서의 향신료를 만드는 식물 종은 키가 작고 긴 날개 모양의 잎을 갖고 있으며 강하고 찌르기 쉬운 가시가 많은 나무 형태의 식물이다. 식물 전체가 바늘과 같은 가시로 덮여 있다. 바늘 가시로부터 햇빛이 비치는 동안 나오는 수지가 있는데 식물 위로 공 모양의 목화솜을 굴리면 수지를 모을 수 있다.

창포(calamus)

출애굽기 30장 23절에 기술한 창포는 'calamus(KJV)'나 'cane(NIV)'의 번역으로 관유 성분 중의 하나이다. 두로(Tyre) 시장에서 팔리고 있는 것을 에스겔서 27장 19절을 보면 알 수 있다.(성서 개역개정판에서는 '대나무'로 되어 있으나 개역한글, 표준새번역, 우리말 성경에는 '창포'로 표시하였다) 이것은 'sweet flag'라 불리는 동양의 식물을 묘사한 것으로 'sweet'나 'fragrant'란 말이 꼭 붙어 다닐 만큼 방향이 훌륭했던 것으로 보인다.

창포는 향기로운 냄새가 나기 때문에 줄기를 잘라 말려서 가루로 만들면 아주 귀중한 향료의 성분이 된다. 원산지는 팔레스타인이 아닌 아라비아나 인도에서 수입된 것으로 보인다. 아마 인도에서

'lemon grass'나 'ginger grass'로 알려진 것으로 추측된다.

calamus나 sweet cane이 생강 잎이라고 하는 주장에는 창포가 북아메리카에 기원을 두고 있기 때문에 성서 시대에는 성지에서 발견할 수 없었을 것이라는 뜻을 가지고 있다. 그러나 창포의 전파 과정에 대한 기록이 불분명하고 또 교역에 의하여 성지에 들어올 수 있지 않을까 하는 의문이 남는다.

Sweet cane이나 fragrant calamus를 고유한 식물종으로 보지 않고 단지 포괄적인 향품으로 보았는지(이사야 43 : 24, 예레미야 6 : 20) 향기를 가진 물품을 고유한 식물종으로 창포라 했는지에 대하여는 분명치 않다.

성서에서 창포로 번역된 히브리어 '카네'라는 식물은 벼과에 속하는 향기로운 다년초인 '새'를 지칭한 것으로서 주로 아시아의 열대와 아프리카에 분포하고 있다. 따라서 성서 식물학자들은 '카네'가 창포가 아니라 향기새(ginger grass)라고 생각하고 있다. 향기새의 잎이나 줄기를 베어서 수증기로 증류하면 휘발성의 방향성 정유(芳香性精油)를 채취할 수 있다. 이 향초유는 구약 시대에 향료, 화장품, 조미료, 의약품 등으로 일상생활에 이용되었다. 먼 인도나 그 이웃 나라에서 중동으로 수입하였으므로 값비싼 중요 무역품이었음을 이해할 수 있다.

6. 과실류(fruits)

모과, 배, 사과, 복숭아, 체리, 살구, 멜론, 포도, 올리브, 무화과, 대추야자, 탠저린, 석류, 씨트론은 지중해 연안의 모든 지역에서 요리용으로 훌륭히 이용되었다. 이들은 채소 요리를 만들기 위하여 주로 사용하였으며 그 자체만으로도 훌륭한 한 끼의 요기가 되었다.

과실나무를 심으면 처음 3년 동안은 결실을 부정하게 생각하여 먹지 못하도록 하였다.(레위기 19 : 23) 과실나무가 4년째에 열매를 맺으면 여호와께 바치는 것이며, 5년째 열리는 열매는 경작자가 먹을 수 있었다.(레위기 19 : 24~25)

향신료와 마찬가지로 과실은 아주 중하게 여겼으며 기근의 위험으로부터 보호해 주고 밀과 함께 하나님으로부터 직접 받은 선물이었다.(신명기 6 : 11) 이런 기본적인 식품이 없었다면 그들이 생존하기 어렵다는 것을 쉽게 알 수 있다. 과실은 초기에 많은 식단을 특성화시켰으며 실제 많은 식단에서는 과실을 빼면 아주 무미건조하게 되어버린다. 전쟁이나 기근 발생 등 일반 백성의 생계가 힘들 때 부유한 과수원 소유자들은 가난한 사람들에게 과실을 나누어 줄 것을 국가에서 요구하였다.

과실은 옛날에도 임신부에게 매우 중요한 것으로 여겨졌으며 어린아이들의 건강을 증진시키는 것으로 믿었다. 또한, 연회나 장식용으로도 그 가치가 높았으며 식후에 식사를 멋있게 마무리하는데도 많이 쓰였다.

창세기 2장 17절에 나오는 선악을 알게 하는 나무가 무엇인지 또 어떤 과실인지 정확한 정보가 없다. 어떤 사람들은 사과일 것이라고 하지만 의문을 더할 뿐이다. 거의 2000년 전 유대 현인들도 금지된 과일에 대한 신비를 풀고자 노력하였다. 어떤 사람은 캐롭일거라고 주장하는데 히브리어의 어원으로 볼 때 캐롭은 파멸을 뜻하는 단어이기 때문이다.

바빌로니아 전설들에서는 무화과나무일 것이라고 주장하였다. 아담과 하와가 몸을 감추는데 가장 가까이 있었고 열매를 따먹을 수 있었기 때문이다.

씨트론(citron)

이스라엘 사람들이 과실을 수확하는 잔치는 '훌륭한 과실(goodly fruit)'이라 부르는 씨트론의 가지를 가져 오는 것으로부터 시작된다. 이것은 이 과실이 하나님의 선물을 상징하는 것이다. 이 관목과 같은 나무는 인도가 원산지이지만 오래전부터 팔레스타인 지역에서 재배되었다. 이 나무는 3m 정도의 크기로 자라며 아주 불규칙하게 뻗은 가지는 회백색으로 굵게 보인다. 꽃은 오렌지와 비슷하여 아주 예쁘다.

일부 학자들은 에덴동산의 금단의 열매가 씨트론이라고 말한다. 씨트론은 레몬보다 크지만 같은 귤속의 과실이며 껍질이 두꺼워 케이크나 제과에 사용되기도 한다. 산스크리트어의 기록 중에는 단맛을 갖는 식물을 포함하여 다양한 씨트론을 기록하고 있는데, 메소포타미아와 페르시아에 알려진 것을 그리스 사람들은 페르시아 사과라고 부르기도 하였다.

초기 히브리인들은 종교적 행사에 씨트론을 썼으며 이 달콤한 하나님의 하사품은 감사의 대상으로 부족함이 없었다. 히브리인들은 다른 수확 축제에는 물론 초막절에 의례용으로 씨트론을 함께 이용하였다. 그들은 서기 70년에 예루살렘이 파괴된 후 절망하고 있을 때 유럽에서 씨트론나무를 들여 왔다. 그들의 종교적 행사에서는 언제나 이 과일을 사용하였다.

씨트론의 모양은 오렌지나 레몬나무와 같이 상록이며 꽃이 꿀샘을 중심으로 희고 자색의 꽃잎이 5개가 있어 오렌지나 레몬나무로 착각하게 만든다. 그러나 씨트론은 오이처럼 크고 멜론같이 자라는데 거칠고 울퉁불퉁한 밝은 노란 껍질과 상쾌한 냄새를 가지고 있으며 그 즙은 레몬과 같이 신맛이다. 달걀형 황색 과실은 비교적 크고 무겁지만 오렌지보다 즙이 적고 산뜻한 맛은 떨어진다. 외과피 밑에 중과피층과는 다소 공간이 있다.

이 과실은 하와가 거부할 수 없었던 금단의 열매라고 생각되었던 이유는 아마 껍질이 톱니 모양이기 때문이었을 것이다. 어떤 사람은 이 과실이 이빨 자국을 닮았는데 하와에 의하여 만들어진 자국이라고 했고, 어떤 사람은 아담에 의하여 만들어졌다고 하여 때로는 아담의 사과라고 불렀다.

씨트론은 구약성서에 기록되어 있지 않은데 그 후 이 과실이 성서에 있는 과실이라고 생각하여 초막절의 기념 과실로 필수가 되었다. 씨트론이 주목을 받게된 원인은 예수 시대 현인들에 의하여 레위기 23장 40절의 "아름다운 나무 실과(choice fruit from the trees)"라는 구체적 이름이 나와 있지 않은 과실이 씨트론이라고 주장하는 데 따른 것이다.

나무딸기속 식물(Rubus spp.)

나무딸기속 식물은 검은딸기(blackberry), 나무딸기(rasberry), 듀베리(dewberry), 로건베리(loganberry) 등을 포함하고 있으나 성서 시대 사람들에게 알려진 것은 검은딸기이다. 이 식물은 가시가 많기 때문에 가시나무로 묘사되는 경우가 많으나 장미과 식물처럼 포복성이 있다.(사사기 9 : 8~15, 누가복음 6 : 44)

딸기 하나하나는 소핵과라 하는 작은 과실의 덩어리이다. 검은딸기는 줄기나 뿌리에 의하여 번식한다. 빨간 꽃이 핀 후 빨간 열매가 열리며 완전히 익으면 짙은 자줏빛 열매가 되어 검은색처럼 보인다. 가장 좋은 딸기는 촉감이 부드럽고 손에 들면 포근하게 느껴진다.

검은딸기는 원래 유럽이 원산지로 생각되나 중세까지는 재배하지 않고 야생으로 자랐으며 건조한 사막 지역을 제외하고는 북반구 어느 곳이나 자랄 수 있다. 검은딸기는 그냥 먹기도 하나 통조림, 냉동제품으로 판매되기도 하며 케이크, 디저트, 빙과류의 제조에도 이용된다.

기원전 5세기경 그리스 작가에 의하여 처음으로 문자로 기록된 이 식물은 그 열매가 혈액을 깨끗하게 한다고 알려져 있으며 변비, 빈혈, 관절염, 통풍, 피부질환에도 권장할 만하다고 한다.

종려나무(date palm)

종려는 성지에서 가장 귀하게 여기는 과실 중의 하나이다. 종려는 선사 시대부터 사람들의 눈길을 끌었으며 현재의 식물명 중 속명(屬名)인 Phoenix는 종려를 태울 때 신화 속의 새처럼 재가 날아 올라간다는 데서 유래된 듯하다. 종려의 그리스명 페닉스(phoenix)는 그리스 신화에 나오는 불사조와 같으며 불사조는 열대에 살았다는 공상 속의 생물이다. 종려의 꼭대기에 집을 짓고 500년 동안 살다가 자기 몸을 불살라 죽은 뒤에 재 속에서 다시 불사조가 생겨났다고 하는 전설 속의 새다. 이 불사조는 종려나무로 우거졌던 지중해 연안의 고대 페니키아(Phoenicia)가 번성했던 것과 관련이 있다.

종려는 세계에서 가장 오래된 경작물 중의 하나인데, 성서에서는 그 열매(date)에 대한 기록이 적다는 것이 종려나무가 자주 나오는 것에 비하여 이해하기 힘든 부분이다. 성서 고고학자들은 종려의 경작이 기원전 3000년경에 비옥한 초승달 지역에서 이루어졌다는 것을 증명하였다. 바빌로니아 사람들은 종려를 번식시키는 방법을 알고 있었다. 고대 양각(陽刻) 유적은 천사가 수꽃에서 암꽃으로 수분하는 것을 보여주고 있다. 종려의 암수 교접 때문에 옛 힌두인들은 그것을 동물세계로 들어가는 한 단계이며 지능을 가지고 있다고 믿었다.

성서 학자들은 한때 요단강 계곡이 완전히 종려나무로 덮여 있었다고 믿고 있다. 이것은 여리고가 계곡의 남쪽 끝에 있는 도시이며 종려의 도시로 잘 알려져 있는 이유이며 종려나무가 팔레스타인을 상징하는 이유이기도 하다.

페닉스의 어원은 그리스어의 적색(赤色)이란 뜻에서 비롯된 것이다. 바다에서 나는 연체동물에서 적자색의 염료를 만들어서 직물을 염색했는데 왕과 귀족들의 의복이 그것이다. 그리스인은 이것을 가나안에서 수입했으므로 가나안 사람을 페닉스의 사람이라 불렀던 것이 지명으로 변했다. 그리고 그 지역에서 많이 자라고 있는 식물도 페닉스라 불렀다. 이것이 종려의 학명이 되었으며 그곳에 집을 짓는다고 상상하여 불사조를 페닉스라 하였을 것이라고 생각한다.

종려나무는 히브리어로 '타마르'라고 하는데, 종려나무에 주렁주렁 맺히는 대추야자 열매는 다산을 상징하기 때문에 여인들에게 최고의 축복을 주는 선물이다. 유대인들이 딸의 이름을 지을 때 자녀를 많이 낳으라는 뜻으로 타마르란 이름을 지어주기도 한다.

성서에 나오는 여인 중에도 타마르란 이름을 가진 여인들이 있다. 예수님의 족보에 기록된 몇 안 되는 여인들 중에 포함되어 있다. 우리말 성서에서는 '다말'로 번역되어 있다.

유다가 장자 엘을 위하여 아내를 데려오니 그의 이름은 다말이더라 (창세기 38 : 6)

유다는 다말에게서 베레스와 세라를 낳고 베레스는 헤스론을 낳고 헤스론은 람을 낳고 (마태복음 1 : 3)

그 후에 이 일이 있으니라 다윗의 아들 압살롬에게 아름다운 누이가 있

으니 이름은 다말이라 (사무엘하 13 : 1)

압살롬이 아들 셋과 딸 하나를 낳았는데 딸의 이름은 다말이라 그는 얼굴이 아름다운 여자더라 (사무엘하 14 : 27)

사도행전 16장 14절의 자주장사 루디아, 출애굽기의 여러 곳(26 : 1 28 : 5~6, 15)에서 볼 수 있는 자주색 실이나 의복은 귀인이나 귀한 것의 상징성을 갖는 것으로 생각할 수 있다. 모세가 광야를 여행하던 중 머물렀던 오아시스 중의 하나가 엘림이다.(민수기 33 : 9) 엘림은 종려나무 70그루가 있었다고 하여 종려나무가 오아시스에서의 역할이 크다는 것을 말하고 있는 것이다. 출애굽기 15장 27절에 애굽을 탈출한 이스라엘 민족이 홍해를 건너서 물 없는 황야를 방황하다가 12개의 샘과 70주의 종려나무가 있는 엘림에 도착하여 물과 식량을 보급할 수 있었던 것과 아가서 7장 7절에 **"네 키는 종려나무와 같고 네 유방은 그 열매송이 같구나"** 한 것 등이 종려를 지칭한 것임을 알 수 있다. 헤로도투스와 린니우스와 같은 자연과학자들도 종려나무가 모든 나무 가운데 사막에서 가장 훌륭한 나무 중의 하나라는데 의견을 같이 하고 있다.

세계에서 가장 오래된 도시 중의 하나로 알려진 여리고를 성경에서 종려나무 성읍이라고 지칭하고 있다.(신명기 34 : 3, 역대하 28 : 15) 얼마 전까지만 해도 그 위치가 확실하지 않았으나 근래의 발굴로써 종려의 화석들이 발견되면서 여리고의 위치를 찾게 되었다.

종려는 완전히 자라면 약 30m에 이르러 그 뚜렷한 자태와 멋진 모습을 보여준다. 단 한 줄기로 뻗어 오른 나무는 꼭대기에 멋있고 특이한 잎들로 장식하고 있다. 종려는 가지가 없지만 2m 가까이 달하는 다양한 잎들은 줄기 끝이 귀한 관 모양을 갖춘다. 열매는 잎 밑에 송이로 달려 있으며 자웅이주인 나무로 만일 꽃가루받이가 되지 않으면 그 열매는 빈약하고 씨가 없게 된다. 아랍 사람과 낙타의 영양원으로 매우 가치가 있다.

줄기는 목재로 쓴다. 잎으로는 지붕도 잇고 울타리도 만들며 깔개, 바구니, 그릇 등을 만들기도 한다. 또한, 그물 같은 외피의 섬유로는 로프를 만든다. 따라서 종려는 쓰임새가 많다. 가장 귀중한 식량일 뿐만 아니라 술과 꿀을 함께 얻을 수 있는 중요한 자원이었다. 서기 3세기경의 것으로 보이는 가버나움 집회당의 장식에도 종려나무가 조각된 것이 발견되었다. 그것으로 미루어 종려는 정직, 정의와 공정, 수려와 번영의 상징으로 삼았음을 알 수 있다.(시편 92 : 12~14)

잎의 섬유는 실을 만들 수 있으며 항해 준비를 위해 배를 만들고 수리하는데 쓰기도 한다. 또 잎으로 깔판을 짜서 생활의 편리를 도모하기도 한다. 종려는 즙(sap)이 있는데 발효시켜 술을 만든다. 종려 잎은 테세우스(Theseus)가 괴물 미노타우로스(Minotaur)를 물리친 것을 축하하기 위해 종려 가지를 꺾어 승리의 상징으로 사용하여 그 후로도 승리의 상징처럼 여겼다.

가지는 여행자들을 환영하는데 사용했으며(시편 92 : 12) 잎은 솔로몬 성전 시대 이후 건축 장식을 위한 모델로 쓰였다. 선지자 드보라는 종려나무 아래서 사람을 재판하였다.(사사기 4 : 5) 신약에서 종려잎은 예수님이 예루살렘으로 들어오실 때 사람들이 가지고 와서 호산나를 외쳤다고 기록하고 있다.(요한복음 12 : 13) 예수님이 베다니 문둥이 시몬의 집에 계셨다고 했는데(마태복음 26 : 6) 베다니는 '종려 열매의 집(house of dates)'이란 의미를 갖는다.

종려나무의 열매는 구세계 아열대 사막에서 생명의 나무로 알려져 있으며 다산과 비옥의 상징이 되었다. 유목 생활을 하는 아랍 민족에게는 오랫동안 주식의 역할을 하였다. 신선한 열매는 탱글탱글하며 매끄럽고 광택이 나는 껍질을 갖고 있다. 신선한 것은 완전 밀봉하여 냉장고에 두어야 한다. 종려 열매의 당분은 천연 상태에서 식품 저장용으로 쓸 수 있어 현재의 설탕과 같은 효능을 가진다. 종려 열매는 단백질과 지방을 각각 2% 정도씩 가지고 있지만 당분이 주성분으로 70%를 넘는다. 농축된 당 성분은 캔디의 훌륭한 대용품으로 칼슘의 좋은 급원이며 약간의 무기질과 비타민 B군을 공급한다. 35년 이상된 종려나무는 매년 57kg 정도의 열매를 생산할 수 있다. 구약성서에 꿀이라고 기록된 부분 중 49군데는 종려 꿀을 의미하며, 승리를 나타내는 국가적 상징으로 알려져 있다.

고대 페르시아에서는 360가지 쓰임새를 기록하여 놓을 정도로 다양하게 이용되었으며 동물의 사료로 쓰이기도 했다. 앗시리아와 바빌로니아에서 종려는 7000년 이상 주민 생활의 가장 중요한 의지물이었으며 식품인 동시에 술이며 꿀이었다. 또한, 생것을 말려서 케이크에 넣어 먹기도 한다.

1개의 열매는 크기가 3~4cm 정도의 장타원형으로 대추 모양을 닮았다. 이것이 이삭처럼 수백 개의 열매를 보이는데 1송이의 무게가 15~25kg이나 된다. 이 열매는 날것으로 먹기도 하지만 말렸다가 양식으로 이용했다. 건조한 것은 설탕에 절임한 것으로 착각할 만큼 달콤하므로 그대로 과자가 된다. 아라비아 사막의 유목민인 베두인족은 말린 대추야자를 유일한 식량으로 삼고 있으며 지금도 대추야자를 '생명의 나무'라 하여 숭상하고 있다. 이 열매는 근래에는 잼과 젤리의 원료로 이용된다. 대추야자는 심은 지 5년 후부터 열매가 맺힌다. 완전히 성장하는데는 30년이 걸리고 그 후 100년간 꽃 피고 열매를 맺다가 쇠약해져서 죽게 된다.

줄기의 위쪽을 자르면 시럽 같은 즙이 나온다. 이것으로 '아락주(arrak)'라는 술을 빚는다. 사사기 13장 4절에 나오는 독주, 즉 strong drink가 이것이라 하며 포도주와는 다른 증류주라고 한다.

무화과(fig)

무화과를 영어로 'fig'라고 하는데 이는 히브리어 'page'에서 유래하였으며 익지 않은 무화과를 뜻한다. 과학자들은 아라비아 반도나 소아시아가 무화과의 원산지일 것이라고 주장하며 에덴동산에서 아담과 하와가 부끄러운 곳을 가리는 데 쓴 것도 무화과 잎이라는 데는 의심하지 않는다. 성서의 기록 외에도 기원전 2700년경 이집트의 문서에 처음 기록이 나온다.

무화과는 팔레스타인 여러 지역에서 자생하기도 하는 뽕나무과의 낙엽 관목이다. 무화과나무의 크고 넓은 잎은 초겨울에 떨어지고 이른 봄에 다시 핀다. 포도 다음으로 성지에서 중요한 과실이다. 무화과는 매년 두 번 수확하는데 처음 익은 열매를 6월에, 그 다음에 익은 열매는 8~9월에 수확한다.

무화과나무는 모든 부분에 우윳빛 수지가 나올 수 있으며 이것은 피부에 과민 반응을 일으키기 쉽다. 이 유액에는 고무질, 스테린류, 단백질 등이 함유되어 있어 치질의 도포제로 쓴다. 유액을 어린이들이 사마귀나 티눈에 바르면 없어지며, 잎을 말렸다가 목욕재로 쓰면 신경통에 효험이 있고, 달여서 먹으면 완화제가 되나 많이 먹으면 설사를 일으킬 수도 있다. 무화과나무 잎의 효소분해작용을 이용하여 변소에 넣으면 구더기도 생기지 않으며 악취를 제거한다. 우리가 무화과나무의 과실로 생각하는 것은 실제로 부풀고 속이 빈 꽃턱이다.

무화과나무는 큰 나무는 아니지만 어떤 것은 약 8m 높이까지 자라기도 한다. 그림자를 만드는 아름다운 나무로 히브리어 'teenah'는 '활짝 퍼지다'의 뜻을 가진다. 하나의 무화과나무 아래 앉는다는 것은 이스라엘 사람들에게 평화와 번영의 상징이다.(열왕기상 4 : 25)

열매는 종종 잎보다 먼저 나오기도 하며 그 꽃은 뚜렷이 눈에 잘 띠지 않는다. 꽃은 크고 우뚝한 꽃턱 속에 감추어져 있다. 아주 작은 무화과 말벌(fig wasp)이 들어가서 수정시키지 않으면 씨앗을 맺을 수 없다. 무화과 열매는 신선한 상태로 먹을 수 있으며 이때 점성이 있어 긴 끈처럼 실을 낸다. 또는 건조시켜 끈으로 묶어 여행 중 식량으로 사용하였으며 무화과 과자는 사무엘서(상 25 : 18)에 기술하고 있는 것처럼 여행 중의 주요 휴대 품목이었다.

무화과는 한여름에 수확하지만 1년 내내 먹을 수 있고 건조시켜 압착하고 과자 속에 넣기도 한다.(역대상 12 : 40) 값이 싸면서도 영양이 풍부하다. 무화과의 당분은 원기를 속히 회복시켜 주기 때문에 아말렉 사람들과 싸움 중 전장에서 만난 이집트 소년에게 무화과와 건포도를 주어 정신을 차리게 하는 기록이 있다.(사무엘상 30 : 12) 무화과는 약용으로도 쓰였다. 히스기야 왕이 화상을 입고 거의 죽게 되었을 때 이사야는 무화과를 바르도록 하였다. 현대의 연구에서도 무화과 즙은 피부암 치료에 효과가 있다는 보고가 있다.

또 다른 식품을 조리하는 데 함께 쓰기도 했으며 떡을 만들고 저장성 통조림으로 비상 시 대비 식량이 되기도 했다. 무화과는 특이한 풍미를 가지며 건조된 것은 55%가 넘는 자연당을 함유하고 있다.

무화과는 성서에 중요한 식물로 57회나 등장한다. 그런데 마가복음 11장 13~21절, 마태복음 21장 18~20절에 예수께서 베다니에서 나왔을 때에 시장기를 느끼시고 잎사귀가 무성한 무화과나무에서 먹을 것을 구하려고 하였으나 때가 아니어서 아무것도 없자 저주를 내리시어 무화과나무가 말라 죽었다는 구절이 있다. 그리고 누가복음 13장 6~9절에 3년씩 결실하지 않는 무화과나무는 찍어 버리라고 과수원지기에 일렀다는 비유의 대목도 있다. 예수님은 죽은 자도 살리시고 간음한 여인도 용서하시는 자비로운 분이신데 무화과나무에 대하여 하신 것은 어쩌면 무자비하고 냉정하게까지 느껴질 수도 있을 것이다.

히브리어 성서에서는 무화과나무는 무화과 열매의 성숙 단계나 성장 조건에 따라서 4가지로 다르게 쓰고 있다. 예레미야(8 : 13)에서는 'teenim'(teenah의 복수형), 아가서(2 : 13)에서는 'pag'(익지 않은 열매), 호세아서(9 : 10)에서는 'bikkurah'(처음 열린 열매), 사무엘상(25 : 18)과 열왕기하(20 : 7)에서는 'debelah'로 기록하였는데 이는 말린 무화과와 무화과 떡을 가리키고 있다.

무화과나무의 특성

무화과나무는 옛날부터 지금까지도 이집트, 팔레스타인, 시리아 등지에서 널리 재배되고 있다. 기원전 5000년경 신석기 시대의 유적에서 말린 무화과가 출토되었다. 유다 야산 서쪽에 위치했던 옛날의 대도시 게제르(Gezer)에서 유적이 발굴되었으므로 그 지방 사람들의 중요한 양식의 하나였음을 알 수 있다. 그러므로 일반 가정에서는 한두 그루 이상의 무화과나무를 심어서 가난한 사람들의 식량으로 이용했으며 큰 과수원도 있었던 것으로 추정할 수 있다.

무화과는 봄에 새 잎이 퍼지면 잎자루의 엽액에 녹색의 작은 열매가 생겨 차차 커져서 8~9월에 익는다. 이때 연하고 껍질이 잘 벗겨지며 매우 맛이 단 과일이 된다. 그러나 늦가을까지도 가지 끝에는 열매가 계속 달려서 덜 익은 상태에서 겨울을 나고 다음 해 봄에 다시 부풀어서 커지는 것도 있다. 맛은 제철 것만 못하나 식량이 부족한 성지에서는 가난한 사람들의 양식이 될 만하다.

예수님이 때 아닌 때에 무화과나무에서 열매를 찾으신 것은 이것을 찾으셨던 것이다. 무화과나무는 결실이 불량한 나무도 섞여서 나며 때로는 전혀 결실을 맺지 않는 나무도 간혹 섞여 있다. 과수원지기에게는 3년째 찾아봐도 결실하지 않는 나무는 불결실주이므로 찍어 버리고 차라리 다른 것을 심는 것이 경제적이라는 것을 말씀하신 것이다.

또한, 무화과에는 당류, 능금산, 구연산 등이 함유되어 있다. 건과 외에 케이크, 술, 시럽, 잼 등을 만든다. 최근에는 혈압을 강하시키는 성분이 함유된 것이 알려져 건강식품으로 사랑을 받고 있다. 건과는 식량뿐만 아니라 약제로도 쓴다. 열왕기하 20장 7절, 이사야서 38장 21절에 이사야가 마른 무화과 한 줌을 히스기야 왕의 종기에 붙여서 고친 대목이 있다. 무화과는 완화제로서의 효험도 크다. 또 단백질을 분해하는 효소가 있어 육식을 한 후에 후식으로 먹으면 소화를 촉진하고 변비에는 특효약이며 복통을 멎게 하고 아울러 생식하면 아픈 목을 진정시켜 주는 효과도 있고 치질에도 좋다.

무화과나무는 올리브 산에 있는 마을의 이름에서도 볼 수 있다. 베다니는 무화과의 집이란 뜻으로 예수께서 잎만 무성하고 열매가 없다고 무화과나무를 저주하던 곳이다. 이런 상황은 일반적인 장면은 아니며 보통은 잎과 열매가 동시에 열린다. 무화과나무는 야생으로는 작은 숲처럼 보이지만 경작을 하면 5~10m까지 자랄 수 있으며 특히 물가에 심은 것은 매우 크다. 그래서 잘 키운 무화과나무는 무성하여 그늘을 만드는 나무가 된다.(요한복음 1 : 48, 미가서 4 : 4, 스가랴 3 : 10)

다른 과실나무와는 달리 무화과나무는 정원 제일 끝 부근 울타리에 심는다. 지나가는 사람들이 쉽게 손이 닿을 수 있는 곳이지만 주인은 지키지 않는다. 무화과는 익으면 너무 빨리 변질되기 때문에 지나가는 사람이 따먹을 수 있도록 허락한 것이다.(이사야 28 : 4) 그래서 무화과는 새벽일지라도 익은 것을 따기 위하여 일찍 일어난다.

예레미야와 호세아는 둘다 무화과 바구니를 여호와께 보였다. 좋은 무화과는 회복될 이스라에 백성을 상징하며 나쁜 무화과는 쓸모없이 버려질 것으로 바벨론에게 포로되기를 거절하고 끝까지 항거하거나 다른 나라로 도망한 자들을 말한다. 포로가 되는 것도 이스라엘 사람들의 범죄로 인한 하나님의 뜻이었기 때문에 하나님의 뜻을 거역한 것이다.(에레미아 24 : 2~8) 초기 이스라엘은 무화과나무에 열린 첫 열매라고 하였지만(호세아 9 : 10) 무화과나무를 파괴하는 것이 죄로 인하여 그들이 사는 땅을 벌하려고 하는 예언적 상징이었다.(예레미야 5 : 17, 8 : 13, 호세아 2 : 12) 계절의 징조를 알려주는데 예수께서는 무화과를 예로 들었다. 가지가 연하고 잎사귀를 내면 여름이 가까운 줄 알라고 하였다.(마태복음 24 : 32) 솔로몬 왕이 통치하는 동안 편안하게 백성들이 사는 모습을 그 자신의 포도나무와 무화과나무 밑에서 편안히 살고 있다고 하였다.(열왕기상 4 : 25)

이사야서 28장 4절과 예레미야서 24장 2절에 "처음 익은 무화과"에 대한 기록이 있는데, 이는 묵은 가지에서 일찍 열린 무화과를 말하며 매우 달고 맛이 있어 품질이 우수한 것으로 인정되었다. 열매의 제때 수확물은 대부분 겨울용 식량으로 건조시키거나 눌러서 압착하였다. 품종에 따라 껍질은 연노랑색, 밝은 녹색, 짙은 자색을 띠며 과육은 옅은 분홍색에서 진한 홍색을 띤다. 실제로 잘 익어 최고의 품질을 갖는 것은 약간의 주름이 있고 밑부터 쪼개지기 시작한 것이다. 무화과는 쉽게 흠이 가고 변질되기 쉽다. 과실 껍질에 점이 있는 것은 피하는 것이 좋은데 이는 변질이 시작되어 신맛이 나기 쉽기 때문이다. 고대인들에게는 그래서 감미료가 부족하지 않았다. 특히 단백질 분해효소인 피신(ficin)을 다량 함유하고 있어 소화를 촉진시켜 주고 조리 과정에서 육류 연화제로 이용할 수 있다.

모과(quince)

하와를 에덴동산에서 유혹했던 과실이 아닌가 생각하는 사람도 있다. 세 개의 종이 있으며 아픈 사람에게 건강을 회복시켜 주는 식물로 쓰인다. 과실을 그냥 먹을 수 없으며 끓여서 그 액을 먹는다. 잼, 페이스트, 저장 과실로 전통적으로 이용되었다.

돌무화과(sycamore, sycamore-fig tree)

구약성서에서 아모스는 양을 돌보고 돌무화과 농장을 돌보는 것을 중요하게 여기는 내용이 기록되어 있다. 이 특이한 나무는 뽕나무(mulberry)와 무화과나무의 특성이 조합된 것이다. 키는 느릅나무처럼 크며 가지와 줄기에 직접 열매가 맺힌다. 열매는 검은 반점이 있는 노란빛을 띠며 무화과와 비슷한 냄새를 가지나 맛이 떨어진다.

돌무화과나무는 높이가 10~13m씩 자라는 상록수이다. 줄기 밑둥의 둘레가 7m나 되며, 사방으로 무성하게 넓게 퍼진 수관(樹冠)이 지름 40m에 이를 만큼 큰 나무로 자란다. 흔히 길가에 심어서 좋은 그늘을 만들어 주는 녹음수이면서 열매를 식량으로 삼는 과수다. 이 열매는 고대 애굽인들에게나 히브리인들에게도 귀중한 식량이었으며 지금도 카이로에서는 길가에서 행상들이 팔고 있을 정도로 그들에게는 귀중한 식품이다.

누가복음 19장 4절에 예수님을 보고자 삭개오가 올라갔던 뽕나무,

아모스 7장 14절에 아모스가 예언자로 부름받기 이전의 자기 직업을 "나는 목자요, 뽕나무를 배양하는 자"라고 한 그 뽕나무는 오디가 달리고 누에를 치던 뽕나무와는 전혀 다른 식물이다. 여기서 말하는 뽕나무는 팔레스타인과 수리아 등의 동부 아프리카에 자생하는 상록교목인 돌무화과이다. 잎과 수피는 뽕나무를 닮았으나 열매는 오히려 무화과를 닮았으므로 돌무화과라 한다. 일반적으로 Sycamore fig 또는 Mulberry fig, 즉 무화과뽕나무라고도 하는데 여기에서 오류가 일어난 것 같다. 땅에서 가깝게 가지가 나뉘며 대여섯 개의 가지가 튼튼히 서 있게 된다.

이 나무는 다공성이지만 매우 질겨서 사원이나 공회당 건축에 사용되었으며, 미라 상자로도 쓰여 3000년이 지난 후에도 거의 완전한 모습으로 발견되기도 하였다.

또 열왕기상 10장 27절과 역대하 1장 15절에 보면 **"솔로몬이 예루살렘에서 은(금은)을 돌같이 흔하게 하고 백향목을 평지의 뽕나무같이 많게 하였더라"**고 한 것으로 미루어 돌무화과가 가나안이나 여리고에 아주 흔한 나무였음을 짐작하게 한다. 아울러 역대상 27장 28절에 다윗 왕이 평야의 감람나무와 돌무화과를 맡아서 감독하게 한 것으로 미루어 볼 때 중요한 식량자원이었음을 알 수 있다. 즉 뽕나무의 열매인 오디는 식량자원이 될 만한 가치가 없기 때문이다.

또 이 나무의 특성을 설명해 주는 성서의 내용을 보면, 서리에 의하여 쉽게 파괴되며(시편 78 : 48) 계곡의 낮은 장소, 즉 기후가 온화한 곳에서 발견된다.(열왕기상 10 : 27, 역대하 1 : 15) 아모스는 그 열매가 매우 보잘것없다(아모스 7 : 14)고 하여 이 나무의 특성을 살펴볼 수 있다. 누가복음 17장 6절에 기록된 나무는 우리가 알고 있는 뽕나무로 위의 돌무화과와는 다른 식물로 생각된다.

표 뽕나무 관련 성서의 표기

성서 구절	개역 개정	공동 번역	표준 새번역	NIV	KJV	NASB
삼하 5 : 23	뽕나무	박하향나무	뽕나무	balsam tree	mlberry tree	balsam tree
삼하 5 : 24	뽕나무	바타나무	뽕나무	balsam tree	mlberry tree	balsam tree
왕상 10 : 27	뽕나무	돌무화과 나무	뽕나무	sycamore fig tree	sycomore tree	sycomore tree
대상 14 : 14	뽕나무	사시나무	뽕나무	balsam tree	mlberry tree	balsam tree
대상 14 : 15	뽕나무	사시나무	뽕나무	balsam tree	mlberry tree	balsam tree
대상 27 : 28	뽕나무	돌무화과	뽕나무	sycamore fig tree	sycomore tree	sycomore tree
대하 1 : 15	뽕나무	돌무화과 나무	뽕나무	sycamore fig tree	sycomore tree	sycomore
대하 9 : 27	뽕나무	돌무화과 나무	뽕나무	sycamore fig tree	sycomore tree	sycomore tree
시 78 : 47	뽕나무	무화과나무	무화과나무	sycamore fig	sycomore tree	sycomore tree
사 9 : 10	뽕나무	-	뽕나무	fig tree	sycomore	sycomore
암 7 : 14	뽕나무	돌무화과	돌무화과	sycamore fig tree	sycomore tree	sycomore fig
누 17 : 6	뽕나무	뽕나무	뽕나무	mulberry tree	sycomore tree	sycomore tree
누 19 : 4	돌무화과	돌무화과	뽕나무	sycamore fig tree	sycomore tree	sycomore tree

이 식물들처럼 많은 혼란을 가져오는 경우는 많지 않다. 단순히 뽕나무 하나로 번역되기도 하고 또 돌무화과, 무화과, 사시나무, 바타나무, 박하향나무 등으로 다르게 번역하여 실제 한 식물인지 여러 비슷한 식물들에 대한 기술인지도 명백하지 않으나 대체로 두 종 이

상의 식물에 대한 묘사의 기록으로 본다. 몇몇 성서에서 기록된 내용을 정리하여 보아도 혼란을 줄이는 데는 도움이 되지 못하였다. 동일한 성서에서도 세 종류 이상으로 표현하는 경우가 있어 단일 식물로 보기는 어렵다.

검은 뽕나무(blackberry)

"사도들이 주께 여짜오되 우리에게 믿음을 더하소서 하니 주께서 가라사대 너희에게 겨자씨 한 알만한 믿음이 있었다면 이 '뽕나무'더러 뿌리가 뽑혀 바다에 심기우라 하였을 것이요 그것이 너희에게는 순종하였으리라"(누가복음 17 : 6)

신앙의 힘의 위대함을 나타내는 예증으로 인용된 뽕나무는 히브리어 sycamine, 영어로는 blackberry이며 중국어는 상수(桑樹)이다. 그런데 성경에서는 돌무화과나무를 중국어 성경의 상수(桑樹)에서 비롯되어 모두 뽕나무로 번역하고 있어 혼돈되고 있다.

뽕나무는 세계에 10여 종이 있는데 중국에서 북미까지 널리 분포하고 있다. 그중에서 예수님이 보고 인용하신 뽕나무는 페르시아 북부와 카스피해 연안에 자생하는 검은 뽕나무이다. 열매가 맛이 있어서 성지에 들어와 널리 재배되었으며 지금도 가꾸고 있다. 검은 뽕나무는 높이가 8~12m로 자라는 낙엽수로 줄기가 튼튼하며 무성하게 자라므로 아름다운 풍치와 그늘을 만들어준다. 잎은 뽕잎이고 열매는 3cm 크기로 산딸기 모양의 오디가 검게 익는다. 달면서도 새콤하여 매우 맛이 있으며 열매에 즙도 많은데 빛이 붉다.

뽕나무는 가장 지혜로운 나무라고 하여 고대 로마인은 지혜의 여신 미네르바에 바쳤다. 이것은 뽕나무가 아무리 날씨가 좋아도 서두르지 않고 완전히 늦서리의 염려가 없어진 것을 확인한 후에야 늦게 싹을 틔우는 조심성이 있는 나무이기 때문이다. 일반적으로 뽕나무라고 하면 양잠용 흰 뽕나무를 연상한다. 흰 뽕나무는 영어로 white mulberry라고 하며 동아시아가 원산지이며 팔레스타인 지역은 비교적 근래에 도입되었다.

성서에 silk가 등장한 것은 기원전 594년 에스겔 시대로서(에스겔 16 : 13) 솔로몬 왕 사후 420년이 지나서이다. 바벨론에 포로로 잡혀가서 명주를 알게 된 것으로 보고 있다.

사과(apple)

사과나무는 구약성서의 과수 중에서 이론이 많은 나무 중의 하나이다. 대부분의 성서에 사과라는 표현은 성서 시대의 식물상으로 볼 때 사과를 지칭한 것이 아니라 살구를 지칭하는 것이라고 주장하는 학자도 있다. 그 주장의 근거는 사과나무의 원산지가 코카서스 지방으로 팔레스타인 지방을 경계로 하고 있지만, 사과나무 자생지의 남한계에 속하여 사과나무가 생육하지 않는다는 것이다. 따라서 '포스트'가 조사해 본 결과로는 팔레스타인, 시리아, 시나이 등지에서 야생 사과를 발견할 수 없었다고 보고하고 있다.

기원전 2000년 성지에 살았던 수메르인들은 사과에 대한 기록을 남기었다. 사과는 레바논이 원산지이거나 기원전 4000년경 이란이나 아르메니아로부터 이스라엘과 이집트에 소개되었을 것으로 생각한다.

람세스 2세 통치 시대인 기원전 1298~1235년 사이에 기록한 파피루스 고문서에서는 나일 삼각주에 석류, 사과, 올리브, 무화과나무가 가득하다고 하였다.

히타이트족은 사과나무를 경작했다. 그들은 사과나무를 망가뜨리는 사람은 은 6세겔을 지불하도록 하는 법을 정했는데 그 시대에는 상당히 큰 금액이었다고 한다. 기원전 370년에 태어난 그리스의 데오플라투스(Theoplatus)는 사과의 종류에 대하여 기술하고 있다.

성서 시대의 사과는 야생 능금과 비슷하였지만 어떤 종류의 사과이든 고대인들은 사과를 좋아하는 것으로 나타났다. 그들은 흡사 사과 껍질에 있는 펙틴이 혈중 콜레스테롤을 낮게 하고 무기질과 비타민이 많이 들어 있어 원기를 회복시켜 준다는 것을 알고 있는 듯했다. 봄철에 눈처럼 하얀 꽃으로 덮인 장엄한 사과나무 숲은 재배하고 있는 어떤 과실 나무보다도 많은 변종을 발전시켰다. 지금도 7,000가지가 넘는 변종이 있고 아직도 늘어나고 있다.

기원전 9세기 초 선지자 요엘 시대에 사과는 다른 과일과 함께 유대 경제에 중요한 역할을 하였다. 그때 메뚜기떼의 출현으로 거의 모든 나무가 황폐해짐으로 사람들의 희열이 사라졌다고 한 요엘서(1 : 12)에도 사과나무가 나온다. 아가서에서 **"나의 사랑하는 자는 수풀 가운데 사과나무 같구나"**(아가서 2 : 3), **"사과로 나를 시원케 하라"**(아가서 2 : 5), **"……네 콧김은 사과 냄새같고"**(아가서 7 : 8)라는 표현 때문에 학자들 사이에 논쟁이 일어났다. 플리니는 현재와 동일한 과일로 보지만 다른 고식물학자들은 그 지역의 다른 과일일 것으로 추정하고 있다.

시편 17편 8절에 "눈동자"란 말이 나오는데 영어로는 "apple of eyes"로 되어 있어 사과가 눈에서 가장 중요한 눈동자를 상징하는 표현으로 쓰였다. 예수 시대에 사과 소스나 사과 음료를 만들었고 죽을 만들 때에도 사과를 넣어 풍미를 좋게 했다. 사과를 갈아서 밀가루 반죽하는데 넣어 발효가 더 잘 일어나게 하였다.

사과는 신선한 상태로 먹거나 사과 소스, 사과 사이다, 가니시 등으로 쓰이고 있으며 사과 주스는 생활에 없어서는 안 될 만큼 중요한 것이 되었다.

잠언 25장 11절에 금사과(apple of gold)는 사과가 아니고 살구를 기술한 것으로 보인다. 살구가 성서의 표현에 더 적합한 것으로 생각되기 때문이다. 즉 상쾌한 맛, 향기로움, 금색 과실, 그늘을 만드는 나무요 은색 잎을 가진 나무라는 것이 바로 살구의 묘사로 더 적합하다는 뜻이다. 정말 그리스 사람들은 살구를 금사과라고 불렀다. 성서에서 사과라고 표현된 것이 모두 살구라고 주장하는 사람들의 논쟁을 한쪽으로 비켜나가게 했다.

현재 우리가 알고 있는 사과는 그때 품질이 아주 나빴기 때문에 'apples of gold'라고 표현하지 않았을 것이다. 살구는 일찍이 아르메니아로부터 이곳에 전파되어 많이 경작하고 있었으나 사과는 야생으로 자랐을 뿐이다. 아프리카에서는 살구를 복숭아 다음으로 좋아하였으나 사과에 대한 기록은 인색하였다.

일부 학자들에 따르면 하와가 금지된 과실이 석류일 것이라고 주장하였고 또 다른 사람은 사과가 틀림없다고 주장하였다. 이처럼 에덴동산의 첫 번째 과실이 사과, 오렌지, 살구, 모과, 씨트론, 포도 등으로 각자 주장하고 있으나 모두 근거가 분명한 것은 아니다.

사과는 역사적으로 각 시대에 걸쳐서 많은 화제를 남기고 있다. 세계에서 가장 유명한 화제의 사과를 5개 골라 보면 첫째로 아담과 하와의 사과는 종교적인 면에서 인간을 죽음과 고통으로 이끈 인간 타락의 상징물이다. 둘째로 불화의 황금사과는 신화와 전설에 얽힌 사과로서 트로이 전쟁의 원인이 되었다는 일리아스의 대서사시로 유명하다. 셋째로 빌헬름 텔의 사과는 정치적 의미의 사과로서 아들의 머리 위에 사과를 얹어 놓고 활을 쏘아 맞히게 명한 무자비한 총독은 나중에 죽고 스위스가 독립된다는 이야기다. 넷째는 과학의 사과로서 사과 떨어지는 것을 보고 만유인력의 법칙을 역설한 뉴톤의 사과이다. 다섯째는 세잔의 사과이다. 옛날에는 성모나 예수 그리스도를 그린 그림만이 위대한 예술로 평가되던 시절에 사과 그림도 예술의 경지에 들 수 있는 미술품이라고 예술관을 고치게 한 위대한 예술의 사과이다.

그러나 가장 뜻이 있는 사과는 예수님의 손에 들려 있는 사과의 성상이다. '성모 마리아와 아기 예수의 상'에도 성모의 오른손에 사과를 들게 했는데, 이것은 속죄를 뜻하며 인간을 그 죄에서 구하는 그리스도의 사명을 상징하고 있다. 아담과 하와의 손에 잡혔을 때 죄를 나타내던 사과가 예수님의 손에 놓이면 구원의 상징이 되는 것이다.

배(pear)

배는 선사 이전부터 재배되어온 많은 증거가 있다. 신석기 시대에서 청동기 시대에 스위스의 호숫가에서 살던 사람들의 유적에서도 배를 먹었던 흔적이 있다. 중국에서도 3000년 전부터 재배된 것으로 알려져 있다. 중동 지역의 더운 기후는 배의 생육에 적절한 기후가 아니기 때문에 성지에서는 볼 수 없고 야생종만 있었을 것으로 추정된다. 갈릴리 위쪽에서 야생으로 자라고 있으며 부드러운 과실은 현대까지 계속 전해 내려오는 것처럼 성서 시대 전체에 걸쳐 즐겨 먹었다.

복숭아(peach)

복숭아(*Prunus persica*)는 중국이 원산지로 아주 오래전부터 재배해온 맛있는 과일이다. 중국에서는 기원전 약 2000년경부터 재배한 것으로 알려져 있으며, 기원전 1000년경의 기록이 남아 있는 왕이나 황제가 좋아하는 귀한 과일이다. 'persica'란 종명은 페르시아에서 널리 재배되었고 유럽으로 전래되었기 때문에 붙여진 이름이지만 페르시아를 원산지로 믿은 유럽인들의 착각이었다. 초기 로마 사람들은 'Persian apple'로 불렀으며 영어 'peach'의 기원이 되었다. 그리스에는 기원전 300년경에 알렉산더 대왕이 페르시아를 정복 시 가져온 것으로 보인다. 신약 시대에는 중동 지역에도 보급되었을 것으로 생각되나 성서에 기록이 없는 것으로 보아 성서 시대의 보편적 과일이 아니었던 것으로 생각된다.

십일조로 드리는 과실이며 조리 과정에서 아주 중요하게 여겼다. 큰 복숭아 과수원이 그리스 로마 시대부터 운영되었다. 신선한 과실로서 혹은 끓여서 잼과 젤리, 스튜로 이용되었으며 사람들이 생각할 수 있는 모든 형태로 식탁에서 이용되었다. 또 설탕을 넣고 발효시키면 도수가 높은 술을 만들 수 있다.

밤나무(chestnut tree)

지중해 지역, 코카서스 변경 지역과 중국까지 연결된 분포로 넓은 지역에 분포되어 있는 식물이다. 열매는 날로 혹은 가루로 만들거나 구워 먹기도 하였다. 굽거나 볶은 후 후식이나 양고기의 고명으로 이용하였다. 밤은 그리스 로마 시대에 많이 이용하였다는 분명한 증거가 있으며 사람은 물론 동물을 위하여도 이용되었다.

일부 성서의 창세기 30장 37절, 에스겔서 31장 8절의 'chestnut'란 나무는 실제 'plane tree'(플라타너스)인 것으로 대부분의 학자들이 의견을 같이하였으며 NIV 성서에서는 'plane tree'란 표현을 쓰고 있다.

plane tree는 껍질이 매끄럽고 아주 큰 나무이며 가지가 사방으로 퍼져 있다. 짙은 녹색의 잎은 포도잎과 비슷하며 그 열매는 작은 공처럼 생겨 바늘 같은 가시로 덮여 있다.

앗시리아와 성지의 하천이나 강가에 많이 자라며 이 지역보다 더 많이 발견되는 지역이 없을 만큼 많다. 지중해 연안 지역에 그늘을 만들고자 심었으며 그 나뭇가지 아래서 소크라테스는 강연을 하곤 했다. 아테네와 그리스 도시에 가로수로 심기도 했다.

히브리어 'armon'은 '벗겨진(naked)', '벗겨내다(peeling off)'를 뜻하며 이는 매년 이 나무가 껍질을 벗는 것과 관련이 있다. 이스탄불에 있는 한 플라타너스는 2000년이 넘는 수령을 가지고 있을 정도로 수명이 길고 거대한 나무이다.

살구(apricot)

살구는 성서 지역에서도 신성시했으며 오래전부터 서식하고 있었다. 살구는 티그리스와 유프라테스 강 사이의 옛 땅인 메소포타미아의 과수원에서 처음 자랐을 것으로 생각된다. 기원전 2000년의 것으로 밝혀진 지층에서 발견된 유적은 예수님 시대보다 아주 오래전에 앗시리아인과 바빌로니아인들이 살구를 즐겼다는 것을 분명히 보여주고 있다.

살구는 오래전부터 아르메니아에 경작되고 잘 알려진 식물이다. 아르메니아의 가르니(Garni)에서 유적 발굴 중 신석기 시대의 살구씨를 발견하였다. 그리고 현재 살구의 다양한 품종이 발견되고 있어 살구의 학명이 *Prunus armeniaca* 로 지어진 것도 그런 가정에서 이루어진 것이다. 그러나 살구의 원산지는 기원전 3000년에도 중국이나 인도에서 재배되고 있었다는 기록이 있어 현재는 원산지가 아르메니아를 포함하여 중국, 코카서스, 히말라야 등으로 추정하고 있다.

그리스에 알려진 것도 알렉산더 대왕 시대의 로마 장군인 루쿨루스(Lucullus, 106~57 BC)에 의하여 살구나무가 아르메니아로부터 유럽에 처음 소개되었다고 한다. 한글 성경(개역개정판과 개역한글)에는 살구가 몇 번 기록되어 있으나 모두 구약에만 기록되어 있고 신약에는 없으며, 다른 한글 성경에는 대부분 '감복숭아'(almond의 한글 번역)로 기록하고 있다. 거의 모든 영어 성경에는 'almond'로 기록하고 있어 성서에 나오는 살구는 중국에서 성서 번역 과정에서 기록된 것으로 볼 수 있다.

살구나무는 봄철에는 아주 일찍 화려한 분홍색 꽃을 피우지만 북쪽에 있는 것들은 늦서리로 꽃이 망가지기도 한다. 북쪽 경사지나 건물의 북쪽 혹은 동쪽에 키 큰 나무가 있어 그림자를 만들면 그 싹이 늦게 나와 서리의 피해를 보지 않고 열매를 얻을 수 있다.

씨에는 프루신산(prussic acid)이 함유되어 있어 수 세기 동안 의약용으로 사용되었다. 솔로몬의 말처럼 아플 때 이 과실을 함께 있으면 신선한 향기로 인하여 안락함을 느낀다고 하였다. 아론의 지팡이에서 하룻밤 사이에 꽃이 피고 열매가 맺히는 기적의 식물로 표현되고 있다.(민수기 17 : 8)

디저트, 통조림, 건조용 및 저장용으로 쓰인 살구는 대체로 복숭아나무가 잘 자라는 곳에서는 어디에나 잘 자란다. 엷은 다홍색으로 물들은 황금빛의 익은 살구는 푸를 때 따서 오랫동안 저장한 과실과는 매우 다르다. 살구는 될 수 있는 한 오랫동안 나무에 남겨 놓아야 관능적인 유혹을 더 일으키게 한다.

비타민 A가 풍부한 살구는 칼륨 함량도 높아 심장에 좋다고 알려져 있다. 철분과 다른 금속도 풍부하여 빈혈, 결핵, 천식, 기관지염,

혈액을 깨끗하게 하는데 좋다고 알려져 있다. 자연당이 높은 함량을 보이지만 열량은 비교적 낮다.

석류나무(pomegranate)

석류나무는 선사 시대 이전부터 성지에 자라고 있었으며 오히려 오늘날보다 중요하게 생각했던 적이 있다.(사무엘상 14 : 2) 모세가 각 지파에서 한 사람씩을 뽑은 후에 가나안을 탐지하려고 보냈을 때 에스겔 골짜기에서 포도 한 송이 달린 가지를 둘이서 막대기에 꿰어 매고 또 석류와 무화과를 가지고 돌아왔다. 하나님이 이스라엘 백성에게 주시겠다고 약속하신 젖과 꿀이 흐르는 풍요로운 그 땅에 내려주신 축복의 7가지 식물 중의 하나가 석류이다.

가시 있는 석류는 성지뿐만 아니라 시리아, 페르시아, 지중해 연안 국가에 야생으로 자라고 있다. 석류나무는 원산지가 이란 북부, 인도북서부, 아프가니스탄, 히말라야, 발칸 지방으로 생각되는 온대성 식물이다. 석류의 속명은 Punica로 이것은 근동지방에서 유럽으로 전해질 때 카르타고(고대에는 카르타고를 라틴어로 'Punicus'라 하였다)에서 스페인 남부왕국 '그라나다'(Granada)에 전해졌으므로 푸니카(Punica)란 이름이 붙였다 한다. 석류를 영어로 pomegranate라고 하는데, 이 말은 pome(= apple)와 granata의 합성어로 열매와 전파 지역을 짝지은 것이다.

색깔이나 형태로 보아 석류는 성지에서 나오는 과실 중 가장 아름답다. 그 아름다운 모습 때문에 예술적 모델의 대상이 되기도 하였다. 금방울과 석류가 대제사장의 옷 가장자리에 달려 있었다.(출애굽기 28 : 33~34) 첫 성전을 지을 때 기둥의 장식에도 석류를 조각하였다.(열왕기상 7 : 18, 역대하 3 : 16)

이스라엘 사람들이 출애굽 후 광야를 여행 중에 모세에게 불평하였다. 그들은 무화과, 포도와 함께 석류도 없는 지역이라고 두려워하였다. 그래서 모세는 정탐꾼을 가나안 땅에 보내며 과실을 가져오도록 지시하였다.(민수기 20 : 5) 석류는 힉소스족의 침입과 이집트 지배 시(기원전 1750~1528) 이집트 사람들에게 알려졌다. 기원전 13세기의 파피루스에는 파라오에 의하여 열린 연회의 메뉴에 석류가 들어 있었다.

석류의 아름다움은 솔로몬이 베일에 살짝 감춰진 여인을 보고 석류 한쪽과 비교하였으며(아가서 6 : 7), 봄이 왔음을 알리는 정령으로 석류나무가 꽃을 피었는지를 알려고 하였다.(아가서 6 : 11)

석류꽃은 불꽃 같은 붉은색을 띠어 갈릴리와 유다 언덕에 흐드러지게 꽃이 핌으로 계절 감각을 훌륭히 전하고 있다. 한편 석류나무가 시들은 것은 다른 나무들과 마찬가지로 인간의 희락이 끝난 것으로 표현하고 있다. 석류나무의 아름다운 모습은 다른 면에서도 이야기 하고 있다. 석류의 꽃이 피었던 자리에는 왕관 모양의 흔적이 남는다. 석류 안에 씨가 가득찬 것은 훌륭한 지혜가 가득찬 것 혹은 자손의 복을 누리는 모습으로 상징화하고 있다.

석류는 오래 사는 나무로 200년 넘게도 살며 큰 숲을 이루고 있는 경우가 많다. 밝은 황색 꽃이 피며 열매는 크고 빨갛고 단단한 껍질을 가지고 있으며 씨와 즙이 많은 과실이다. 다 익은 석류는 오렌지 크기 정도이다. 석류는 크기에 알맞게 무겁고 밝고 신선한 색을 띠고 껍질에 흠집이 없는 것을 고른다. 냉장고에서 2개월, 냉암소에서 1개월 이상 저장이 가능하다. 과실로 먹을 수도 있고 다른 요리에 곁들여 사용하거나 즙을 짜서 이용할 수도 있다. 또한, 칼륨이 풍부하고 비타민 C가 상당량 함유되어 있다.

석류는 다산의 상징으로 구약 시대에도 잘 알려져 있었으며 특히 두로의 기능장 히람(Hiram)의 작품을 보면 알 수 있다. 그는 열왕기상에서 솔로몬 왕의 궁전 입구에 기둥 꼭대기의 기둥머리를 장식하기 위하여 동으로 만든 수많은 석류를 만들었다.(열왕기상 7 : 18, 20, 42, 열왕기하 25 : 17, 역대하 3 : 16, 4 : 13) 석류꽃은 솔로몬 왕의 왕관을 디자인하는 데 기초로 이용되었다. 똑같은 디자인이 대대로 내려오면서 왕관의 모델이 되었다.

오히려 석류는 신성하게 생각한 상징적인 의미가 더 큰 몫을 차지하는 식물이라 할 수 있다. 출애굽기 28장 33~35절에는 제사장 아론이 입고 성소에 들어가는 에봇 받침 겉옷에 청색 자색 홍색실로 옷자락에 석류를 수놓고 금방울을 한 개씩 달되 석류 하나에 금방울 하나씩 교대로 하였다고 적고 있다. 그래서 아론이 그 옷을 입고 성소를 출입할 때 금방울 소리가 나면 그가 죽지 아니하리라고 한 것을 미루어 석류를 성스러운 나무로 삼고 있음을 알 수 있다. 그런가 하면 아름다움으로 비유되기도 하고(아가서 4 : 3), 그 많은 씨는 풍요를 상징하며(아가서 4 : 13), 그 새콤달콤한 즙은 사랑의 꿀(아가서 8 : 2)로 표현되기도 했다. 예루살렘의 은 세겔에는 3개의 석류가 그려져 있는데 기원전 143~145년까지 유통되었다. 성서 시대 유대인들에게 석류는 영화와 영광을 상징했다. 석류 열매의 모양이 왕관을 닮았기 때문이다.

인도나 중국의 영향을 받아서 우리나라에서도 다산과 자손 번영을 비는 뜻으로 옛날부터 비녀머리를 석류 모양으로 새긴 석류잠(石榴簪)이 유행하였다. 그리고 문갑이나 장롱, 도자기에도 즐겨 사용하였다. 사군자 다음으로 즐겨 그려지는 그림으로 벽장에 붙여졌고 병풍에도 즐겨 쓰였다. 무자칠거지악(無子七去之惡)의 영향이 컸던 것 같다. 석류의 씨는 약용으로 과육은 목의 갈증을 가시게 하기 때문에 물을 얻을 수 없는 지역을 여행하는 카라반들이 가지고 다녔다. 씨를 꺼내고 즙을 만들어 끓이면 달콤한 석류꿀을 만들 수 있다. 석류주스는 발효시켜 술을 만들 수 있으며, 석류즙은 부패 방지의 효과가 있는 것으로 알려져 있다.

고대 히브리인들은 빨간 루비 같은 익은 씨를 먹고 시큼한 즙을 마시거나 진하게 농축하여 시럽으로 만들어 석류 당밀로 상품화하기도 하였다. 즙을 짜기 위하여 석류를 판 위에서 앞뒤로 굴린 후 레몬즙 짜는 것처럼 누른다. 반을 자른 후 과즙 착즙기를 이용하여 즙을 짜기도 하였다.

나무껍질과 과피는 잉크를 만들고 가죽 가공에 쓰였다. 석류 외피에서 추출한 색소는 가죽과 천의 남색 물감으로 염색에 쓰였다. 약제사들은 꽃으로부터 이질의 치료를 위하여 수렴성 약품을 만들기도 하였으며, 칼륨의 함량이 높은 것을 이용하여 의약품으로 그 이용법을 찾기도 하였다.

올리브나무(olive tree)[5]

올리브나무는 5000년 이전부터 갈릴리, 사마리아, 유다의 산비탈 위에 바위가 많고 척박한 지역에서도 번창하였으며, 예루살렘 고대

5) 감람나무와 올리브나무를 혼용하는 경우도 있으나 전혀 다른 식물로 알려져 있다. 올리브는 학명이 *Olea europaea*인 목서과의 상록과수로 지중해 연안이 원산지이나, 감람나무는 학명이 *Canarium album*인 감람과의 상록교목으로 중국 남부와 베트남이 원산지이다. 올리브 열매는 익으면 흑자색이 되지만 감람 열매는 익어도 그대로 녹색을 유지한다.

왕국을 올리브 산으로 뒤덮었다. 올리브는 성지에서 가장 오래된 과실 중의 하나로 그 경작은 예수님 탄생 전쯤 아시아의 소국으로부터 전파된 것으로 추정된다.

그리스 전설 중에는 전쟁의 여신 아테나와 바다의 신 포세이돈이 그리스 동쪽의 작은 섬의 바위에서 자리다툼이 있었다. 신들은 원주민들에게 더 유익한 것을 만드는 쪽에 권리를 주자고 했을 때 포세이돈은 바위에서 짠 샘물이 나오게 했고, 아테나는 올리브나무를 만들어 신들로부터 호의적인 판단을 받음으로써 그 섬을 아테나가 차지하게 되었다고 한다.

창세기 8장에서 대홍수가 그치고 물이 줄어들자 땅의 상태를 알아보려고 노아가 방주에 있던 비둘기를 날려 보내자 올리브나무 잎사귀를 물고 돌아와, 그때부터 비둘기 입에 물린 올리브잎을 평화와 희망의 상징으로 쓰고 있다. 올리브는 성서에서 무화과, 포도와 함께 매우 중요한 식물이다. 사사기 9장에서 세겜 사람들이 아비멜렉을 왕으로 삼자 요담이 세겜 사람들에게 비유로 말한 대목에서 나무들의 왕으로 삼고자 하는 대상으로 올리브, 무화과, 포도가 나오는데 자신들은 모두 하나님을 기쁘게 영화롭게 하는 것이 주임무라고 하고 있다.

지중해 연안에서는 올리브나무를 빼놓고는 그 풍경을 이야기할 수 없을 정도이다. 성서에서도 비교적 많이 등장하는 것은 그 시대에도 널리 재배되었다는 것을 뜻하며, 실제 성서 시대에도 요단 계곡은 올리브로 유명하였다. 예수님이 십자가에 못 박히기 전날 밤을 보내셨던 감람산 밑의 겟세마네는 올리브유가 풍부하고 올리브나무가 그림같이 숲을 이루어 둘러싼 동산이다. 겟세마네는 올리브유를 짜는 기름틀이 많았기 때문에 붙여진 이름이다.

올리브는 문명화와 아주 밀접한 과실이다. 올리브는 상상할 수 없을 정도의 경제적, 영양적 가치를 고대 히브리인에게 주었다. 또 올리브 가지는 평화(창세기 8 : 11)와 번영(시편 52 : 8)의 상징으로 쓰인다.

올리브나무는 오래 사는 상록수로서 키는 8m에서 잘 자란 것은 12m가 넘는다. 올리브는 생장이 느린 상록수로 심은 지 10~15년이 지난 뒤라야 꽃이 피고 열매를 맺기 시작한다. 봄에는 흰색 꽃이 피고 열매는 녹색, 황갈색, 붉은색으로 변하고 수확 전에 검정색으로 변한다.

갈릴리와 유다 산지는 연간 강우량이 400~500mm 정도이고 밤에는 서늘한 날씨가 연중 계속되어 올리브가 자라는데 가장 적합한 환경이다. 이스라엘 사람들이 약속된 땅에 들어왔을 때 그들이 심지 아니한 올리브나무 숲을 얻게 하였다는 것은(신명기 6 : 11) 야생종이 자라기에 적당한 땅이라는 뜻이다. 아셀의 영지가 그 시대에 올리브의 주산지였음이 성서에 기록되어 있으며(신명기 33 : 24), 오늘날에도 변함없이 올리브나무가 왕성히 자라고 있다.

산지는 바위가 많아 과실이나 채소를 대량으로 재배하기가 어려웠다. 그래서 계단식 농법이 개발되었고 유다 산지의 계단식 농지는 기원전 8~6세기(후기 철기시대)에 만들어진 것이 지금도 남아 있다.

올리브는 5월에 꽃이 피는데 이 꽃은 유월절과 오순절 사이 50일간을 잘 견디어야 한다. 사막에서 불어오는 건조한 바람이 이들을 망치게 할 수 있기 때문이다.(욥기 15 : 33) 모든 것이 순조로우면 10월 말경에 수확을 하게 된다. 전통적으로 올리브는 막대기로 가지를 두드려서 떨어뜨린다.(신명기 24 : 20) 예수님 시대에는 점차 가지를 흔드는 방법으로 발전하여 나무나 열매에 손상을 적게 하였다. 가을 2차 우기가 왔을 때까지 떨어지지 않는 것은 가난한 사람들을 위하여 남겨두었다.

수확된 올리브는 샐러드 올리브를 만들기 위해 소금물에 담근다. 소금물에 담근 것은 먹기에 적합하도록 만들어가는 과정으로 올리브의 생명을 오랫동안 연장시켜 준다. 익은 과육에서는 15~30%의 기름이 함유되어 있어 올리브유를 생산할 수 있으며 씨는 올리브핵유를 짤 수 있다.

완전히 자란 올리브나무는 매년 500kg의 기름을 생산할 수 있기 때문에 전 가족을 먹여 살릴 수 있어 결국 번영의 상징이 된 것이다. 올리브나무는 목재의 무늬도 곱고 향기가 있어 솔로몬 성전의 건축 시 지성소 입구의 문짝과 문설주, 그리고 언약궤를 지키는 그룹(하나님의 시종으로 날개 달린 천사를 말한다)을 조각했다고 하는 중요한 나무이다.(열왕기상 6 : 23~33) 장식품이나 가구를 만드는 데 쓰는 올리브나무는 400여 종이 있다. 야생으로도 자라고 있으며 매우 천천히 자라지만 아주 오랫동안 계속 자라며 나무가 속이 비어도 열매는 열린다. 이스라엘에 있는 어떤 올리브나무 숲은 천 년 이상 되었을 것으로 추정한다.

올리브나무는 잎의 뒷면이 부드러운 회녹색이며 위쪽은 짙은 녹색을 띠어 마치 버드나무와 같다. 회색의 줄기와 가지는 부드럽고 매끈하며 성장하면서 마디가 생긴다.

올리브유(olive oil)

올리브유가 중동에서 끼친 영향은 너무나 크다. 올리브유가 지역

경제, 지역 문화의 상징이 되었으며 역사를 함께 하여 왔다고 할 수 있다. 크레타 섬에서는 올리브유를 왕의 보물로 생각하여 크노소스(Knossos)에 있는 왕궁의 저장고에 도자기 항아리를 준비하고 엄청난 양의 올리브유를 저장하였다.

올리브유는 용도가 대단히 많은데 성서 시대의 요리사들은 거의 모든 음식에 올리브유를 넣었다. 고대 히브리인들은 성전 제물로, 성화용 기름으로, 등유, 상처의 드레싱용으로 이용하였다. 또 향신료나 향신료의 용매로 향수와 화장품을 만드는 데 이용하였다.

올리브를 둥근 돌로 눌러 으깨서 향기로운 기름을 추출하였는데 오늘날까지도 그 자취들이 남아 있다. 뜨거운 물을 넣고 부순 올리브는 밑으로 물을 뺄 수 있는 큰 통에 넣으면 기름은 위로 떠오르고 물은 밑으로 분리되기 때문에 물을 버리면 깨끗한 올리브유를 얻을 수 있다. 올리브유는 가능한 한 많이 추출하고자 노력하지만 모든 올리브유를 짤 수는 없다. 찌꺼기는 연료로 사용되기에 적절한 만큼의 기름이 남아 있어 로마 시대부터 오븐의 연료로 사용하기도 하였다.

고대 히브리인들은 성서에 정확히 표현하고 있지 않지만 조잡한 기름을 먹었을 것이다. 기원전 63년 팔레스타인을 침공한 로마 사람들이 조악한 올리브 기름에서 쓴맛을 제거하기 위해 잿물(목재를 태운 재에서 추출해낸 알칼리 용액)을 사용하였던 것을 보면 팔레스타인 지역에서 조악한 기름이 유통되었을 것으로 짐작할 수 있다.

처음 짠 기름을 'virgin oil'이라고 부르며 조리용 기름으로 최상품이며 깨끗하고 달콤한 맛을 갖는다. 두 번째, 세 번째 짠 것은 상업적 목적이나 생선을 처리하는데 사용된다. 세 번째 이후에 짠 기름은 품질이 많이 떨어져 등유나 연료로 사용한다. 올리브유는 올레산(oleic acid) 함량이 높기 때문에 흡수력이 높고 비타민 A와 같은 지용성 비타민의 흡수를 돕는다. 어떤 사람들은 올리브유와 같은 지방을 포함하여 모든 지방을 피해야 한다고 심장질환 환자들에게 권고하기도 한다. 그러나 또 다른 사람들은 포화지방 대신 올리브유와 같은 불포화지방을 섭취하는 것은 관상동맥질환의 위험을 감소시키는데 도움을 준다고 주장하는데, 이는 콜레스테롤이 동맥의 벽에 침착하는 것을 막아주는 리포프로테인(lipoprotein)의 혈중 함량을 높여주는데 올리브유가 기여하기 때문이라고 하였다. 많은 논란이 있으나 올리브유를 섭취하기로 결정하였다면 몇 가지 품질상 유의 사항이 있다. 올리브유는 산도가 1%를 넘지 않고 냉압착하고 향과 풍미가 완전한 최고 순도(extra virgin)의 기름이어야 한다. 올리브유의 산도가 1~3% 사이에 들면 virgin으로 분류는 되나 그 맛이 자극적이다. 정확하게 기준에 미치지 못하면 정제유는 5~10% virgin oil과 섞어서 냄새와 풍미를 개선하고 순수한 것으로 판매한다.

샐러드나 다른 가열 처리하지 않은 요리에는 extra virgin oil을 사용한다. 식단에서 기름의 품질이 떨어지면 그 냄새가 다른 식품에 영향을 주게 된다. 수압으로 냉압착한 기름은 항상 최고의 품질을 보장한다. 올리브유를 공기 중에 열어 놓을 때는 산패를 막기 위하여 냉장시켜야 한다. 저온에서 기름이 고형화하면 사용 30분 전쯤 냉장고에서 기름 중의 고형분을 제거하고 뜨거운 물에 병을 넣어두고 마개를 한다.

지방이 많은 양의 꼬리로부터 얻어지는 기름은 아주 고급이었지만 공급량이 한정되어 비교적 큰 행사에 주로 사용하였다. 그러나 올리브유는 다용도 조리 기름이었다. 기름을 넣으면 습기를 유지하고 응집력을 갖게 하여 풍미를 높여주기 때문에 거의 모든 식품에 상당량 이용하였다.

익어서 까맣게 된 올리브는 미숙 올리브보다 많은 기름을 생산할 수 있으며 바구니에 담아 큰 돌로 부수었으나 성전 등유로 쓰기 위하여 기름을 짤 때는 절구에 넣고 찧었다.(출애굽기 27 : 20)

옛날에도 지금처럼 빵을 올리브유에 찍어 먹고 일상의 조리에 이용하였다. 올리브유의 용도를 보면 다음과 같다.

- 하나님께 제사 드릴 때(민수기 28 : 5, 12, 20, 레위기 6 : 15)
- 제사장직, 왕위 등 성직 수임 시(사무엘상 10 : 1, 16 : 13, 출애굽기 29 : 7, 레위기 8 : 12)
- 등유(출애굽기 27 : 20)
- 머리에 바름(시편 23 : 5, 누가복음 4 : 18)
- 목욕 후 몸이나 상처에 바름(누가복음 10 : 34)
- 매일의 식생활에 이용(출애굽기 29 : 2, 23, 레위기 2 : 1, 2, 4~7, 열왕기상 17 : 12, 14)
- 햇빛 차단 로션의 일부로 바르는 약과 함께 사용(신명기 28 : 40)
- 성소의 성기를 성별하기 위함(레위기 8 : 10, 11)
- 의약용(이사야 1 : 6, 마가복음 6 : 13, 야고보서 5 : 14)
- 십일조용(느헤미야 10 : 37)

구약에서 'oil'에 대한 가장 일반적인 말은 히브리어 'shemen'으로 190회 이상 나타나는데, 이들의 대부분은 올리브유이며 기름나무(tree of oil)로 표시한 것도 올리브나무로 보는 것이 당연하다. 신약에서 감람산(The mountains of olives)은 수많은 올리브 숲 때문에 명명된 것이며 올리브유 착유 시설도 그곳에 설치되어 있었다. 예수님이 그의 최후의 만찬을 겟세마네에서 보냈는데 'Gethesemane'는 히브리어로 'get sheman'의 의미이며 그 뜻은 'press of oil'이다. 겟세마네 동

산에 올리브나무가 많아 착유 시설이 있었음을 그 지명으로도 알 수 있다.(마태복음 26 : 36)

성서의 기록 중 '새 포도주와 기름'(the new wine and the oil)도 신선한 기름을 뜻하는데 갓 생산된 신선한 기름을 저장하는 것은 번영에 대한 주님의 축복의 징표이며(역대하 32 : 28, 예레미야 31 : 12) 이들의 생산이 되지 않거나 부족한 것은 심판의 징표이었다.(신명기 28 : 51)

첫 과실이나 새 기름의 십일조는 제사장과 레위인에게 돌아갔다. 스가랴(4 : 14)는 고위 제사장 여호수아와 통치자 스룹바벨을 **'기름 부음 받은 자들이니 온 세상의 주 앞에 서 있는 자'**라고 하였다.

올리브나무는 자라는데 오랜 시간이 걸리며 수백 년간 계속된다. 그래서 좋은 기름이 나오는 것은 안녕과 번영의 징표였다.(신명기 8 : 8) 한편 심판의 징표로 미가는 이스라엘은 올리브유를 짤 것이나 사용할 기회가 없을 것이라고 하였다.(미가서 6 : 15)

올리브유가 많은 이점이 있는 것을 생각하면 사사기에서 요담의 우화 중 제일 먼저 왕으로 추대된 것이 올리브나무다.(사사기 9 : 8) 호세아는 올리브나무를 "좋은 행실을 맺는 아름다운 푸른 올리브나무(A thriving olive tree with fruit beatiful in form)"라고 하였다.(예레미야 11 : 16)

올리브유는 기쁨의 상징이다. 기름을 바르는 행위의 기원은 잘 알 수 없으나 한 가지 추측할 수 있는 것은 올리브유를 피부에 바르면 피부가 좋아진다는 성서의 기록을 볼 수 있다.(이사야 1 : 6, 누가복음 10 : 34) 올리브유가 피부에 흡수되어 긍정적인 효과를 나타내는 것을 볼 때 왕으로 제사장으로 기능이 몸에 흡수되기를 희망한다는 뜻으로 이해할 수 있다. 실제로 메시아란 말은 히브리어에서 기름 부음을 받았다는 뜻이다.

올리브유는 개인의 수입원일 뿐 아니라 교역의 상품으로 이용되었다. 올리브유는 교역 상품으로 이스라엘 땅에서 최고 중요한 상품이었다. 가나안에서 만든 초기 청동기 시대의 항아리가 이집트에서 발견되었고 후기 청동기 시대의 항아리는 그리스에서 발견되었다. 이 용기들은 모두 올리브유를 담았던 그릇들이었다. 솔로몬 왕은 두로의 히람 왕에게 올리브유를 주고 백향목을 수입하였다.(열왕기상 5 : 11) 히스기야 왕이 바벨론 왕의 사자에게 보여준 보물 중에 향기로운 올리브유도 있었다.(열왕기하 20 : 13, 이사야 39 : 2) 또한, 일상의 용도가 다양하여 고대 히브리인들에게서 올리브유를 떼어 놓는다는 것은 상상할 수도 없는 일이었다.

야곱은 베델에 있는 그의 기념 건물 기둥에 기름을 바르고 하나님의 집으로 신성화하였다.(창세기 28 : 18) 왕에게 기름을 붓는 것은 이스라엘에서 잘 알려진 행위로 기름 부음은 그들의 집무실에서 그들을 신성화하는 효과를 갖는 것으로 나타났다. 위와 같은 생각이 신전의 신성화, 특히 성직을 신성화하는 데 이용되었다. 출애굽기(30 : 23~33)에 따르면 모세는 특별히 '거룩한 관유'를 만들었다. 이와 같은 제유법은 다른 사람들에 의하여 사용되어서는 아니 되며, 이 관유는 일반인에게 부을 수 없었으며 단지 성전에서만 사용할 수 있도록 제한되었다.

처음에 모세는 모든 성전, 모든 가구(언약궤까지), 거기에서 사용되는 모든 기물에까지 기름을 발랐다. 이렇게 함으로써 "그것들을 지성물로 구별하라. 무릇 이것이 접촉하는 것이 거룩하리라."라고 하였다. 여기에서 '하리라(will be)'는 제단이나 다른 성전의 기름 바른 부분에 접촉한 사람이나 물건도 신성하게 될 것이며 마치 전염되는 것처럼 된다는 뜻이다.

또 다른 측면에서 그러한 성물을 만진 사람은 죽음을 면치 못할 것이라고 하였다. 여기에서 "……하지 말지니(must not)"는 제단 등에 직접 접촉하는 것이 모든 사람에게 성스러운 것만은 아니라고 하여 어떤 사람에게는 금지하고 있다는 것을 나타낸다. 모세는 또 이 기름을 제사장에 붓는 데 사용하였고 그렇게 함으로써 신성한 성전에서 집무하도록 그들을 거룩하게 하였다.(출애굽기 29 : 7) 이처럼 그들은 거룩하게 되었고, 거룩한 신전, 기구, 기물을 직접 접촉할 수 있게 되었다. 제사장은 일반인과 하나님과의 중재자 역할을 하고 있었던 것이다.

들감람나무(wild oil tree)

들감람나무의 고향은 레반트(동부 지중해 연안) 지역이지만 페르시아와 시베리아에서도 자란다. 코카서스에서 가장 흔한 식물이며 테렉 강둑이 있는 체르케스(코카서스 산맥 북쪽의 흑해 연안) 지역에서도 쉽게 볼 수 있다. 이 나무는 5~7m가량 자라며 창 모양의 잎은 짙은 녹색을 띠지만 아랫부분은 밝은 녹색을 띠며 솜털이 나있다. 잎은 5~7cm 크기로 잎꼭지가 짧아 가지에 직접 붙어 있다.

적갈색 열매는 올리브를 닮았다. 히브리어 'shemen'은 기름을 뜻하기 때문에 들감람나무는 기름을 생산하는 데 이용하였을 것으로 짐작할 수 있다. 어릴 때 잘 다듬으면 울타리 나무로 낮게 만들어 이용할 수도 있다. 다른 지역에서는 'Jerusalem willow(예루살렘 버드나무)'라고 부르기도 하는데, 그 잎 모양과 성장 습관 때문인 것으로 보이며 잎에서 나오는 노란색 수지는 눈병 치료에 쓰인다.

이스라엘이 하나님의 도움으로 광야와 사막을 울창한 삼림으로 변하게 하는 복된 상태를 은유적으로 묘사하는데 들감람나무가 기록되어 있다.(이사야 41 : 19)

포도(grape)

곡류와는 달리 포도는 인간의 생존을 위하여 꼭 필요한 것은 아니다. 포도는 단지 **"생명을 기쁘게 하는 것"**(전도서 10 : 19), **"사람의 마음을 기쁘게 하는 것"**(시편 104 : 15)으로 성서적 상징성의 큰 역할을 하고 있다. 그래서 영양적 가치보다 사회적, 문화적인 의미가 더 크다 하겠다.

식물학자들은 카스피 해와 흑해 사이의 아르메니아 언덕이 성지에서 자라는 포도의 원산지라고 말한다. 고대 근동 지역 여러 곳에서 포도를 재배하였다는 증거는 매우 다양하게 발견되며, 적어도 기원전 3000년경에도 재배했음이 밝혀졌다.

인류의 가장 오래된 과실 중의 하나인 포도는 1,500종 이상의 변종이 발견되는데 선사 시대부터 경작되어 왔으며 기원이 깊은 것을 말해주고 있다. 올리브보다도 더 많이 재배하여 식품과 음료를 꾸준히 공급해 주는 풍요의 상징이 되었다.

히타이트인은 광범위하게 포도를 경작하였는데 이집트의 초기 무덤 벽화(기원전 2375년)에 포도를 그려 놓은 것으로 알 수 있다. 포도에 관한 유적에서 포도를 장례식 제물로 쓰고 있는 것도 발견되었다. 성자에서 고고학적인 조사 결과 건포도의 이용 증거도 청동기 시대(기원전 5000년)로 올라간다고 밝히고 있다.

성서에서 기록한 것을 보아도 포도나무는 노아의 홍수 시대 전부터 경작된 것으로 볼 수 있다. 노아가 방주에서 나와 마른 땅을 밟고 포도나무를 심었던 것은 노아가 전부터 포도 농사를 지어 왔던 것으로 생각할 수 있다.

이와 같은 농업의 형태는 지중해 연안에서 가장 활성화된 직업이 되었다. 포도는 땅 위에서 자유롭게 뻗어 나갈 수 있으나 농사법이 발전되면서 나무나 격자 시렁을 만들어 올려 재배하게 되었다. 언덕 위에 계단식 재배는 가장 좋은 경작법으로 감시자가 상막에 머물면서 포도밭을 지키기도 하였다.

포도는 그 색깔이 매우 다양하여 크림상 흰색, 밝은 녹색, 붉은색, 자색 등의 열매를 맺어 그 가공품 역시 다양한 종류로 발전하게 되었다. 고대에 포도의 수확은 7월에 시작하여 10월까지 계속되었는데 포도송이를 낫으로 잘라 모았다. 포도 수확철은 환희와 축제의 계절로 포도로 만든 술을 물로 희석하여 즐겁게 마시는 것도 축제의 한 과정이다. 수확된 포도송이는 포도즙 틀에 넣는데 포도즙 틀은 때때로 큰 방으로 이루어져 지하에 건설되기도 하였다. 포도는 노동자들이 발로 밟고 그 즙은 포도주나 식초를 만들었다. 이 식초는 품질이 떨어지는 시큼한 포도주로서 주로 로마 병사들이 마셨다.

좋은 것은 건포도를 만들기 위하여 햇볕에 말렸으나 늦여름에 수확한 것은 대부분 즙을 짜기 위하여 포도알을 부수었으며 부수어진 포도는 발효시키거나 발효시키지 않은 상태로 즙을 마시기도 하였다. 나머지는 그릇에 옮겨 끓여서 달고 끈적끈적한 시럽 즉 포도꿀을 만들었으며, 이 포도꿀은 조미제로서 이용되거나 각종 버터와 섞어서 빵에 발라 먹었다.

포도와 포도주는 내수용은 물론 수출을 위하여도 생산하였다. 이들 생산품은 가계 수입의 상당한 자원이었으며 특히 로마 통치하에서는 더욱 그러하였다. 베들레헴에서 생산된 포도주는 품질이 우수하여 왕궁에 바칠 만큼 좋은 것이었다. 포도주는 차게 또는 덥게 하여 마셨으나 반드시 물로 희석하였다.

포도는 무화과 말린 것과 같이 케이크에 넣어 노동자나 여행자들을 위하여 간단하고 실용적이며 영양을 강화시킨 스낵을 만들어 먹기도 했다. 포도 덩굴은 아직도 번영과 하나님의 축복의 강력한 상징으로 남아 있다. 포도는 신속한 에너지 공급원이 될 수 있으며, 알칼리성 과실로서 요산(尿酸)으로 인한 산성을 감소시켜 주어 생체 조직의 체액을 균형 있게 만들어 준다.

포도는 약속의 땅의 상징이기도 하다. 신명기 8장 7~8절에 하나님이 이스라엘 백성에게 주시기로 약속한 젖과 꿀이 흐르는 축복의 땅에 7가지 식물을 주셨는데 그중에 포도도 들어 있다.

민수기 13장 23절에 기록된 것과 같이 모세가 가나안 땅에 정탐꾼을 보냈을 때, 그들이 에스겔 골짜기에서 포도 한 송이 달린 가지를 베어 두 사람이 막대 사이에 꿰어 메고 돌아왔다고 한 큰 포도가 자라는 기름진 땅이었다. 그 당시의 포도나무는 지름이 때로는 40cm나 되는 수목성을 나타내어 큰 가지에 무게 5~6kg이나 되는 포도송이가 드리워졌다고 하며 포도 한 알의 크기가 양자두만 했다고도 한다. 어떤 것은 한송이가 12kg이나 나가는 것도 있었다 하니 민수기의 기록이 과장된 것으로만 볼 수는 없다. 지금도 팔레스타인의 포도는 다른 지역보다 큰 송이로 열린다고 한다.

포도는 하나님의 자비의 상징이기도 하다. 레위기 19장 10절에는 포도를 딸 때 모조리 따서는 안 되며 포도밭에 떨어진 포도는 주워서는 안 된다고 하였다. 그것은 가난한 사람들과 나그네인 이방인이 줍게 남겨두라고 명하신 때문이다.

포도는 이스라엘에서 올리브와 함께 중요한 과수로서 경제적으로는 곡물 다음 가는 중요성을 지녔다. 재배에 손길이 많이 감으로 포도원의 중요성은 대단했으며 소유권의 집착도 강해 유업으로 물려주는 경우가 많았다. 열왕기상 21장에서 나봇의 포도원을 아합과 이세벨이 뺏는 야비한 이야기를 한 예로 보게 되는데, 결국 이세벨도

나봇을 죽인 것처럼 비참한 최후를 맞는 것을 알 수 있다.

성서 시대 이스라엘에서 포도 재배의 중요성은 포도 수확기에 행해지는 즐거움과 기쁨의 축제에서도 알 수 있다. 젊은이들이 포도밭에 있으면 처녀들이 전통 의식에 따라 신랑을 고르고 노래와 춤으로 축하하였다. 창세기 49장 11~12절에 유다를 축복하여 그 나귀를 포도나무에 매고 그 암나귀 새끼를 아름다운 포도나무에 맬 것이며 그 옷을 포도주에 빨고 그 복장을 포도즙에 빨라고 했다.

이 구절에서 우리는 야곱이 가리키는 유다 족속의 영토가 포도나무가 크게 자라 나귀를 매어도 나무에 아무런 피해가 없을 만큼 튼튼하고 또 포도가 많이 열려 세탁하는 데 물이 필요 없을 것임을 표현한 것으로 본다. 그래서 포도주는 매일 제단에 드리는 제물이 되었으며(출애굽기 29 : 40) 절기별 규례(레위기 23 : 13)에도 서원의 제물(민수기 15 : 10)로도 사용되었다.

그런데 하나님을 거역하자 이사야의 예언대로(이사야 16 : 10) 그 축복이 황폐와 국가적 처벌의 길로 역행하였다. 즐거움과 기쁨이 기름진 밭에서 떠났고 포도원에는 노래와 즐거운 소리가 없어지겠고 들에는 포도를 밟는 사람이 없으리니 이는 내가 포도 수확의 소리를 그치게 하였음이라고 축복과 아울러 분노의 도구로도 쓰였음을 알 수 있다.

예수님은 최후의 만찬 자리에서 **"나는 참포도나무요 내 아버지는 농부라"**고 표현할 정도로 포도나무를 귀하게 여겼으며, 성도들을 그 가지에 비유하여 생명의 연관성을 알려주고 계신다. 또 예루살렘의 회복과 승리를 기록한 미가서의 예언에서도 **"각 사람이 자기 포도나무 아래와 자기 무화과나무 아래 앉을 것이다. 그들을 두렵게 할 자가 없으리니……"**(미가서 4 : 4)라고 기록하여 포도나무 밑은 평화와 안정을 약속받는 자리로 묘사하고 있다.

7. 기타 식품 관련 식물들

캐롭나무 열매(locusts from the carob tree)

캐롭은 구약성서에는 나오지 않지만 창세기(43 : 11)에 야곱이 이집트에 보내는 선물 중 '조금의 꿀'이 있는데 이것이 아마 캐롭꿀이 아닐까 하고 주장하는 사람들도 있다. 벌꿀이라면 이집트에 흔한 것이기 때문에 선물로서는 적절치 못하기 때문이다. 실제로 캐롭나무는 성지에서 경작되어 아나톨리아 또는 그리스, 이탈리아, 이집트, 북아프리카로 점차 전파되었다고 이야기하는 전문가들이 많다.

캐롭나무의 열매는 성 요한의 빵이라고 알려져 있다. 세례 요한이 광야에서 메뚜기와 석청을 먹었다고 하였다.(마태복음 3 : 4, 마가복음 1 : 6) 학자들은 '메뚜기(locust)'란 단어 때문에 논쟁이 많다. 레위기에 먹을 수 있는 곤충으로 메뚜기가 들어가 있기 때문에 그대로 해석하는 학자도 있으나 많은 학자들은 실제로는 캐롭나무(locust tree)의 열매를 먹었을 것이라고 주장한다.

현대의 과학자들은 고대인들이 본능적으로 캐롭이 영양이 많다는 것을 알고 있었을 것이라고 한다. 여러 가지 비타민을 함유하고 있을 뿐 아니라 캐롭씨를 분쇄하여 껌(gum)을 만든다. 그 속에 아라비노스, 식이성 섬유소 등을 함유하고 있어 통변에 좋다고 알려져 있다. 그래서 나이 많은 사람들을 위한 죽을 만들 때 캐롭을 넣으면 건강식이 된다.

캐롭은 한여름에 익는다. 이 나무는 뿌리가 다른 나무 혹은 같은 나무들과 엉키기 때문에 거리를 두고 심는다. 그래서 예수 시대의 전형적인 산악 농장에서는 올리브, 포도가 있고 들에는 밀과 보리가 심어져 있으며 띄엄띄엄 캐롭나무가 심어져 있었을 것이라고 생각한다.

열매를 따서 저장하면 1년 내내 먹을 수 있고 가난한 사람들의 식사로 중요한 역할을 하였다. 아람 사람들이 사마리아를 포위했을 때 성 중에 크게 굶주려 합분태(seed pod) 4분의 1 값에 은 다섯 세겔이라고 하였는데 여기서 'seed pods'는 캐롭이 아니었나 생각하는 사람들도 있다. 가장 형편없는 먹을거리를 비싼 값으로 부풀려서 상징적으로 말하기에는 캐롭이 제격이었기 때문이다. 캐롭이 형편없는 음식이라는 것은 탕자의 예에서도 볼 수 있다.(누가복음 15 : 16) **"저가 돼지가 먹는 쥐엄 열매(캐롭)로 배를 채우고자……"**라는 표현은 일반적인 식생활에서는 거의 이용되지 않고 가축의 사료로 이용되는 경우가 대부분이었기 때문이다.

캐롭은 식용이나 사료용 외에도 다른 목적으로도 쓰였다. 캐롭나무잎은 탄닌이 많아서 고대에 가죽 가공에 쓰였으며 푸른 캐롭 꼬투리에서는 금색 색소를 추출하기도 하였다. 캐롭 꼬투리에 들어 있는 씨는 서로 아주 닮아서 히브리에서 표준 무게 단위 게라(gerah)로 이용될 정도였다. 출애굽기에서 성소에 드리는 봉헌물을 표현할 때 한 세겔은 20게라라는 기록이 처음으로 등장한다. 캐롭씨는 그리스어로 'keration'인데 여기에서 유래된 것으로 보이는 'carat'란 무게 단위를 영어에서 쓰는데 오늘날에도 약 200mg으로 동일하다.

쥐엄나무는 지중해 연안에 자생하는 흔한 나무이다. 옛날부터 있었음에도 구약성서에는 기록이 없으며, 신약성서 누가복음 15장 16절에 **"저가 돼지 먹는 쥐엄열매로 배를 채우고자 하되 주는 자가 없**

는지라"라고 탕자의 비유에 단 한 번 나오는 돼지 먹이로 지칭되는 식물이다. 우리나라에서 자생하는 주엽나무와는 콩 꼬투리의 생김새가 비슷하여서 흔히 쥐엄나무와 주엽나무를 동일하게 생각하기 쉬우나 사실은 전혀 다른 식물이다. 그러나 주엽나무로 통용되는 사례가 흔히 있다.

동지중해가 원산지인 이 나무는 그리스 사람들에 의하여 이탈리아와 인근 국가에 소개되었다. 스페인 사람들은 이 나무를 멕시코나 남아메리카에 옮겨 심어 오늘날 그 지역에 전파시켰다. 캐롭은 코코아와 비슷한 모양을 한 유일한 것이다. 야생나무는 15m가량의 크기로 자라며 6년에서 8년 정도되면 다른 해보다 많은 열매를 맺게 된다. 한 나무에서 한 해의 수확량은 열매 100kg 이상 수확이 가능하다.

상록의 이 나무는 초봄에 완두꽃 모양의 꽃 덩이를 피운다. 두툼한 갈색 열매가 맺어지며 꼬투리는 약 20cm가량의 크기로 자란다. 이 꼬투리는 달콤한 점액으로 가득 차 있어 납작하고 단단한 씨앗을 보호하고 있으며 영양 가치가 높다. 중동에서 이 열매는 말려 두었다가 소나 사람들의 식용으로 쓰며 식량 사정이 어려울 때 삶을 지탱해 준다.

꼬투리 안에는 5~15개의 흑갈색 작은 콩이 들어 있고 이것으로 캐롭콩 수지(locust bean gum)를 만드는데 식품 제조에서 점증제나 안정제로 쓰인다. 캐롭 꼬투리는 그 자체를 볶아서 가루로 만든다. 이 캐롭 가루를 25~50% 정도 혼합하여 코코아 대용으로 쓸 수 있다. 캐롭이 코코아와 비슷한 용도로 쓸 수 있지만 당분과 지방 함량은 매우 다르다. 코코아는 23% 이상의 지방, 5% 정도의 당분을 가지고 있으나 캐롭은 7%의 지방과 42~48% 정도의 천연당을 갖는다.

영양학적으로 캐롭은 알레르기를 일으키는 항원이 없으며 코코아 콩에서 발견되는 데오브로마인(theobromine)을 가지고 있지 않아 이 성분이 주는 약리적 효과는 없다. 캐롭은 아스파라거스나 딸기와 같은 정도의 비타민 B_1, 리마콩 · 팥 · 완두와 같은 정도의 나이아신, 가지 · 아스파라거스 · 사탕무보다 많은 비타민 A를 가지고 있다. 또한, 비타민 B_2, 칼슘, 마그네슘, 철분의 함량도 높다. 그러나 수산이 있어 칼슘의 이용을 방해하며 쓴맛이 있어 감미료를 필요로 하며 천연당과 펙틴이 많아 설사나 위장염에 좋다. 캐롭가루는 맛있고 건강에 좋은 식재료라는 것 외에도 담배 제조에 향료로 쓰기도 한다.

쥐엄나무를 히브리어로 haruvim(carob)이라고 하고 메뚜기를 hagavim(locust)이라 한다.

신약성서 마태복음 3장 4절에 **"세례 요한이 약대 털옷을 입고 허리에 가죽띠를 띠고 음식은 메뚜기와 석청이였더라"**라는 대목의 메뚜기는 성경을 옮겨 쓸 때 'r'자를 'g'자로 잘못 기록하여 성지의 광야에 흔한 쥐엄나무 열매가 메뚜기로 잘못 기록되지 않았을까 하는 논란이 있다.

곱향나무(juniper)

사해 주변에서 쉽게 볼 수 있는 기생생물이며 기근이 심할 때만 먹었으며 장 질환 치료에 썼다.

합분태(dove's dung, seed pod)

열왕기하 6장에서 사마리아가 아람 왕 벤하닷에게 포위된 이야기가 나온다. 극도의 기근 속에 기록된 합분태(鴿糞太)는 귀여운 작은 하얀 꽃 덩이를 말하며 성지 전체에 널리 자라고 있다. 이 식물의 줄기는 약 15cm가량 자라고 길고 리본 같은 잎은 밝은 녹색이다. 구근은 기근 시에 가치 있게 이용되었으며 캐내서 말린 후 볶아서 먹거나 가루로 만들어 썼다. 오늘날에도 이탈리아에서는 이 구근을 굽거나 조리하여 밤처럼 먹기도 한다. 수 세기 동안 시리아 사람들은 식품으로 이것을 이용하였다. 역사학자인 디오스코리데스는 그의 시대에 이 구근을 밀가루에 넣어 얇은 케이크를 만들었는데, 이 식물의 구근이 비둘기 똥 모양과 닮았다고 생각하였다.

효모(leaven)

전날 효모를 넣어 발효시킨 반죽의 작은 덩이를 말하며 빵을 만들 때 물과 함께 넣는 것이 첫 번째 과정이다. 고대 히브리인들은 효모가 자연적인 반죽을 파괴시킨다고 생각하였기 때문에 신성한 행사의 경우에는 사용을 금지하였다.

효모 자체를 분리하여 필요한 경우에 쓰도록 준비할 수 없었기 때문에 발효된 반죽을 일부 남겨 놓아 발효 과정을 이어 나갔다. 흡사 성냥이 개발되기 전 불씨를 계속 남겨 놓아 그 불을 생활에 사용한 것과 비슷하다고 하겠다.

여기서의 효모는 순수한 효모나 분리된 야생 효모가 아니며 효모가 살아 있는 반죽을 말한다. 이 반죽에 새로운 유교병(발효빵)을 만들 때 발효제로 쓰였기 때문에 효모라고 부른 것이다. 효모 반죽이 들어간 새로운 반죽은 다음 발효빵을 만들 때를 위하여 일부 보관하며 이것을 sourdough라고 한다.

향목(thyine wood, citron wood)

요한계시록에서 바빌론이 멸망하고 사치스런 생활을 하는 데 필요했던 상품들이 모두 쓸데없는 것이 될 것이라는 예언이 있다. 이 상품 중에 향목(香木)이 들어 있는데 성서에서는 요한계시록에 단 한 번 볼 수 있다.(요한계시록 18 : 12) 향목은 작고 아주 천천히 자라며 리비아의 아트라스 산이 원산지이다. 싸이프러스과의 한 종류이며 정원에서 볼 수 있는 측백나무와 친척 간이다. 목재로서는 가치는 거의 값을 정할 수 없을 만큼 귀한 것이다. 향으로 태우기 위하여 사용되기도 했고 로마 전성기에 향목은 목재 작업에서 최고의 선호도를 보였다. 목재는 붉은 갈색으로 매우 단단하고 무겁다. 거의 부서지지 않으며 무늬와 점이 있을 때는 더욱 값진 것이었다. 9세기에는 향목이 코르도바(Cordova)의 모스크를 짓는데 쓰였고 그 후에는 성당을 짓는데 이용되었다. 하얀 빛이 나는 황색의 수지는 불순물이 거의 없어 포도주에 녹이면 오묘한 빛이 만들어졌다.

백합화(lily)

두로의 히람은 솔로몬 성전에서 쓸 기물의 제조나 내부 장식의 재료를 공급할 책임을 지고 있었다. 열왕기에서 기술한 백합은 그 모양을 볼 때 성지의 연못 수면에 떠 있는 수련(water lily)을 말하는 것이라고 이해한다.(열왕기상 7 : 19, 22)

아름다운 담청색의 꽃은 노란색 꽃밥을 가지고 있다. 살이 많은 줄기는 뿌리에서 자라 올라와 있는데 연못 바닥에서 멀리 떨어져 있지는 않는다. 수면에 평평히 있는 잎은 꽃을 지탱해 주고 있다. 그 향은 약간 야릇하고 무겁다. 이 꽃의 아름다움 때문에 이 식물은 부자들의 정원에서 매우 사랑을 받는다. 뿌리는 영양분이 많은 전분성 점질물과 감미를 주는 물질이 풍부히 들어 있다. 씨앗은 분말성 알부민이 가득 차 있고 식용이 가능하다.

누비아의 원주민들은 빵을 만들 때 재료로 씨앗을 썼고 이집트 사람들은 수련의 씨와 뿌리를 먹었다.

팔레스타인 지역에서는 많은 꽃들을 'lily'로 불렀다. 구약과 달리 신약에서 백합으로 기록한 것(마태복음 6 : 28, 누가복음 12 : 27)은 아네모네, 아이리스, 튤립, 글라디올러스 등이 아닌가 다양하게 해석하고 있다.

8. 성서 시대의 식용 동물과 그 가공품

역사적으로 볼 때 소는 가장 중요한 교역품이며 훌륭한 희생 제물이었다. 소의 수가 많아지면 고기를 일상생활에서 먹기도 했지만 주로 연회에 쓰였다. 부자들은 매일 쇠고기를 먹을 수 있었지만 가난한 사람들은 단지 안식일에만 먹을 수 있었다.

아브라함의 아버지 테라는 우상 제조를 위한 진흙 공장을 가지고 있었으며 유프라테스 강둑 근처 우르에서 가축을 기르고 있었다. 아브라함은 그 후 자신이 동물을 사육했다.(창세기 12 : 16)

우르의 주교역 대상은 아르메니아, 페르시아만 인근 지역, 앗시리아 등이었다. 우르를 떠난 뒤 헤브론 근처에 정착하고 주요 식품으로 엉긴 젖과 우유를 먹었다. 소, 양, 염소(창세기 27 : 9)와 사냥한 짐승의 고기를 먹었다. 고기는 굽거나 삶거나 국으로 만들었으며 아브라함은 또 꿀, 무화과, 대추야자 열매를 먹었고 밀과 보리로는 빵을 만들었다.

야곱이 하란을 떠날 때 가축(소, 나귀, 낙타)을 이끌고 떠났는데 이러한 가축들은 교역 상품이며 그들의 식량이었다. 가장 많이 먹었던 고기는 양과 염소고기이며 쇠고기는 특별한 날에만 먹었다. 옛날에는 고기라면 양고기를 뜻하며 큰 양은 고기, 젖, 털을 공급해 주었고 희생 제물로서의 가치가 있었다. 소, 염소, 양은 기원전 약 7000년에 가축화된 것으로 추정한다. 염소는 원칙적으로 젖을 얻기 위한 것이 목적이었으며 젖이 많을 때는 치즈를 만들었다. 말은 티그리스와 유프라테스 강 계곡에 기원전 2000년경에 들어왔으며 식용으로는 물론 승마용, 전차용으로 이용하였다.(열왕기상 20 : 25)

또 식용을 위하여 야생동물을 사냥하기도 하였는데 야생의 작은 동물과 함께 새를 잡기도 하였다.(욥기 18 : 8~10) 옛 사람들이 메추라기와 같은 야생 조류를 잡아 식용한 것이 틀림없지만, 어떻게 해서 가금류로 정착시키고 알을 낳게 하였는지 또 이런 생각을 하는데 얼마나 많은 시간이 필요했는지 궁금하다. 오리가 닭보다 먼저 가금이 되었다고 생각하지만, 거위는 식용으로 더 먼저 키웠을 것으로 보인다.

고고학자들은 역사 이전 사람들이 거주했던 동굴에서 생선의 뼈가 쌓여 있는 것을 발견했다. 석기 시대 사람들은 낚시 도구를 사용하였다. 4000~6000년 전 수메르인들은 그들의 신이 하사품으로 그들에게 생선을 주었다고 믿었다. 구약성서 시대 사람들은 비늘과 지느러미가 없는 어류나 패류를 의식적으로 순결하지 않다고 여겨 취급하지 않도록 규례를 만들고 철저히 지켰다. 그들은 물고기를 기르기 위하여 연못을 만들고 실제로 양어장을 운영하였다.

고대 히브리인들은 주로 채식주의자이었으며 이는 선택에 의한 것이 아니라 필요에 따라 이루어진 것이다. 소 한 마리에서는 엄청난 양의 고기가 나오지만, 그것을 신선하게 보존할 현실적인 방법이 없었다. 쇠고기는 통상 휴일의 잔치를 위하여 쓰이기 때문에 부유한 사람들처럼 전체 소 한 마리를 해치울 수 있는 사람이나 소비할 수 있었다.

동물의 크기에 대한 히브리인들의 편집성(유달리 좋아함)을 보면 무엇인가 일상 삶의 욕구를 보는 듯하다. 살진 송아지가 자주 성서에 기록된 것을 보면 동물의 실용적 측면을 고려할 수 있을 것이다.(창세기 18 : 7, 사무엘상 28 : 24, 아모스 6 : 4, 누가복음 15 : 27, 30)

송아지는 비교적 작아서 버리는 것 없이 모든 고기를 처분할 수 있다. 염소 역시 때때로 잡아 먹었으며(야곱과 에서의 이야기) 어린 양은 희생 제물로 선호하였기 때문에 일상 식생활에서 자주 나타난다. 제사장들은 각 희생물로부터 상등육인 오른쪽 넓적다리를 받았다. 이 부위는 제사장들이 가족과 함께 나누어 먹으면 2일 내에 소비할 수 있었다.(레위기 7 : 32, 33) 그러나 불행하게도 너무 많은 적색 육류를 먹어 건강상의 문제로 고통을 받았다. 현재와 같이 육류 소비 문화가 일반적인 환경에서는 흔한 일이지만 그 당시에는 아주 귀한 일이었다. 성전의사가 특별히 그들의 식이성 질병을 치료하기 위해 종사하였다.

양과 송아지는 집의 손님을 대접하기 위해 도살하였다. 성서 시대 팔레스타인에서는 넓은 꼬리 양이 더 인기 있는 품종으로 큰 꼬리 양보다 지방 함량이 많았다. 히브리인은 양에 그들의 딸 이름을 붙일 만큼 좋게 생각하였다. 어린 양은 유월절 식사를 위해 제공되었고 최후의 만찬에도 포함되었을 것이다. 육류는 먹기 어려웠기 때문에 유제품이 널리 이용되었다. 낙타(창세기 32 : 15), 양(신명기 32 : 14, 고린도전서 9 : 7), 염소(잠언 27 : 27)는 모두 젖이 나왔다. 소는 제한된 범위에서 젖을 이용할 수 있으나 염소와 양이 가장 중요한 젖이 나는 가축이었다.

양과 염소(sheep and goats)

정착 농경문화가 생기기 전인 고대로부터 유목민은 양과 염소로부터 젖과 치즈, 고기 및 의복을 얻었다. 염소 가죽은 물을 담는데 가장 보편적으로 쓰였다. 흑 염소 털은 장막용 튼튼한 천을 짜는데 쓰였으며 양털은 실로 짜서 따듯한 망토나 겉옷을 짜는 데 쓰였다.

양과 염소는 모두 성막과 성전의 제사에 희생 제물이 되었다. 양과 염소는 거친 언덕의 목초지에서 자랐다. 목자들은 종종 양 떼와 염소 떼가 섞이는 것을 주의하며 사나운 동물로부터 보호하고 좋은 목초지와 물가로 인도했다.(창세기 29 : 7)

양과 염소는 팔레스타인의 거칠고 황량항 땅에서 풀과 그루터기에 돋아나는 새싹을 뜯어 먹으며 살아갈 수 있었다. 목자의 보호 아래 초장과 물을 찾아 떼를 이끌고 지치도록 이동해 다녔고 목자는 대부분의 시간을 가축 떼와 함께 보냈다. 또한, 목자는 자기의 양을 하나하나 알았고 또 양은 목자의 음성을 듣고 따라왔다.(요한복음 10 : 5) 성서에서 하나님이 목자가 되실 때에는 예수님을 양으로 비유했고 목자가 예수님이 될 때는 성도를 양으로 비유했다.

양고기는 중동과 아시아에서는 잘 익혀서 먹고 있으나 미국에서는 붉은빛이 도는 정도만 익혀서 먹는 것이 대조적이다. 북아메리카와 유럽 대부분의 국가에서는 도축 후 14~16일의 것을 먹는 것이 일반적이나 중동에서는 몇 시간 내에 먹는다. 양고기는 성지에서 케밥으로 요리해 먹는 일이 많으며 보통 큰 덩이로 또는 대충 잘라서 요리했다. 미국에서는 좀 더 잘게 잘라서 여러 가지 형태로 만들어 튀기거나 굽는 방법을 쓰고 있다. 브엘세바(Beersheba)는 일곱 양을 받은 증거로 판 우물을 기념하여 이름지었으며 양으로부터 그 이름이 유래되었다.(창세기 21 : 30, 31)

염소는 마을이나 가구별 재산이었다. 염소는 원래 젖과 고기를 주는 동물로 가치가 있으나 양고기보다 기호성이 떨어져 염소고기는 고대 히브리인들이 섭취할 수 있는 가장 싼 고기 중의 하나이다. 염소는 양보다 거칠고 물이 적은 산악 지역에서 살 수 있다.

고기를 먹는 것은 비용이 많이 들기 때문에 먹을 수 있는 경우가 극히 제한되어 있으며, 먹을 때는 동물의 모든 부분을 다 이용하였다. 가난한 사람들은 시장에서 팔 수 없는 부분, 사람들이 좋아하지 않는 부위 즉 발굽, 무릎, 꼬리, 목 부위를 요리해 먹었다. 이것으 역사를 통하여 계속 이어져 왔으며 스튜나 캐서롤(casserole)로 이용됨을 알 수 있다.

소(cattle)

소는 고기와 젖 그리고 노동력을 제공하였으므로 육류를 섭취하기 위하여 소를 잡는 것은 노동력과 젖을 함께 잃는다는 것을 알았기 때문에 특별한 경우가 아니면 잡지 아니하였다.(누가복음 15 : 23)

소는 여러 가지로 사람들에게 많은 도움이 되었다. 고기와 우유를 제공해 주며 황소는 타작 마당의 썰매와 달구지 혹은 수레를 끄는 가축으로서 아브라함이 가나안 땅에 오기 전부터 길들여져 있었다. 송아지는 제물로서 중요한 목을 차지하였으나 대개는 특별한 때에 요긴하게 이용되었다. 이는 몇몇 농장주들만 소를 가지고 있었기 때문이다. 소들은 좋은 목초지가 있는 특정 지역에서 사육되었는데 요단 동쪽의 바산이 유명하였다.

거세한 황소는 양이나 염소에 비하여 수적으로 적었지만 크기가 컸기 때문에 육류 공급에 있어 가장 큰 비중을 차지하였다. 거세하였기 때문에 고기가 비교적 부드럽고 번식이나 젖을 취하기 위하여 기르는 것이 아니므로 육류 공급원으로서의 가치가 있었다. 송아지는 방목이 아니라 좁은 공간에서 키워 지방이 많고 부드러워 성지에 사는 사람들에게 큰 가치가 있는 기호성이 높은 것이었다.

낙타(camel)

구약 시대 낙타(단봉낙타)는 광야의 유목민들에게 아주 귀중한 것이었다. 그러나 박트리아(Bactria)의 쌍봉낙타가 성지에 알려져 있지 않은 것은 아니었다. 앗수르의 살마네셀 3세가 기원전 850년경에 조공으로 쌍봉낙타를 받은 사실이 있다. 낙타의 초기 역사에 관하여는 다소 논란이 있으나 족장 시대에 사용하기 시작해서 기원전 2000년대 말기에는 일반적으로 사용하기에 이르렀을 것으로 추정한다. 물과 먹이를 먹지 않고 장기간 견딜 뿐만 아니라 180kg 정도의 짐을 나를 수 있다.

이스라엘 백성에게는 낙타고기는 식용으로 금지되어 있다. 낙타의 젖은 종종 이용되었을지 모르지만 식이에 중요하게 생각하지 않은 것은 사실이다. 낙타 젖은 쉽게 시어지고 다른 동물의 젖보다 풍미가 떨어진다. 낙타는 짐 운반용, 천을 만들기 위한 털의 공급이 주목적이었다.

말(horse)

말이 이스라엘에 들어온 것은 다윗의 통치 시대에 이르러서이다. 승리의 결과로 다윗은 병거 100대를 위하여 말을 들여왔다. 말은 성서에서 일관되게 군사적인 힘으로 나오며 하나님을 의지해야 될 때에 대신 의지하기 쉬운 힘의 상징(이사야 31 : 1)으로 인식되었다. 말은 왕족이나 귀족들만 가질 수 있었으며 서민들은 생각지도 못하였다.

기타 동물

사슴(deer), 노루(gazella), 불그스레한 사슴(roedeer), 야생 염소(wild goat), 볼기흰노루(ibex), 뿔긴사슴(antelope), 산양(mountain sheep)과 같은 7

가지 동물은 하나님께서 특별히 소, 양, 염소와 함께 식용이 허락된 짐승으로 사냥의 대상이 되었으며 아주 풍미 있는 식품이었다.(신명기 14 : 5)

9. 동물의 지방(animal fat)

고대 히브리인들은 고지방 육류를 특히 좋아하여 현대의 건강 식생활과는 차이가 있다. 이것은 살진 송아지, 거세한 수소, 지방이 많은 꼬리를 가진 양을 귀하게 여겼다는 것을 말해 준다. 지방이 많은 꼬리를 가진 양은 그 꼬리 때문에 성서 시대에 널리 인기가 있었다. **"동물의 모든 기름은 여호와의 것이라"**(레위기 3 : 15~16)고 하여 동물 전체 중에서 기름 부분을 특히 귀하게 생각했는데, 이는 제단 위에서 불사르기에 적합한 성질 때문이 아닌가 생각된다.

유(젖, milk)와 유제품

이스라엘과 유다의 고지대에 이스라엘 사람들이 처음 정착하게 된 것은 기원전 12세기 쯤이라고 고고학자들은 밝히고 있다. 장착한 사람들은 마당에 울타리를 만들고 밤에 동물들이 안전하게 지내도록 하였다. 그 후 천 년 이상이 지난 예수님 시대에도 마을의 건축 시설 중에 축사의 흔적이 남아 있다. 예수께서는 자신을 양의 문이라고 하였고, 내 말을 듣고 들어가고 나가면 구원을 얻고 꼴을 얻으리라고 하였다.(요한복음 10 : 7~9)

이집트와 마찬가지로 고대 이스라엘에서도 소를 길렀다. 이집트 바로의 꿈에 일곱 암소의 이야기가 기록된 것처럼(창세기 41장) 성지에서도 사론 평야, 골란 고원(바산) 등 비옥하고 넓은 평야에서 소를 길렀던 것을 아모스(4 : 1)에서도 볼 수 있다.

한편 양과 염소는 바위가 많은 이스라엘 건조 지역에서 살기에 적합한 구조를 하고 있다. 단단한 나뭇잎이나 껍질까지도 먹을 수 있기 때문에 소가 자라는 지역 외에도 넓은 지역에서 자랐을 것이다. 동물의 젖을 취하는 농업은 매우 노동력이 많이 드는 일로 남녀가 각각 나누어 일을 하였다. 3000년 전 메소포타미아 조각 중에는 남자들이 가축을 키우고 젖을 짜면 여인들이 통에 넣고 젓는 모습을 볼 수 있다. 성서에서도 양을 모는 여인 라헬(창세기 29 : 6), 십보라(출애굽기 2 : 16)가 집 가까이에서 양을 돌보고 멀리 떨어진 곳에서는 남자 목동들이 가축을 돌보았던 것으로 보인다.

가축을 돌보는 일은 늘 해야 하는 일이지만 때때로 위험할 때도 있다.(창세기 31 : 38~40, 사무엘상 17 : 34~35) 그래서 성서에서는 가축의 무리를 다루는 목자의 역할이 여러 곳에서 상징적으로 표현하고 있는 것을 볼 수 있다.(에스겔 34장, 시편 23편, 요한복음 10 : 2~16) 예수를 선한 목자로 표현하며 양 떼들을 돌보고 안내하는 인도자로 기록하고 있으며 양 떼들은 목자의 말을 잘 듣고 기억하므로 무리에서 안전하게 지낼 수 있다는 뜻이다.

요엘서(3 : 18)에 하나님의 축복의 말씀 중 포도주, 젖, 물을 풍요롭게 주시겠다고 선언하고 애굽은 황무지가 될 것이라고 말씀하셨다. 또 젖은 흰색의 표준이 되었으며(예레미야애가 4 : 7) 흰색으로 생각하는 눈은 순수성의 상징으로 표현되었다. 이사야 선지자의 예언은 유다가 앗수르에 의하여 침공받고 황폐하게 되는 모습을 보여 주고 있다.(이사야 7 : 21~25)

여기에서 젖과 꿀은 풍요를 뜻하는 성서 전체의 흐름과는 달리 표현되고 있다. 젖이 많아 버터와 꿀을 먹을 것이라고 예언하며 동시에 가치가 있던 포도나무가 있던 곳에는 질려와 형극의 땅이 되어 농사를 짓지 못하고 소와 양이 밟을 땅이 되리라고 예언하였다. 결국, 농지가 목초지가 된다는 뜻으로 이는 사람들이 원하지 않는 방향으로 변하겠다는 표현이다.

성서에 기록된 '젖', 특히 신약에 나와 있는 젖은 대부분 모유를 뜻하는 경우가 많다.(고린도전서 3 : 2, 히브리서 5 : 12, 베드로전서 2 : 2) 현대와 같은 우유나 산양유는 성지의 기후로 볼 때 저장성이 없어 발효되지 않은 젖은 거의 유통되거나 여행할 때 이용되지 못하였을 것이다.

지금은 동물의 젖이라면 우유를 생각하게 되지만 인류가 처음으로 가축화한 동물은 염소로 염소 젖이 소 젖보다 더 유용하였다. 초기의 인류는 양과 낙타 젖도 이용하였다. 오늘날 인류가 이용하는 것은 순록, 물소, 야크, 라마, 혹소의 젖도 있다.

염소 젖은 무기질과 단백질 조성이 소 젖보다 사람 젖에 가깝다. 히포크라테스 이래 염소의 젖은 어린아이, 병자, 어미 잃은 포유류 그리고 소 젖 알레르기가 있는 사람들에게 추천하였다. 염소 젖은 자연적으로도 균질화되어 있고 칼슘과 비타민 A가 소 젖보다 많지만 단백질은 소 젖보다 적다. 젖은 여러 가지 아미노산이 골고루 갖추어져 있기 때문에 채소나 곡류에서 섭취한 식물성 단백질의 부족한 부분을 충분히 메꾸어 주는 보충 효과가 있다.

가열 살균한 우유를 송아지에게 계속 먹이면 6개월 이상 살기가 어렵다고 한다. 우유의 살균은 우유 중의 살아 있는 모든 효소를 균과 함께 죽여 생명력을 잃게 만든다. 가열 살균이 우형 결핵의 예방에 목적이 있다고 하나 실제 생우유를 먹은 층이 살균 우유를 먹은 층보다 결핵에 덜 걸렸다는 연구 보고도 있는 것을 보면 효소나 면역력이 활성화된 우유가 진정 생명력이 있는 우유라 할 수 있다.

따뜻한 젖에 Lactoacidophilus bacteria를 함께 섞으면 우유는 요구르트가 되며 성서에서는 'curd'라고 하고 있다. 이것이 아브라함이 그의 손님들에게 제공하였던 것이다.(창세기 18 : 8)

유대 규례는 같은 식사에 젖과 고기를 요리하거나 먹는 것을 금지하였고 이것이 히브리인의 조리법이 중동 국가의 것과 다른 점이다. 아브라함의 시대가 레위기의 모세 식사 규례에 앞선 것으로 볼 때 아브라함이 동일한 식사에서 젖과 송아지고기를 함께 준 것으로 보아 모세 이후의 규례라 할 수 있다.

아브라함이 엉긴 젖과 우유와 하인이 요리한 송아지를 가져다가 그들 앞에 차려 놓고 나무 아래에 모셔 서매 그들이 먹으니라 (창세기 18 : 8)

농경문화가 완전히 정착되지 않은 시기에 많은 가축들을 사육하고 동물의 젖이 풍부했지만 어린아이에게 모유 대신 동물의 젖을 주지는 않았다. 이것이 모유의 중요성을 인지했기 때문인지 아니면 동물의 젖 자체를 어린아이에게 먹이는 습관이 형성되기 전이었기 때문인지는 확실하지 않다.(창세기 24 : 59, 35 : 8, 출애굽기 2 : 7~10)

버터와 치즈(butter and cheese)

유제품은 '젖과 꿀이 흐르는 땅'에 풍부하였다. 고대 히브리인들은 아마 매일 젖(양젖과 염소젖)을 먹었던 것으로 보인다. 남은 젖은 버터, 치즈, 요구르트와 같은 영양가 높은 식품으로 바꾸어 놓았다. 이들은 질항아리에 담아서 지하에 보관하였고 요구르트와 치즈의 경우에는 소금을 뿌려 햇볕에 말렸다. 근동 지방의 옛사람들은 소나 양의 위에서 추출한 효소인 레넷(rennet)에 대하여 경험적으로 그 기능을 이해하고 있었으며 아직도 어떤 치즈는 레넷을 사용하고 있다. 무화과 잎의 즙이나 엉겅퀴, 멜론을 이용하여 레넷과 같이 버터나 치즈를 만들 수 있는 것으로 알려져 있다.(욥기 10 : 10)

엉겅퀴

창세기 18장 8절에서 아브라함은 세 천사들에게 버터를 주었다. 최근에 발행된 New American Bible에서는 이것은 연성 치즈나 요구르트의 한 형태라고 하였다. 발효된 유제품은 중동에서 기원하였으며 아직도 많은 사람들은 아브라함의 아내 사라가 양, 염소, 소 젖으로부터 요구르트를 만들 때와 같은 오래된 방법으로 만들고 있다. 그들은 다음에 발효제로 이용하려고 응유(curd)의 일부를 떼어 놓았다. 지금도 상업용 요구르트를 일부 이용하여 요구르트를 만들 수 있다.

고대 히브리인들이 젖을 발효시켜 다양한 형태의 유제품을 먹었을 것으로 짐작되나 지금의 치즈와 버터와 동일한 것인지에 대하여는 의견이 많다. 그러나 치즈처럼 응고된 형태의 우유를 즐겨 먹었던 것은 틀림없으며 액체 젖을 그냥 먹는 것이 오히려 습관화되지 않은 듯하다.

- 버터 : 버터는 기원전 2000년경에 중동에서 만들었다는 기록이 있다. 스키타이 사람(Scythian)과 그리스 사람들은 요리에 버터를 사용하는 것을 무척 즐겼으며 주로 양, 염소, 소 또는 다른 야생동물의 젖으로부터 만들었다. 젖을 당나귀 등에 매단 가죽 주머니에 넣어 운반하는 오랜 관습 때문에 버터가 생기는 것은 피할

수 없는 것이었다.(시편 55 : 21)

처음에는 의약품으로 그 후에는 식품에 바르는 것으로 이용하였다. 버터는 일상 식품으로 생각하여 목자들이 즐겨 먹었지만 조리할 때는 올리브유가 더 많이 쓰였다.(신명기 32 : 14)

신선한 크림으로 농장에서 바로 만든 버터는 여름에는 황색에 가까운데 소의 먹이 중에서 카로틴(carotene) 함량이 높기 때문이다. 겨울철에는 건초를 먹기 때문에 색깔이 옅어지는 것은 자연적인 것이었다. 오늘날의 버터는 옛날 것보다 건전성(soundness)이 떨어지는데 이는 선도 유지를 위하여 비자연적인 성분인 첨가물을 쓰기 때문이다. 그러나 소금은 효모와 곰팡이의 발육을 억제하기 위하여 첨가하므로 저장 기간을 연장시킨다. 타르(tar) 색소를 사용하여 여름철 버터와 같은 색을 내게 하는 경우도 있다.

히브리인들이 만들었던 버터 중 어떤 것은 'leben'이라 불리는 것으로 유동성 요구르트의 일종이라고 볼 수 있다. 염소와 낙타의 젖을 가죽 가방에 담아서 만드는 것으로 젖을 가득 담은 가죽 주머니를 걸어 놓고 계속 저으면 완두콩 크기의 버터 알맹이들이 생기는데 이것을 모아 깨끗한 물로 씻고 가볍게 두드려 물기를 빼면 버터가 된다.

현대의 많은 학자들은 'curd'란 말이 'butter'보다 더 정확한 표현이라고 믿고 있는데, 실제로는 'soft cream'이나 'cream'이다. 젖을 특별한 용기에 넣고 격렬하게 휘저으면 얻을 수 있으며 옛사람들은 요리나 튀김용으로 썼다. 야엘이 시스라를 극진히 대접하는 장면에서 엉긴 젖을 물 대신 먹을 수 있도록 주었으며 귀하고 품위 있는 그릇에 담아 주었다면 내용물도 귀하게 생각했다는 뜻으로 볼 수 있다.(사사기 5 : 25)

• 치즈 : 치즈는 기원전 15세기 이후 중동에서 식용하였다는 기록이 있다. 처음 만들어지게 된 계기는 여행자가 양의 위로 만든 주머니에 우유를 담아 가지고 여행하다가 발견하였다고 한다. 낙타 등에 젖 주머니를 매달고 이웃 마을을 여행할 때 8시간 정도 경과되면 양의 위에서 나온 응유효소(rennet)가 우유를 엉기게 만들어 코타쥐 치즈(cottage cheese)를 만들게 되었으며, 이때 주머니에 넣은 우유의 종류에 따라 치즈의 형태가 달라지게 된다. 레넷은 오늘날에도 치즈 제조에 쓰이고 있으나 어떤 치즈는 레넷 대신 유산균을 쓰는 경우도 있다. 우유를 약한 불로 가열하다가 효소와 식초를 넣어 유산균이 번식하도록 한다. 계속 젓다가 우유가 굳어지기 시작하면 뚜껑을 덮고 한두 시간 보온하면 적당히 굳는데 이것을 깨뜨리고 온도를 서서히 높인다. 3시간쯤 가열하면 수분이 제거되고 치즈가 된다.

염소 젖은 음료나 발효식품을 만드는데 가장 많이 쓰이고 식품 중에서도 이용도가 매우 높으며 치즈를 만들기에 좋다. 양젖은 두 번째로 이용되며 그 외에도 야크, 낙타, 소, 가젤 등의 젖도 이용되었다. 물이 매우 귀하기 때문에 젖이 일상 음료로 이용되었다.(요엘 3 : 18) 음용에 적합한 물은 마을 공동 우물로부터 가죽가방이나 양동이, 진흙 항아리로 수송하였다. 종종 그들은 물은 운반하는데 수 킬로미터 밖에 있는 우물에서 운반해야 하기 때문에 가족들을 위한 식수원으로는 적합지 않았다. 집안에 있는 소나 염소로부터 나오는 젖은 가장 쉽게 구할 수 있고 또 믿을 수 있는 액체 음료이자 식수원이었다.

낙타 젖은 쉽게 시어지고 쉽게 발효되어 요구르트가 되기 쉽기 때문에 급히 먹고자 할 때는 자주 이용되었다. 요구르트는 생활의 활력소 역할을 하였다. 오늘날에도 투르케스탄(Turkestan), 이라크 등과 같은 산악 지역에서는 100~120세 노인들을 발견할 수 있는데 그들은 오랫동안 요구르트가 건강에 좋다는 믿음을 가지고 있다.

사무엘상 17장 18절에 이새가 그의 아들 다윗에게 블레셋 사람(philistines) 골리앗과 싸우기 위해 준비 중인 천부장에게 치즈를 전하도록 명하였다. 이것은 아마 요구르트 치즈였을 것이다. 성지에서는 아직도 신 우유나 요구르트로부터 유청을 따라내어 치즈를 생산하고 있다. 결과적으로 남은 제품은 크림치즈와 같게 되고 빵에 발라 먹을 수 있다. 그것은 또 소회향이나 파와 같은 방향성 향식물에 굴려서 조그만 공 모양으로 만들 수 있다. 이들을 냉장고나 올리브유, 소금물에 넣어 저장할 수 있다. 시어진 요구르트는 채소나 과실 또 어떤 지역에서는 생선 위에 뿌려서 먹기도 하고 다른 식품 즉 오이나 후추 등을 섞어서 빵과 함께 먹기도 하였다.

성서에서는 세 종류의 유제품, 즉 연성치즈, 경성치즈와 요구르트로 나눌 수 있으며 버터, 치즈 등으로 번역되기도 하나 'curd'란 말로 사용하는 것이 포괄적이고 보편적이라고 할 수 있다. 젖이 넉넉할 때 옛날 가정주부들이 만든 것도 이런 종류이었다. 5000년 전 이집트 무덤에서 치즈의 유적이 발견되었는데 낙타 젖으로 만들어 사후 세계에서 계속 먹을 수 있도록 치즈 항아리를 만들어 넣어 두기도 하였다. 우르 지역의 진흙 유적 중에는 기원전 2000년 치즈라고 생각되는 것이 발견되어 중동 지역의 발효유 역사가 매우 깊은 것을 알 수 있다.

10. 가금 및 야생 조류(poultries and wild birds)

가금류나 조류의 식용은 레위기의 기록을 통해 식용이 허락된 것을 알 수 있다. 닭, 거위, 비둘기, 메추라기, 자고새 등은 식용이 가능하나 다른 동물을 잡아 먹는 맹금류와 썩은 고기를 먹는 조류는 제외하였다.(레위기 11 : 13~19)

예수님의 말씀 중에도 참새가 시중에서 판매되는 것을 예로 든 것으로 보아도 식용으로 하고 있던 것을 알 수 있다.(마태복음 10 : 29) 히브리인들은 새알도 식용하였으나 어미와 새끼, 어미와 알 두 가지를 함께 취하지 말도록 하고 어미는 놓아 주라고 하였다.(신명기 22 : 6~7) 이를 어기면 벌칙으로 채찍 40대를 때렸다. 알을 모으는 일은 이사야서에도 기록되어 있는데 **"……내버린 알을 주음과 같았으나……"**(이사야 10 : 14)는 야생 조류의 알을 줍던 생활습관을 알 수 있다. 예수님이 "알을 달라 하면 전갈을 주겠느냐"고 하신 말씀에서도 알의 보편적으로 식생활에 쓰고 있는 것을 알 수 있다.

초기 히브리인들은 다른 가축과 함께 가금류를 기르고 있었다.(열왕기 상 4 : 23) 아마 오리나 공작으로 생각되며 닭은 아닌 것으로 짐작된다. 또 새 사냥이 시편 91편 3절, 124편 7절, 잠언 6장 5절, 에레미아 5장 26절, 호세아 9장 8절에 기록된 것을 보아도 새 사냥을 생활의 일부로 즐겼던 것으로 보인다.

닭(fowls)

닭이 구약성서에는 기록되어 있지 않으나 야생 닭이 팔레스타인 지역에 있었던 것으로 보인다. 기록에는 기원전 60년경 로마 사람들에 의하여 팔레스타인에 소개되어 베드로가 예수님을 세 번 부인하는 데 중요한 역할을 하였다.(마태복음 26 : 74, 75) 이 시대에 이미 닭을 널리 사육하고 알, 고기, 털이 이용되었을 것이다. 또 예수님께서 암탉이 날개 아래 병아리를 모음과 같이 예수님의 보호를 비유하셨다. (마태복음 23 : 37)

욥기 6장 6절에는 **"닭의 알 흰자위가 맛이 있겠는냐"**라고 하여 닭이 오래전에 있었던 것으로 보이나 영어 성서에서는 "in the white of an egg"로 표기하여 다른 가금류나 야생 조류의 알이 아닌가 생각된다.

비둘기(doves and pigions)

집비둘기와 산비둘기는 성서의 모든 새들 중에서 가장 친밀하고 중요한 새들이다. 노아는 홍수 후에 물이 줄어들었는지 알아보기 위하여 비둘기를 내보냈다(창세기 8 : 8~12). 양이나 염소를 제물로 드릴 수 없는 가난한 사람들은 집비둘기 두 마리를 주께 드렸다. 예수님이 세례를 받으실 때 비둘기를 성령의 상징으로 기록하기도 하였다. (마태복음 3 : 16) 실제로 이스라엘 사람들은 집에서 비둘기를 흔히 길렀다. 또한, 여러 종류의 산비둘기들이 팔레스타인에 서식하고 있거나 아니면 겨울 철새로 이곳을 찾아온다. 산비둘기의 부드러운 울음소리와 유순한 성질은 아가서에서 애정의 적절한 용어로 특정지었다(아가서 2~5장). 예수님은 제자들을 파송하시며 비둘기같이 순결하라고 하셨다.(마태복음 10 : 16)

메추라기와 자고새(quails and partridges)

짧은 날개와 작고 둥근 머리, 통통한 몸집을 가진 꿩과에 속하는 철새로 멧닭과 유사한 작은 엽조(獵鳥)이다. 겨울에는 남으로 이동하여 중앙아프리카 내륙에서 겨울을 보내고 봄이면 팔레스타인이나 아라비아에 돌아온다. 암갈색, 갈색, 흑색의 세 종류가 있으며 고기와 알을 식용하였다. 연 2회 이동 중 지치면 쉽게 잡을 수 있었던 것으로 보인다.

메추라기와 자고새는 분명히 다른 종류의 새이다. 그러나 그 모습이 거의 같고 크기만 자고새가 약간 클 정도이다. 성서에서도 자고새, 메추라기, 꿩으로 번역하고 있으며 영어 성서에서도 partridge와 quail로 다르게 기록하기도 하였다. 이것이 같은 동물을 잘못 표현한 것인지 처음부터 다른 새를 혼용하므로 혼란을 가져온 것인지는 분명하지 않다.

난류(eggs)

알은 자연의 가장 완벽한 생명을 가진 포장품이다. 알은 한 세대에서 다음 세대로 생명을 이어주며 그 알의 크기와 관계없이 하나의 새 생명을 창조하게 된다. 인간이 원시 생활을 시작한 후부터 새 보금자리에서 새알을 취하여 날로 먹었거나 익혀서 또 다양한 방법으로 먹었다. 고고학자들은 돌굴 유적에서 새의 뼈, 알껍데기, 가금류의 그림이 그려져 있는 것을 발견하였다.

은밀한 생명이 외부의 위험한 환경에 노출되어 있고 더구나 깨어지기 쉬운 껍데기로부터 태어난다는 사실은 깊은 종교적 경외심을 갖게 한다. 신성시한 알은 고대 이집트인들의 존경의 대상이었다. 그들의 제사장들은 알을 먹지 않았으며 생명을 주는 힘에 거역하기를 원치 않았다. 한때 수탉을 신으로 숭배했으며 새벽을 알려주는 그의 힘과 용기를 찬미하였다. 한편 암탉은 다산의 상징으로서 하루에 한 개씩 알을 낳고 꼬꼬하고 알려준다.

기원전 1250년경의 그리스인의 무덤에서 거위알 껍데기의 존재가 밝혀졌다. 기원전 6세기 팔레스타인의 인장은 수탉을 묘사했으며 달걀과 거위, 오리, 자고새, 타조 기타 야생 조류의 알을 함께 먹었다. 어떤 학자들은 닭이 페르시아로부터 소개될 때인 기원전 1000년까지는 알이 알려지지 않았다고 믿고 있다.

초기 히브리 전통에 따르면 달걀은 행운을 상징하며 일생의 생활사를 상징하는 중요한 역할을 하였다. 탄생과 사망에 관련된 연회에서 알이 중요한 역할을 하는 식품인 것을 이스라엘 전통에서 알 수 있다. 거의 모든 축제에서 알은 비옥과 번영의 상징이며 이스라엘 국민의 영원한 생명을 상징하였다.

우리가 알고 있는 닭은 아시아의 붉은 정글닭(*Gallus gallus*)으로부터 유래되었을 것으로 보며 오늘날 우리가 알고 있는 것보다 알을 적게 낳았다. 멋있는 깃털을 가진 암탉의 산란 기능보다 수탉의 투쟁 능력에 더 가치를 두었다. 야생 정글닭은 연간 25~50개의 알을 낳았지만, 최근 양계장의 암탉은 연간 약 300개가량을 산란하므로 일생의 대부분을 산란에 보낸다. 암탉이 낳은 알의 수는 닭에 따라 그 차이가 크지만 낮이 긴 따뜻한 달에 알을 더 많이 낳는다. 최근에는 조명과 온도를 인공적으로 조절하고 닭이 알을 낳자마자 어미 닭 품을 떠나게 하므로 닭의 모성 본능을 자극해 닭으로 하여금 계속해서 알을 낳고 싶도록 한다.

우리의 조상들은 5000년 동안 전깃불의 도움 없이 거위와 오리를 키워왔다. 닭이 가금으로 가축화되었을 때 이집트인, 그리스인, 로마인에 의해서 키워졌고 그 후 서유럽, 영국으로 전달되었다가 서기 1000년경 스페인 탐험대에 의하여 아메리카 대륙으로 전달되었다.

고대 유대인의 의식 중 수탉과 암탉은 결혼식에도 관여하였다. 그리스 사람들은 신의 제물로 성전의 제단에 알을 놓았고 로마 사람들은 전쟁에서 닭은 깃털이 있는 예언자로 데리고 다녔다. 만약 닭이 그들 앞에 놓여 있는 곡식을 먹으면 좋은 징조로 여기고 전쟁을 진행하지만 대량 학살은 뒤로 미룬다. 자연적으로 어떤 장수는 전쟁의 수행 여부를 닭에게 물어보기 전에 닭을 굶겨 이러한 관습을 이용하기도 하였다.

오늘날 우리는 대부분 달걀을 먹는다. 생활 수준의 차이가 있을지라도 빵을 먹는 것처럼 거의 매일 섭취한다. 예수님이 태어나기 오래전부터 알을 염색하고 축복함으로써 오랜 겨울잠에서 태양이 깨어난 것을 환영하기 위하여 봄철 의식의 일부로 대치하였다.

유럽에서 부활절에 달걀을 주는 것은 중세로 기원을 되돌린다. 그때에는 사순절 40일 동안 달걀을 먹는 것이 금지되었다. 물론 암탉은 알을 계속 낳았고 부활절까지 알이 많이 쌓이게 되었다. 성금요일이 시작되면서 어린이, 학생, 성가대 소년들은 교회에서 찬송을 부르고 이집저집으로 달걀을 모으러 도시를 행진한 후 큰 오믈렛을 만들어 먹었다. 18세기까지 보통 사람들은 달걀에 염색을 하고 장식을 하기도 했으며 그 후 유리, 종이, 도자기 달걀을 만들기도 하였다. 프랑스, 독일, 러시아의 귀족 사회에서는 금, 은, 에나멜과 같은 귀금속으로 정교하게 장식한 부활절 달걀의 긴 역사가 있는데 국가별로 특별한 디자인과 색깔의 조화를 가지고 있었다.

또한, 달걀은 건강에 필요한 완전한 단백질과 아미노산으로 조성이 되어 있으며 불포화지방산, 철분, 인, 미량 금속, 비타민 A, D, E, K, B 복합체의 뛰어난 급원이다.

11. 생선류(fishes)

스불론과 납달리 지역의 어업이 뛰어났음에도 불구하고 성서에 따르면 성지 밖에서 물고기를 수입해 오고 있는 것을 알 수 있다. 느헤미야는 안식일에 생선을 사오는 예루살렘 사람들을 책망하였다.(느헤미아 13 : 16) 그 생선은 두로항으로부터 페니키아인에 의하여 성지로 들어온 것이다. 예루살렘에 어문(魚門)이라는 특별한 문이 있는데(느헤미아 3 : 3, 12 : 39, 스바냐 1 : 10) 아마 지역 어시장에서 가장 가까운 예루살렘의 문이었을 것이다. 기원전 2세기에 지중해 항구인 아크레(Acre)를 통하여 생선을 수입하였다.

나일 강에는 출애굽 시대에도 생선이 풍부하였다.(출애굽기 7 : 18) 출애굽 후 이스라엘 사람들은 그들의 식사에서 생선이 없는 것을 매우 슬퍼하였다.(민수기 11 : 5) 거의 2000년이 지난 후에도 이사야의 예언에서 이집트에서는 아직도 생선이 중요한 식품임을 알 수 있다. 이집트에 대한 경고를 보내는 예언 중의 하나는 우상 숭배에 대한 값을 치르는데 어부들의 슬픔을 표현하였다.(이사야 19 : 8)

성서에서 생선은 다산, 생명, 소생을 뜻하는 것으로 표현하고 있다.(에스겔 47 : 9) 생선이 많이 잡히면 그들은 풍요롭게 되기 때문에 고대 종교의식은 이런 내용들이 중심이 되어 발전하였다. 모세가 이스라엘 사람들에게 우상 숭배에 대한 경고를 하며 우상의 대상이 되는 생물 중 어족의 형상을 포함하였다.(신명기 4 : 18)

식품과 종교적 우상 사이의 강한 연관성은 메소포타미아의 다곤과 블레셋 다곤 사이의 의미의 전이가 이루어진 것으로 볼 수 있다. 메소포타미아에서 다곤은 곡식과 비에 연관된 신이다. 이런 의미가 블레셋 사람들에 의하여 생선의 신으로 전환되었다. 블레셋 사람들은 해안에 거주하고 바다 깊은 곳에 있는 생명체에 깊은 관심을 가지고 있기 때문에 바다를 통하여 먹고 사는 사람들의 신이 생선을 닮은 것은 당연한 모습이다. 블레셋 사람들은 때때로 다곤을 반 여자 반 생선으로 묘사하여 인어와 같은 모습이었으며 현재 인어의 전설의 기원이 되었을 것이다. 블레셋 사람들의 신전에서 가장 신격화하는 것이 이스라엘 사람들에게는 적대감을 갖게 하는 것이었으며, 블레셋 사람들이 하나님의 궤를 빼앗은 후 다곤에 일어나는 내용이 사무엘서 상편 5장에 기록되어 있다.

갈릴리 바다에서의 고기잡이는 수송 중에 생선의 신선도를 유지하기 힘들기 때문에 생선이 고대 성지에 살고 있는 사람들의 식생활에서 중요한 역할을 하지 못하였다. 바다나 호숫가에 살고 있는 사람들은 생선이 중요한 식품이기 때문에 갈리리 호 주변에 사는 거주민들에게만 생선이나 고기잡이가 중요한 것이 될 수밖에 없다.

몇몇 복음서에 나와 있는 것처럼 베드로는 완전한 어부였다.(누가복음 5 : 7, 11, 마가복음 1 : 20, 요한복음 21 : 1~3) 베세타는 예수님의 제자 중 빌립, 안드레, 베드로의 고향이다. 헤롯이 통치할 때 인구가 급증하여 생선의 수요가 급증하였기 때문에 베드로는 수입이 좋은 직업을 가지고 있고 잘살고 있었다. 어부가 고기를 잡는 방법은 어부들이 좋은 사도가 될 수 있다는 뜻이 함유되어 있다고 보아도 좋다. 예인망으로 고기를 잡는 것은 하늘나라와 비슷하게 여럿이 힘을 합쳐서 이루어지는 것이다.(마태복음 13 : 47) 인내, 힘, 두려움을 극복하는 것이 그물을 던지는 데 필요한 덕목이다.

성서에서 식사의 재료로 짐승의 고기보다 생선이 더 자주 나온다. 예수님의 산상수훈에서 떡과 돌, 생선과 뱀을 비유로 말씀하셨고(마태복음 7 : 9~10) 예수님이 제자들을 모아 굶주림을 면하게 하는데 오병이어의 기적을 베푼 걸 보더라도 빵(떡)과 생선이 식사의 주요 구성 요소라는 것을 알 수 있다.(마가복음 6 : 38~44)

물고기를 가지고 여행을 할 수 있다는 것은 생선을 말리거나 염장했다는 뜻이다. 그 시대에도 염장 후 건조시키는 것이 좋은 식품 보존법이었다. 갈릴리 바다에서 가장 많이 잡히는 어종은 정어리로 초봄에 제일 많이 잡히며 이런 어획 철에는 하룻밤에 상당히 많은 어획고를 올릴 수 있다. 갈릴리 바다에서 잡을 수 있는 어종은 18종 정도이지만 가장 유명한 것은 베드로의 고기이다.(마태복음 17 : 27~18 : 1) 베드로가 낚시로 잡은 물고기 입에는 한 세겔이 있어 성전세로 내도록 예수께서 말씀하셨다. 이때 낚시로 잡은 물고기는 틸라피아로 우리가 베드로의 고기라고 부르며 그물로 잡는다.

유대인의 식사 규례에서 생선은 비늘과 지느러미가 있으면 먹을 수 있도록 허용되었다. 출애굽 후 사막에서 굶주리며 방황할 때 이스라엘 백성들은 이집트에서 먹던 생선을 기억하고 그리워하였다.(민수기 11 : 5) 생선은 이집트에서 풍부한데 이는 나일 강이 자주 범람하여 낮은 웅덩이에 갇힌 물고기를 잡기 쉬웠기 때문이었을 것이다. 히브리인들은 전통적으로 항해나 어업을 즐기는 사람들이 아니었기 때문에 건조한 어류, 염장 어류, 발효시킨 젓갈 같은 어류를 두로에서 페니키아 사람들로부터 수입하였다.

고대인들은 담수어와 해수어를 모두 먹었다. 갈릴리 바다로부터 잡은 물고기는 일종의 정어리(sardine), 틸라피아(tilapia)가 포함되어 있다.

생선은 토막 내어 소금을 뿌린 후 숯불에 구어 먹거나(요한복음 21 : 9) 소금을 뿌려 강한 햇볕에 건조시켜 여행자들의 이동 식량이 되었다.

예수님 시대 갈릴리 바다는 많은 종류의 물고기의 고향이었다. 예수님이나 그의 제자들과 같이 종교적인 사람들은 모세의 율법에 나와 있는 식사 규례를 따랐기 때문에 잉어과를 포함한 비늘 있는 생선만 먹었으며 이들은 갈릴리 바다에 풍부하였다. 한 성서학자는 예수님이 수많은 사람에게 먹인 생선이 바로 베드로의 생선으로 틸라피아일 것으로 믿고 있다. 베드로가 그물이 찢어질 정도로 많은 양을 잡았던 것도 바로 이 생선일 것으로 믿고 있다.

신약성서에서 진주에 대한 기록(마태복음 7 : 6)이 있으므로 진주조개를 채취하여 식용하였다는 증거로 생각할 수 있으나 구약성서에 기록이 없는 것으로 보아 구약 시대에는 레위기에 굴, 조개 등을 식용하는 것을 금지시킨 것을 철저히 지켰던 것으로 볼 수 있으며 신약시대에 조개를 겨우 먹기 시작했던 것으로 보인다.

고기를 잡는 도구도 다양하여 그물, 낚시, 초망 등이 이용되었고 점차 생활 속으로 깊이 들어와 식문화의 일부가 되었을 것이다. 예수님의 첫 제자는 어부(베드로)였으며 사람을 낚는 어부가 되라고 하셨다. 복음 전파 중에도 물고기에 대한 이야기가 여러 번 나오는데 오병이어의 기적, 예수님의 제자 중 7명이 어부이었던 점, 가르침의 비유로 물고기를 쓰셨던 것(누가복음 11 : 11), 기적적으로 많은 물고기를 잡게 하였던 것(누가복음 5 : 6), 예수님이 재림 후 생선을 잡수셨던 일(누가복음 24 : 42~43), 낚시하여 얻은 물고기 입에서 한 세겔의 동전을 얻었던 기적(마태복음 17 : 27) 등을 보아 물고기가 팔레스타인 사람들이 보편적으로 이용하고 있는 식품으로 생각할 수 있다.

어부라는 제자 일부의 생업과 새로운 복음 전파는 많은 관련성이 있다. 능숙한 어부는 고기의 종류에 따라 어떤 그물을 어디에 쳐야 되는지를 안다. 그들은 팀워크가 부족하거나 인내심이 부족하면 빈 그물이 되기 쉽다는 것을 안다. 올바른 어획법은 바람, 물 깊이, 온도 등에 대한 예민성이야말로 고기를 잡기 위한 제2의 천성이 되어야 하기 때문이다.

로고나 그래픽에서 생선 표시는 각 교회에서 사용되는 인기 있는 상징물이다. 'Jesus Christ, Son of God, Savior'의 그리스어를 각 단어의 머리글자만 모아 놓으면 'ixous'가 되는데 이것이 생선을 뜻하기 때문에 자주 이용되고 있다.

12. 메뚜기(locust)

레위기 11장의 식사 규례에 따르면 메뚜기(locust), 베짱이(katydid), 귀뚜라미(cricket), 팟종이(grasshopper) 4종류는 식용 가능한 깨끗한 것으로 구분되었으며 메뚜기는 세례 요한이 먹었던 완전히 청결한 음식(kosher)이었다. 성서 시대에 메뚜기는 유다 목동에 의하여 식품으로 판매되었고 현대 중동과 북아프리카의 일부 유대인들은 아직도 메뚜기를 먹는다.

다니엘 커틀러(Daniel Cutler)는 그의 저서에서 메뚜기 수프를 요리법에 포함시켰으며 오늘날 베두인 목동들에 의하여 식용되고 있다.

고대 메뚜기 요리법은 우선 날개, 다리, 머리를 잘라내고 찌거나 불에 굽거나 끓여서 먹는다. 때로는 꿀을 묻혀서 먹기도 하였으며 말려서 가루로 만들어 빵가루에 섞어 쓰기도 하였다.

13. 조미료와 감미료(seasonings and sweetners)

소금, 과실의 당, 후추, 향미식물 등은 초기 역사가 기록된 시대부터 조미료로 사용되어 왔다. 이런 것들은 식품을 좀 더 맛있게 하고 저장성을 높이는 데 사용하였다.

그중 소금은 신 · 구약 시대 모든 사람에게 기본적인 조미료였으며 사해 근처의 도시 소돔에 대한 기록에서 성서 시대에도 보편적이었던 것을 알 수 있다. 성서에 나온 요리사들은 야생이거나 재배한 향미식물을 이용하였는데 양파, 부추, 마늘, 소회향, 박하, 겨자, 고수풀, 사프란, 러비지(당귀류 약초), 맬로우(당아욱속 식물) 등으로 풍미를 더해 주었다. 야생 참깨를 모아 썼으며 기름을 짜서 썼을지도 모른다. 수입하였기 때문에 비싼 것으로는 사프란, 계피, 후추로 특히 흑후추는 인기 있는 향신료였다.

설탕은 아직 알려지지 않았으므로 성서에서 말하는 'sweet cane'은 아마 야생 사탕무의 일종인지도 모른다. 그들은 요리에 단맛을 주기 위해 꿀, 벌집을 썼고 포도, 석류, 무화과, 대추야자로 만든 단 시럽을 자주 이용했다. 또한, 사막 식물 몇 종의 수액을 이용하기도 했는데 신비한 양식 만나의 급원이라고도 한다.

기록된 역사를 보면 인간은 끊임없이 식품을 좀 더 맛있게, 향미 있게, 보기 좋게 만들도록 추구하여 왔다. 식품의 저장 수명은 소금과 후추를 넣으므로 길어졌기 때문에 한 자리에서 모든 음식물을 처리해야 할 필요가 없어졌다. 식품은 수일 혹은 수주, 수개월 보존할 수 있으나 고대에 냉장 시설이 없었기 때문에 저장에는 한계가 있었다. 그래서 식품에 향신료를 많이 넣어 여러 주 동안 아낌없이 먹어 치우는 잔치가 계속되었다.

향신료는 식문화의 주요 부분을 차지할 뿐만 아니라 지성소의 성화와 같이 종교생활에도 중요한 역할을 하였다. 향신료는 예나 지금이나 시장에서 주요 상품으로 전문점들이 거래를 이끌었으며, 새로운 향신료가 소개되면 그 향신료를 이용한 조리법이 개발되고 연회의 수는 증가하였다. 개발된 조리법을 친구나 손님들에게 자랑스럽게 내어놓는데 긍지를 느끼고 있었다.

우슬초

페니키아인, 아랍인, 솔로몬 왕, 히람 왕은 모두 향신료 교역에 많은 열정을 보였다. 시바(Sheba)의 여왕이 그녀의 나라(지금 예멘으로 알려짐)로부터 이스라엘로 향신료와 허브를 실은 거대한 낙타 행렬을 이끌고 왔다. 중동 지역의 향신료는 참깨, 생강, 고추, 커민(cumin), 고수풀, 우슬초(hyssop), 세이지(sage, 샐비어), 호로파(fenugreek), 콩과 식물 등이 있었다. 그들은 교역을 통하여 그리스, 로마, 스페인과 바이킹을 통하여 북유럽에도 전파되었다. 그 후 십자군에 의하여 전 유럽에 전파되었다.

한편 마르코 폴로와 그의 아버지는 17년간 중국, 인도네시아, 버마, 인도, 몽고 등지에서 비밀 교역을 시작하였다. 마르코 폴로의 책은 스페인, 포르투칼, 독일, 영국이 향료, 약용식물, 금을 찾아 신세계로 진출하는 계기가 되었다.

소금(salt)

모든 시대에 가장 널리 알려진 조미료인 소금은 인류의 발전 과정과 중요한 발자취를 함께 하고 있다. 즉 유목생활부터 생존을 위하여 채소와 곡류를 수확하는 농업적 정착 생활로 동물성 식품을 거의 섭취하지 않는 생활로 변하여 왔다. 초식동물이 소금을 찾아다니는 것을 볼 수 있다. 이것은 풀에는 칼륨은 많으나 나트륨이 적어 균형을 맞추기 위한 본능적 행동으로 이해할 수 있다.

농경사회는 조상들이 사냥으로 살아오던 때보다 소금을 더 필요로 하였다. 고기에는 다소간의 염분이 있지만 곡류에서는 거의 기대하기 어려운 형편이었다. 신들은 인간에게 지구 상의 과실을 아낌없이 줌으로써 숭배를 받았으며 더 좋은 것을 많이 얻기 위하여 값진 식품을 예물로 드렸다.(레위기 2 : 13)

성서에서는 재차 우리에게 소금보다 값진 것은 없다고 말하고 있다. 성서 지역에 넉넉히 있지만 아직도 조미료로서 귀중한 품목이며 육류와 어류를 저장하는 방법으로 인간과 가축의 건강에 필수적인 귀중한 것이다. 사해는 그 상태가 염해로 지구 상의 자연 상태 물 중 가장 짜서 지난 수천 년 동안 소금광산으로 이용되고 있다.

고대 상업의 통로가 열린 것은 소금에 의해서이다. 이탈리아에서 가장 오래된 길 중 하나는 'Via Salaria'로 오스티아(Ostia)의 염전으로부터 고대 로마 항구까지 소금을 수송하는 데 쓰였다. 소금 덩이는 화폐로 사용되었기 때문에 로마 군인들에게 급료로 지급되어 'Salarium'이라고 불렀으며 지금의 월급을 'salary'로 부르게 된 기원이 되었다.

헤로도투스는 리비아의 대상들의 통행로에는 소금을 공급받을 수 있는 오아시스들이 연결되어 있다고 기술하였다. 팔미라(Palmyra)의 소금은 시리아 항구와 페르시아만 사이의 교역에 중요한 요소가 되었다. 소금은 또 다른 의미에서 사람들이 음식을 함께 나누고 빵을 함께 나누고 음식에 소금을 함께 넣을 경우 우정이 계속된다는 약속을 만들었다. 왕의 소금을 먹는다는 것은 왕에게 충성한다는 것을 뜻하였다.

사해 남서 해안에는 풍부한 돌소금이 있었다. 소금은 증류를 통하여 얻어지며 돌소금의 바깥층은 때때로 불순물이 많고 딱딱하였다. 소금은 맛을 내는 데 주로 사용하였지만, 음식을 보존하는 데도 중요한 역할을 하였다. 신약 시대 갈릴리 해변에 있는 막달라의 주요 산업은 물고기를 소금에 절이는 일이었다.

소금은 실생활에 많이 이용되다 보니 여러 의미와 비유로 쓰인 경우가 많았다. 실제의 유용성과 생명, 희생, 봉사, 신성을 나타내는 긍정적인 경우와 경작이 불가능한 땅, 방목에 부적합한 땅, 몹쓸 땅으로 땅을 나쁘게 하는 악의 상징이 되기도 하였기 때문에 멸망, 파괴, 불결, 버림의 상징이기도 하였다.

"너희는 세상의 소금이니 소금이 만일 그 맛을 잃으면 무엇으로 짜게 하리요 후에는 아무 쓸데 없어 다만 밖에 버려져 사람에게 밟힐 뿐이니라"(마태복음 5 : 13)라고 예수님이 말씀하심으로 세상이 썩지 않도록 하는 방부성을 강조하였다. 또 본연의 의미를 잃게 된다면 소금이 무슨 필요가 있겠는가? 자신을 들어내기보다 다른 음식에 사용하므로 맛을 주지만 흔적이 없는 것처럼 자기 본위가 아니고 희생적 성질을 항상 지니도록 하는 바람을 나타내고 있다.

소금은 실제적으로도 맛의 4원소 중의 하나인 짠맛을 가지고 있지만 다른 맛을 강하게도 약하게도 할 수 있다. 자연에서는 소금이 짠맛을 내게 하는 거의 유일한 물질이기 때문에 소금이 짠맛을 잃으면 적절한 대응 방법이 없다는 것을 예수님께서 강조하신 것이 비유의

가르침이었지만 실제로도 맞는 사실이다.(누가복음 14 : 34)

제물에는 꿀이나 누룩의 이용은 금지하였지만 소금을 치라고 하여 소금이 하나님과 인간의 영원한 결합의 상징이 되었으며 영속성의 유지를 위한 것이었다. 이것은 꿀과 누룩은 변질과 변화가 쉽게 일어나나 소금은 그렇지 않아 소금의 불변성을 받아들인 것으로 볼 수 있다. 또 제물에 소금을 치는 것으로 그 자체로 성결화하는 과정으로 볼 수 있으며 세상을 정화시키는 교회의 상징으로 소금의 역할을 들고 있다.

엘리사의 사역 중 물이 좋지 못하여 땅이 소산물을 내지 못하다가 엘리사가 물의 근원에 소금을 던져 고침으로 죽음을 이기게 하여 새로운 생명이 태어나도록 하였다.(열왕기하 2 : 21~22) 아비멜렉이 세겜에서 성을 취하고 헐고 소금을 뿌림(사사기 9 : 45)으로 소금 많은 땅이 불모의 땅으로 황폐화된 것을 상징한다고 볼 수 있다. 또 롯의 아내가 뒤를 돌아본 순간 소금 기둥이 되어 버린 것은 하나님의 뜻을 거역하는 순간 저주와 멸망에 이르게 된다는 뜻에서 소금을 도구로 사용하였다.

에스라(4장 14절)에 **"궁의 소금을 먹는고로……"**라는 뜻의 영어 성서를 보면 "under obligation to the palace"로 기록하고 있어 소금이라는 단어가 보이지 않음을 알 수 있다. 원 히브리 성경은 "eating of the salt of the palace"의 뜻으로 기록되어 있어 결국 소금을 먹는다는 것은 영원한 충성을 뜻하고 있다.

모압 땅에 대한 여호와의 말씀 중 예레미야 48장 9절의 내용은 영어 성경(NIV)에서는 "put salt on Moab……"라고 쓰여 있으나 다른 영어 성경(New American Standard)에서는 "Give wings to Moab……"으로 대체로 2가지로 나누어 기록하고 있으며 번역(개역개정판)은 **"모압**

땅에 날개를 주어 피하게 하라"로 기록하고 있다. 결국, 모압 땅이 황폐하여 거기에 사는 사람이 없을 것이라는 뜻으로 귀결된다.

고대 사회에서 소금이 가치 있게 쓰인 것은 아래의 성서 내용을 보아도 쉽게 이해할 수 있다.

- 소금을 넣어 성결하게(출애굽기 30 : 35)
- 소금이 없으면 맛없는 음식(욥기 6 : 6)
- 신생아 정결 행사 시 소금을 뿌리지 아니하였고(에스겔 16 : 4)
- 제물에 소금을 쳐서 나 여호와께 번제를 드릴……(에스겔 43 : 24)
- 소제물…… 소금을 치라(레위기 2 : 13)
- 번제물 품목 중 소금 포함(에스라 6 : 9)
- 소금 언약……변치 않음(민수기 18 : 19)
- 소금 조미…… 은혜의 충만(골로새서 4 : 6)

감미료(sweetners)

사탕수수가 성지에 들어온 것은 기원전 1세기경으로 추정된다. 로마의 역사가 스트라보(Strabo)가 기록하기를 인도에서 온 갈대는 벌의 도움 없이도 꿀을 만들 수 있다고 하였다. 도입 초기에 사탕수수는 감미료가 아니라 의약품으로 쓰였다.

꿀을 생산하는 첫 증거는 코카서스 산맥과 터키 북쪽으로부터 얻을 수 있다. 야생 꿀벌 집이 있는 나무의 구멍을 사람들이 꿀에 더 쉽게 접근할 수 있도록 넓혀놓기도 하였다. 시간이 지나면서 사람들은 통나무를 이용하여 구멍을 파서 벌들이 살도록 하였다. 실제 양봉을 실시한 첫 증거는 기원전 2400년경의 이집트 암각화에서 볼 수 있다. 기원전 1900년경의 흙으로 만든 그릇에서 밀랍 조각과 꿀벌의 다리가 발견되었다. 그리스에서도 기원전 8세기경 인공으로 보이는 벌집이 발견되었다.

양봉에 의하여 얻어진 꿀은 헬레니즘 시대까지는 성지에서 나타나지 않았다. 성서에 꿀은 요나단처럼 땅에서 꿀을 발견하거나(사무엘상 14 : 25) 신명기(32 : 13)에서처럼 "반석에서 꿀을"로 기록되어 있는데 이는 야생 석청으로 볼 수 있다.

이스라엘과 블레셋이 막마스에서 싸울 때 사울은 전쟁에서 이기기전까지는 어떤 음식물도 먹지 말라는 명령을 내렸다. 그래서 피곤한 백성이 꿀을 발견하고도 먹지 못하였다.(사무엘상 14 : 24~26) 그러나 이 명령을 듣지 못한 요나단은 지팡이로 꿀을 찍어 맛을 보았더니 눈이 밝아지고 원기를 회복하게 되어 싸움에 이기게 되었다.(사무엘상 14 : 25~31)

하나님의 말씀이나 하늘에서 내려온 책은 꿀보다 더 달거나 꿀과 같이 달다(시편 119 : 103, 요한계시록 10 : 9)고 하여 가장 소중한 것의 가치를 꿀과 비유로 말씀하셨다. '젖과 꿀이 흐르는 땅'은 성서에서 여러 번 볼 수 있으며 성지를 기술하는 뜻으로 널리 알려져 있다. 그러나 여기에서 꿀은 다소 여러 가지 해석이 가능하다. 상당수의 고고학자는 압착하거나 가공하면 벌꿀처럼 단 열매를 맺는 몇몇 식물을 생각하고 있다. 그래서 '젖과 꿀'이라는 것은 젖을 생산하는 많은 소와 꿀처럼 달콤한 열매를 맺는 식물이 자라는 땅으로 이해하고 있다.

벌꿀(honey)

성난 벌떼가 덤벼드는 벌집에서 꿀을 빼앗아 먹어야겠다고 생각한 첫 사람은 누구일까 궁금하다. 고대인들은 화밀을 다른 기적을 일으키는 물질로 바꾸었다. 화밀에서 나온 꿀은 식품, 의약품, 꿀술과 같은 알코올성 음료를 만들었다. 꿀은 아마 첫 번째 감미료이었을 것이며 자연적인 것 중에 유일한 것이다.

이집트에서는 꿀을 미라의 방부 처리에 사용하였고 인도와 다른 동양 국가에서는 과일을 저장하는 데 이용하였다. 꿀은 마술적 성질을 가지고 있어 지혜, 순결, 사랑과 함께 건강, 행운, 생명력, 설득력을 가져다 준다고 믿었다. 꿀은 실제로 가벼운 항균력을 가지고 있어 상처, 부스럼, 화상 등에 이용하여 왔다. 외부용으로는 피부질환에 쓰고 복용하면 장질환을 완화시켜준다고 한다.

꿀은 솔로몬 왕 시대 전에도 인기 있는 식품이었다. 이스라엘은 품질이 좋은 꿀을 늘 얻을 수 있는 환경을 가지고 있었다. 팔레스타인에는 밀원이 많아 야생 꿀이 많았으며 요단 강 부근의 광야에서 벌들은 바위틈에 집을 지었다.(신명기 32 : 13)

여로보암 왕은 그의 아들이 병들었을 때 병이 어떻게 될 것인가를 알아보고자 선지자 아히야에게 가지고 간 것이 바로 꿀 1병과 떡, 과자이었던 것을 보면 꿀은 귀한 아들을 위한 왕의 인사 선물인 만큼 가치가 있었던 것으로 보인다.(열왕기상 14 : 3)

성서에서 여러 번 기록된 꿀은 대부분 야생 꿀이었으나 양봉도 있었던 것으로 보인다.(역대하 31 : 5)

또 대추야자나 포도로 만든 단 시럽일 수도 있다. 벌꿀을 삼가토록 맹세한 히브리인들은 아직도 대추야자꿀은 받아들이고 있다. 꿀은 창세기 43장 11절에 처음 나오고 요한계시록 10장 9절에 마지막으로 보인다. 출애굽기 3장 8절에서 히브리인들에게 약속한 가나안 땅은 젖과 꿀이 흐르는 땅이라고 하여 낙원을 상징하였으나 벌에 쏘이지 않고 야생 꿀을 채취하는 것은 무척 힘들다는 것이 기록되어 있다.(신명기 1 : 44) 비슷한 예가 시편 118편 12절에도 나와 있다. **"저희가 벌처럼 나를 에워쌓다"**라고 하여 벌집을 건드리는 것이 무서운 결과를 초래한다는 것이 잘 알려져 있었다. 아직도 히브리 사람들은 벌을 숭배하여 딸들의 이름 중 인기 있는 이름인 'Deborah'도 벌을 뜻하는 것이다.

성서에서는 꿀의 중요성에 대한 기록을 여러 곳에서 찾아볼 수 있다. 히브리 사람들은 그들의 십일조 품목에 곡식, 포도주, 기름, 꿀 등 밭의 소산물과 함께 꿀을 드린 것을 보면 꿀이 어느 정도의 중요한 위치에 있었나 짐작이 간다. 삼손이 사자의 주검에서 벌 떼를 보고 거기에 꿀이 있어 그 꿀을 집에 가져다가 부모님께 드렸으며 나중에 **"먹는 자에게서 먹는 것이 나오고, 강한 자에게서 단 것이 나왔다"**는 수수께끼의 주제가 되었다. 벌꿀은 귀중한 것이었으며 벌의 서식지가 다양했음을 알 수 있다.

모세의 노래 중에도 **"여호와께서 반석에서 꿀을 나오게 하셨다"**고 하여 여호와의 축복이 꿀을 포함하고 있는 것을 알 수 있다.(신명기 32 : 13) **"이와 같이 네가 금, 은으로 장식하고 가는 베와 모시와 수놓은 것을 입으며 또 고운 밀가루와 꿀과 기름을 먹음으로 극히 곱고 형통하여 왕후의 지위에 올랐느니라"**(에스겔 16 : 13)고 하여 몸이 건강하고 아름다워질 뿐만 아니라 영예를 함께할 수 있다는 의미로 생각된다.

또 꿀의 효용성에 대한 다른 기록은 사무엘서에 기록되어 있다.(사무엘상 14 : 27, 29) 사울 왕의 아들인 요나단은 꿀을 찍어 입에 대매 눈이 밝아졌다고 하여 효과가 극히 빨리 나타나는 것을 알 수 있으며 꿀을 조금 맛보고도 눈이 밝아졌다고 하여 소량으로도 효과가 있음을 알려주고 있다. 아버지가 아들에게 **"꿀을 먹으라 그것이 좋으니라"**(잠언 24 : 13)고 한 것은 경험에 의하여 효과를 알고 있는 아버지가 아들에게 좋은 것을 주고자 하는 마음을 대신한 것이 꿀이었다. 이렇게 좋은 꿀도 과식을 경계하여 적절하게 먹도록 권유하였다.

너는 꿀을 보거든 족하리만큼 먹으라 과식함으로 토할까 두려우니라 (잠언 25장 16절)

꿀을 많이 먹는 것이 좋지 못하고 자기의 영예를 구하는 것이 헛되니라 (잠언 25장 27절)

그 외에 꿀에 관련된 구절을 성서에서 찾아보면

대저 음녀의 입술은 꿀을 떨어뜨리며 그의 입은 기름보다 미끄러우나 (잠언 5 : 3)

배부른 자는 꿀이라도 싫어하고 주린 자에게는 쓴 것이라도 다니라 (잠언 27 : 7)

선한 말은 꿀송이 같아서 마음에 달고 뼈에 양약이 되느니라 (잠언 16 : 24)

그가 악을 버리며 선을 택할 줄 알 때가 되면 엉긴 젖과 꿀을 먹을 것이라 (이사야 7 : 15)

너희가 여호와께 드리는 모든 소제물에는 누룩을 넣지 말지니 너희가 누룩이나 꿀을 여호와께 화제로 드려 사르지 못할지니라 (레위기 2 : 11)

내 신부야 네 입술에서는 꿀 방울이 떨어지고 네 혀 밑에는 꿀과 젖이 있고 네 의복의 향기는 레바논의 향기 같구나 (아가 4 : 11)

세례 요한이 광야에서 생명을 유지시켜 주던 식물이 메뚜기와 석청이었으며, 석청처럼 돌틈에서 얻어진 꿀은 최고 품질의 식품이 되었다. 꿀은 당분 이외에 무기질, 비타민을 함유하고 있고 항생 물질 효능과 정장 작용, 진정제, 불면증 방지에도 도움을 줄 수 있다고 한다.

설탕(sugar)

설탕은 향신료도 향미식물도 아니지만 식품의 풍미제로 쓰여 왔으며 제과 · 제빵의 주요 재료가 되었다. 설탕은 옛날 요리에서 여러 가지 형태로 발견할 수 있으며 그 가격이 비싸 일상 조리에서는 많이 쓸 수 없었고 꿀이나 대추야자꿀이 정제 설탕 대신 사용되었다.

설탕 공장의 유적은 여리고 외곽에서 발견되며 다른 공장은 사해 근처 소겔(Sogher) 시 근처에서 발견되어 어떤 사람은 'sugar'가 도시 소겔에서 유래되었다고 주장하기도 하였다. 백색 결정성이며 단맛을 내는 물질인 설탕은 현대에는 정제되어 단일 화합물로 유통 판매되고 있으나 옛날에는 사탕수수, 야생 대추야자, 벌꿀 집에서 뽑아내어 상업용 감미료로 썼다.

사탕수수는 아시아와 아프리카를 통하여 중동에 도입되었으며 그 시기는 기원전 1000~400년 사이일 것으로 추정한다. 또 인도, 아니톨리아, 메소포타미아에서도 사용했다는 기록이 있다. 초기의 이름은 sakara와 khannda이었는데 현대에 오면서 sugar와 candy로 바뀌었다. 기원전 35~기원후 490년 사이에 페르시아에서는 단단한 설탕을 많이 언급하고 있다.

성서에서는 감미에 대한 기록은 있으나 설탕을 직접 거론한 기록이 없는 것으로 보아 널리 이용되지 않았거나 교역 상품으로만 귀하게 쓰였는지도 모른다.

중국 사람들은 주나라 시절(기원전 770년경)에 사탕수수에서 설탕을 추출하는 방법에 대하여 아랍인들에게 소개하고 있다. 아랍인들은 비옥한 초승달 지역을 통하여 문화를 전파하였으며 초기 이집트인들은 설탕 제조에 대한 이야기를 썼다. 설탕은 성서 시대에는 아주 귀한 물건으로 왕가에서만 쓰이는 사치품으로 향료의 교역과 함께 전파된 것으로 볼 수 있다. 사탕무는 수 세기 동안 메소포타미아와 이스라엘에서 재배되어 왔으나 현대에는 조리용 채소 정도로 이용하고 있다.

사탕수수(sugar cane)

사탕수수는 히브리인들에게 높은 기호성을 보였다. 예레미야는 비록 귀중한 것이라고 형식주의에 빠지는 것을 경계하였다. 에스겔은 페니키아와 교역 상품 중에 사탕수수를 포함시켰다.

사탕수수는 거친 환경에서 굳게 살아가는 다년생 식물로 5m가량 높이 자란다. 들판에 있을 때는 인디언 옥수수처럼 보인다. 잎은 밝은 녹색이며 모양은 대나무 잎과 비슷하다. 줄기는 어릴 때는 녹색이지만 익어가고 건조해지면서 옥수수 빛으로 변한다. 사탕수수는 심은 뒤 16개월 후에 밑둥을 잘라 제품으로 가치가 있게 만든다. 사탕수수의 원산지는 분명하지 않으며 그 기원은 매우 먼 역사 속으로 들어간다. 중국에서도 오래전부터 알려져 있고 인도, 아랍에도 예로부터 알려져 있다. 아랍을 통하여 북아프리카에 전파되고 또 성지에도 전파된 것으로 본다.

단맛을 내는 식재료(sweet stuffs)

고대 히브리인 식사에서 단맛을 주는 식품은 꿀 외에는 주로 과실이었다. 무화과, 포도, 석류, 대추야자는 성서 시대 중동에서 섭취한 가장 중요한 과실류이었다. 대추야자와 무화과는 높이 평가된 식품으로 날것, 말린 것, 케이크에 넣은 것 등으로 이용되었다.

포도는 주 생산 계절에는 신선한 것으로 섭취하기도 하였으나 건조시켜 이용하기도 하였다. 그러나 포도 생산의 주목적은 포도주를 만드는 데 있었다. 포도꿀은 감미원으로 이용되었는데 발효되지 않은 포도를 끓여서 농축한 것으로 처음 만든 식품 감미료라 할 수 있다.

대추야자는 이집트에서 페르시아에 이르는 지역의 토착 식물이며 그 변종도 30여 가지에 이른다. 이 나무 열매는 타원형 씨를 하나

가지고 있으며 당 50%, 단백질 2% 또 무기질 2%가량 함유하고 있어 감미 성분과 함께 섬유소가 포함되어 있다. 대추야자의 당분은 나무즙으로부터 만들거나 압착한 과실로부터 얻어진다. 대추야자꿀은 열매를 6일 동안 물에 담갔다가 끓여서 진한 시럽이 되게 한 것이다.

제6장 성서 시대의 음식과 조리가공

1. 성서 시대의 대표적 음식

이스라엘은 고유한 식품이나 음식이 형성되기 어려운 지형적 정치적 여건에 있다. 오히려 여러 나라의 영향을 받아 다양한 식문화를 수용한 것이 특징이다. 이집트에서의 노예생활, 바빌론의 포로생활, 수많은 이웃 나라들과의 전쟁, 각 나라 교역 통로로서의 역할은 이스라엘 음식문화에 깊은 영향을 주었다.

성서에서의 주요한 세 가지 식품은 곡류(dagan), 새 포도주(tirosh), 기름(vizhar)이었다. 맑은 국, 스튜, 굽는 것은 음식을 준비하는 대표적인 방법이었다. 식사의 형태는 수수한 일상 식사, 육류가 포함된 제사형 식사, 축제나 휴일의 여러 사람을 위한 식사와 다른 부류에 들어가지 않는 기타 식사로 나누어 목적에 따라 적절한 식사 형태를 준비하였다.

그 시대의 다른 식품은 커민과 후추를 넣은 밥, 양고기를 넣은 밥, 가지, 닭고기, 양파, 토마토소스, 치즈, 쌀로 만든 식품(박하, 소금, 후추로 향을 냄), 양고기, 쌀, 가지를 함께 넣어 서서히 구운 것 등이었다. 시온의 식품은 곡식, 새 포도주, 기름과 어린 양의 떼와 소 떼가 있었다.(예레미야 31 : 12)

이스라엘의 요단 계곡에 있는 말라(Mallah)는 아주 초기의 마을로 사냥하고 씨앗을 모아 초기 경작 형태로 발전시켰고 뒤에 농업으로 이어지게 한 곳이다. 여기에서 우리는 조리의 기본 방법이 발전되고 문화 속으로 정착되어 가는 것을 알 수 있다.

창세기 26장 12절에 이삭이 네게브 서쪽에서 계절에 맞는 농사를 지은 것을 기록하고 있다. 성서에서 식품의 조리는 종종 채소와 고기로 만든 맑은 국일 경우가 있다. 이 국은 근사한 냄새를 가지고 있고 영양이 풍부하였다.

볶은 곡식은 과거에 가장 주요한 식품이었으며 아직도 즐기고 있는데 완전히 익지 않은 밀 이삭으로 만든다. 밀 이삭을 냄비나 철판에 볶을 때 줄기를 몇 개씩 묶어 볶기도 한다. 이렇게 볶은 곡식은 빵과 함께 먹기도 하고 그냥 먹기도 한다. 레위기 23장 14절에 하나님께 예물을 가져오는 그날까지 볶은 곡식을 빵과 생 이삭과 함께 먹지 말아야 할 규례의 대상으로 분류하였다.

이새는 다윗 편에 볶은 곡식 한 에바와 빵 열덩이를 군대에 있는 자기 아들들에게 보낸 적이 있다.(사무엘 상 17 : 17) 아비가일은 다윗에게 볶은 곡식 다섯 되를 선물로 주었으며,(사무엘 상 25 : 18) 다윗은 또 반역한 아들 압살롬에게 쫓겨 도망갈 때 친구들로부터 다른 물건과 함께 볶은 곡식을 받았다.(사무엘 하 17 : 28) 볶은 곡식이 비상 식량은 물론 일상 식량의 역할을 하였음을 알 수 있다.

성서에서의 점심은 볶은 이삭, 빵, 신 포도주(룻기 2 : 14)였으며 콩류는 두 번째로 흔히 먹던 식품이다. 콩류에는 콩(bean)과 팥(lentil)이 중심이었을 것이며 그 뒤 여러 종류의 콩과 완두류가 등장하였다. 에스겔서 4장 9절에는 콩과 팥을 섞어 빵을 만들도록 하였다. 팥 수프(죽, pottage)는 아직도 시리아와 예멘에서 그대로 먹고 있다.

성서에서 특별히 수프에 대하여 언급하고 있지는 않지만 초기의 요리사들이 쉽게 구할 수 있는 신선한 재료들을 나누어 물과 함께 끓였다는 것은 상상할 수도 없는 일이다. 포타지는 스튜나 고기 혹은 채소의 진한 수프로 정의된다. 수프는 단순히 채소를 잘라서 끓이는 것부터 크림 수프까지 다양하며 보리, 팥, 밀은 수프를 진하게 하는 데 이용되었다. 고기 수프에는 내장도 포함되지만 부스러기나 찌꺼기는 넣지 않는다. 크림 수프는 젖이나 크림을 넣을 뿐만 아니라 달걀노른자도 넣는다. 옛날의 조리사들은 남은 고기, 생선, 뼈, 채소, 향식물과 물을 넣어 저장용 수프를 만들었음이 틀림없다. 대부분의 조리사들은 그들이 좋아하는 수프 식단을 가지고 있었으며 수프를 끓이는 재료나 양에 지나치게 신중할 필요가 없다고 주장하였다. 무엇을 가지고 있든지 사용하라는 것이 그들이 가질 수 있는 최선의 아이디어였다.

유월절의 식품은 치커리와 꽃상추 등이었을 것이며 겨자잎, 오이, 무가 주 식탁에 오르는 채소류였다. 채소는 그 자체만을 먹기도 하지만 좋은 날에는 육류와 함께 먹었다.

올리브는 미각 증진을 위하여 먹었을 뿐만 아니라 종종 주요리에 치즈와 함께 먹기도 하였다. 무화과는 겨울에 먹기 위하여 건조 저장하였으나 여름철에는 나무에서 채취하여 신선한 채로 먹었다.

과자는 얇고 딱딱한 비스킷 종류로서 보통 사람들이 여행할 때 가지고 다니던 것으로 구멍을 뚫었거나 쉽게 부서지는 과자였을 것이다.

음료로 먹었던 초는 일반적으로 포도주나 독주가 시어져서 생긴 음료이다. 현재 동양에서는 포도즙에 물을 붓고 발효시켜서 만든다. 물론 이 초는 매우 시었으며 나실인에게는 초를 먹는 것이 금기였다.(민수기 6 : 3, 잠언 10 : 26) 초는 로마 사람들의 '포세아'와 비슷한데 '포세아'는 취하지 않는 묽은 신 포도주로서 가난한 사람들만 이용하였다. 예수님이 십자가에 달렸을 때 포도주라고 언급된 것이 바로 이것이다.(마태복음 27 : 34, 48, 누가복음 23 : 36, 요한복음 19 : 29~30)

고대 히브리인들은 포도, 석류, 대추야자, 무화과의 술로부터 식초를 만들었다. 그들은 신 포도주를 조미료와 피클용으로 썼으며 찬물에 조금 섞어 들에서 일하는 사람들의 원기를 돋아주는 음료로 사용하였다. 식초는 포도즙과 같은 술에 초산 박테리아가 침입하면 자연적으로 만들어지는 것으로 서서히 액의 표면막이 형성되고 알코올이 초산(식초)으로 된다.

곡식의 조리

곡식이 요리라는 이름으로 처음 조리되었을 때 곡식은 가정주부들이 모으고 빻고 끓였다. 원시 요리는 땅에 움푹한 구덩이를 파고 돌로 여러겹 쌓아서 곡물이 돌틈 사이로 빠지지 않게 하였다. 구덩이에 물을 넣고 불 위에서 뜨겁게 달군 돌이나 조약돌을 가져와 넣어 뜨겁게 하였다. 여기에 곡식을 넣고 뜨거운 돌을 그 위에 넣어 오랫동안 물이 뜨겁게 유지되도록 하였다.

고고학자들은 곡식 처리에 또 다른 방법을 제시하였다. 불로 뜨거워진 돌로 된 타작 마당에 곡식을 붓고 열을 가한다는 생각이다. 곡식을 볶는 것은(때때로 타는 경우도 있었겠지만) 거친 껍질을 분리시키고 내부의 낟알을 더는 조리 과정 없이 먹을 수 있도록 하였다.

구운 곡식은 식사 대용으로 하기에 만족할 만하지 않았기 때문에 물이나 우유를 넣어(물은 귀하였지만 낙타, 양, 염소의 젖은 풍부하였다) 반죽하여 죽처럼 만들어 먹기도 했다. 곡식 죽이 먹음직스럽게 보이지는 않을지라도 초기 조상들의 일상 식량이었으며 그것을 어떻게 하면 고체 형태로 만들어 수송을 편리하게 할 수 있을까 하여 곡식 죽을 건조시킬 수 있는 방법이 개발되었다.

옛날 요리는 스튜와 포타지, 빵과 과자를 곡식 죽과 섞음으로써 매일의 식생활에 변화를 주기 시작했다. 밀, 보리, 기장, 귀리는 병아리콩, 팥, 콩, 채소를 섞어서 조리하므로 훗날 영양학에서 영양 균형에 적절한 단백질 보급 식단으로 생각하고 있다.

한 곳에 정착할 수 있었던 행운을 가진 사람들은 진흙으로 바른 까맣게 그슬린 구덩이를 장만하고 그곳에서 불을 계속 피웠으며 한 시간 정도만 공을 드리면 곡식을 조리할 수 있었다. 옛 선조들은 통밀이나 쪼갠 밀(bulgar)을 몇 시간씩 물에 담가 부풀리고 부드럽게 하여 여기에 야생 식물을 넣어 맛있는 샐러드를 만들었을 것이다. 수천 년 후에 우리가 좋아하는 프렌치 드레싱 샐러드는 고대식의 변형으로 보아도 좋다.

애굽에서 요셉이 베냐민과 그의 형제들에게 준 음식이 우유에 밀을 넣고 끓인 우유 밀죽(frumenty)이었을 것으로 생각하고 있는데, 이 음식은 맛이 좋고 더구나 상징적인 의미를 가지고 있다. 왜냐하면 애굽은 야곱 시대에 큰 곡물 생산 국가였기 때문에 요셉의 형제들이 살았던 가나안 땅에 기근이 들었을 때 애굽을 찾아간 것은 아브라함이 가나안 땅에 기근이 들었을 때 애굽을 찾아간 것과 마찬가지이

다.(창세기 12장 10절)

오트밀 죽(gruel)에 대한 부당하게 낮은 평판은 과거 수 세기 동안 지하 감옥의 식사에 검은 빵과 오트밀 죽을 제공했던 유산임이 틀림없다. 거칠게 간 밀, 보리, 기장, 스펠트밀을 물이나 우유 등으로 조리하면 소화되기 쉽고 영양가 있는 음식이 될 수 있으며 오트밀 죽 자체가 사회에서 천대받고 있지만 양파, 치즈, 염장 생선을 함께 요리하거나 단 것, 즉 대추야자, 건포도, 물을 섞으면 맛있는 요리가 된다.

2. 성서 시대 요리의 발달

기원전 5000~4500년에는 죽은 짐승의 위를 깨끗하게 하여 거기에다 음식을 조리하는 것이 흔히 볼 수 있는 요리법이었다. 이와 같은 요리법은 캐서롤(고기 채소 복음밥)이 첫 번째 사례가 되었다. 위장에 기름을 칠하고 자른 채소를 채우고 고깃덩이와 물을 넣어 봉한 다음 삼각형으로 만든 나뭇가지 꼭지에 매달아 불로 요리하는 것이다.

이와 같은 방법은 스코틀랜드에서 하기스(haggis)로, 헝거리와 슬로베니아에서는 모겐(mogen)으로, 바이킹은 비사고스(visagoth)와 고스(goth)로 발전되어 모든 지역에서 기본 식품이 되었다. 이처럼 불에 직접 굽거나 찌는 요리법이 삶는 요리법보다 훨씬 이전의 방법이며 땅속에 판 요리용 구멍도 매우 오래된 요리 형태이다.

날씨가 좋을 때에는 밖에서 요리하므로 냄새와 연기가 집 안으로 들어가지 않게 하였으며 연료는 동물의 똥을 말린 것, 들풀(마태복음 6 : 30), 숯(요한복음 21 : 9)을 이용하였다. 금속제 용기를 비롯한 조리 용기가 개발되고 사용되면서 끓이는 요리가 급격히 보급되었다. 동물을 잡아 잘게 썰어 양념과 함께 냄비에 넣고 물을 부어 끓였다.(에스겔서 24 : 4, 5) 먹을 때는 고기와 국물을 따로 상 위에 놓았다.(사무엘 상 2 : 14)

기원전 539년 페르시아의 키로스(Cyrus) 2세 시대(기원전 600~529)에 이스라엘 사람들이 고향으로 돌아가는 것이 허락되었을 때 그들의 전통적인 요리에 새로운 요리법이 많이 추가하게 되었다. 이 새 요리법에는 과자 만드는 법이 많이 포함되어 있었다. 기원전 1175년 이집트의 벽화에서도, 테베스의 람세스 3세의 무덤 벽화에서도 궁중에서 빵 굽는 것을 볼 수 있다. 여기에는 많은 종류의 빵과 과자를 볼 수 있으며 어떤 것은 굽고 어떤 것은 튀겨내었다. 흥미 있는 것은 동물 모양의 과자로 가난한 사람들이 희생 제물 대신에 썼던 것으로 보인다.

3. 식품 취급 기구

성전에서 사용하는 기구는 특별한 의미를 갖기 때문에 대부분 금으로 만들었다. 상, 대접, 주발, 숟가락은 모두 금으로 만들고 고기 갈고리만 놋쇠로 만들었다. 성전에서 상은 진설병을 놓는 곳이며 대접은 제물의 피를 닦는 그릇이다. 피에 대한 성스러움으로 피를 취급하는 그릇은 금으로 만들었기 때문에 피를 담아 뿌리는 주발도 금으로 만들었다. 그 외에도 잔, 바리, 가마가 있어 제물을 처리하는 데 각각 역할을 하였다.

식품을 가공하는 데 쓰이는 기구는 곡류를 탈곡하는 맷돌과 포도즙을 짜는 기구가 큰 역할을 하였다. 맷돌은 곡류의 껍질을 벗기는 데 쓰는 도구로 각 가정마다 손으로 돌릴 수 있는 맷돌을 가지고 있었으며 그 중요성이 법적으로 인정되어 빚의 담보로 맷돌을 취하는 것을 불법으로 규정하였다.(신명기 24 : 6) 맷돌은 두 개의 둥근 원통형 평판으로 되어 있는데 아랫돌은 직경이 50~60cm 정도의 사암이며 두께는 약 10cm 정도이다. 윗돌은 다공성 바위로 가볍고 작은 편무암으로 되어 있으며 윗판의 중앙에는 10cm 정도의 구멍이 있다. 맷돌을 생명과 같이 여겼으며 기근 시에는 맷돌의 소리가 적어 진다(전도서 12 : 3 ,4)고 하는 것은 우리나라에서 식량 부족 시 굴뚝에 연기가 나지 않는다는 말과 같은 뜻을 갖는다고 생각된다. 또 마태복음 24장 41절에 두 여자가 맷돌질을 하고 있다는 것은 여자의 일상적인 생활 모습으로 맷돌질이 대표되고 있었다.

조리하기 위하여 쓰인 기구나 도구는 매우 다양했던 것으로 보이며 크기, 모양, 재료가 그 특징을 보여주고 있다. 성전 기구와 같이 금으로 만들거나 그 외 은, 동, 철, 구리, 흙으로 만든 대접으로 조리하거나 음식을 먹을 때 쓰였던 것으로 보인다.

마른 음식을 담을 때는 갈대, 종려나무, 도자기 등으로 만든 바구니를 이용하였고 고기를 들거나 뒤집고자 할 때는 세발 갈고리(three prolonged fork)를 썼으며 철기 시대에도 돌칼이 함께 쓰였다. 이처럼 세발 갈고리와 돌칼의 사용은 종교적 보수성 때문에 오랫동안 사용하였던 것으로 생각된다.

직접 조리하기 위한 도구로 화덕이나 질탕관(cooking pot)이 있었으며 각각의 용도에 따라 제조되었다. 화덕은 진흙으로 만들고 그 안에 불을 지폈다. 화덕이 뜨거워지면 재를 치우고 화덕 바닥에 반죽을 펴서 빵을 만들었다. 솥은 우리가 생각하는 것 외에도 모래솥, 흙솥이 있는데 모래나 흙 속에서 돌을 달군 다음 그 돌 위에 반죽을 펴는 것과 같이 화덕과 솥의 기능이 분화되어 있지 않았으며 이러한 기능들을 이용하여 만든 요리가 바로 빵의 제조였다.

화덕에서 굽고 번철(철판)에서는 무교병을 부치고, 냄비에서는 삶고, 석쇠에서는 번제물을 굽는 등 조리법의 발달은 필연적으로 새로운 조리도구를 개발하게 되었다. 반죽할 때 쓰는 용기는 동물의 가죽으로 만들었던 것으로 추측된다. 둥근 가죽 제품으로 일정 간격마다 쇠고리가 있었으며, 고리를 사슬로 연결해서 사용하지 않을 때는 지갑처럼 매달아 두고 여행 시에는 반죽이나 빵을 담았던 것으로 보인다.(출애굽기 12 : 34) 가죽 부대는 빵 반죽 시 사용한 것 외에도 포도주를 발효시키거나 우유를 넣어 발효유, 크림, 버터를 만드는 데도 쓰였다. 가죽 용기는 가공용 용기, 이동 시 액상 물질을 담는 그릇 등의 용도로 쓰였다.

사사기 6장 11절에 밀을 포도주 틀에 타작하였다고 기록하고 있는데 약탈자들의 눈을 피해 기드온은 좁은 공간인 포도주 틀에서 밀을 타작하였다. 포도주 틀은 돌이 많은 땅이나 바위에 구멍을 파서 만들었다. 가축 대신(타작에 타작용 마차나 황소의 발굽을 이용하였다) 지팡이나 막대로 타작하므로 한 번에 소량씩밖에 타작할 수 없었을 것이다.

여호수아 15장 62절에 기록된 소금의 도시(the City of Salt)라고 생각되는 쿰란 지역에 살고 있는 사람들의 식생활에 대한 기록이 사해본의 하나에서 나왔는데, 그 기록과 함께 많은 조리기구가 쿰란 지역에서 발견되었다. 큰 솥, 도자기 요리 냄비, 튀김 팬, 입 큰 주전자가 있었으며 포도주 용기는 반투명 혹은 투명 유리로 만들었다. 도살자들이 사용하거나 고기를 떼어내는 데 사용하는 칼을 제외하고는 막대기나 국자를 썼으며 대부분 손으로 처리하고 손으로 먹었다.

빵은 뜨거운 돌 위의 번철이나 작은 흙 오븐 속에서 직접 구었다. 쿰란 같은 고고학적 유적지에서 수많은 조리용 기구가 발견되었지만 그것들을 이용하여 어떤 요리를 했는지는 아직 밝혀지지 않았다.

4. 성서의 조리 가공

성서에서 조리와 관련된 내용은 여기저기에서 볼 수 있으나 요리 기술에 대한 기록은 발견할 수 없으며 단 하나의 레시피도 없다. 단지 에스겔서 4장 9절에 몇몇 종류의 두류와 곡류를 섞어서 빵을 만드는 기록이 있으나 실제 양적인 기록은 없다.

성서에는 조리에 관한 말들이 우화적일 때가 많다. 에스겔서(24 : 3~5)에 예루살렘의 파멸을 끓는 가마 속의 유다 백성처럼 표현했는데 그것은 성서 시대의 일반적인 조리법 중의 하나를 나타낸 것으로 고기를 가마에 넣고 삶고 끓여서 다른 저장 식품, 즉 곰국(stock)을 만들었을 것이다. 성지에서 고대인들은 가마에 양고기, 염소고기, 쇠고기를 넣어 마늘, 양파, 부추, 향미식물로 조미하였다.

성서의 요리사들은 그들의 집 밖에서 음식을 준비하였다. 연료로는 나무막대기, 마른 풀, 인간의 변을 포함한 동물이나 가축의 똥을 썼다. 그들이 좋아하는 요리법은 낮은 온도에서 끓이는 것(stewing)이었으며 굽거나(roasting) 튀기는 것(frying)보다 즐겨 썼다.

새로운 조리법의 개발은 그 지역의 식재료가 될 수 있는 산물에 의하여 결정되고 발전될 수 있으나 그보다 다른 집단과 구분지으려는 동기를 강화시키기 위한 경우가 많다. 이 경우 식재료의 풍부함과 저렴한 가격이 영향을 주는 것이 아니라 오히려 식재료가 희소하고 값이 비싸고 다른 사람이 구하기 어려운 것이 요리법의 개발을 충동시킬 수도 있다고 생각한다.

인류의 역사에서 조리법은 굽는 요리가 제일 먼저 알려졌고 그 다음으로 찜과 삶는 조리법이 개발된 것으로 알려져 있다. 삶는 요리법은 용기의 이용이 보편화된 후에 이용되었을 것이며, 그 용기에 물을 넣고 끓이고 삶는 방법을 알아내는 데는 굽는 조리법이 일반화된 후 많은 시간을 필요로 했을 것이다. 그러나 채소는 날로 먹는 것이 보통이며 콩과 팥은 물이나 기름을 붓고 삶아 먹었다. 대체로 성서 시대에는 냄비요리가 흔했으며 어떤 것은 기름을 섞어 요리했다.

식품의 조리 중에 가장 많이 등장하는 것이 곡류의 조리이다. 곡식이 익기 전에 그 대를 잘라서 작은 단으로 묶은 다음 이 단들을 마른 잔디나 가시나무 위에 올려놓고 곡식알만 남도록 대를 태운다. 그리고 다 볶은 후 손으로 비벼 먹었다. 이렇게 익지 않은 곡식의 대를 잘라 볶은 곡식을 만들어 먹는 것은 도둑질이 아니었다. 추수철에는 완전히 여물지 않은 밀알을 모닥불에 굽거나 철판에 볶아서 대용식으로 먹기도 했다.

불 위에 곡식의 이삭을 올려 놓는 방법은 현재에도 비슷한 자연식

요리로 소개되고 있으며 룻기 2장 14절에도 볶은 곡식에 대한 기록이 있다. 그 외에도 레위기 2장 14절, 사무엘 상 17장 17절, 25장 18절에서도 기록되어 있고 간단한 대용식이 아니고 다윗에게 드리는 아비가일의 식품 목록에 들어 있는 것을 보면 그 시대의 저장 식량으로 큰 역할을 했던 것으로 보인다.

그러나 곡류를 볶는 것보다 가루로 만들어 물이나 기름을 섞어 반죽하고 케이크를 만들 때 평평하거나 둥근 모양의 반죽을 뜨거운 재 위에 직접 얹어 요리하기도 하였다. 불 위에 직접 빵을 굽는 습관은 예수님 시대에도 있었다.(요한복음 21 : 9) 동물의 분변 위에 빵을 굽는 것보다 좀 더 위생적이고 맛있는 빵을 만들기 위하여 뜨거운 돌 위에 반죽을 올려 놓아 빵을 만드는 것은 그 후에 나타난 조리법이었을 것이다.

빵을 만들기 위하여 불을 피우고 돌이나 화덕을 뜨겁게 하는 일은 연기와 재가 날리고 냄새가 나기 때문에 실외에서 이루어졌을 것으로 생각되지만 부유한 집에서는 실내에 화덕을 가지고 빵이나 과자를 만들기도 하였다. 다윗의 아들 암논이 누어서 다말이 밀가루를 가지고 반죽을 하고 과자를 굽는 광경을 보고 있었던 것으로 보아 방과 부엌의 구분이 없었으며 실내에 화덕이 있었던 것으로 볼 수 있다.(사무엘 하 13 : 8)

빵을 굽는 방법은 여러 가지가 있었으나 어느 방법이든지 흙이나 돌을 달구어 그 위에 반죽을 펴서 빵을 구었다. 우선 땅에 구덩이를 파고 불로 달군 다음 재를 치우고 뜨거워진 벽에 반죽을 팬케이크(pancake)처럼 넓게 펴서 붙여서 구었다. 또 다른 방법은 불 속에 돌멩이를 구어 그 돌멩이 위에 반죽을 올려 놓든가 바위 위에 불을 피고 재를 치운 다음 그 위에 반죽을 펴기도 하였다. 또 진흙 대접을 달군 후 넓은 진흙 대접 위에 반죽을 펴기도 하였다.

곡류는 위와 같이 가루로 만들어 먹거나 볶아 먹는 방법 외에도 삶아 먹거나(parboiled), 찧어 먹는(craked) 방법이 있었다.(레위기 2 : 14, 잠언 27 : 22, 사무엘하 17 : 19)

5. 성서의 식품으로 요리하기

성서 시대 중동 사람들의 식생활은 오늘날 전통적으로 내려오는 식생활과 비슷하여 곡류 중심이었다. 곡류는 다양한 방법으로 처리하여 먹었는데 식물로부터 훑어낸 생 낟알로 가루를 만들어 빵을 만들거나 가루를 이용한 제품을 만들어 먹기도 하였다.

성서의 식품 중 또 다른 일상적인 식품은 여러 가지 두류와 채소류이다. 아비가일이 다윗에게 보낸 식재료는 떡, 포도주, 양, 곡식, 건포도, 무화과이었다.(사무엘상 25 : 18) 빵을 맛있고 풍미 있게 만들기 위하여 곡류와 두류를 함께 섞는 것은 보편적인 일이었다. 예를 들어 하나님이 에스겔에게 알려준 빵 조리법에서 "**밀, 보리, 콩, 팥, 기장, 귀리를 취하여 한 그릇에 넣고 빵을 만들라**"고 지시하였다.(에스겔서 4 : 9)

아래에 보여주는 요리법은 역사적 사실성(확실성)을 나타내는 것은 아니다. 그러나 이들은 성서 시대에 먹어 왔던 음식 중 현대에 가장 그럴듯하다고 생각할 수 있는 것들이다. 성서 시대의 요리에 관련된 많은 자료들이 출판되었으나 여기에서는 식품군별로 한두 개씩 임의로 선택하여 제시하고자 하며 이것이 대표 식품이란 뜻은 아니다.

곡류 음식(grain dishes)

모든 곡류는 먼지를 제거하기 위하여 냄비에 넣고 씻어야만 했다.

씻은 물이 깨끗해질 때까지 여러 번 씻는다. 곡식을 물에 침지시켜 부드럽게 하면 조리 시간을 단축시킬 수 있으며 조리된 곡식은 단맛이 더 날 것이다. 밀, 귀리, 보리 등 곡류는 조리 전에 4~8시간 침지하여야 하나 기장은 침지할 필요가 없다.

조리 시에는 곡류 한 컵당 소금을 약간 넣고 조리하면 부드럽게 되고 맛이 좋아 진다.

【끓인 밀 혹은 귀리】

- 재료 : 통밀 혹은 귀리 2컵, 물 6컵, 소금 약간
- 밀이나 귀리를 씻고 침지한다.
  - 이중 냄비에 곡류와 물을 넣고 껍질이 팽창하여 터질 때까기 가열한다.
  - 다른 방법으로는 오지그릇 조리법으로 오지그릇을 물이 들어있는 냄비에 넣어 가열하는 방법으로 오지그릇에 곡류가 눌어 붙는 것을 막는다.
  - 조반으로는 잘게 부순 건포도, 대추야자, 무화과 등 다른 과실을 섞어서 먹는다.

【구운 곡류(기장)】

- 재료 : 기장 2컵, 물 6컵, 소금 약간
- 기장을 물에 씻고 물기를 뺀다.
  - 냄비에 넣고 볶아 향긋한 냄새가 나도록(날 때까지) 가열한다.
  - 2~10분 가열하는데 계속 저어 주어야 한다.
  - 냄비(식탁에 직접 올려놓는 그릇)에 볶은 곡식, 소금, 끓는 물을 붓고 350℃에서 한 시간 굽는다

빵과 케이크

빵은 성서 시대에 가장 중요한 식품으로 창세기(3장 19절)에서 땀을 흘려야 식물(食物)을 먹을 수 있다는 하나님의 명령이 있을 때부터 시작되었다. 빵은 발효빵과 무발효빵으로 나눌 수 있으며 대부분은 발효되지 않은 빵을 먹었다. 아브라함의 아내 사라가 방문한 천사들을 위하여 구운 빵은 무발효빵이었는데 만드는 시간이 짧았던 것을 보아도 알 수 있다. 또 발효된 빵은 희생의 제물로 사용할 수 없었다.

고대에 빵을 굽는 열원으로는 난로, 진흙 오븐, 심지어 뜨거운 돌까지도 사용하였다. 초기 성서 시대에 진정한 오븐(화덕)은 매우 귀한 품목으로 될 수 있는 한 공동으로 사용하였다.(레위기 26장 26절)

【넓적한 빵(무교병)】

- 올리브유 3큰술(table spoon), 통밀가루 혹은 기장가루 5컵, 소금 1/2찻술(tea spoon), 찬물 1~1.5컵
- 물에 올리브유를 붓는다.
  - 밀가루(혹은 기장가루)에 올리브유와 물을 섞은 것을 붓는다.
  - 반죽이 질척거리지 않을 만큼 물을 넣는다.
  - 소금을 넣는다.
  - 반죽 표면이 매끄럽게 되도록 반죽한다.
  - 반죽을 15분 이상 놓아 둔다.
  - 직경 약 4cm가 되도록 둥글게 공을 만든다.
  - 바닥에 가루를 약간 놓고 둥글게 반죽된 것을 납작하게 편다.
  - 직경 13cm에 두께가 0.6cm 정도 될 때까지 가루를 묻혀 편다.
  - 손잡이가 긴 팬 위에 놓는다.

– 양쪽 면에 2~3분 정도씩 번갈아 구어 노릇노릇한 부분이 나타날 때까지 약한 불로 굽는다

【비발효빵(무교병)】

- 밀가루 혹은 기장가루 3컵, 가루 한 컵당 소금 1/4~1/2찻술, 물 1.5컵
  - 가루와 소금을 잘 섞는다.
  - 물을 조금씩 부어 물이 모두 흡수되도록 잘 섞는다.
  - 잘 반죽한 후 뚜껑을 덮고 하루 저녁을 둔다.
  - 팬 크기에 맞도록 반죽을 나눈다.
  - 반죽은 탄력이 있어야 하며 기름 두른 빵틀에 넣는다.
  - 몇 시간 동안 따뜻한 조건에 둔다.
  - 굽기 전 각 덩이의 위쪽을 길게 찢어둔다.
  - 176℃ 오븐에서 예열한다.
  - 1시간 15분~1시간 30분가량 굽는다.

【발효빵(유교병)】

- 따뜻한 물 3컵, 건효모 1찻술, 맥아 혹은 꿀 2큰술, 밀가루 혹은 기장가루 7컵, 소금 1큰술
  - 효모를 미지근한 물에 녹인다.
  - 그릇에 모든 배합 재료를 넣되 액체성 재료는 반죽이 부드럽게 될 때까지 조금씩 넣는다.
  - 반죽은 만져서 탄력이 있고 반죽 판에 붙지 않을 정도로 한다. 반죽을 하는 것은 반죽에 공기를 넣고 효모를 균일하게 퍼지게 하기 위해서이다.

– 반죽이 원하는 만큼 균일성을 갖게 되면 반죽을 덮고 두 배가량 부풀도록 놓아둔다. 대략 2~3시간 30분 정도의 시간이 걸릴 것으로 생각되나 사용된 밀가루의 형태, 실온, 효모의 양 기타 다른 인자들에 의하여 영향을 받는다. 부풀은 빵은 아직 단맛을 가져야 한다. 부풀은 반죽은 손가락으로 툭 두드려 내려앉기 시작하면 두 번째 반죽을 위한 준비된 상태이다. 빵을 발효시키는데 이상적인 온도는 26~32℃이다

– 다시 반죽을 잘해서 용기에 넣고, 이전 크기의 3/4 정도가 될 때까지 둔다. 빵 반죽 판에 다시 꺼내서 가스를 배출하도록 가볍게 반죽하고 빵틀의 크기에 맞도록 나눈다.

– 몇 분 동안 그대로 두어 조금 부풀리도록 한다.

– 빵틀에 반죽을 넣고 밀빵일 경우에는 232℃ 오븐에서 예열한 후 176℃ 그 다음에 148℃로 단계적으로 온도를 내리면서 빵을 굽는다. 오븐에 따라서 조금씩의 차이는 있겠지만 빵을 굽기 시작하면 15분 내에 갈변이 일어나도록 충분히 높은 온도를 주어야 하며 굽는 시간은 75~90분 사이가 되어야 한다.

두류(legumes) 음식

【완두 수프(pottage)】

• 쪼갠 완두 3컵, 물 7컵, 양파 3개(작은 것~중간 크기, 주사위처럼 자른 것), 샐러리 줄기 2개(네모나게 자른 것), 올리브유 1큰술, 소금 1큰술, 월계수잎 2개

– 쪼갠 완두를 씻어 1시간 동안 물에 담가 놓는다.

- 양파는 투명하게 될 때까지 기름에 살짝 볶는다.
- 샐러리를 넣는다.
- 완두를 눌러 으깬다.
- 채소 위에 완두를 얹는다, 섞지 않는다.
- 팬 가에 물이 잠기도록 물을 넣는다. 섞지 않는다.
- 한 번 끓이고 월계수잎을 넣는다.
- 부드럽게 될 때까지 30분간 조리한다.
- 소금을 넣고 크림 상으로 될 때까지 다시 20분 가열한다.
- 월계수잎을 버리고 부드럽게 섞는다.
- 빵과 함께 내놓는다.

【구운 병아리콩(이집트콩) 요리】

• 병아리콩 1컵, 양파(중간 크기) 2개(네모지게 썬 것), 소금 1찻술, 물 2컵

- 병아리콩을 씻고 물에 침지시켜 예비 조리를 한다.
- 양파와 소금을 넣고 20분간 조리한다.
- 요리용 접시에 담고 조미료로 맛을 낸다.
- 176℃ 오븐에서 30분간 굽는다.

생선(fishes)요리

【팬 프라이 생선】

- 생선을 씻고 물기를 제거한다.
- 1인분 크기에 맞도록 자른다.
- 생선 위에 마리네이드를 붓는다.(marinade : 식초, 포도주, 향신료를 넣은 액체)

- 5분간 그대로 두고 생선을 뒤집고 다시 5분 둔다.
- 마리네이드로부터 꺼낸다.
- 밀가루를 묻힌다.
- 냄비에 올리브유를 넣고 가열한다.
- 뚜껑을 덮고 2~3분간 생선을 튀긴다.
- 뒤집고 2~3분간 뚜껑 없이 노릇하게 될 때까지 튀겨낸다.

6. 성서의 포도주 역사

모세 시대 이후 포도주는 주요한 식품이요, 음료이며 수출품이기도 하였다. 이스라엘 포도주는 품질이 좋았기 때문에 수요도 많았다. 포도주는 종종 향신료와 섞어 먹기도 하였으며(마태복음 27 : 34) 몰약을 섞은 포도주는 약용으로 이용되었다. 포도주는 물이 귀하기 때문에 널리 음용되었고 술을 담은 가죽 부대는 장거리 여행의 동행 물건이었으며 성전을 방문하여 희생 제물을 드릴 때, 또 세금으로 지불하는 수단이 되었다.

포도는 즙을 짜거나 그냥 먹거나 발효시켜 술을 만들거나 끓여서 포도주를 만들기도 하였다. 술은 늘 물과 섞어서 음용하게 되었다. 포도주의 음용 문화는 시간이 흐르면서 손상되지 않고 잘 보존되어 전파되었다.

성서에서는 4가지 주요한 포도주가 나온다. 발포성 포도주(시편 75 : 8), 향신 포도주(아가서 8 : 2), 헬본 포도주(에스겔 27 : 18), 레바논 포도주(호세아 14 : 7)의 4종류로 나눌 수 있으나 헬본 포도주와 레바논 포도주가 어떤 포도주인지는 명확지 않다. 호세아가 이스라엘의 무성한 포도나무에 대하여 기록하였으며 유다는 이스라엘의 주요한 포도 생산지였다. 이스라엘이 포도 농사와 포도주로 명성이 높은 것은 창세기부터 포도와 포도주가 기록될 만큼 오랜 역사를 가지고 있기 때문이다. 노아는 땅의 경작자로 포도 농사를 지은 첫 번째 사람이며 포도주를 만드는 법을 이미 알고 있었다.

예루살렘에서 30분 정도의 거리에 있는 아랍 마을 밑에는 과수원과 포도원의 유적이 있는데 성서 시대 매우 큰 성인 기브온의 유적이다.(여호수아 10 : 12) 여기에 거대한 포도주 저장 시설이 있는데 10만 리터가 넘는 포도주를 넣을 수 있으며 가까이에 포도를 밟는 넓은 바닥, 발효실, 침전실, 항아리 및 마개가 있었다. 이와 같은 발견은 기원전 1200~1000년 시대의 큰 성이 경제적으로 얼마나 번창하였는지 알 수 있다.

네게브 중앙의 아베닷(Avedat)은 교통의 요지로 대상들이 여행 중에 물과 식품을 공급받는 곳이며 인도, 아라비아 교역의 중요한 지역이 되었다. 교역 상품의 대부분은 대상이 가지고 온 짐과 포도주, 과실 등이었다. 도시는 도자기 산업이 크게 발달하였고 댐을 만들어 이 지역의 농사와 포도주 산업에 이용하였다.

과일 건조 장치와 포도 압착 장치의 유적을 정부 보존 역사 유물에서 발견할 수 있다. 아베닷에서 수 마일 떨어진 곳에 성서에 기록된 도시 '브엘세바'가 있다. 도자기 주전자(병)가 포도주와 향미 과실의 용기로 전해 내려왔으며 잘 만들어진 제품의 수요가 많아 수출품목이 되기도 하였다.

포도주는 양가죽에 넣어 꼭대기에 구멍을 만들어 저장한다. 상당한 시간이 지나도 가죽은 부풀지 않는다. 때때로 포도주를 병에 넣어 마개를 느슨히 하여 저장하기도 한다.

솔로몬은 두로의 왕 히람의 부하에게 예루살렘 성전 건축에 사용할 목재를 보내준 데 대한 감사의 보답으로 포도주 2만 바트를 주었다. 포도주의 양을 측정하는 단위는 힌(hin, 3.8ℓ)과 바트(bath, 22ℓ)가 쓰였으며 솔로몬이 준 포도주는 실로 엄청난 양이었다.

이스라엘 산악 지역에서 바위를 잘라 포도 압착 시설을 만든 것이 많이 발견되어 포도주 생산과 포도원이 이스라엘에 광범위하게 퍼져 있음을 알 수 있다. 살렘과 멜기세덱이 처음 예루살렘을 방문한 아브라함에게 떡과 포도주를 주며 영접한 사실을 보더라도 이미 포도주의 이용의 보편화가 이루어졌다는 것을 알 수 있다.(창세기 14 : 18)

발효된 포도즙, 즉 적포도주는 성서 시대에 가장 인기 있는 음료였다. 술 만드는 사람들은 익은 포도를 즙 짜는 돌 위에 놓고 밟아서 즙을 짜낸다. 야생 효모가 포도 껍질을 통하여 들어가 자연스럽게 발효가 일어나 포도당을 알코올과 탄산가스로 분해시킨다. 누가복음 5장 37절에 새 포도주를 낡은 가죽 부대에 넣으면 터진다고 한 것은 새 포도즙을 가죽 부대에 넣으면 야생 효모에 의하여 발효가 시작된다는 것을 잘 알고 있었기 때문이다. 그러나 야생 효모는 품질이 균일한 제품을 얻을 수 없었다.

전통적으로 계절의 첫 포도주는 성전으로 가지고 가서 하나님께 드리고 부자이건 가난한 자이건 그 나머지를 소비하게 된다. 새로 발효된 술을 마시는 것은 일상의 습관이었다. 이 발효가 완전하지 않았을 때는 거기에 들어 있는 효모의 종류와 주석산 등이 함께 어울려 맛을 결정하게 된다. 포도주는 동물의 가죽으로 만든 통에 저장하고 찬 곳에서 숙성시킨다. 보통 차게 먹지만 경우에 따라서는 약간 미지근하게 가열하여 먹기도 하였다.

포도는 성서에 나오는 최초의 경작물이며 성지에서 가장 많이 생산되는 것이기도 하다. 포도주는 성서에 140회 이상 나오는데 성서에 나오는 포도주는 발효에 상관없이 포도주 혹은 포도즙을 뜻한다.

오늘날과 같이 옛 히브리인들은 발효된 것을 좋아하였기 때문에 묵은 포도주를 좋아하는 것은 당연한 것으로 받아들였다.(누가복음 5 : 39) 그렇지만 성서의 포도 재배자들이 뜨거운 날씨에 들에서 오랫동안 일한 후 신선한 포도로부터 얻어진 포도즙 한 사발을 마시는 것도 술 못지않게 즐겼을 것이다.

포도주는 가장 보편적인 음료로 안식일, 축제 그리고 기쁜 일이나 축하할 일이 있을 때 으레 마셨으며 의료용으로도 쓰였다. 종종 물로 희석하여 마셨으며 질병을 일으킬 수 있는 물을 소독하는 데도 오래 전부터 쓰였다고 한다. 이스라엘 지역에서 가장 좋은 포도주는 사마리아에서 생산되었고 키프러스나 로도스 섬에서 수입되기도 하였다.

포도주의 제조

성지에서 연구하고 있는 고고학자들은 언덕 지역에서 수백 개의 야외 포도즙을 짜는 시설을 발굴하였다. 야외에서 작업하는 이점은 주간의 햇빛을 이용하고 건물을 짓는데 장애가 되지 않고 신선한 공기 중에서 발효 향기가 잘 퍼지는 점이다.

첫 포도즙 짜기는 사람의 발 외에는 생각할 수 없었다. 사람의 발은 기름, 씨, 탄닌을 가지고 있는 포도의 내부가 깨지지 않도록 부드럽게 밟을 수 있다. 로마 시대에 회전식 포도 착즙기가 개발되었지만 발로 밟는 것이 일반적이며 술 맡은 관원장의 꿈을 해석한 요셉의 설명을 보면 손으로 즙을 짜서 바로의 잔에 넣은 것도 기술되어 있다.(창세기 40 : 11)

포도주 제조법은 하나님께서 노아에게 이미 알려준 것으로 믿어질 만큼 깊은 역사를 가지고 있다. 포도를 수확하면 햇볕에 약간 건조시켜 당도를 높인다. 이 포도를 즙 짜는 바닥에 놓고 발로 밟아 즙을

짠다.(이사야 63 : 3)

고정적인 포도즙틀의 형태는 암석 표면을 파서 포도를 밟는 공간을 만든다. 밟는 바닥에는 포도즙이 흘러내려갈 수 있도록 낮은 곳으로 흐르도록 통로를 만든다. 즙을 모으는 곳은 두 곳으로 나누어 앞의 것은 포도즙이 침전되도록 하고 맑은 용액은 더 아래 공간으로 내려가도록 한다. 여기에 모아진 즙을 토기에 담아 발효를 시키며 탄산가스만 나오도록 하고 진흙으로 막는다.

밟는 바닥의 크기에 따라 한 사람 혹은 두 사람이 들어가 일을 한다. 이스라엘에서 포도주 생산은 유대인에 의하여만 이루어지고 이방인에 의한 포도주 생산은 엄격히 금지되었는데 이는 포도주가 우상 숭배의 목적으로 사용되기 때문이었다. 포도즙을 짤 때 노래를 부르며 큰 소리로 고함을 지르기도 하여 단순 작업에서 오는 지루함을 극복하고자 하였으며, 다른 한편으로 축복을 주신 하나님께 대한 감사의 찬양이기도 했다.

포도주의 제조는 단순히 포도와 효모만 있으면 만들어지는 것이 기본이다. 발효 과정 중 탄산가스가 생기고 산소가 제거된다. 산소는 포도주 제조에 이롭지 못하고 거품이 나거나 부글부글 끓게 만든다. 옛 포도주 제조업자들은 공기가 들어가지 못하게 하면서 탄산가스 배출에 큰 노력을 기울였다. 공기에 접촉하면 알코올을 식초로 바뀌게 하는 곰팡이가 침입하기 때문이다. 좋은 포도주와 나쁜 포도주(요한복음 2 : 10)는 이처럼 공기의 접촉 여부에 따라 결정된다.

포도즙을 염소 가죽에 넣어 온도 변화가 적은 곳에 두면 수일 후 발효가 시작되고 수 주일 후까지 술찌꺼기와 앙금이 가라앉는다. 찌꺼기를 버리고 위의 맑은 즙을 다른 가죽 부대에 옮겨 6주 이상을 발효시킨 후 돌항아리에 넣어 보관한다.

염소 가죽은 오래되면 탄력이 없어져 발효 과정에서 터지기도 하였다. 포도주는 오래 저장하면 찌꺼기가 조금씩 남는데 이것을 고운 체로 걸러내면 점차 맑은 포도주를 얻을 수 있다. 이사야서 25장 6절의 '오래 저장하여 맑은 포도주'는 이와 같이 하여 얻어진 것으로 여호와의 연회에도 이것을 만민을 위하여 베풀 것이라고 하였다.

성서에서 새 포도주란 발효 과정에 있는 것을 말하며 발효 과정이 완료되면 알코올은 약 14%가량 되며 이때 효모는 죽고 발효는 끝이 난다. 단포도주는 포도주에 건포도, 꿀 또는 감미가 있는 과실을 넣는다. 또 고대인들은 여러 가지 향신료를 넣었으며 붓꽃이나 카다몬, 샤프론을 넣기도 하였다. 십자가에 달린 예수께 몰약을 탄 포도주를 준 것도 그런 예를 보여준 것이다.

성서에서 포도주의 의의

성서에 나오는 여러 사람들이 마셨던 포도주는 적포도주였다. 그래서 포도주를 피와 비교한 구절이 많다.(에스겔 19 : 10, 이사야 49 : 26) 대부분 포도주의 색깔에 대한 이야기는, 히브리어 포도 열매를 'hamra'라고 하는데 이 말은 히브리어의 적색이라는 말에서 유래되었다. 백포도는 적포도의 진화 과정에서 생성되었기에 초기에는 잘 알려져 있지 않은 것을 교역이 왕성해짐에 따라 도입된 것으로 보인다.

백포도주는 프톨레마이오스 왕조(기원전 4~3세기 이집트 왕조)가 등장할 때까지 기록에 나타나지 않았다. 고대 이집트 사람들은 포도주의 적색뿐만 아니라 핑크색, 녹색, 암적색, 심청색 등 포도의 종류에 따라 다양하게 비교하여 마시는데 친숙해 있었다.

식초는 으깬 포도에 물을 부어 만들었을 것으로 추정된다. 여기에 말린 무화과, 소금, 꿀을 섞어 여행할 때 음료로 사용하였으며 장기간 보관은 어려웠을 것이다. 식초를 표현할 때의 관련 문장을 보면 좋은 음료로 여기지는 않았던 것 같다.(시편 69 : 21, 잠언 10 : 26)

성서에서는 포도주의 형태를 생산지에 따라 구분하기도 하는데 좋은 품질의 '레바논 포도주'(호세아 14 : 7), 다마스커스에서 수입한 '헬본 포도주'(에스겔 27 : 18)가 있다. 고고학자들은 기원전 8세기 사마리아 지층에서 포도주병으로 쓰인 도자기 조각을 발견하였다. 이때는 이스라엘 왕조 시대로 63개 문서 중 20개에서 포도주의 선적에 대한 기록이었다. 다윗 왕의 통치 시대에도 포도원과 포도주 저장소를 사람을 두어 지킬 만큼 중요한 일이었다.(역대상 27 : 27)

포도주는 의약용으로 다양하게 쓰였다. 예를 들어 상처 입은 사람을 선한 사마리아인이 상처에 기름과 포도주를 붓고 싸맸다고 기록하고 있다.(누가복음 10 : 34) 사도 바울은 디모데에게 비위와 자주 나는 병에 포도주를 쓰라고 추천하여(디모데전서 5 : 23) 포도주의 효능을 이미 알고 있었다.

성서에서 포도주는 대체로 긍정적인 표현으로 많이 쓰고 있다. 술 취함으로 일어나는 문제점도 있지만 과음하지 않고 음용하는 것을 매우 소중하게 생각하였다. 목마름과 건강을 위하여 마시는 것은 긍정적이지만 쾌락을 위하여 마시는 것은 그 양에 상관없이 권유할 만한 것이 아니다.

예수님은 자신을 새 포도주로 비유했고(마태복음 9 : 17) 또 참포도나무로 비유(요한복음 15 : 1)할 정도로 포도나무나 포도주에 대한 사랑을 표시하였다. 또 최후의 만찬에서 포도주잔을 드시고 **"이것은 많은 사람을 위하여 흘리는 나의 피 곧 언약의 피니라"**(마가복음 14 : 24)라고 하여 포도주가 예수님의 피로 상징화되고 오늘날까지 그 뜻이 지켜지고 있다. 예수님이 베푸셨던 기적 중 가나의 혼인 잔치에서 물을 포도주로 만드신 것이 첫 번째 기적으로(요한복음 2 : 7, 8) 포도주는 기적의 주체가 되는 영광을 얻게 되었다.

포도주는 또 생명과 기쁨을 얻는 길로 묘사되어 있다. 시편 104편 15절에 기름은 사람의 얼굴을 윤택하게 하고 양식은 사람의 마음을 힘있게 하지만 포도주는 사람의 마음을 기쁘게 한다고 하였으며, 잠언 9장 5절에는 혼합한 포도주를 마시고 어리석음을 버리고 생명을 얻으라고 기록하여 포도주를 마시는 것이 생명과 지혜를 얻는 길임을 알려주고 있다. 또 전도서 10장 19절에서도 포도주는 생명을 기쁘게 하는 것이라고 기록하고 있다.

농부의 기술과는 관계없이 포도나무를 심고 5년 동안은 포도가 거의 열리지 않는다. 상품화할 만큼의 수확은 10년쯤 지나야 한다. 고대 농부의 평균 수명이 40살 정도인데 그 많은 기간을 기다려야 한다는 것은 놀라운 일이다. 이런 일은 정착민이기 때문에 가능하며 유목민에게는 있을 수 없는 일이다. 포도나무가 자라는데 많은 시간이 걸리기 때문에 포도나무의 경작은 성서적으로 평화의 상징이었다. **"포도나무 아래와 무화과나무 아래서 안연히 살았더라"**(열왕기상 4 : 25)라는 표현은 솔로몬 시대 평화로운 날들이었다는 것을 표현한 것이라 할 수 있다.

다른 한편, 작고 신 포도는 먹기에 적합지 않아 신 포도가 죄를 범하는 상징으로 쓰이고 있다.(예레미야 31 : 29, 30, 에스겔 18 : 2) 한 번 짠 포도 껍질에 물을 넣어 다시 짜면 품질이 나쁜 포도주가 나오는데 식초와 같고 노동자들에게 제공되었기 때문에 먹고 싶지 않은 음료였다.(이사야 1 : 22) 물을 섞지 않은 포도주는 도수가 높은 포도주였다.

새 포도주를 낡은 가죽 부대에 넣지 않는다는 것(마가복음 2 : 22)은 화학이 뒷받침하는 유명한 은유이다. 발효가 완료되기 전에 포도주를 부대에 담아 이동하게 되면 탄산가스가 계속 생성된다. 낡은 부대는 탄력성을 잃고 조금씩 새는 경우가 많다. 더구나 새 포도주는 강력한 발효력이 있기 때문에 헌 부대에 담게 되면 부대를 망가뜨리게 되는 경우가 생긴다.

7. 맥주

"노래하면서 포도주를 마시지 못하고 독주는 그 마시는 자에게 쓰게 될 것이라"(이사야 24 : 9) 여기서 잠언이나 이사야서의 독주는 영어로 포도주의 다른 표현으로 번역되기도 하나 히브리어 'sehar'는 탈무드에서 번역한 것처럼 곡류나 때로 대추야자로부터 만든 취하게 하는 음료이다. 여기서 곡류는 보리이며 독주는 맥주였을 것이다.

맥주는 국민적인 음료로서 들에 나가 일할 때 갈증을 식혀 주는 음료로서 질항아리에 담아 운반하였다. 맥주 만드는 사람들은 반쯤 구운 빵을 물에 담가 자연 효모에 의하여 발효되어 단맛을 갖게 하였으며 또 발효가 빨리 일어나도록 대추야자 즙을 넣었다.

그리스와 로마 사람들이 야만인들의 음료라고 생각한 맥주가 중세까지는 호프로 빚질 않았다. 중세 이후에는 풍미와 보존성을 높이기 위해 맥주에 향미 식물을 넣었으며 향미 식물 중 호프가 가장 기호성이 높았다.

생맥주가 텔아비브 식당에서 유행하기 전에도 맥주 생산은 이스라엘과 근동에 퍼져 있었다. 메소포타미아 초기 수메르 시대(기원전 3000년)에 생산된 곡류의 40%는 여러 종류의 맥주를 만드는 데 사용한 것으로 추정된다. 수메르의 사원에서 일했던 사람들은 매일 맥주 배급을 받았다. 지역 양조업자는 8종의 다른 술(맥주)을 생산하였고 다른 곡류를 섞어 형태가 다른 세 가지 술을 만들기도 하였다. 다른 맥주나 술은 밀로 만들었고 어떤 것은 향신료나 향식물을 넣어 향기를 갖도록 하였다.

애굽 양조업자들은 향신 맥주를 만들기도 하였는데 어떤 것은 매우 강한 향을 어떤 것은 아주 부드러운 향을 가졌다. 또 맥주빵을 생산하고 기원전 1750년의 함무라비 법전은 술집과 아주 비싼 맥주에 대하여 기록하고 있다. 2000~3000년 전에 메소포타미아에서 쓰인 문서에서 또 고대 수메르인들의 고대 예술에서 맥주 제조에 대한 기록이 잘 나타나 있다. 애굽에서도 초기 왕조의 무덤 벽화에서 맥주가 자주 먹었던 음료임을 보여준다.

원시적인 맥주 제조법은 현대와 거의 비슷하게 보리를 물에 담가 부드럽게 하여 싹이 날 때까지 두는 맥아 제조의 형태를 갖추었다. 이것은 디아스타제(diastase)가 맥아의 전분을 당으로 발효시키는 것을 말하는 것이다. 보리를 물에 담가 부드럽게 만들고 갈아서 만든 포리지와 같은 걸쭉한 액체를 고수풀이나 월계수잎(호프에 들어 있는 정유 성분이 함유된 것으로 알려짐)과 같은 방향성 식물과 함께 가열했으며 감미료로 꿀이나 대추야자를 넣고 더 발효시켜 알코올의 도수를 높였다.

고고학자들은 맥주의 제조를 조리나 빵 만드는 것에서 발전되었다고 믿는데 이는 메소포타미아 초기 수메르 시대나 애굽에서의 맥주 판매는 대부분 여인들의 몫이었기 때문이다. 애굽에서는 맥주가 주음료였는데 이는 물이 음용에 부적합하고 믿을 수 있는 음료가 적었기 때문이다. 이 시대에 애굽에서의 주된 음식은 거위와 맥주였다. 오늘날에도 이스라엘과 애굽에서 거위는 가장 인기 있는 동물로 대부분의 축제와 휴일에 거위가 요리되었다.

아마 맥주의 초기 형태는 싹이 난 보리를 물에 넣고 가볍게 가열하여 그릇에 담아 오래두어 발효시킴으로써 시작되었을 것이다. 어찌하든 역사의 과정 속에서 그들은 밀을 말리고 물에 담가 부드럽게 싹을 틔워서 만든 곡류의 빵이 정상적인 밀가루로 만든 빵보다 저장성이 좋다는 것을 발견하였을 것이며, 결국 이 원리를 이용하여 밀을 물에 오래 적셔 발효시켜서 걸러내어 맥주를 만들었을 것이다.

물론 그것이 현대의 미각에 맞는 맥주였으리라고 믿기에는 다소 어려운 점이 있다. 기원전 3000년 말에 애굽의 양조자들은 여러 가지 맥주 빵을 만들었으며 그들은 맥주 빵을 다양한 형태의 양조주를 만드는 데 이용하였다.

효모의 출현은 점차적으로 좀 더 균일한 양조주를 만들 수 있게 하였으며 별장을 짓는 산업은 완전한 시설을 갖춘 양조장으로 발전하였다. 양조 기술이 발전하면서 술을 만드는 일은 대부분 양조업자의 전담 기수로 넘어가고 빵 굽는 것, 집안일, 아이 돌보는 것은 여자들에게 남겨졌다. 히브리인은 애굽의 이웃이었기 때문에 많은 시간을 애굽 사람들과 함께 보냄으로써 히브리인들이 그들의 고향에서 독주를 양조하는 기술을 익혀 그들 나름대로 발전시켜 나간 것은 이상한 일이 아니다.

맥주가 지금도 남아 있어 그 풍미를 갖고 있지만 보리나 대추야자 술은 그 다음에 계속 개발되어 그들의 단조로운 식탁을 더 다양하고 흥미롭게 하는데 일조를 하였다. 많은 시간이 흘렀지만 오늘날 맥주는 여전히 이스라엘에서 가장 인기 있는 음료이며 해바라기씨와 함께 스포츠 팬들에게 제공되는 기본 영양물이다.

초기 시대의 사람들은 물보다 다른 음료를 원했기 때문에 맥주나 포도주를 발견하고 여러 가지 곡류나 과실에 대하여 동일한 시도를 했을 것이다. 그래서 무화과, 대추야자, 석류, 채소 등을 발효시켜 자극적인 향취를 즐겼다. 여기에 꿀술, 건포도술, 살구술, 보리술 등은 여러 시도 중에서 기호에 맞는 것으로 받아들여졌다. 그러나 이런 술은 포도주보다 품질이 떨어지고 숙취를 쉽게 가져와 많이 먹지 않도록 주의하였으며, 풍미를 높이기 위하여 꿀이나 과일꿀을 첨가하고 포도주처럼 물로 희석하거나 따뜻하게 데워 음용하기도 하였다.

8. 생명의 물

성서 시대에도 오늘날처럼 성지의 건조한 기후 때문에 생활에서 물보다 소중한 것은 없었다. 아브라함과 이삭이 네게브 브엘세바에 있는 우물의 소유권 문제로 그랄의 목동들과 다투는 이야기가 나온다.(창세기 21 : 30, 26 : 20~22) 우물은 마을이나 도시 또는 사람들이 모여 있는 곳에는 가장 중요한 사회적 집결 장소가 되었다. 아브라함의 하인이 우물가에서 이삭의 아내될 사람을 만나게 된 것도 놀라운 일은 아니다.(창세기 24 : 11) 우물은 매우 깊이 파서 브엘세바의 고고학적 발굴에서는 210m 깊이의 우물도 발견되었으며 적어도 3000년 전부터 우물을 파기 시작하였다.

물은 출애굽한 이스라엘 백성들이 시나이 광야를 헤매게 하는 원인도 되었다. 많은 사람이 목이 말라서 모세를 비난하는 모습에서(출애굽기 17 : 3) 물 때문에 지휘력 행사에 어려움이 있었던 것으로 보인다. 하나님은 모세에게 물을 얻기 위하여 반석을 치라(출애굽기 17 : 6)고 하여 갈증을 해결토록 하였다. 그 후 가데스에서 백성들에게 비슷한 상황에서 갈증 해소를 요청하니 하나님께서 모세에게 이르기를 **"너희는 반석에게 명하여 물을 내라"**(민수기 20 : 8)고 하였으나 그 명령을 따르기보다 전에 하던 대로 지팡이로 반석을 쳐서 물을 얻게 되었고 이런 불복종 때문에 모세는 젖과 꿀이 흐르는 땅에 들어가지 못하게 되었다.

현대의 과학자들도 성서 시대에 깊은 곳에 물 저장 시설을 만들어 수질을 음용에 적합토록 보존하는 지혜에 놀라움을 갖는다. 많은 세균의 오염이 있었을 텐데 성지에서 건기 8개월을 저장 시설의 물로 견딘다는 것은 놀랍다는 뜻이다. 어떤 사람들은 저장 시설의 뚜껑을 덮고 빛이 들어가지 못하게 하였기 때문에 세균이 증식하지 못하였을 것이라고 추정하였다. 또 다른 의견은 물에 포도주를 섞어 세균을 억제하므로 저장 효과를 얻었을 것이라고 하였다.

1세기경 로마군에 반항하여 마사다 산으로 도피한 약 960명의 이스라엘 사람들은 3년간을 버티다가 요새가 함락되기 전 모두 자살하였다. 이들이 위생 상태가 불량하여 질병으로 죽지 않고 자살했다는 것은 현대에도 기적이다. 1,000명 가까운 사람들이 협소한 공간에서 충분한 물을 공급받지 못한 상태에서 건강을 유지했다. 더구나 정기적으로 목욕하는 유대 풍속을 엄격히 지켰다니 더욱 놀라운 일이다. 빗물을 모아 먹고 생활하면서 건강을 유지했다는 것은 물의 저장법, 수인성 질병에 대한 지식이 충분히 있었음을 알 수 있다.

물은 생명 유지에 극히 중요하기 때문에 성서에서도 물을 구원의 상징으로 자주 등장한다.

너희가 기쁨으로 구원의 우물들에서 물을 길으리로다 (이사야 12 : 3)
생수의 근원이신 여호와 (예레미야 2 : 13, 17 : 13)
예수께서 대답하여 이르시되 네가 만일 하나님의 선물과 또 네게 물 좀 달라 하는 이가 누구인 줄 알았더라면 네가 그에게 구하였을 것이요 그가 생수를 네게 주었으리라 (요한복음 4 : 10)

물로 목욕을 하는 것은 사람들에게 위생적인 행위로 질병으로부터 깨끗함을 얻을 수 있다고 하였다 (레위기 15 : 13)

이러한 인식과 상징성이 세례 요한이 물로 세례를 받는 행위로 극명하게 표현된 것이다.

9. 만나(manna)

기적의 하늘 양식(시편 78 : 24)은 하나님께서 이스라엘 백성을 이집트에서 탈출하여 홍해를 건너 시내 산을 경유하여 모압 광야에 인도하였을 때에 공급하였다. 이 물질은 타마리스크(tamarisk) 나무의 열매를 뚫고 들어간 곤충에 의하여 만들어졌을지도 모른다고 주장하는 사람도 있지만, 만나는 자연의 사물이라기보다는 하나님의 기적의 선물로 성서에 기록하고 있다. 그것은 만나를 공급하는 시점과 양을 보아도 알 수 있다. 만나는 갓씨(고수풀) 같고 꿀로 만든 웨하스 같은 맛이 난다.(출애굽기 16 : 31) 이스라엘 사람들이 이것을 보았을 때 "이것이 무엇이냐?"라고 의문과 놀라움을 표현한 데서 기원을 두고 있다. 영어로 'What is that?'는 히브리어로 '만후'인데 만나란 이름은 '무엇이냐?(what)'를 나타내는 '만'에서 나온 것으로 70인 역에서 'manna'로 번역한 데서 유래되었다.

만나는 안식일을 제외한 매일 아침에 공급되었다. 매일매일 하루에 필요한 양만 거둘 수 있으며 앞날을 위해 필요 이상 모으면 벌레가 생기고 썩게 만들었다. 이처럼 하나님께서는 "내일을 걱정하지 말라. 일용할 양식을 내가 주겠다."는 뜻으로 하나님께 전적으로 의지하라는 뜻이다. 하나님을 벗어나 어떤 것도 할 수 없다는 것을 알려주고 있다. 기적적인 것은, 만나가 6일째 거두어들인 것은 다음 날인 안식일에 먹을 수 있었으며 안식일에는 만나가 내리지 않는 것이다.

불평이 많았던 이스라엘 백성들은 만나에 실증을 내고 그들이 노예 신분으로부터 구원받은 것을 오히려 후회하고 원망하였다.(민수기 11 : 6) 그들은 만나 대신 이집트에서 먹던 기름진 음식을 그리워하였다. 그러나 하나님은 광야를 방황하는 이스라엘 백성들에게 40년 동안 계속해서 만나를 공급하였다.

여호수아와 이스라엘 자손들이 요단 강을 건너 약속의 땅 길갈에 들어갈 때 그들은 유월절을 축복하며 그 땅의 소산물을 먹었다. 그 날에 만나가 그쳐 만나는 자연 산물이 아닌 하나님의 기적의 선물이었음을 우리에게 구체적으로 알려주는 것이다.

만나의 목적은 이스라엘 사람들의 믿음을 시험하고, 그들을 겸손하게 하고, 그들에게 빵만으로 살 것이 아니라 주님의 입에서 나오는 말씀으로 살 것을 알려주신 것이다.

예수님 시대 사람들은 만나의 의미를 잘못 이해하여 만나처럼 물질적 기적이 그들에게 일어나길 바라며 불평하는 것을 예수님께서 기적을 베풀어 그들을 먹이셨다. 예수님은 식욕을 충족시키는 물질적 양식 대신 영생을 얻는 하늘의 양식을 구하도록 제자들에게 말씀하시며 **"나는 생명의 떡이다"**(요한복음 6 : 32~35)라고 하시며, 진실로 믿는 자에게는 **"감추었던 만나"**를 주겠다고 믿음에 용기를 준 것은 모세가 만나로써 육체적 욕구를 풍족하게 했던 것과 유사하다.

만나는 성서에서 하늘의 곡식(시편 78 : 24), 하늘로부터 온 양식(시편 105 : 40), 신령한 음식(고린도전서 10 : 3), 이기는 자가 받을 상급(요한계시록 2 : 17)으로 표현하여 육신의 욕망을 충족시키는 것과는 사뭇 다른 의미를 가지고 있다.

만나의 모양과 만나를 얻게 되는 상황은 성서에 기록된 것을 보면 **"만나는 작고 둥글며 서리 같이 가는 것"**(출애굽기 16 : 14), **"만나는 갓씨 같고 모양은 진주**(resin) **같은 것"**(민수기 11 : 7), **"밤 이슬과 같이 내렸다"**(민수기 11 : 9), **"갓씨**(약 3mm 모래알 크기의 허브) **같이 희고 꿀을 섞은 과자 같다"**(출애굽기 16 : 31)고 하여 만나를 거두어 맷돌에 갈고 절구에 찧고 가마에 삶기도 하여 과자를 만들었으며 그 맛은 기름 섞은 과자 맛이라고 하였다.

만나의 정확한 성분은 알 수가 없다. 단지 만나가 타마리스크 나무에 살고 있는 곤충의 분비물이라는 주장에 의하면 이 곤충은 'honeydew manna'를 만들기 위하여 과잉의 탄수화물을 분비한다. 그 모습이 서리를 닮았으며 이 물질이 펙틴을 포함하여 몇 가지 당을 함유하고 있다고 하였다.

이스라엘 백성들이 출애굽 후 광야에서 40년 동안 살 수 있었던 식품의 성질에 대하여 많은 성서학자의 글 사이에 오랫동안 논쟁거리가 되었다. 성서 식물학자 몰덴커(Harold Moldenke)에 따르면 성서에서 세 가지 종류의 만나를 나타내고 있는데 하나는 조류(algae)의 한 종류가 건조된 상태로 된 것, 가뭄에 마르고 바람에 흩어져 다니는 이끼류, 타마리스크와 같은 나무에 곤충이 구멍을 뚫어 나오는 삼출액(滲出液)이 단단하게 된 것으로 구성되어 있다고 하였다.

오늘날 성지의 일부 베두인족은 이 물질을 모아서 팔고 있는데, 그들이 그것을 'man'이라고 부르며 전통적인 중동의 제과 산업에서 한 원료로 쓰고 있다고 하였다. 그러나 만나가 타마리스크와 같은 식물로부터 얻은 것이라는 데 대한 반론은 다음과 같다.

• 만나는 40년간을 한결같이 내렸으나 타마리스크 만나는 불규칙

적이며 계절적이다.

- 식물에서 나온 만나는 수많은 사람을 먹여 살릴 만큼 충분하지 못하다.
- 만나는 하늘에서 내렸지만 타마리스크 만나는 나무 위에서 나온 것이다.
- 실제 하늘에서 내린 만나는 하루 동안만 보존이 가능하나 타마리스크 만나는 여러 달 보존이 가능하다.
- 만나는 끓이거나 가루로 만들어 과자를 만들기도 했으나 타마리스크 만나는 그렇게 할 수 없다.
- 만나는 40년 동안 온 백성을 지탱할 만큼 영양가가 충분했으나 타마리스크 만나는 당류에 불과하다.

만나에 대한 후세학자들의 자연적인 현상이라는 해석은 작의적이라는 느낌이 든다. 대부분 만나의 기적이 일어난 후 지어진 이름으로 생각되며 자연 산물 중 비슷한 것을 찾아 무리하게 연계성을 주장하는 것은 과학 지상주의 시대의 이론으로 하나님에 대한 모독이다.

10. 빵

성지 유적의 빵

기원전 8500년경에 밀이 보리와 같이 경작화된 것으로 추정하고 있으므로 빵의 역사는 그 후 머지않아 나타났을 것이다. 메소포타미아의 농경지 자르모의 유적에서 가장 오래된 보리의 유적이 발굴된 것을 보아도 그 지역에서 빵의 제조법이 개발되었으리라 추측할 수 있다. 처음의 빵은 비발효빵(무교병)이었을 것이며 반죽에 우연히 야생 효모가 침입하여 발효빵이 나타나기 시작했을 것이다. 발효빵이 만들어진 것은 기원전 5000년 정도로 추정하고 있으며 현존하는 구어진 발효빵은 1976년 스위스의 한 호숫가에서 출토된 것으로 기원전 3560~3530년경의 유적층에서 발견된 것으로 보아 그 역사는 훨씬 위로 올라갈 수 있다.

고대 이집트 람세스 3세(기원전 1198~1166년)의 무덤 벽화에도 궁정의 빵 굽는 공장 그림과 다양한 모양의 빵, 발효실 등이 있는 것으로 보면 지금의 공정과 매우 유사하다고 할 수 있다. 성지 가버나움의 유적에서 최상의 빵을 만들기 위한 고운 밀가루를 생산하는 현무암 제분 장치가 남아 있고 헤롯 시대 전부터 사용한 거대한 착유 장치도 함께 발견되었다. 성서 시대의 고운 밀가루라 함은 순수한 밀가루를 뜻하는 것으로 생각된다. 밀은 두 돌 사이에 여러 번 갈고 거친 껍질을 원시 형태의 체에 걸러 제거한 것으로 특별한 경우에 쓰도록 보관하고 있던 것으로 보인다.

현무암으로 된 곡식 도정용 돌들이 이스라엘 전체에서 발굴되었다.(아인게브에서 발굴된 것은 구석기 시대의 것으로 가장 오래된 것이다) 이들은 아주 정교하게 만들어져 오늘날에도 쓸 수 있을 정도이다. 또 최근에 발굴된 것은 손상되지 않은 완전한 원시 형태의 체로 줄과 종려의 섬유로 만들어진 것이다.(가자와 에일랏간 도로에서 약 50km쯤 떨어진 곳)

성서 시대의 주요한 경작물은 바로 밀이며 곡류의 여왕으로 불리며 지구 상 어느 곳에서나 재배하고 가장 많이 심고 있는 작물이다. 밀은 가장 일찍 경작을 시작한 작물 중의 하나이며 앗시리아의 산에서 약 8000년 전 재배했던 것으로 보이며 성지에서도 비슷한 시기에 심기 시작했을 것이다.

한 줄기에서 일곱 이삭이 나오는 바로의 꿈에서 일반적으로 밀이

한 줄기에서 일곱 이삭이 나오는 것을 받아들인다.(창세기 41 : 5) 성서 번역 학자들이 종종 밀이나 곡류 대신 옥수수를 이야기하고 있지만 옥수수는 성서 시대에는 알려져 있지 않았다.

한 줄기에서 일곱 이삭이 나왔다는 바로의 꿈을 7년 기근의 꿈으로 해석해준 요셉은 잉여 생산된 밀을 곡류 창고에 저장하도록 권고한 최초의 사람이다. 그 전에는 밀을 집 한가운데 있는 저장실에 두어 건조되도록 하였다. 인류 역사 초기에 사람들은 밀에 있는 곤충이나 그 알을 죽이기 위하여 끓여야 한다는 것을 알고 있었고 그 후 저장하기 위하여 햇볕에 말렸다. 이런 과정을 거친 밀은 'bulgar'라고 알려졌으며 오늘날 증기로 가열하고 건조하여 거칠게 도정한 것으로 풍미가 풍부하고 영양 가치가 높다. 건조했기 때문에 날것으로 그냥 쓸 때는 한 시간 동안 물에 담가 놓아야 하지만 열을 가하는 요리일 때는 그럴 필요가 없다.

선지자 에스겔의 요리법(에스겔 4 : 9)은 고대 예루살렘 주민들에게 급박히 다가오는 바빌로니아의 침공 동안 일상 식량을 매일 먹을 수 있는 방법을 가르쳐주고 있다. 빵은 신 · 구약 시대 사람들에게 육체적 자양분 이외의 것으로 상징적인 의미가 있었다. 개인이 소유한 곡식은 빵을 만들기 위해 함께 모으기 때문에 빵을 나누는 행위로 서로서로가 연결되어 있고 그것을 나누는 신성한 계약을 만들어 놓았다.

가족들을 위하여 빵을 굽는 것은 대부분 가정주부들의 일이었다. 그러나 예레미야 37장 21절에서와 같이 빵 굽는 자의 거리에 관계된 내용을 보면 매일의 빵을 얻기 위하여 상업적 제조도 있었던 것으로 보인다. 고대의 빵 굽는 사람들은 빈번히 밀가루에 다른 거칠거나 고운 곡류와 두류, 기장, 스펠트밀, 보리, 잠두, 팥 등과 같은 것을 섞어서 만들었다. 발효를 위하여 그들은 전날 만든 발효가 일어난 빵 반죽을 일부 떼어 사용하였다.

성서 시대의 초기 빵 모양

몇 종류의 빵이 성서에 나온다. 출애굽기(29 : 23)에 나온 빵은 둥근 모양으로 오늘날의 피타빵과 아주 비슷하였을 것이다. 이것은 신약(마가복음 6 : 38)에 나오는 빵과 거의 같은 것으로 볼 수 있다. 이 간단한 빵은 판판하고 둥글며 약간 불규칙하게 생겨 겉모양은 성지 언덕에서 쉽게 볼 수 있는 돌 모양의 색을 띠고 있었다. 그래서 **"아들이 빵을 달라 하는데 돌을 주겠느냐"**(마태복음 7 : 9)는 내용은 우연한 것이 아니다. 예수께서 40일 동안 광야에서 금식할 때 **"네가 만약 하나님의 아들이거든 명하여 이 돌들을 떡덩이가 되게 하라"**(마태복음 4 : 3)는 사탄의 유혹을 받게 되는 내용도 빵과 돌의 유사성을 의미하는 것이다.

빵은 인간의 생존을 가능하게 하는 요소가 되었으며 왕이나 농부나 빵의 질은 달라도 빵을 먹었으며, 농부의 임금으로, 여행자의 식량으로도 중요한 역할을 하여 우리의 밥과 비슷한 이미지를 가지고 있다.

곡류를 수확할 수 있는 식물은 매우 다양하고 많으며 이들로부터 곡류를 수확하고 소비하는 것은 역사 이전부터 동지중해 사람들에게 일반적이었다. 그들은 곡류를 불 위에 구워서 먹거나 물과 섞어서 죽처럼 만들어 먹었다. 그 후 제빵술이 발견되면서 구약성서 시대까지는 빵 굽는 자들이 발효빵, 비발효빵, 다양한 곡류로 만든 빵이 직접 뜨거운 돌 위 혹은 팬, 번철, 토기 오븐에서 만들어졌다.

성서의 빵은 고운 가루로 만든 빵을 최고로 생각하였다.(출애굽기 29

: 2) 보리, 밀, 귀리, 기장, 콩 등으로 빵을 만들었을 것으로 생각되나 성서에 기록된 빵은 그것을 일일이 구분하여 기록하지 않았다.

그러나 첫 열매의 빵은 보리빵이었을 것이다.(열왕기하 4 : 42) 보리가 밀보다 먼저 수확되기 때문이다. 그래서 봄과 초여름의 빵, 과자는 보리가 주재료이며 늦여름과 가을의 빵, 과자는 밀이 주재료일 것으로 생각된다.

초기의 빵은 평평하고 단단한 것으로 보릿가루, 참깨가루, 곱게 다진 양파를 물과 섞어 구었다. 이 빵은 아직도 이라크에서 만들어 먹고 있다. 하나님께서 금단의 열매를 먹은 아담과 하와를 꾸짖으며 **"네 얼굴에 땀이 흘러야 식물을 먹고……"**(창세기 3 : 19)라고 번역되어 있지만 여기에서 식물은 'bread'(KJV), 'food'(NIV)로 기록되어 있다. 이것이 오늘날 유대인들이 먹는 할라(안식일 등에 유대인들이 먹는 영양가 높은 흰빵)는 아닌 것으로 본다.

기본적으로 생명 유지를 위하여 먹어야 한다는 뜻에서 식물이 쓰였기 때문에 그것이 food나 bread나 같은 뜻을 가지며 bread를 단순히 빵으로만 해석하여서는 안 되며 식물 모두를 뜻한다고 본다. 실제로 첫 번째 '빵'이란 말은 창세기 18장 6절에서 세 천사가 아브라함을 방문 시 아브라함이 그의 부인 사라에게 고운 가루로 속히 떡(bread, 일부 성서에는 빵으로 표기)을 만들도록 재촉하는 데서 시작되었다.

제물로서의 빵

아론의 제사장 위임식에 제물로서 빵을 올렸다고 기록함으로써(출애굽기 29 : 2~3) 빵의 신성화에 한 역할을 하였다. 역시 빵은 하나님께 추수감사절의 제물로 사용되었으며(레위기 7 : 12~13) 이때 특히 중요한 것은 무교병이었다. 첫 유월절에 무교병을 먹는 것은 이스라엘 사람들이 이집트를 탈출하는 긴박한 상황을 형상화하였다. 이때 누룩은 악이 퍼져 나가는 것과 관련지었으며 이와 같은 관념은 무교병이 특별한 잔치의 역할에 더 중요하게 되었다. 누룩이 악과 관련되어 있다는 사실은 빵이 누룩과 함께 있으면 유혹, 거짓 가르침, 물질주의를 표현하고 있는 것을 보아도 알 수 있다. 사람이 빵만으로만 사는 것이 아니라 하나님의 말씀에 따라 영적 삶이 필요하다고 하여 빵에 대한 사람들의 욕심이 많은 것을 알 수 있다.

좀 더 긍정적으로 빵도 하나님이 그의 백성을 위하여 주신 것이다. 하나님 앞에 진설병을 준비하는 것은 이런 개념에서 나온 것이다. 안식일마다 제사장은 성전의 진설병 놓는 곳에 12쪽의 빵을 놓는다.(레위기 24 : 5~9) 빵은 고대 성전에 희생 제물로 드릴 수 있으나 단지 고운 밀가루로 만든 무교병만을 드릴 수 있었다. 이와 같은 내용은 성서 번역 과정에서 잘못되어 KJV에서는 육류(meat)를 제물로 드리는 것으로 번역하였으나 히브리 원전에는 곡류나 육류 제물로 알려져 있다.

성물(Holy sacrifice)이 오븐 위에서 구워졌다면 그것은 기름을 섞은 무교병이거나 기름 칠한 무교과자(wafers)였을 것이며 번철 위에서 굽거나 프라이팬에서 만들어졌다. 빵은 곡물 수확 축제의 주요한 부분으로 새로 수확한 곡류로 만든 빵은 하나님께 제물로 드렸다. 서기 70년이 지나서 휴일은 주로 수확 축제였으나 성전이 파괴되고부터 휴일은 토라(Torah)를 주신 것을 축하하는 기념일로 바뀌었다. 축제의 주요 식품은 포도, 무화과, 석류, 올리브(유), 꿀, 밀, 보리 등이었으며 치즈, 크림, 파이, 케이크를 포함하는 유제품 등을 먹었다.

성서에서 빵의 역할

빵은 고대 이스라엘 사람들의 필수품이었다. 'bread'란 말은 식품은 통칭하는 일반적인 말로 사용할 수 있었다. 고기는 축제의 경우에만 먹을 수 있었지만, 빵은 늘 필요했고 공급되어야만 했다. 빵은 생명 유지에 필수 물질로서 생명과 생계를 위한 일차적 상징물이 되었다. 그래서 빵은 양식을 주신 것에 대한 감사의 표시로 여호와께 드렸다.

다윗이 진설병을 먹은 것은 인간의 욕구가 때에 따라서는 의례적 금기를 넘을 수 있다는 암시이다.(사무엘 상 21 : 4~6 마가복음 2 : 26) 광야에서 만나는 하나님이 주신 빵의 전형적 표본이다. 이스라엘 사람들은 매일 충분한 양을 모을 수 있었지만 저장은 안 되었다. 왜냐하면 그들이 매일의 식량을 하나님께 의지하도록 가르칠 필요가 있었기 때문이었다. 비슷하게 기독교인들은 매일의 양식(빵)을 주실 것을 하나님께 기원하고 있다.(마태복음 6 : 11) 이러한 양식을 주시는 것은 부자와 가난한 자 모두가 위험으로부터 보호받는 것이다.(잠언 30 : 8)

예수님께서 가르치시길 하나님이 그의 백성을 먹이는 것은 아버지가 그의 자식을 먹이는 것과 같다(마태복음 7 : 9)고 하셨다. 이와 같은 사실은 수많은 사람에게 기적적으로 양식을 공급한 오병이어 사건에서 극적으로 나타나 있다. 제자들이 하나님을 모시고 추종하는데 양식 때문에 걱정하지 않도록 깊은 배려의 산물로 볼 수 있다.

신약에서는 풍부한 신학적 비유로 빵을 사용하였다. 하나님은 양식을 주시면서 그의 백성에게 의를 더하여 주실 것이다.(고린도후서 9 : 10) 결국, 예수님은 그 자신이 생명의 떡이 되어 인류에게 생명을 부여했고 그 생명의 떡은 하나님으로부터 나온 양식으로 볼 수 있다.

기독교인들은 주님께서 베푼 최후의 만찬의 빵으로 그리스도의 몸을 먹는 것이다. 이처럼 기독교인들은 주님의 희생적 죽음을 기억하고 그가 주신 영생을 축복으로 받아드려야 한다. 재림 후 예수님께서 제자들과 떡을 먹은 것은 죽음을 이긴 그의 승리의 징표로 빵을 이용하였던 것이다.(누가복음 24 : 30, 35) 그 후 기독교인들은 떡을 떼려고 매주 첫날 모이는 계기가 되었다.(사도행전 20 : 7)

다른 사람에게 빵을 주는 것은 존경과 관심의 징표이며 가난하거나 굶주린 사람들에게 빵을 주지 않는 것은 죄악이라는 관념이 있다.

> 살렘 왕 멜기세덱이 떡과 포도주를 가지고 나왔으니 그는 지극히 높으신 하나님의 제사장이었더라 (창세기 14 : 18)

> 아브라함이 급히 장막으로 가서 사라에게 이르되 속히 고운 가루 세스아를 가져다가 반죽하여 떡을 만들라 하고 (창세기 18 : 6)

> 롯이 간청하매 그제서야 돌이켜 그 집으로 들어오는지라 롯이 그들을 위하여 식탁을 베풀고 무교병을 구우니 그들이 먹으니라 (창세기 19 : 3)

> 그들은 너희가 애굽에서 나올 때에 떡과 물로 너희를 길에서 영접하지 아니하고…… (신명기 23 : 4)

> 식사할 때에 보아스가 룻에게 이르되 이리로 와서 떡을 먹으며 네 떡 조각을 초에 찍으라 하므로…… (룻기 2 : 14)

> 아비가일이 급히 떡 이백 덩이와 포도주 두 가죽 부대와 잡아서 요리한 양 다섯 마리와 볶은 곡식 다섯 세아와 건포도 백 송이와 무화과 뭉치 이백 개를 가져다가 나귀들에게 싣고 (사무엘상 25 : 18)

여인의 집에 살진 송아지가 있으므로 그것을 급히 잡고 가루를 가져다가 뭉쳐 무교병을 만들고 구워서 (사무엘상 28 : 24)

다윗이 마루턱을 조금 지나니 므비보셋의 종 시바가 안장 지운 두 나귀에 떡 이백 개와 건포도 백 송이와 여름 과일 백 개와 포도주 한 가죽부대를 싣고 다윗을 맞는지라 (사무엘하 16 : 1)

목마른 자에게 물을 마시게 하지 아니하며 주린 자에게 음식을 주지 아니하였구나 (욥기 22 : 7)

반대로 다른 사람의 빵을 빼앗는 것은 그 사람과 대적하는 것이며 배은망덕과 배반의 가증한 짓을 범하는 것이다.(시편 41 : 9, 요한복음 13 : 18~20) 은유적으로 '게으름의 빵'을 먹는 것은 그 자신의 집안일(의무)을 다하지 않은 것이며,(잠언 31 : 27) 또 재정적 투자의 상징으로 쓰이는데 빵이 이용되었다.(전도서 11 : 1) 양식이 공급되지 않는 것은 심판의 표징이었다.(레위기 26 : 26, 아모스 4 : 6) 술은 사람의 마음을 기쁘게 하지만 사람의 마음을 힘 있게 하는 것은 빵이라고 시편(104 : 15)에 기록되어 있다.

빵의 제조

곡물을 수확하고 타작, 키질이 끝난 후에 창고에 저장한다. 도정은 매일 필요한 양만 꺼내서 한다. 대부분의 가정에는 곡류를 가루로 만들기 위한 도구가 있었으며 이것이 초기의 곡류 가공기로 돌로 만든 것이다. 고대의 가정에서 이 기구는 필수품이었기 때문에 맷돌을 빚 때문에 가져가는 것은 생명을 빼앗는 것처럼 생각하여 금지하였다.(신명기 24 : 6)

가루로 만든 후 물을 넣고 반죽을 하였으며 그때 누룩을 넣어(마태복음 13 : 33, 누가복음 13 : 21) 반죽하였으나 누룩은 현재 우리가 알고 있는 형태의 것은 아니었다. 생 반죽을 3주 이상 방치하여 천연 효모가 들어가 발효가 일어나는 것으로 빵이 부풀기를 기다리는 것은 짧은 시간에 이루어지는 작업이 아니었다. 이스라엘 사람들이 출애굽 시 무교병을 가지고 떠난 것은 발효가 쉽게 일어나는 것이 아님을 알려주는 것이다.

성서에서의 빵은 주로 밀로 만들었으며 평상시에는 발효된 것을 더 많이 이용하였다. 가루는 보리와 스펠트밀과 같은 다른 곡류를 밀가루와 섞어서 만들기도 하였으나 보리는 단독으로 빵을 만들었다. 낟알을 가루로 만들기 위하여 제분하는 사람들은 겉껍질을 제거하고 큰 돌로 배유와 배아를 분쇄하였다. 단지 겉껍질만 제거된 가루이기 때문에 밀가루에는 배아와 배아유를 포함하는 곡식 낟알 하나에 들어 있는 모든 영양소를 가지고 있었다.

빵을 만드는 일은 가사 중 가장 힘들고 시간이 많이 소요되는 일이었다. 빵을 굽고 들에 나가 일하기 위해서는 가정주부는 새벽에 일어나야만 했다. 한 시간 동안 맷돌질을 하면 800g 정도의 가루를 얻을 수 있었다. 하루에 1인당 500g의 가루를 먹는다고 했을 때 5~6명의 가족을 위해 3시간 이상의 맷돌질이 필요하다. 그래서 시집갈 때 여종을 데리고 가는 이유 중의 하나가 맷돌질의 노역에서 벗어나기 위함이었다.

실제로 빵을 굽는 것은 수 분밖에 걸리지 않았다. 가장 간단한 오븐은 바닥에 숯불을 피운 것이다. 점차 여러 형태로 발전되었지만 진흙 등으로 만들어서 편히 서서 구울 수 있는 형태의 것이 많았다. 오븐은 주로 집 앞마당에 설치되었으며 대규모의 빵 굽는 시설은 로마 시대부터 알려지게 되었다. 중동 지역에서 잘 알려진 연료는 동물의 똥이었다.(에스겔 4 : 15) 그러나 예수님은 갈릴리 해변에서 제자들을 위하여 빵과 고기를 구울 때 숯불을 사용하였다.(요한복음 21 : 9)

빵은 분명히 기본 곡류로 만든 식품이다. 그러나 사회 계층이나 수확량이 많고 적음에 따라 밀가루는 다른 곡류나 다른 식물 재료와 섞어서 쓰였다. 빵 반죽은 큰 사발 모양의 그릇이나 납작한 공 모양으로 생긴 그릇에서 반죽하고 볼록한 모양을 한 오븐의 양 가쪽이나 뜨거운 숯 위의 안쪽에서 빵을 구었다.(출애굽기 12 : 34, 열왕기상 19 : 6)

이와 같은 초기 형태의 평평한 빵은 멕시코 토티야(tortilla, 납작하게 구운 멕시코인의 주식인 옥수수빵)와 인디안빵 차파티(chapati)와 비슷하며 지금도 같은 방법으로 구워서 만들고 있다. 특히 아랍 마을이나 예루살렘의 옛 도시는 이런 전통이 많이 남아 있다.

사무엘서(사무엘하 13 : 9)에서 다말이 병든 체하는 그의 오빠를 위하여 과자를 굽는데 성서에서는 "그 앞에 쏟아 놓아도……"라고 말한다. '쏟아 놓는다'는 접시에 과자를 쏟아 비우는 것을 말한다. 성서 해설가는 예멘 사람들의 일부 요리가 오늘날에도 비슷한 점이 있다고 하였다.

성서에서는 발효된 것, 발효되지 않은 것을 합쳐서 몇 종류의 빵과 과자가 나온다. 여기에는 빵덩이(loaf), 과자(cake), 무교병, 비스킷, 웨하스 등이 있다. 빵과 과자는 분명히 따로 만들었으며 식생활에서도 각각 다른 의미를 갖는 것으로 보인다. 빵의 크기도 어린아이가 광야에서 예수님께 드린 비스킷 크기의 빵과 케이크처럼 무겁고 두툼한 빵도 있었다.(요한복음 6 : 9, 사사기 7 : 13)

빵의 맛을 개선하기 위하여 향료나 향미 식물이 첨가되기도 하였으며 두류를 넣어 맛과 함께 영양도 좋게 하였다. 빵에 들어가는 물 대신 우유를 사용하기도 했으며 꿀, 기름, 계피는 자주 쓰였고 과실류를 이용하기도 하였다. 발효시킨 빵은 맥주를 만드는데도 이용하였다.

유교병의 발견

많은 고고학자들은 유교병의 발견이 이집트에서 시작되었을 것이라고 믿고 있다. 이집트인들은 효모로 발효시킨 반죽을 썼으며 적어도 15가지 이상의 빵이 있었고 어떤 것은 꿀을 섞어 달콤하게 만들었다. 이집트인들은 직업적인 제분업자와 빵 굽는 자가 기원전 2000년경에도 있었으며 발로 반죽하는 모습을 벽화에 그려 놓았다. 그 빵덩이는 삼각형이거나 둥글고 긴 것이었다. 이집트의 빵 굽는 자들은 발효된 반죽(sourdough)을 일부 남겨놓았다가 다음 발효빵을 만드는 데 이용하곤 하였다.

이집트에서 가난한 사람들의 빵은 파피루스로 만들거나 때로는 곱게 만든 연밥으로 만들기도 하였다. 헤로도투스에 따르면 이러한 빵도 맛이 괜찮았으나 반죽에 아몬드, 감미식물, 꽃, 과실, 향신료 등을 넣는 파라오의 빵 굽는 자가 만든 빵보다는 품질이 떨어진다고 하였다.

로마에서 보리빵은 일반 시민들의 식품이었고 상류층은 밀가루빵을 먹었다. 그들이 만든 빵은 모양과 크기가 발로 만들기에 적합하였다. 이집트가 발효를 제빵에 활발히 이용하였음에도 출애굽 전 성서에서는 발효된 빵에 대하여 거론하지 않은 것이 흥미롭다. 실제 이스라엘 사람들은 발효빵을 만들었다. 지금은 분리된 효모를 사용하지만 그 시대에는 야생 효모에 의하여 빵이 만들어졌으며 모양은 거의 평평한 빵을 만들었다. 발효되지 않은 평평한 빵은 'matzot'라 부르고 발효빵은 'hametz'라 불린다. 모양이 다르면 이름도 달랐고 사용 목적이 따로 있었으나 대체로 일반적인 사용과 봉헌을 위한 것으로 구분된다.

빵이 발효되는 것은 밀가루와 물을 함께 섞어 그냥 방치함으로써 야생 효모가 침입하고 또 발효를 일으킨 데서 시작되었을 것이다. 그 당시 밀은 소중한 물품이었기 때문에 반죽을 할 때 발효에 의하여 반죽이 부풀어 오르는 것을 발견하고 변질되지 않았나 하고 놀랐을 것이나, 소중하기 때문에 그냥 구웠더니 전에 먹던 무교병보다 모양도 크고 맛도 좋아 아주 만족하였을 것이다.

옛날에 빵 만드는 사람들이 발효빵을 만드는 가장 좋은 방법은 효모를 함유한 반죽을 발효제(sourdough starter)로 써서 여기에 밀가루와 물을 더 넣고 발효가 일어나도록 몇 시간 방치해 두어야 한다는 것을 점차 알게 되었을 것이다. 반죽은 둥근 과자를 만들 수 있었고 기름과 섞어 얇은 웨이퍼(wafer)를 둥글게 만들고 기름을 위에 칠하면 황갈색의 맛있는 빵으로 구워진다. 고대의 발효제는 아직도 미국과 다른 나라에서 인기 있는 제빵법으로 통용되고 있다.

발효는 단세포 미생물인 효모(Saccharomyces속)와 함께 접촉한 밀의 탄수화물이 탄산가스를 생성하면서 일어난다. 가스는 반죽을 더 탄력 있고 가볍고 씹기에 쉽도록 만든다. 누룩은 성물로 제공되는 것이 금지되었는데 반죽의 붕괴를 일으키는 것으로 믿었기 때문이다. 이런 생각은 예수님의 비유 중에도 나온다. 예수님은 바리새인과 사두개인의 누룩(leaven)을 주의하라고 경고하였다.

사도 바울은 고린도전서(5 : 6~8)에서 **"너희가 자랑하는 것이 옳지 아니하도다 적은 누룩이 온 덩어리에 퍼지는 것을 알지 못하느냐 너희는 누룩 없는 자인데 새 덩어리가 되기 위하여 묵은 누룩을 내버**

리라 우리의 유월절 양 곧 그리스도께서 희생되셨느니라 이러므로 우리가 명절을 지키되 묵은 누룩으로도 말고 악하고 악의에 찬 누룩으로도 말고 누룩이 없이 오직 순전함과 진실함의 떡으로 하자"라고 하였다.

누룩과 효모

누룩과 효모는 퍼짐과 팽창이라는 상징과 내부의 화학적 변화를 수반하기 때문에 식생활이나 음료산업에 획기적인 변화를 초래하였다. 야생의 것을 기원으로 했기 때문에 우연히 인간의 식생활에 도입된 것이다. 자연계에서 발견할 수 있는 야생 효모는 빵 제조에 사용했던 최초의 팽창제였다. 고대 히브리인들은 공기 중에 떠돌아다니는 극히 작은 효모가 밀가루의 전분이 수분과 함께 있을 때 침입하여 일으키는 생화학적인 반응을 이해하지 못하였을 것이나 경험적으로 어떻게 하면 그런 반응이 일어나는 지는 알고 있었다. 2000년 전 성지의 빵 굽는 사람들처럼 현재의 제빵가들조차도 이런 발효제를 만들고자 시도하지만 매번 성공하는 것은 아니다.

이집트에서 최초로 발견한 발효빵은 그 반죽을 일부 떼어놓아 다음번 반죽에 섞어 사용하거나 밀가루와 포도즙을 함께 넣고 반죽한 덩어리를 햇볕에 말렸다가 갈아서 누룩으로 썼다. 발효된 빵을 만드는데 사용하는 가장 편리한 효모는 상업적으로 판매하는 것들이다. 성서 시대 소량의 빵 반죽을 토기 그릇에 넣어 두었다가 다시 사용하였다. 발효빵은 밀가루, 물, 소금, 발효제가 반죽 속에서 혼합되어 일어나는 것이다.

꿀이나 맥아와 같은 소량의 감미료가 효모의 먹이로 첨가되고 발효를 촉진한다. 사탕수수에서 나온 당은 성서 시대에 빵을 굽는데 사용하지 않았다. 효모가 들어간 빵은 반죽에 살아 있는 효모가 죽도록 철저히 구울 필요가 있다.

한편 다른 뜻으로 누룩은 천국과 같다고 비유하여 시작은 미약하나 나중에 창대함을 보여준 비유이다. 겨자씨가 외적 성장을 강조하였다면 누룩은 내적 변화에 초점을 두고 있다. 그러나 누룩을 죄악의 상징으로 표현(고린도전서 5 : 6~8, 갈라디아서 5 : 9, 출애굽기 12 : 15)하여 누룩 자체의 특성을 여러 가지 목적으로 적용하였으며 누룩을 단순히 선악으로 2분화하여 의미를 고정하는 것은 적절하지 않은 것으로 생각된다.

11. 과음에 대한 성서적 교훈

노아가 포도농사를 시작한 후에 제일 먼저 일어난 사건이 술 취한 후 실수를 한 것이 기록되어 있다. 이것은 노아의 잘못이 술 마신 것 자체에 있는 것이 아니라 마신 후의 행위와 과음에 따른 실수를 지적하는 것이다.(창세기 9 : 21) 또 창세기에 롯이 술을 마시고 잠들어 딸들과 동침하는 근친상간의 범죄를 저질러 술 취함이 많은 죄악의 근원이 됨을 알려주고 있다. 술 취함은 주변의 타인들에게 죄의 유혹에 빠지게 하므로 자신과 타인을 동시에 망치게 하는 것이다.(창세기 19 : 33)

아하수에로 왕은 7일간의 잔치를 베풀었는데 7일째 주흥이 일어나 왕비 와디스를 연회에서 자랑하고자 불렀으나 응하지 않음으로 폐비되는 사건이 있었다.(에스더 1 : 10) 술 취함은 교만하고 자랑하고자 하는 마음이 생기게 하여 타인도 동일하게 그 잘못된 행위에 동조하길 바라는 것을 알 수 있다.

바빌론의 마지막 왕 벨사살(기원전 550~538)은 큰 잔치에서 하나님의 거룩한 성전 기명을 술 마시는 도구로 이용함으로써 성전을 모독하고 우상을 숭배하는 죄를 저질렀다. 이렇게 술 취함은 인간을 비이성적 행위로 이끄는 경우가 많아 성서에서도 그 해악을 여러 번 경고하고 있다.

술을 즐기는 자는 육체적, 정신적 기능이 마비되기 때문에 술에 습관화되기 쉽다. 혼합한 술을 구하러 다니는 자는 재앙이 있고, 근심이 있고, 분쟁이 있고, 원망이 있고, 까닭 없이 창상이 있고, 눈이 충혈된다고 하였다.(잠언 23 : 29~30)

술에 취하여 감각기관이 둔해지면 인간의 도리를 지키지 못하고 죄를 짓게 되며 눈에 기이한 것이 보이고 마음이 망령되고 바다에 누운 것같이 정신착란, 헛소리를 하게 된다고 기록하고 있다.(잠언 23 : 31~35)

잠언서에서는 계속하여 술을 즐기는 자와는 사귀지 말라고 하였으며 술을 탐식하는 자는 가난해진다고 경고하고 있다.(잠언 23 : 20, 21) 로마서에서는 술 취하는 것과 같은 의미를 갖는 범주에 방탕, 음란, 호색, 쟁투, 시기를 기록하고 있는데 술에 대한 모든 표현이 단정히 행하는 것의 상대적인 언어들이다.(로마서 13 : 13) 성서에서는 술을 즐기거나 술에 취하여 소란을 피우는 행위에 대하여 화가 있을 것이다. 또 지혜가 없다고 하여 경종을 울리고 있다.

교회 임직자들의 자격에 대하여도 술 마시는 행위와 관련된 내용이 들어 있는데 감독(장로)은 술을 즐기지 아니하여야 하며, 집사는 술에 인박이지 아니하여야 한다고 하였으며(디모데전서 3 : 3, 8), 교회 지도자는 많은 술의 종이 되지 아니하여야 한다고 하여(디도서 2 : 3) 술이 교회의 직분을 수행하는데 걸림돌이 됨을 알 수 있다.

그래서 잠언서에서는 르우엘 왕의 어머니가 아들인 왕에게 술에 대한 교훈을 일러주는 대목이 있다.

르무엘아 포도주를 마시는 것이 왕들에게 마땅하지 아니하고 왕들에게 마땅하지 아니하며 독주를 찾는 것이 주권자들에게 마땅하지 않도다 (잠언 31 : 4)

술을 마시다가 법을 잊어버리고 모든 곤고한 자들의 송사를 굽게 할까 두려우니라 (잠언 31 : 5)

독주는 죽게 된 자에게, 포도주는 마음에 근심하는 자에게 줄지어다 (잠언 31 : 6)

12. 예수님의 말씀 중 식품 관련 비유

예수님께서 비유로 쓰신 대상은 그 시대의 생활상 중 일반화, 보편화한 것들이기 때문에 이런 비유의 말씀은 예수님의 심중을 전하는 강력한 언어이면서 동시대의 시대상을 알 수 있는 것들이다.

전체 비유 말씀 40 사례 중 식품과 관련된 것이 반 정도를 차지하고 있어 어떤 내용보다도 듣는 자에게 깊은 영향을 줄 수 있는 언어의 도구로 식생활이 비유로 쓰였다고 볼 수 있다.

식품의 재배, 수확, 제조, 가공, 저장 및 식생활의 모든 분야에 걸쳐 다양한 비유를 사용하여 예수님의 표현 능력을 보여주고 있다. 농업은 씨를 뿌리고 수확하는 과정 중 토양의 질에 따라 식물의 생육이 결정되기도 하며 또 농작물이 한 식물로서 성공적으로 자라는 데는 가라지와 같은 잡초가 없어야 한다.(마태복음 13 : 3~8) 이는 농사에서 농사꾼들이 어떤 일을 하여야 하는지 또 어떻게 하여야 훌륭한 수확을 얻을 수 있는지를 알려주는 것이라 하겠다.

공식적인 교육을 받지 않았고 어린 시절을 길러준 목수인 아버지 요셉과 함께 보냈음에도 농사에 대하여 여러 비유를 통하여 지혜를 주시는 예수님의 능력은 참으로 놀랍다. 농지 소유자와 농사꾼이 달라 부의 편재가 심해 전문 농사꾼은 빈한한 생활을 하고 있었다. 또한, 지주에게 소속되어 있는 개인 소작농이 많아 농업 종사자들의 신분이 낮았던 것을 알 수 있다.(마태복음 21 : 34~44)

비유에 나타난 과수목은 포도나무와 무화과로 일상생활에서 두 식물의 열매가 중요한 역할을 하고 있는 것을 알 수 있고, 주식은 아니라도 식량자원으로서 일반 국민들에게 보편적인 것이었음을 알려주는 것이라고 할 수 있다.(마태복음 24 : 32~35, 누가복음 13 : 6~9, 마태복음 21 : 34~44)

풍년이 들어 곡물이 다량 생산될 때는 이것을 저장하기 위하여 부자들은 창고가 있었으며 이러한 풍요가 영혼 구원에 오히려 장해가 되는 경우가 많은 것을 보여주고 있어(누가복음 12 : 16~21) 세속적인 부가 어떤 영향을 주는가를 알려 주고 있다.

생산된 식품을 가지고 가공하는 비유는 두 가지가 있으나 모두 천연 효모를 이용한 발효 제품이 주를 이루고 있다. 알코올 발효에 의한 포도주 생산이 일반화되었으며 발효빵을 만들 때 효모에 의하여 발효가 이용되었다.(마태복음 9 : 17, 13 : 13)

농업 외에도 어업에 대한 비유가 있어 어업도 주요 생업 중의 하나임에 틀림없어 보인다. 지극히 귀하게 생각되는 진주는 조개를 채취하고 식생활에 이용하였던 것이 일상생활화되었던 결과일 것이다.(마태복음 13 : 45~46) 천국을 고기잡이 그물에 비유한 것을 보면(마태복음 13 : 47~50) 바다나 호수의 생산물이 식생활의 일부가 되었으며 예수님의 제자 중 어부가 많았던 것도 의미 있는 일이라 할 수 있다.

생활 중에는 연회가 많아서 특별한 날 외에도 부자들은 화려한 잔치를 베풀어 많은 사람들에게 음식을 대접하여 음식의 나눔뿐 아니라 사교장으로 이용하였음을 알려 주고 있다.(누가복음 14 : 16~24) 특히 혼인 시에는 여러 사람을 초대하여 대접하는 풍습이 있었던 것으로 보이며 더 적극적으로 손님을 초대하여 대접한 것으로 추정된다.(마태복음 24 : 2~14, 누가복음 14 : 7~14) 친구가 방문하면 먹을 것을 대접하였고 대접할 식품이 없을 때에는 이웃에서 꾸어서라도 대접하는 넉넉한 인심을 보여주고 있다.(누가복음 11 : 5~8)

방탕한 아들의 비유에서 먹을 것이 없을 때에는 쥐엄 열매로 허기를 채우기도 하였으며, 부유한 집에서는 귀한 사람을 대접할 때는 송아지를 잡았던 것으로 볼 수 있다. 그러나 특수한 경우에 한하여 극히 제한적으로 소를 식용에 이용하였던 것으로 보인다.(누가복음 15 : 11~32)

13. 최후의 만찬

최후의 만찬은 예수님과 제자들 사이의 관계를 설명하는 내용이 많이 들어 있다. 마태복음 26장 19절에 제자들은 예수님이 시키는 대로 유월절을 예비했다는 간결한 문장으로 시작된다. 예수님과 제자들이 함께한 최후의 만찬을 그림으로 표현한 화가들이 매우 많으며 각각 다른 모습을 보여주고 있다. 도메니코 기르란다이오(1449~1494), 코시포 로셀리(1481~1482), 피에트로 페루지노(1493~1496), 레오나르도 다빈치(1495~1498), 지오반니 피에트로 리졸리(1520) 등의 화가들이 최후의 만찬 장면을 그렸다. 거의 15세기 이후에 그려진 것이 많으며 정확성을 기대하기는 어렵고 단지 그 당시의 식생활 습관으로 추정하여 그려볼 뿐이다. 그 시대의 연회 시 식탁의 모양은 말굽자석처럼 3면이 식탁(triclinium)으로 되어 있고 출입구 쪽 한 면은 열려 있어 음식을 준비할 수 있도록 배치되어 있었다. 왼쪽에 있는 식탁

최후의 만찬, 레오나르도 다빈치(1495~1498)

이 가장 중요한 자리이며 가장 중요한 사람의 좌우는 영예로운 자리이다.(마태복음 20 : 21, 23) 관습에 따르면 왼쪽 팔꿈치를 바닥에 대고 오른손으로 먹는 것이 정상적인 식사 자세였다. 많은 작품 중 가장 잘 알려져 있는 것은 레오나르도 다빈치의 작품이다. 레오나르도 이전의 작품들은 대부분 식탁을 둘러싼 구도여서 등 돌린 사도의 표정을 읽을 수 없었으나 레오나르도는 식탁을 일자형으로 배치하고 예수를 중앙에 그리고 좌우에 제자들을 배치한 구도로 제자들의 표정을 볼 수 있다. 이는 연회의 식탁이 아니라 실제 수도사들이 식사할 때의 모습을 생각하고 그렸기 때문이다.

예수께서 자신을 팔 것이라는 말씀을 비교하여 보면

"대답하여 가라사대 나와 함께 그릇에 손을 넣는 그가 나를 팔리라"(마태복음 26 : 23)

"이르시되 열둘 중 하나 곧 나와 함께 그릇에 손을 넣는 자니라"(마가복음 14 : 20)

"예수께서 대답하시되 내가 한 조각을 찍어다가 주는 자가 그니라……"(요한복음 13 : 26)로 기록하여 어떤 복음서를 중심으로 그림을 그렸는지에 따라 제자들의 배치가 달라질 수 있다.

최후의 만찬에 준비된 식품은 일부 작품에서는 큰 생선, 또 다른 그림에서는 빵, 와인, 생선이 놓여 있고 어린 양 통구이를 그린 작품도 있다. 레오나르도의 작품에서도 식탁 위의 식품이 무엇인지 분명치 않다. 현대의 유월절에는 무교병, 가축의 고기(유월절 희생 동물의 상징), 삶은 달걀(축제의 공물), 소금물(눈물의 상징), 서양고추냉이(이집트에서 고난을 상징하는 쓴나물), 채소류, 하로셋(견과류와 무화과, 대추야자 말린 것, 사과 등 과일을 찧은 것에 향신료와 와인을 넣어 섞은 것) 등을 먹는다.

요한복음 13장 23절에 **"예수의 제자 중의 하나 곧 그의 사랑하시는 자가 예수의 품에 의지하여 누웠는지라"**라는 구절에서 예수의 품에 의지한 자가 누구인가에 대한 추측이 무성하지만, 많은 사람은 예수의 오른쪽은 요한일 것이라고 추정한다. 그러면 예수의 왼쪽 영예의 자리는 누구일까? 누가복음 22장 8절에 예수께서 베드로와 요한에게 유월절을 예비하라고 지시하신 것을 보면 그 자리는 베드로가 아닐까 하는 추측도 할 수 있다. 베드로일 것이라는 추측은 제자 중의 하나가 예수를 팔 것이라는 말을 하였을 때 베드로가 머릿짓으로 예수께서 말씀하신 자가 누구냐고 묻자 예수의 가슴에 의지한 자가 **"주여 누구오니이까"**(요한복음 13 : 25)라고 했던 것에서 풀어볼 수 있다.

다른 의견은 예수로부터 가장 먼 반대편에 베드로가 앉아 있었을 것이라는 주장도 있다. 예수께서 제자들의 발을 씻을 때 제일 늦게 씻었기 때문이라고 한다.(요한복음 13 : 6) 그래서 예수 왼쪽에는 유다일 것이라는 견해도 있다. 예수께서 빵 한 조각을 찍어 주는 자라고 말씀하였는데 바로 유다에게 주었기 때문이다.(요한복음 13 : 26) 유다는 예수 가까이 기대어 앉아 예수님과 같은 접시에서 빵을 찍을 수 있는 거리에 있고 예수님이 주기 편한 위치에 앉아 있었을 것이기 때문이다.(마태복음 26 : 23)

제7장 성서에서 본 채식과 육식

인간 집단의 식문화는 형성 과정 중 매우 많은 요소에 의하여 지배를 받게 되지만 크게 나누면 채식 중심과 육식 중심의 식생활로 나누는 방법도 있다. 현대 선진화된 국가의 국민들에게 많이 발생하는 비전염성 질환들이 우리의 식생활을 돌아보게 한다.

성서에서는 어떤 식생활을 권장하는가? 성서의 정신에 적합한 식생활은 어떤 것인가? 성서 시대와 현대의 역사적, 지리적 차이점은 어떻게 조화시켜 나가야 하는가?

존 로빈스의 저서 《Diet for a New America》(육식 : 건강을 망치고 세상을 망친다, 아람드리미디어)를 중심으로 성서에 적합한 식생활과 육식의 문제점을 찾아보고자 한다.

1. 육식동물과 인간의 생리 구조적 차이

육식동물의 치아는 물거나 뜯기 좋게 생겼으며 꿀꺽 삼키도록 되어 있으나, 인간의 앞니는 날카로워 뜯기(biting)에 적합하고 송곳니는 작고 어금니는 평평하여 단단한 섬유상 물질을 씹기(chewing)에 적합하며 턱은 식물을 갈기(grinding)에 적합하도록 좌우로 움직일 수 있다.

성인의 치아 32개 중 4개는 송곳니로 전체 치아의 12.5%를 차지하고 있어 우리 식생활 중 그만큼만 육류를 섭취하라는 것이 하나님이 주신 생리 구조라는 주장도 있다.

육식동물의 침의 액성은 강산성이나 인간은 알칼리성이다. 강산성 침은 뼈를 녹일 수 있지만, 인간이 음식을 꼭꼭 씹어 먹는 것은 침의 알칼리성을 음식물에 충분히 주어 위산이 강산이 되는 것을 방지한다. 그러므로 적게 씹고 꿀꺽 삼키는 식사법이 습관화되면 위장 질환을 일으키기 쉬운 식생활이다.

육식동물의 위산은 인간보다 강하고, 초식동물은 위산이 없어 인간은 원래 초식동물도 아니고 잡식성 동물이라는 설도 있다.

육식동물의 장은 인간의 장에 비해 짧고 매끄러운 통처럼 생겼지만 인간의 장은 매우 길고 주름 주머니형이다. 육식동물의 장이 길다면 고기의 분해산물 중 독성물질이 발생하여 흡수될 수 있기 때문에 독성물질을 발생하기 전이나 흡수 전에 배출하여 피해를 보지 않도록 장이 짧다. 인간의 장의 길이가 긴 것은 먹은 음식이 오랫동안 장에 머물면서 분해, 흡수할 수 있게 시간적 여유를 주기 위한 생리적 특성을 부여받은 것이다.

육식을 즐기는 사람들에게 자주 나타나는 몇몇 질병을 보더라도 육식의 문제점을 알 수 있다. 결석(結石)은 그 구성 성분이 대략 수산칼슘, 인산칼슘, 요산칼슘과 같이 대부분의 결석에 칼슘이 포함되어 있다. 이는 혈액 내 칼슘 함량이 높아 배설 과정에서 일어난 결정체로 혈액 중 칼슘 함량을 높게 하는 데는 동물성 단백질의 역할이 크다.

미국에서 채식가들의 결석 발병률은 일반인의 절반도 되지 않는다.

담석의 주성분은 콜레스테롤인데 식단 내 콜레스테롤이 많이 함유되어 있을수록 담즙에도 콜레스테롤이 많이 들어 있게 된다. 과잉의 콜레스테롤은 분해 과정에서 담즙으로 이행하기 때문에 결국 과잉의 콜레스테롤 식이는 담석의 형성을 촉진한다.

육식이 빈혈을 예방하는 것으로 생각되지만 채식과 겸하지 않으면 실제 함유되어 있는 칼슘이 제대로 흡수되기 어렵다.

㊞ 식품 중의 철분 함량

식물성 식품	철분 함량(mg/100g)	동물성 식품	철분 함량(mg/100g)
곡류	1.0~3.0	육류	1.0~2.5
녹황색 채소류	1.0~10.0	가금유	0.5~1.5
과실류	1.0 이하	어류	1.0~2.0
두류	5.0~8.0	난류	2.0~5.0

실제로 동물성 식품과 식물성 식품의 철분 함량을 비교해 보면 우리가 생각하고 있는 것보다 차이가 적다. 오히려 식물성 식품 중에서 훌륭한 철분 급원이 많다. 철분 흡수에는 비타민 C가 꼭 필요하다. 그러므로 신선한 채소와 같이 비타민 C를 많이 함유한 식품을 섭취함으로써 철분의 흡수를 용이하게 할 수 있다. 여성 육식가들은 자궁 내벽이 두껍고 출혈량이 많아 생리 기간이 길기 때문에 빈혈에 이르기 쉽다. 그러나 채식 여성들은 에스트로겐의 분비가 적고 생리가 짧아 가볍게 지나간다.

기독교 외에도 많은 종교에서 식품의 금기 사항이 있으나 대부분 동물성 식품에 대한 금기이며 식물성 식품에 대한 제한이나 금기는 거의 없는 것을 보아도 동물성 식품에 대한 시각은 비슷하다고 할 수 있다. 그것은 종교의 발생 지역이 온대나 아열대 지역이 대부분이기 때문일 것으로 생각되며 한대 지역이었더라면 다른 의견을 가질 수 있었을 것이다.

2. 식물성 식품의 우수성

이사야서 30장 23절에 땅의 소산으로 살찌고 풍성하게 되며 땅의 소산만으로 건강을 충실히 유지할 수 있다고 기록하고 있다. 각종 식물성 식품은 다양한 기능성을 가지고 있기 때문에 골고루 균형 있게 섭취하면 건강을 훌륭히 유지할 수 있다.

식물성 단백질보다 동물성 단백질이 체내의 칼슘을 더 많이 배출하는 것으로 알려져 있는데, 동물성 단백질에 다량 함유되어 있는 메티오닌(methionine)이 칼슘의 배출에 영향을 주고 있기 때문이다. 그런 관점에서 보면 치즈가 제일 나쁘고 그 다음은 육류이다. 고기 먹은 쥐보다 콩을 먹은 쥐가 스태미나가 강하고 지구력이 큰 것으로 밝혀졌는데 콩의 리진(lysine)과 글루탐산(glutamic acid)이 남자의 정자 생산에 도움을 주기 때문이다.

이스라엘 사람들이 이집트에서 먹던 식품도 나름대로 기능성을 가지고 있다.(민수기 11 : 4~6) 생선, 오이, 수박, 부추, 파, 마늘은 지금도 정력에 좋은 식품으로 알려져 있으며 마늘은 항균성과 강장제로서의 기능을 갖는다. 특히 부추나 파에 들어 있는 셀레니움(selenium)은 성 무기질(sex mineral)로 알려질 만큼 정력에 우수한 것으로 알려져 있다.

인간이 자연계에서 먹을 것을 선택하고 가식성을 확인하는 데는 감미가 중요한 역할을 하였다. 감미가 있는 물질 중 자연계에 있는 것은 대체로 식용에 적합하였다. 그래서 우리의 혀에서도 감미는 제일 끝에서 느끼도록 하여 감미의 중요성을 보여준다. 식품에 감미가 있다는 것은 그 감미가 인간의 생리 현상과 관계가 깊다는 것을 말하는 것으로 배고픈 느낌은 혈액 중의 당분의 감소로 일어나는 것이다.

몇몇 식품 중의 감미 성분인 단당류와 이당류의 함량을 보면 곡류 0.5%(자당, 과당, 포도당), 과실류 10% 이상(과당, 포도당, 자당), 감자 1.0% 이내, 고구마 4.0%, 젖류 0.4~0.7%(젖당), 어육, 수육류 0.3%(포도당, 과당, 갈락토스)가 함유되어 있다.

포화지방과 단백질이 풍부한 음식을 장기간 먹은 결과 건강에 부정적인 영향을 가져온다는 것은 잘 알려진 사실이다. 월터(Walter) 박사는 8만 8,751명의 여성들에 대한 집단 연구에서 매일 육류를 섭취하는 것은 대장암의 위험이 2.5배 증가되다고 발표했다. 또 다른 연구에서도 채식주의자들은 육류 섭취자들에 비하여 암으로 인한 사망률이 40% 감소하고 심장질환은 25% 감소되었다고 보고하였다.

성서 시대는 물론이고 100년 전의 동물성 식품과 지금의 동물성 식품과는 생산 과정이 사뭇 다르다. 최근의 동물성 식품은 대부분 공장 형태의 사육장 제품들이며 이 제품들에는 예외 없이 살충제, 호르몬제, 성장 촉진제, 진정제, 제초제, 항생제, 식욕 촉진제, 구충제, 방사성 동위원소가 들어 있을 가능성이 높다.

육류는 곡류보다 잔류 농약이 35배나 더 함유하고 있고 방사능 물질은 20배가 넘는다는 보고도 있다. 600개가 넘는 화합 물질이 잔류물로 수퍼에서 팔고 있는 육류에 존재할 가능성이 높다. 그중 단지 10% 이내만 정부에 의하여 감시되고 있을 뿐이다. 모든 가축 사육장의 소는 합성 호르몬제, 항생제를 투여하고 있다. 일상 농업에서 항생제의 사용은 약제 내성균을 만들고 결국 인간의 항생제 내성으로 이어져 질병에 대한 항생제의 효과를 얻을 수 없게 만든다.

미국인의 식단에 잔류하는 모든 유독성 화학물질의 95%는 육류, 생선, 유제품, 달걀에서 온다. 유독성 화합물질의 섭취를 줄이는 길은 먹거리 중심을 먹이연쇄 상위에 있는 동물성 식품에서 하위 단계로 옮기는 것이다. 먹이연쇄 상위에 있을수록 잔류성 화합물질이 농축되어 존재하기 때문이다.

3. 육류 생산과 생태계

육류, 가금류, 유제품의 생산은 자연환경과 생태계의 재앙이다. 쇠고기 1kg을 생산하는데 1만 ℓ 이상의 물이 필요한데 비하여 비교적 물이 많이 필요하다고 알려진 쌀 1kg을 생산하는 데는 단지 200 ℓ 의 물이 필요할 뿐이다. 2만 마리의 소를 키우는 목장은 32만 명의 인구를 가진 도시의 고형 폐기물량과 같은 양의 폐기물을 만든다.

미국 농토의 95%는 동물의 사료 생산에 쓰이고 있다. 미국에서 식품 생산을 위하여 쓰고 있는 원료의 95%는 육류, 유류, 난류 제품의 생산에 소요되고 단지 5%만 곡류, 채소류, 과실류 제품 생산에 관계하고 있다.

비육장의 비육우 체중 1kg을 불리기 위하여 7kg의 곡물이 필요하며, 돼지고기는 4kg의 곡물이, 가금은 3kg, 잉어, 물고기는 2kg 정도의 곡물이 필요하며 평균 체중이 클수록 사료의 효율은 떨어진다고 볼 수 있다. 쇠고기를 즐기는 만큼 사료의 효율은 떨어지고 자원의 소모량은 크다.

육식은 사료나 곡물의 효용성을 떨어뜨릴 뿐만 아니라 많은 자연

자원을 필요로 한다. 육식가 한 사람에게 1년간의 육류를 공급하기 위하여 약 4,000평의 땅이 필요하다. 그러나 유란 채식가에게 1년간 식량을 공급하기 위해서는 단지 620평만 필요하고 완전 채식가의 식량이라면 겨우 200평이면 족하므로 육류 섭취자에 비하면 20분의 1만큼의 땅만 필요할 뿐이다.

또한, 1파운드의 고기를 생산하기 위하여 9,450ℓ의 물이 필요하다. 육식만 하는 육식가의 하루 필요한 식량을 생산하기 위하여 1만 5,000ℓ의 물이 필요하고 유란 채식가는 하루 식량 생산에 4,500ℓ, 완전 채식가는 1,100ℓ의 물이 필요한데 이는 수자원의 이용 측면에서도 큰 차이를 보이고 있다.

식품의 취득을 위한 곡물을 가축의 사료로 공급할 경우 그 효율성을 살펴보면 직접 곡물을 섭취하는 것에 비해 엄청난 낭비를 볼 수 있다. 곡물을 가축에 먹여 얻은 고기는 곡물을 직접 섭취했을 때의 열량의 10%에 불과하며 곡물과 콩 14.5kg을 소에게 먹였다면 10%에 훨씬 미달하는 0.9kg의 고기를 얻을 수 있을 뿐이다.

소에게 곡물을 사료로 제공하면 사료 단백질의 94%를 잃게 되고 젖소는 78%, 돼지는 88%, 가금류는 83%를 잃어버리게 된다고 한다. 이는 육식이 생태계와 인류의 미래를 위하여 도움이 되지 못한다는 것을 알려주는 것이다. 더구나 농지로서의 가용 면적은 점차 줄어들고 가용 수자원은 고갈되어 가고 있는 것이 현실인 것을 생각하면 농지의 확보 및 식물성 식품의 직접 이용이 급선무라고 하겠다.

+ 심화되고 있는 농지 부족의 사유

- 급속한 공업화로 농지의 전용
- 인구의 집중으로 농지의 도시 기반 시설화(주택지 및 공용시설)

- 농지 운영 인구의 급감소로 농지의 황폐화
- 관개 용수의 비농업적 이용 : 건조 지역의 관개 용수는 쉽게 증발하여 지표면에 염분의 축적을 증가시켜 토지의 황폐화 촉진
- 토질의 악화
- 곡물 경작지가 경제 작물로 대체되고 소득 증대를 위한 축산 토지로 전환
- 지하 수면이 낮아져 지하수를 얻을 수 없는 고지대 농지의 포기
- 지표수의 이용량이 많아지면서 하류는 물 가뭄이 심하고 농사에 부적합한 조건 형성
- 바람과 물의 영향에 의하여 표토의 유실

4. 육식과 생리 기능

육식은 우선 단백질이라는 등식이 거의 성립된다. 성인의 하루에 필요한 단백질이 영양 권장량으로 나와 있고 또 동물성 단백질을 양질의 단백질 공급원으로 권장하고 있는 형편이다.

사람의 모유에는 총열량 중 5%에 달하는 단백질이 들어 있다. 그러면 인간의 최대 단백질 필요량은 섭취열량의 5% 정도가 적당한 것이 아닌가? 최고 성장기로 최고의 단백질이 필요한 시기에 5%가 충분하다면 나이 들어 성장 속도가 떨어지면 5%보다 훨씬 적은 양이 필요한 것이 아닌가?

고기와 우유, 달걀의 단백질이 양질 혹은 완전 단백질이라는 가설은 동물 실험에서 이루어진 것으로 성장 패턴이 다르고 성장 패턴에 따른 필요한 영양소의 양이 다르다는 것을 인정한다면 인간에게 그대로 적용한다는 것은 부적절하다고 생각된다.

열량은 부족하지 않은데 단백질이 부족한 자연 식단을 짤 수 있는 영양 전문가는 없다. 필요로 하는 단백질은 총열량의 6%까지 인정한다 하더라도 실제 식생활에서 9%보다 낮은 비율의 단백질을 얻기는 불가능하다. 결국, 자연은 우리가 충분한 단백질을 얻기 바라고 있으며 그것은 무엇이든지 배고픔의 본능에 따라 자연 식품을 충분히 골고루 먹으면 그것으로 충분하다.

표 몇몇 동물들의 모유 내 단백질 함량 비교

동물의 종류	총열량 중 단백질비율(%)	체중 2배 증가에 걸리는 시간(일)
사람	5	180
말	11	60
소	15	47
염소	17	19
개	30	8
고양이	40	7
쥐	49	4

※ 자료 : 존 로빈스 저(이무열 역) 《육식 : 건강을 망치고 세상을 망친다》 아람드리미디어, 209쪽, 2000

단백질이 부족한 식사란 다음과 같은 경우에 한한다.

- 가공 식품을 너무 많이 먹는 경우 : 버터, 설탕, 청량음료, 튀김요리 등
- 과일만 먹는 경우
- 단백질 함량이 특히 낮은 작물만 먹는 경우 : 전분성 뿌리 식품만 취할 경우, 아프리카 등지에서 식량 부족 시 나타나기도 한다.
- 아직 소화기계가 발달되지 않아서 단백질 흡수율이 떨어지는 유아에게 곡물과 채소만 먹일 경우

• 채식가가 총열량 자체를 충족시키지 못할 때

극단적인 골다공증에서도 혈중 칼슘의 농도는 정상 수준을 유지한다. 즉 생체 내에서 혈중 칼슘 농도의 유지가 뼈의 칼슘 농도 유지보다 우위를 점하기 때문이다. 혈중의 칼슘은 신경전달이나 보조효소로서의 기능을 갖기 때문에 생명 현상 자체와 관계가 깊다고 할 수 있다.

그러면 골다공증은 칼슘 부족 때문인지 과잉 단백질 때문인지에 대한 의문이 생기며, 다섯 건의 연구에서 우리가 얼마나 많은 양의 칼슘을 섭취하는가와 상관없이 단백질을 많이 섭취할수록 칼슘도 더 잃게 된다는 결과를 가져왔다. 즉 육식 위주의 식생활은 골다공증을 진행시키는데 결정적 역할을 하고 있다. 결국, 우유와 유제품이 칼슘의 보급에 도움이 되지 않는다는 결론을 얻을 수 있었다. 세계에서 유제품을 가장 많이 소비하는 나라인 미국, 핀란드, 스웨덴, 영국이 골다공증 다발 국가라는 것은 무엇을 말해주고 있는가?

아프리카의 반투족 여성은 하루 350mg의 칼슘만 섭취하지만 9명의 자녀에게 2년간씩 모유를 수유하고도 칼슘 부족이 없었던 것은 저단백 식사 때문이며, 이는 일반적으로 모유 수유 중에 특별히 많은 단백질을 섭취해야 한다는 이론이 적절치 못함을 알려주는 것이다. 세계에서 가장 많은 칼슘을 섭취하는 이누이트족(하루 2g)은 단백질도 하루에 250~400g을 섭취하고 있어 골다공증 발생 비율이 높다.

혈액은 스스로 중성화를 위하여 엄청난 노력을 하고 있는 것이 생체의 특성이다. 체액이 산성화되면 뼈에서 칼슘을 빼내어 혈액의 pH를 조절하고자 한다. 산성이 강한 식품은 결국 칼슘을 뼈에서 빼오거나 저장하지 못하게 한다. 식품의 산성도와 알칼리도를 비교하여 보면 육식이 왜 문제가 있는지 쉽게 이해할 수 있다.

하루에 1,500mg의 칼슘과 800mg의 인을 섭취하면 생체 내에서 칼슘은 양(+)의 균형을 갖지만 똑같이 하루에 1,500mg의 칼슘을 섭취하더라도 인의 양을 1,400mg 섭취하면 부(–)의 균형을 일으킨다. 결국, 중요한 것은 칼슘의 양보다 인과의 비율이라는 사실이다. 칼슘/인의 비율로 볼 때 낮은 식품 즉 인의 양이 많은 식품은 간, 닭고기, 쇠고기, 돼지고기, 생선이며 비율이 높은 식품으로는 칼슘의 흡수가 잘되는 식품은 채소와 과실이다.

과잉의 단백질로 인해 혈액이 산성화되고 칼슘이 뼈에서 용출하는 것은 육류 섭취의 문제점이다. 이 칼슘은 Ca/P의 비율 불균형으로 흡수되지 못하고 혈중에 있다가 결국 신장에서 배출된다. 신장에서 제거하기 위하여 힘들게 일하게 되며 결국 신장비대증이나 신장염에 걸리기 쉽다. 동물성 단백질을 많이 먹인 동물은 빠른 성장을 보이는 것이 사실이나 성장과 내부 기능의 균형이 맞지 않아 수명이 짧고 다양한 질병에 시달리며 특히 각종의 암 발생과 관계가 깊다.

또 하나의 육식의 문제점은 지방으로 콜레스테롤의 문제이다. 결론적으로 식품을 통하여 콜레스테롤을 섭취하지 않더라도 건강을 유지할 수 있으며 신체에서 필요량이 생성된다. 저콜레스테롤 식이로 콜레스테롤 부족증에 걸린 사람은 없다.

인간은 외부에서 섭취되는 콜레스테롤이 불필요한 것이므로 콜레스테롤이 함유된 육식은 인간에게 부적합한 것으로 판단할 수도 있다. 정력 식품이라고 하는 것은 대부분 콜레스테롤 함량이 높은 식품인 것을 보면 식이성 콜레스테롤의 섭취는 생체 내에서 콜레스테롤 과잉증을 가져와 여러 가지 성인 질환과 관련하여 콜레스테롤이 주범처럼 인정되고 있다. 성 호르몬의 구성 요소가 콜레스테롤이기 때문에 잉여의 콜레스테롤을 빨리 제거하고자 하는 생체 반응이 성욕이나 정력으로 나타나는 것이 아닐까? 결국, 콜레스테롤을 다량 함유한 동물성 식품은 성도덕의 문란과 사회 범죄를 일으키는데 관련이 있지 않을까 하고 추측할 수 있으며 관련 연구가 필요하다고 본다.

5. 육식의 윤리성

아마 육식에 대하여 가장 강력히 대두되는 윤리적 문제는 굶주림이다. 라페는 지적하기를 8온스의 스테이크를 먹고 있을 때 빈 그릇을 들고 우리를 바라보는 40~50명의 사람들이 있다고 상상해 보라. 우리의 단 한 번의 식사를 위한 육류의 사료비는 식탁의 모든 그릇을 곡류로 가득 채울 수 있다. 세계 곡류 생산의 40%(북아메리카는 79%)는 가축의 사료이다.

만약 모든 사람들이 곡류와 두류 중심의 식사를 한다면 지금보다 훨씬 많은 인구를 먹여 살릴 수 있고 지구 상의 모든 사람이 충분한 식품을 공급받을 수 있다. 현재 북아메리카의 영양 권장량으로 보아도 단지 반 정도의 사람만 적절하게 섭취하고 있다. 오늘날 세계 인구의 약 20%는 배고픈 상태에서 잠자리에 든다. 한편 북아메리카에 살고 있는 사람은 세계 인구의 5%도 되지 않지만 세계 육류 생산량의 30%를 먹고 우유의 50%를 소비한다.

대규모 공장 수준의 가금육 처리와 육류 처리는 우리의 친구가 되는 창조물에 대한 잔인하고 이기적 행위이며 단지 경제적 효율성 때문에 공장화하는 것은 증오받아 마땅하다.

그래서 예수님께서 지구상의 인구가 1억 명 정도 살고 있을 때인 2000년 전에 완전한 채식주의자는 아니었지만 육식을 경계하셨다.

지구 상의 인구가 적을 때도 채식을 권하셨는데 현재와 같이 약 60배의 인구로 증가했으면서도 채식을 심화시키지는 못할망정 점차 육식이 증가하고 있으니 지구의 앞날에 어둠이 드리워지는 느낌이다. 하나님의 뜻에 따르면 현재 북미에서 생산되고 소비되는 육류와 유제품은 인류의 미래를 위하여 정당화할 수 없는 행위이다.

미국암협회에서 제시한 암 예방을 위한 식생활 권장 사항을 보면

- 적절한 체중 유지
- 균형 있는 음식물 섭취
- 매일 다양한 채소와 과일 섭취
- 고섬유질 음식(빵, 곡물, 채소, 과일)의 섭취
- 지방질 섭취를 줄인다.
- 술을 절제한다.
- 소금 절인 음식 섭취를 줄인다.

미국암협회에서 암 예방을 위한 식생활의 권고는 귀 기울여 볼 만하다. 육식의 과잉 섭취에 따른 체중 증가, 지방질의 과다 섭취 등을 경고한 것은 상대적으로 채소와 과일, 고섬유질 음식의 섭취를 권장하는 결과를 가져왔다. 우리 식생활 중 진정 균형 있는 동물성 식품의 섭취란 어떤 것이며 필요한 것인가에 대한 반문을 하게 된다. 왜 식물성 식품은 암의 발생을 낮추는데 필요한 식품인가를 생각해 보면 식물성 식품이 우리 몸에 적절하고 거부감이 없다는 것을 이해할 수 있다. 또한, 음식물 중 특정 성분을 분리, 농축, 가감하는 것이 자연스러움에 대한 파괴라고 볼 때 자연 식품을 그대로 섭취하지 않고 인공적으로 성분을 변형시키는 것이 우리 몸에서 원하는 것이 아니라는 것을 쉽게 알 수 있다.

현실적으로 육류의 섭취를 엄격히 금지하는 것은 어렵다. 단지 양적으로 적절하게 또 균형 있게 섭취하고 그 육류를 제공하는 가축이 공장식 사육된 것이 아닌 자연 방사한 것이길 바란다. 자연 상태하에서 인공적인 사료, 인공적 화합 첨가물이 없이 사육된 가축의 고기이어야 한다는 뜻이다. 대규모 사육은 자연적으로 형성된 면역보다 공장식 통제와 약물로 가축의 질병을 예방하거나 치료하게 된다.

극도의 통제와 약물 속에서 자란 가축의 육류는 영양적으로 볼 때 불균형, 바람직하지 못한 내분비 물질의 축적을 예상할 수 있다.

6. 성서의 채식

성서에서 최초의 인간은 채식주의자였다. 창세기 처음 두 장은 인간과 동물이 친구가 되는 이야기가 있고 식량인 나무와 풀을 이야기하고 있다. 창세기(1 : 29)에 인간에게 단지 채소와 과실만을 먹도록 하나님은 명령을 하셨다. 이는 창세기 9장 3절에 **"모든 산 동물은 너희의 먹을 것이 될지라 채소 같이 내가 이것을 다 너희에게 주노라"**고 하신 하나님의 말씀을 주의하여 살펴보면 이전에는 과실과 채소만 먹었던 것으로 생각된다.

그러나 하나님께서 육식을 하락하시기 전에도 완전한 채식만을 했다고 보기에는 의심이 되는 부분이 있다. 아벨을 양치는 자(창세기 4 : 2), 야발을 육축 치는 자의 조상(창세기 4 : 20)으로 부르셨는데 여호와께 제물을 드리거나 털과 가죽을 취하고 고기는 어떻게 했을까? 젖은 취하지 아니했을까? 고기를 먹지 않았다면 육축을 치는 자의 식량은 무엇인가? 식량으로 하지 않았다면 육축 치는 것이 생업이 될 수 있는가?

이사야서 65장 25절에 평화스런 하나님의 나라에 대하여 기술하면서 강력한 초식 위주의 식생활이 될 것임을 암시하고 있다. 레위기 25장 19절에서 "땅은 그것의 열매를 내리니 너희가 배불리 먹고 안전하게 거주하리라"고 하여 땅의 소산물만으로도 충분히 영양이 충족되고 안전(건강)에 문제가 없을 것임을 예시하고 있다.

사람은 썩은 음식을 먹게 되면 썩게 되고 죽은 음식을 먹게 되면 죽게 되고, 살아 있는 생명력 있는 음식을 먹으면 생명력을 얻게 된다고 본다. 씨앗은 살아 있고 생명력이 있기 때문에 씨앗을 먹는 것은 생명력을 부여받는 것이며 죽은 음식인 육류를 섭취하는 것은 생명력을 잃게 되고 만병의 근원이 될 수도 있다고 생각해 본다.

사마리아 왕 아합이 나봇의 포도원을 얻기 위하여 그를 회유하고 결국 음모를 꾸며 죽이고 그 포도원을 취하였다. 그 후 그 밭에 채소를 심고자 했으니 왕이 고기를 얻기 위한 것도 아닌 식물성 식품을 얻고자 살인까지 할 정도로 채소가 중요하게 여겨졌다.(열왕기상 21 : 2)

인간의 즐거움(희락)은 고기가 있는 진수성찬에 있는 것이 아니라 곡식과 포도주와 기름이 풍부한 것(요엘 1 : 10), 밀과 보리 같은 밭의 소산이 풍족한 것(요엘 1 : 11), 온갖 과일나무와 밭의 나무들이 싱싱한 것(요엘 1 : 12)이요 기름진 음식과 식도락을 즐기는 생활은 순간적 기쁨을 줄지 모르지만 진정한 삶의 기쁨은 어디 있는지 알려주는 내용이다.

요한계시록에 새 예루살렘의 환상 부분에서 생명에 대한 이야기가 나오는데 생명과 관계된 말씀을 보면 다음과 같다.

- 생명수(the water of life) (요한계시록 22 : 1)
- 생명나무(the tree of life) (요한계시록 22 : 2)
- 만국을 소생시키는 나뭇잎(the leaves of the tree are for the healing of the

nations) (요한계시록 22 : 2)

생명에 관계된 물, 나무, 풀을 열거하고 있는 것을 보면 동양 한의학에서 권고하고 있는 내용을 연상케 한다. 성서에서 보면 먹거리로 허락한 것 중 식물에는 제한과 조건이 없는데 동물은 그 종류를 구체적으로 제한하였고 피를 취하지 않거나 그 조리법에도 제한을 하였다. 또 육식을 할 때에는 채소와 함께 먹도록 하였다. 출애굽기 12장 8절에 **"고기를 불에 굽고 무교병과 쓴 나물을 함께 먹어라"**고 하여 육식+전분식+채식의 균형을 갖추도록 하였으며 현대 서양음식의 기본형과 맥을 같이 하고 있다.

채식은 평화, 비폭력, 자연스럽고 단순하며 검소한 생활을 표시하며 기독교적 주제와 이미지에 적합하다고 하겠다. 채식은 우리의 몸을 가볍게 하여 영혼이 자유롭게 일할 수 있도록 만든다고 본다.

채식 위주의 식생활은 초식동물처럼 평화롭고 서로를 도와가며 살아가나 육식동물은 호전적이고 포악하여 함께 살아가기 힘들다. 이것이 생존의 한 수단이라고는 하지만, 인간은 균형에 맞지 않게 육류를 다량 섭취하면 성격 문제뿐만 아니라 생체 내의 이상 반응을 나타내어 질병에 이르게 할 수 있다.

정말로 하나님이 인간뿐만 아니라 모든 동물에게 채식 위주의 식생활을 하도록 한 것이 창조의 계획이었다. 사람은 분명히 땅을 경작하며 살도록 창조되었다. 하나님은 엄격한 채식 위주의 식생활 제도를 제시하였으며 인간이 낙원에서 추락한 후에도 되풀이 말하였다. 단지 노아의 홍수 후에 인간에게 육식을 허락하셨지만 이는 육식을 하도록 권함이 아니라 제한적으로 허락하는 것으로 볼 수 있다.(신명기 12 : 20) 보편적인 채식주의가 과거에도 미래에도 이상적일 것이라는 생각은 성서에서 보더라도 합리적이다.

이사야는 공의와 신실함이 세상에 가득할 때 사자가 풀을 먹고 육식동물이 초식을 하며 성산에서는 상함도 해함도 없을 것이라고 하였다.(이사야 11 : 6~9, 65 : 25)

예수님이 엄격한 채식주의자라고 말하기는 어렵다. 사실 1세기 중동 지역의 보통 사람들은 주로 채식을 했고 필요에 따라 육식을 했지만 죄의식을 느끼지는 않았으며 예수님의 식사도 그러했으리라 생각된다.

오늘날에도 레바논 사람들은 미국과 캐나다 사람들이 소비하는 육류의 10분의 1도 미치지 못하는 분량을 섭취하고 있어 육류의 소비억제는 그 지역의 문화적 특성에 용해되어 있다.

1세기경 팔레스타인에서 고기를 먹는다는 것은 특별한 잔치가 있을 경우 고급의 자리에만 한정되어 있었다. 그렇지만 물고기는 많이 소비하였던 것으로 보인다. 예수님께서 두 번이나 수천 명의 추종자들에게 물고기를 먹여 주신 것은 지극한 예수님의 사랑이라고 생각할 때 물고기를 먹는 것이 우리 몸에 나쁠 것이라고는 생각할 수 없다.

예수님도 재림 후 생선을 먹었으며(누가복음 24 : 42, 43) 아마 두 번째는 일곱 제자들에게 생선을 구워 주셨을 때 함께 먹었을 것으로 짐작되며, 생선과 알에 대한 긍정적 비유도 생선을 일반적인 식품으로 수용한 것으로 짐작하게 한다.

성서 시대의 채식은 엄격한 채식이 아니라 유란(milk and egg)을 먹는 채식이었던 것으로 보이며 육류에 대하여도 금지가 절대적은 아닌 것으로 보인다.

성서에서 채식에 관련된 구절을 일부 인용하면

- 이사야서(7 : 14, 15)에서 메시아가 처녀의 몸에서 잉태되고 태어날

것을 예언하고 그는 엉긴 젖과 꿀을 먹을 것이라고 예언하여 고기를 거론치 않았다. 예수님은 엉긴 젖과 꿀을 즐겨 먹을 것이라고 예언하였는데, 예수님이 고기를 즐겼다면 메시아적 예언과 적합하지 않을 것이다.

- 로마서(14 : 2)에서도 고기도 먹지 아니하고 포도주도 마시지 아니하는 것이 아름답다고 하였다.

많은 유대인은 채식을 즐겨 먹고 있으며 나사렛에서 태어난 예수님도 영향을 받았을 것이다. 실제 유대인들은 인도 다음으로 채식을 즐기는 국민이라 한다.

- 다니엘서(1 : 11~16)에서 보면 다니엘은 채식주의자임에 틀림 없는 것 같다. 다니엘이 궁정의 관리들에게 당신의 종들에게 10일간 채식만 주고(포도주와 고기를 멀리하고) 궁전의 진미와 신체적 영향을 비교하게 하였다. 이는 다니엘과 세 소년에게 채식만 먹게 한 후 지혜와 지식을 함께 주셨다고 했으니 하나님의 뜻이 어디 있는지를 알 수 있다. 그러나 다니엘이 그 후 삶에서 계속 채식을 한 것으로는 볼 수 없다. 전쟁이 일어나 동족이 고통받을 것이라는 생각은 그를 슬프게 했고(다니엘서 10 : 2, 3) 일정 시기까지는 좋은 떡, 고기, 포도주를 입에 넣지 않겠다고 함으로써 다른 때에는 고기를 먹은 것으로 볼 수 있다.

호세아서 6장 6절에 **"나는 인애를 원하고 제사를 원치 아니하며 번제보다 하나님 아는 것을 원하노라"**고 기록되어 있고 예수님도 두 번이나 (마태복음 9 : 13, 12 : 6~7) 호세아의 내용을 인용하고 있어 희생 제물을 많이 바치며 긍휼이 없는 것은 예수님의 뜻이 아닌 것으로 본다. 성서의 어디에도 예수님이 고기를 먹었다는 기록은 없다. 예수님이 고기(meat)를 먹었다고 번역한 성서도 있으나(KJV) 희랍어 'Broma'는 사실상 'food'를 뜻하기 때문에 다른 번역서에서는 모두 'meat' 대신 'food'를 쓰고 있다.

7. 탐식과 과식

육의 양식은 반드시 필요한 것이지만 이를 너무 화려하게 지나치게 많이 먹는 것은 영혼에 유익이 없을 뿐 아니라 육신에도 많은 문제점을 야기한다. 그래서 성서에서도 음식물에 대한 경구가 많다. 하루의 먹을 것을 하나님께 완전히 의지하지 않고 하루에 필요한 메추라기보다 더 많은 양을 모으는 욕심은 결국 죄악을 가져 오게 되었다. 야고보서 1장 15절에도 **"욕심이 잉태한 즉 죄를 낳고 죄가 성장한 즉 사망을 낳는다"**고 하여 탐욕은 결국 파멸, 멸망, 사망과 같은 의미를 갖는다고 할 수 있다. 밥상이 올무가 된다(시편 69 : 22)는 말도 하나님에게 잡힌 바 되지 못하고 먹는 것에 잡혀 그 노예가 된다는 뜻으로 생각할 수 있다.

또 음식을 탐하고 밥상을 화려하게 하는 것은 생활의 무계획성을 보여주는 것으로 가난에 이르는 지름길이다. 성서에서도 술과 기름을 좋아하는 자는 부하게 되지 못하기 때문에 술을 즐기는 자와 고기를 탐하는 자와는 사귀지 말라고 하여 인간성의 피폐를 가져온다고 알려주고 있다.

음식의 내용보다 정신적인 건강이 얼마나 소중한지에 대해서도 일깨워주고 있다. 잠언 15장 17절에 채소를 먹으며 서로 사랑하는 것이 살진 소를 먹으며 서로 미워하는 것보다 낫다고 하였고, 마른 떡 한 조각만 있어도 화목하는 것이 제육[1]이 집에 가득하고 다투는 것보다 낫다고 하였다.(잠언 17 : 1) 사랑과 화목이 고기보다 훨씬 중요함을 강조하여 삶의 질은 먹는 것의 사치스러움에 있는 것이 아니라 마음의 풍요함이 중요하다는 뜻으로 현대와 같이 복잡하고 경쟁심을 돋우는 사회 현실에서 참으로 새겨두어야 할 내용이다.

하나님은 배부름이 곧 하나님을 잊고 배신할 것이라고 말씀하심으로 풍요로운 세상이 될수록 진정한 하나님의 백성이 되기 어려움을 경고하셨다. 신명기 31장 20절에서 여호와께서 이스라엘 백성을 젖과 꿀이 흐르는 땅으로 인도하여 그들이 먹어 배부르고 살찌면 다른 신을 섬기며 언약을 어기고 배신하고 멸시할 것을 예상하셨다.

또 신명기 32장 13절에서 15절의 말씀에서 **"여호와께서 그가 땅의 높은 곳을 타고 다니게 하시며 밭의 소산을 먹게 하시며 반석에서 꿀을, 굳은 반석에서 기름을 빨게 하시며 소의 엉긴 젖과 양의 젖과 어린 양의 기름과 바산에서 난 숫양과 염소와 지극히 아름다운 밀을 먹이시며 또 포도즙의 붉은 술을 마시게 하셨도다 그런데 여수룬이 기름지매 발로 찼도다 네가 살찌고 비대하고 윤택하매 자기를 지으신 하나님을 버리고 자기를 구원하신 반석을 업신여겼도다"**고 기록되어 은혜가 넘칠수록 감사의 마음이 멀어지는 것을 볼 수 있다.

---

1) 개역 개정 성서에서는 제육(祭肉)으로 표시하였는데 제육(祭肉)은 제사에 쓰는 고기를 말한다. 개역 한글 성서에서는 육선(肉饍)으로 표현하고 있는데 육선은 고기로 만든 반찬이나 진수성찬을 뜻한다. 공동번역 성서나 표준 새번역 성서에서는 진수성찬으로 표기하고 있고 우리말 성서에서는 온갖 맛있는 음식으로 표현하여 본래의 뜻에 더 적합하다고 생각된다. 영어 성서에서도 'feasting, feast, great feast, food, banquet, big dinner, victims, sacrifices'로 다양하게 기록하고 있다. 여러 가지 표현으로 혼란을 주고 있는 듯 해도 기본적으로 진수성찬을 뜻한다고 볼 수 있다.

호세아 13장 6절에도 배부름은 마음에 교만을 부르고 결국 하나님을 잊어버린다 하였으며, 예레미야서 5장 28~29절에도 살찌고 윤택하고 자기 이익만 구할 때 하나님의 징벌이 내린다고 하였다.

현대와 같이 음식을 과하게 먹거나 특정 성분의 식품만을 탐하게 되면 반드시 부작용을 가져온다. 음식물의 과잉 섭취는 자원의 낭비일 뿐만 아니라 가난한 이웃 사람들에 대한 배려가 없는 것이다. 이는 이기적이며 사랑이 없는 것으로 하나님의 말씀에 맞지 않는 행위이다.

식품산업의 발달은 식품의 성분을 분리하고 정제하고 재조합하는 일련의 과정의 발달을 의미하는 것처럼 되어 기술의 발달이 하나님께서 주신 배합 성분을 새로 창조하는 듯한 잘못을 저지르고 있다. 식생활의 균형보다 인간의 기호성에 적합하도록 성분을 추가하거나 식품 조직의 변화를 주고 있다. 식품 성분을 분리해서 먹으면 하나님이 주신 생명력을 죽여서 먹는 것이며 식품에 다른 다양한 이질적 성분을 섞어 인위적으로 조작하여도 생명이 살아나는 것은 아니다.

최근에는 식품을 정제하여 섭취하는 것이 정제하지 않은 식품보다 건강에 좋지 않다는 것을 일반적으로 받아들이고 있다. 어떤 식품도 완전한 식품은 없으며 그것은 하나님께서 식품을 다양하게 섭취하도록 창조하신 하나님의 뜻으로 볼 수 있다. 완전한 식품이 있다면 곧 멸종되었을 것이며 생태계는 균형을 잃게 되고 만다. 달걀은 병아리에게만, 우유는 송아지에게만, 모유는 어린아이에게만 완전한 식품이며 그것도 일정 시기에만 적용되는 것이다.

현대의 식품산업이나 영양학은 흡사 서양의 학문처럼 분리하고 정제하고 분석하여 치료 방법을 찾는 서양의학과 같으며 성서에서 알려주는 식생활은 다양성과 통합성을 중시하는 동양의학과 비슷하다 하겠다.

8. 성서적 영양 원리

많은 사람들이 성서의 기록 중 식품에 관한 지식은 여러 주해서를 읽고 얻는 경향이 있는데, 자칫 성서의 신비를 놓치기 쉽다. 성서에서의 식품은 창조, 타락(아담과 하와), 구원, 영생에 관한 이야기의 중요한 부분을 이루고 있다. 그것은 성서의 첫 이야기인 먹거리를 주심(창세기 1 : 29)과 끝 말씀인 요한계시록에서 생명나무의 열두 가지 과실(요한계시록 22 : 2)에 대한 기록이다.

식물을 올바르게 먹는 것은 중요한 일이나 하나님께서는 창세기에 기록된 것 이외에 자유롭게 선택할 수 있는 기회를 주셨다.

> **하나님이 이르시되 내가 온 지면의 씨 맺는 모든 채소와 씨 가진 열매 맺는 모든 나무를 너희에게 주노니 너희의 먹을 거리가 되리라** (창세기 1 : 29)

하나님의 구상은 첫 인간들에게 적절하게 먹는 것이 그들의 생명에 영향을 줄 것이라는 가르침과 경고에서 분명해진다.

> **여호와 하나님이 그 사람에게 명하여 이르시되 동산 각종 나무의 열매는 네가 임의로 먹되 선악을 알게 하는 나무의 열매는 먹지 말라 네가 먹는 날에는 반드시 죽으리라 하시니라.** (창세기 2 : 16, 17)

성서에서는 몇몇 다른 구절로부터 중요한 점 두 가지를 추론하는 것이 용이하다. 하나님은 분명히 인간의 식사 계획을 정하여 주시고 그대로 따르면 우리에게 건강, 생명, 힘, 장수 그리고 심지어 지혜까지도 주시겠다고 하였으며, 둘째 나쁜 음식을 먹으면 질병에 걸리고 죽음에 이를 수 있다고 말한다.

하나님은 우리에게 육신의 건축 자재를 부족함 없이 주셨다. 어떤 재료를 취하여 어떻게 육신을 건축할 것인가는 인간의 선택 사항이다. 잘못된 선택은 위와 같이 육신의 건축이 부실하게 되고 무너지기 쉽다. 또 작은 바람에도 견디지 못하는 나약함을 보이게 된다.

위와 같은 추론은 하나님께서는 우리가 영양이나 식이 문제에서 성서적 원리를 찾고 그대로 행함으로써 그 시기에 성령이 함께 하고 매일 생활에서 성령의 도움을 받을 수 있다는 믿음에서 시작된다. 더 나아가 적절히 먹는 것은 우리 몸의 진정한 성전이 되고 주님과 더 가까이 연합할 수 있다고 믿는다. 여기에서 성서적 영양은 단지 인간의 육체적 필요뿐 아니라 우리의 영혼을 살찌게 하고 건강하게 하는데 밀접하게 연결된다.

성서에서는 여러 면에서 인간에게 좋은 것과 나쁜 것을 주의 깊게 정리하여 제시하므로 실행 지침이 되고 있다. 실제 수많은 식품이 성서에 기록되어 있는데 그들의 대부분은 좋은 점을 보여주고 있다. 분명히 하나님은 최초로 영양을 알려주신 분이시며 우리의 건강과 안녕을 위하여 특별한 식품 섭취 계획을 말씀하셨다. 성서에서 말하는 식품은 건강 증진의 특성을 갖는 것이 발견되어 아주 소중한 식재료로 쓸 수 있다.

역사학자, 고고학자, 성서학자들은 성서 시대에 먹었던 식품 형태의 모형을 함께 모아 보았다. 식사에는 채소, 과실, 콩류, 곡류, 허브류, 견과류, 유제품이 많고 육류는 특별한 경우에나 혹은 종교적 성일에만 먹었다. 위에서 말한 식재료는 밀, 보리, 팥, 마늘, 양파,

오이, 올리브유, 올리브, 포도, 건포도, 부추, 아몬드, 무화과, 대추야자 등이었다.

성서의 식품은 기적을 일으키기에 부족함이 없이 정결하게 하고 치유하게 하는 특성을 가지고 있다. 그들은 지구 상에서 비타민, 무기질, 효소가 풍부한 자연 급원물이다. 성서에 근거한 식이는 다음과 같은 이점이 있다.

- 날씬하고 알맞은 몸매를 유지시킨다.
- 면역체계를 강화시킨다.
- 건강한 피부와 모발을 갖게 한다.
- 질병의 회복에 도움을 준다.
- 콜레스테롤과 지혈증을 조절한다.
- 혈액을 깨끗하게 한다.
- 하나님과 더 나은 교통을 위하여 성전인 육신을 정화시킨다.

위와 같이 우리 몸에 유익함을 주는 것은 아래와 같은 식생활에 의하여 이루어질 수 있다.

- 모든 식품은 가능한 한 자연 상태에 가깝도록 먹어야 한다.
- 식품은 가공할수록 완전 식품에서 멀어진다.
- 먹고 마시는 양은 늘 적절해야 한다.
- 인공적인 화학물질이나 첨가물은 식품의 자연성을 해친다.
- 모든 식품은 가능한 한 유기적(organic)으로 재배되어야 한다.
- 신선한 과실, 채소, 종자류, 곡류, 견과류는 성서적 영양식의 기본 구성 식품이다.
- 성서에서는 건강을 유지시키는 식품을 제시하였으므로 이를 섭

취하도록 노력한다.

하나의 씨앗은 완전한 하나의 생명을 이룰 수 있다. 씨앗과 열매를 성서에서 중시하는 것은 그 전체를 말하는 것이기 때문에 도정을 많이한 곡류는 생명을 잃게 된다. 곡류가 소화 과정을 거칠 때 비타민 B군이 필요한데 이는 주로 배아(씨눈)에 들어 있다. 즉 씨눈이 남아 있는 곡식은 그 자체로서 완벽한 식품이기 때문에 씨눈과 호분층을 남겨 놓은 곡식(쌀일 경우는 현미)을 섭취해야 한다.

자연식 이론가들은 예언자 다니엘이 세계 최초의 자연식 실험가임에 틀림없다고 했다. 바빌론에 히브리인들이 포로로 있던 느부가넷살 2세 시대(기원전 6세기 초)의 일이다 바빌론의 인재 양성 계획에 따라 다니엘과 세 친구도 선발되어 교육을 받고 귀한 음식과 왕이 마시는 포도주를 마시게 했다. 이 진귀한 음식들이 이스라엘의 정결음식(kosher)보다 부족하지 않았으나 다니엘은 먹고 마시는 것을 피했다.

느부가넷살이 소년들에게 먹이고자 한 진귀한 음식이 무엇인지 밝혀져 있지 않지만 일부 성서백과사전에는 육류, 영양이 많은 케이크, 과자류로 히브리인 포로들이 만든 것으로 추정하고 있다.

다니엘이 진미 식품을 거부하고 요구한 채식(vegetables, KJV는 pulse)은 식물성 식품에 대한 포괄적인 뜻으로 이해하면 팥과 콩을 포함시킬 수 있다. 바빌론은 티그리스와 유프라테스 강 유역의 비옥한 평원에 위치하고 있었기 때문에 농업적으로 부유했다. 거기에서 여러 가지 곡류, 두류, 채소류가 생산되었을 것이다.

10일 동안 채식과 물을 마신 후 그들의 얼굴은 더욱 아름다워지고 살이 더 윤택하여 진미를 먹은 소년들보다 훌륭해 보였다. 더구나 지식을 얻게 하여 명철과 예언의 능력을 갖게 되었다. 10일간의 채식으로 눈에 띄는 변화를 얻었다는 것은 채식이 빠른 기간 내에 효과가 있다거나 육류보다 영양이 높다거나 하는 것보다 하나님의 뜻에 합당하게 행하므로 하나님의 의지가 그들에게 함께 하였기 때문으로 본다.

다니엘서 1장 12절의 '채식' 표현에 대하여 28개의 영어 성서를 조사하였더니 대부분은 'vegetables'로 기록되어 있으나 ASV, RHE, HNV, KJV, DYB, WTB, TMB, WEB의 8개 성서에서는 'pulse', 한 개의 성서에서는 'grains'를 썼다. 한편 우리말 성서에서는 '채식, 야채, 채소'를 쓰고 있는 경우가 대부분이었다.

제8장 성서 식물(食物)의 약리적 특성

성서에서 기록한 식물들이 모두 팔레스타인 지역에 서식하거나 생산된 것은 아니다. 이집트, 중동 지역 또는 다른 지역에서 교역에 의하여 성지에 소개된 것도 많다.

어떤 사람들은 피라미드는 마늘과 양파에 의하여 힘을 얻은 노동자들에 의하여 이룰 수 있었으며 키케로(Cicero, 기원전 106~43, 로마의 정치가)의 열정도 잠두에 들어 있는 화학물질인 DOPA(3,4-dihydroxy phenylalanine)에 원인이 있을 것이라고 추측하였다. 또 합환채(mandrake)의 뿌리에는 아트로핀(atropine)과 스코폴라민(scopolamine)이 들어 있어 마취의 효과가 있다고 하였다. 성서에 기록한 사과는 실제 석류일 것이라고 하며, 이 석류는 에스트론(estrone)이라 불리는 에스트로겐(estrogen)의 가장 좋은 급원으로 보고하고 있다. 솔로몬이 종기를 무화과즙으로 치료하였으며 무화과의 단백질 분해력이 있는 즙은 오늘날에도 제3세계에서 방부제로 널리 사용하고 있다.

에스겔서 47장 12절에서는 새 성전에서 발원한 생명수가 황무지에 생명을 부여하고, 강 좌우에는 실과가 자라고, 그 실과는 먹을 만하고, 그 잎사귀는 약 재료가 되리라고 하여 생명수를 머금은 생명의 나무가 질병을 치료하는 효과가 있는 것으로 기록하고 있다. 같은 내용이 요한계시록 22장 2절에도 기록되어 있다. 열두 가지 과실이 달마다 맺히고 잎사귀는 만국을 소생시킨다고 하였다. 위의 두 구절을 보아도 식물의 잎 성분이 약효를 갖는다는 것을 잘 알려주고 있다.

성서에 기록된 치료법 중에는 누가복음 10장 33~34절의 내용이 치료 방법에 대한 전통적인 치료법에 대하여 잘 보여주고 있다. 사마리아인이 여행 중 상처 입은 거지의 상처 부위에 기름(올리브유)과 포도주를 부었다고 기록하여 식품으로 상처의 치료 효과를 얻고자 했음이 분명하다.

성서에서 건강에 좋다고 권하는 것은 쓴맛을 갖는 풀이다. 성서에 기록된 쓴 풀은 다양하게 해석할 수 있지만 치커리, 맨드라미, 꽃상추, 상추, 서양애기수영, 물냉이 등이 포함된다.

조하리(Zohary)는 왜성 치커리와 양귀비잎 또 겨자과 식물도 함께 쓴 풀로 기재하였으며 꽃상추, 상추, 물냉이보다 더 쓴 것으로 밝혀졌다. 성서에서는 약초 식물에 의한 치료를 분명하게 기록하고 있지 않지만 약초에 의한 치료법은 많고 다양하다. 궁극적인 치료 자는 하나님이며 기도 또한 치료의 효과가 있다고 기록하였다. 식물의 의학적 이용을 기술한다면 하나님의 전능하신 치료 능력에 대한 믿음에 손상을 받기 때문에 기술을 삼가는 것이 좋을 듯하다.

많은 식물들이 성서에 기록된 지역에서 자라는 것이 아니라 약이나 향신료로 수입된 경우가 많았다. 나드(감송, nard), 몰약(myrrh), 풍자향(galbanum), 계피 등이 수입되었다. 성서에서는 팥, 잠두, 병아리콩을 기술하였지만 야생완두, 정원완두(garden pea), 호로파(fenugreek)는 성지에서 자라고 있는데도 기록하지 않았다.

《아라비안 나이트》에서 보석이 있는 도적의 굴문을 열기 위하여 "열려라 참깨!"라는 주문을 외치는 것을 볼 수 있다. 참깨를 부수면 참기름이 나오고 이 기름을 돌쩌귀에 바르면 문이 쉽게 열린다는 뜻 혹은 작은 힘을 가하면 껍질이 쉽게 열리는 열리는 성질을 나타내는 뜻에서 이 이야기가 연유하였을 것이다.

향미 식물(herb)은 식품, 조미료, 질병 치료, 염료, 향수 제조용으로 쓰인다. 또 향미 식물은 비타민과 무기질을 보급하는 훌륭한 역할을 하며 식품을 더 맛있고, 더 향기롭고, 더 보기 좋게 하여 식품의 질을 향상시킨다.

대부분의 향미 식물은 생것으로 먹는 것이 가장 효용성이 높으나 두고 사용하기 위하여는 건조시키는 것이 좋다. 요리에 향미 식물을 쓸 때는 요리의 마지막 단계에 넣는 것이 좋다. 그래야만 끓일 때 향이 날아가지 않고 오래 남아 있게 된다.

회향, 백리향, 마조람, 파슬리는 적절히 사용하면 고지방식을 섭취한 후에 포화지방에 의한 신체의 부담을 경감시켜 주고 지방을 재구성하는 능력을 가지고 있다. 파슬리는 비타민과 건강에 필요한 미량원소의 훌륭한 급원이다. 덜 익힌 채소와 향미 식물은 점막염증의 치료와 콜레스테롤을 제거하는데 도움을 주는 것으로 알려졌다. 생것이나 간단히 조리된 향미 식물은 완만한 발한 효과와 장내 가스를 제거하는 효과가 있다. 그들의 알칼리성 염류는 많은 지방 식품과 반응하는 것으로 알려졌다. 그들은 치료제는 아니지만 치료에 도움을 줄 수 있다는 것은 그리스, 로마, 이집트, 중국의 의학 기록에 의하여도 증명될 수 있다.

어류의 조리에 쓰이는 회향은 소화에 도움을 주어 어린이의 복통 치료제로 썼으며 초기 이스라엘 시대에는 만병통치약으로 사용되었다.

홍역은 개박하 2차술(tea spoon), 마조람 2차술, 번홍화(saffron) 1/2차술을 섞은 차로 치료될 수 있다고 하였다. 달콤한 향미 식물 주머니는 화장실이나 옷장에 넣어두면 아주 좋은 효과를 낸다.

향미 식물과 향신료를 섞은 주머니, 레몬, 탄저린, 오렌지의 껍질을 갈아 정향, 올스파이스와 함께 섞은 주머니를 습한 방에 매달아두면 향기와 함께 습기를 제거할 수 있다. 신부들은 장미꽃, 라벤더, 계피 조각, 육두구를 주머니에 넣어 옷장 속에 넣어두면 옷에서 사랑의 향기가 난다.

머리에 비듬이 있는 경우 초기 의사들은 로즈메리, 쐐기풀 각 1차술을 따뜻한 물 약 1ℓ에 넣어 6~8시간 추출하고 그 추출액을 여과한 후 두피에 발라 효과를 보았다고 한다. 카모밀라는 포도주의 방향 물질로 쓰였고 담석을 제거하는데 차로 섭취하면 효과가 있다고 알려져 있다. 위장 계통의 모든 부조화에 사용되는 것으로 맛이 좋고 숙취 후 입 냄새를 없애는 데도 쓰였다.

회향액은 식성이 까다로운 사람에게 자극제가 되며 고깃덩이 위에 갈은 파슬리를 섞으면 비타민 A, C, B의 주요 공급원이 되며 칼슘, 구리, 철, 마그네슘의 공급원이 되기도 한다. 중국 본초학자는 파슬리가 아이 가진 여인에게 꼭 필요하다고 하였다. 어떤 사람이 독감에 걸리면 갓씨(coriander)를 넣은 보리국이 닭 수프보다 효과가 있다고 하였다.

최근에 우리가 단지 캔을 열고 냉동식품을 덥히고 있을 때 영양 불균형을 일으켜 건강에 나쁜 영향을 초래할 수 있다는 것을 걱정해야 한다. 우리가 고도로 가공된 것, 화학물질로 변화시킨 것, 통조림, 포장식품, 냉동식품을 멀리한다면 돈이 적게 들고 환경 친화적인 더 좋은 식품을 먹을 수 있기를 바란다.

위에서 말한 대체의학은 환자의 상태를 양호하게 하는 것이 목적이며 신체에 어떻게 작용하는지에 대한 그 과정이 꼭 밝혀져야 하는 것은 아니다. 서양의학처럼 효과가 있는 식물의 성분을 분리하여 약효 성분을 확인하고 그것을 정제하여 약으로 만들거나 합성하여 환자에게 제공하는 것보다 전체 성분이 상호작용하여 환자에게 효과를 주고 있는 것이 민간의 전통 요법이다.

예로부터 전통적으로 계승되어 온 대체의학은 시행착오와 우연이라는 방법으로 우리의 약으로 이용되었다. 또 식물체이기 때문에 특별한 부작용이 적고 더욱 안전한 약이 될 수 있다. 녹즙이 항암 효과가 있다고 알려졌지만, 그 성분을 분리하여 제공하면 오히려 효과가 적다고 한다. 단지 민간에서 전승되어 오는 것이기 때문에 효과가 그동안 과학적으로 검증된 것도 있고, 검증되지 않은 것도 많다. 물론 객관성이라는 측면에서 보면 부족한 면이 있지만 약은 각 개인의 특수성과 맞아야 하므로 보편적인 만능 약은 존재하지 않는다는 것을 알면 수긍할 수 있는 내용이다.

여러 문헌에 기록된 성서 식물의 약리적 특징을 단순히 해당 적응증 중심으로 정리하였다. 적응 질환 내용이 지나치게 광범위하다는 느낌도 들지만, 이것이 식물의 다양성을 뜻하는 것으로 볼 수 있으며 보편적이고 일반적인 적응은 어려우나 상황별 치료, 예방의 사례로 이용할 수 있는 것도 많다.

1. 곡류(grains)

보리

보리와 밀은 성지에서 가장 중요한 곡류이다. 보리는 척박한 땅, 더위, 가뭄에 잘 견디는 장점이 있고 밀과 수확 시기가 다르기 때문에 많이 경작되었다. 보리는 가난과 겸손의 상징이며 가난한 사람들의 주식이었다. 맛을 좋게 하기 위하여 보리에다 잠두, 팥, 꿀 등 다른 성분을 섞어 빵을 만들었는데 이것을 보리과자라고 불리기도 했다. 보리떡이 오병이어 사건, 최후의 만찬에 유교병 혹은 무교병으로 썼으나 무교병이 부패되지 않고 신선하고 순수한 것으로 받아들여졌다.

보리는 위장이 탈이 났을 때 증세를 경감시켜 주고 메스꺼움을 없애 준다. 오병이어의 기적에서 보리는 모든 사람들에게 건강과 생명을 주는 특이하고 중요한 식물이라는 것을 암시하고 있다. 보리는 가스 생성, 위궤양, 변비에 효과가 있으며 글루텐(밀의 단백질)에 알레르기가 있는 사람에게 유용하다.

보리는 혈중 콜레스테롤의 수준을 내려주고 에너지 수준을 극적으로 높여주어 쉽게 활력을 얻게 한다. 황달, 담석 치료, 소화불량, 골절, 고환염, 이하선염, 열사병, 결핵의 치료나 예방에 영향을 준다고 하였다.

또 흑색암종(melanocarcinoma)에는 보리에 들어 있는 단백질이 DNA를 수리하도록 자극하여 자외선에 손상된 체포를 회복시켜 준다

밀

밀은 성서에 50회 이상 나온다. 계절의 흐름도 밀의 성장 과정에

맞도록 기록하였다. 예수님의 비유 중 중요한 것이 바로 씨 뿌리는 것의 비유인 것을 볼 때 밀은 그 시대의 주요 산물이었음이 틀림없다.

사사기 6장 11절에 기드온이 미디안과 전투를 준비하는 과정에서 은밀히 밀 타작하는 기록이 있으며, 역대상 21장 20절에는 오르난이 밀을 타작하다가 천사를 만나는 장면이 나오고 그 타작마당에 단을 쌓음으로 온역을 그치게 하는 동기가 되어 밀은 생명으로 묘사되어 있다.

밀싹 주스(wheatgrass juice)의 약효 성분은 abscisic acid, laetrile 등으로 건강 유지의 기능을 갖는다. 이 주스를 마실 때에는 채소, 신선한 과실, 양배추, 어린 채소, 해조류, 싹난 씨, 견과류, 곡류를 함께 먹어도 좋다. 아래의 질병 중 가벼울 때에는 치료에 도움을 준다.

- 고혈압, 백혈병, 파킨슨씨병, 나병, 신경쇄약, 매독, 결핵
- 당뇨, 취장 및 간장장애, 열사병
- 자궁암, 자궁섬유종, 다발성 경화증, 월경불순
- 피로, 빈혈, 부종, 피부질환, 구취, 체취
- 천식, 치질, 변비, 설사
- 위염, 위궤양, 폐기종,관절염, 대장염
- 비만증(체지방 감소), 혈류속도와 대사율 증가

2. 두류(legumes)

콩

콩은 혈당이 올라가는 것을 지연시키고 혈당이 떨어지는 것을 저지하여 깨끗한 마음을 갖게 한다. 또한, 식물성 에스트로겐과 함께 단백질 분해효소 억제제(protease inhibitor)를 함유하고 있는데, 이는 단

백질의 소화를 억제하나 암 생성 효소의 기능을 방해하고 종양세포가 자라는 것을 막는다. 이 억제제는 빛이 비추면 암을 예방하고 종양세포가 조직에 침입하는 것을 막는 저항성을 갖는다. 또 콩은 콜레스테롤의 함량을 낮추어 고혈압을 예방할 수 있다.

- 잠두(fava bean) : 잠두는 DOPA의 가장 훌륭한 급원으로 DOPA는 파킨슨씨병에 쓰이며 뇌에서 dopamine을 만든다. DOPA는 남성들에게 발기를 자극하기도 한다. 잠두는 싹이 날 때 싹이 나지 않은 것에 비하여 10배나 많은 DOPA를 함유한다.
  잠두는 또한 레시틴(lecithin)과 콜린(choline)을 풍부히 함유하고 있으며 뇌에서 아세틸콜린(acetylcholine)의 농도를 향상시켜 기억력을 좋게 한다. 알츠하이머병은 아세틸콜린의 결핍에 따라 나타나는 경우가 많아 아세틸콜린의 함량은 사고와 논리성에서 중요한 역할을 한다고 알려져 있다.
- 검정콩 주스 : 검정콩 주스는 흰빵과 정제된 식품을 많이 섭취하여 일어난 변비를 고치고 과잉 행동하는 어린이를 진정시킨다.
- 콩꼬투리 차(bean skin tea, bean pod tea) : 콩꼬투리 차는 천연 인슐린이라 불릴 만큼 당뇨에 탁월한 효과가 있다.
- 깍지콩(green bean) : 깍지콩의 꼬투리 껍질에는 silic acid와 인슐린과 비슷한 호르몬 기능을 갖는 물질이 들어 있다.
- 강낭콩(kidney bean) : 강낭콩의 꼬투리는 당뇨를 치료할 수 있는 기적적인 식물이다. 강낭콩 꼬투리 차는 수종(水腫)을 치료할 수 있으며 신장장애, 결석, 신경통, 통풍에 좋다. 강낭콩은 일반적으로 위의 증세 외에도 숙취, 음위(발기불능), 파킨슨씨병, 폐렴에도 효과가 있다.

3. 채소류 및 녹엽(vegetables and green leaves)

엽록소가 많이 든 채소류나 식물의 잎은 인간의 식생활에 주요한 부분을 차지하고 있다. 한 지역에 살고 있는 사람이 그 지역에서 생산되는 녹색 식물을 오랫동안 식물(食物)로 취해 왔다면 인간은 그 식물(植物)에 적합하고 일체가 된 것이다. 그래서 인체는 그 식물에 전혀 거부감을 갖지 않아 그 식물이 인간 신체의 한 부분이 되었을 것이다. 그렇기 때문에 신토불이란 말은 너무나 타당성을 갖는 말로 알레르기를 일으키지 않는 신체 친화 식물로 말할 수 있다.

엽록소의 함량은 많을수록 항암성이 크다고 알려져 있으며 석탄가루, 담배, 구운 고기 등 암의 원인이 되는 물질을 중화시켜 주며 비타민 A, C, E와 함께 섭취하면 큰 효과를 볼 수 있다.

녹엽식물은 외상, 골절, 골다공증, 욕창, 자상, 찰과상에 먹거나 비르는 것으로 효과를 볼 수 있으며 부작용이 전혀 없다. 상처의 치료 기간을 페니실린, 비타민 D, 설파닐아마이드(sulfanilamide)보다 짧게 해준다. 그 외 급만성 부비강염, 질감염, 직장질환, 치조농루증, 후두염, 통증, 염증에 녹즙이 효과가 있다고 하며 위궤양, 췌장염, 장의 운동력 향상에도 도움을 준다고 한다.

1 알로에(침향, aloe)

알로에는 신의 손, 생명을 구하는 식물로 알려질 만큼 다양한 질병에 효과가 있다.

- 외상은 물론 복용하면 관절염, 궤양, 당뇨에 치료 효과가 있다.
- 통증과 부종을 경감시키고 손상된 조직을 합성한다.
- 일부 세균, 곰팡이, 비이러스를 죽이는 능력이 있다.

- 항염증성, 피부병, 알레르기에 효과가 있고 간염, 류머티즘에도 효과가 있다.
- 탈모, 좌창, 여드름, 발열, 통풍
- 치통, 욕창, 화상, 대상포진
- 만성 정맥류 궤양, 암, 변비
- AIDS의 증세를 경감시키고 진행을 정지시킨다.

상추

상추는 몰핀(morphine)이나 코데인(codeine)과 비슷한 효과가 있으나 습관성이 없다. 상추에 상처가 났을 때 나오는 흰 유액은 lactucarium으로 고미 성분이다. 출애굽기 12장 8절의 쓴나물의 하나이다. 민들레 주성분은 taraxacin으로 역시 최후의 만찬에서 나온 쓴 나물의 하나로 알려져 있다.

- 고통완화제, 수면유도제, 진정제, 기침 억제제, 화상, 음위(발기불능), (여성의)색정증
- 간, 담낭의 독성을 제거하여 질병 치료에 효과가 있다.
- 간염, 황달, 식욕부진에 효과가 있다.
- 혈중 콜레스테롤 수준을 저하시킨다.
- 야맹증, 만성 류머티즘, 암, 당뇨, 좌골신경통

치커리, 꽃상추

치커리와 꽃상추 역시 최후의 만찬에 나오는 7가지 쓴 나물의 하나이다.

- 치커리즙은 종양, 간암, 위암, 위궤양, AIDS, 당뇨병, 비장염, 심계항진, 구강염, 부종, 천식, 월경불순, 소화불량에 효과가 있다.

• 꽃상추즙은 자궁암, 간, 비장, 목의 종양에 효과가 있고 담즙 흐름을 촉진시킨다. 치커리와 함께 복용하면 담석을 녹인다고 알려져 있다.
• 치커리는 심장급속증을 완화시키고 간과 비장을 깨끗하게 한다.
• 발열, 두통에도 효과가 있다.

물냉이(water cress)

물냉이도 최후의 만찬에 등장하는 또 하나의 쓴 나물이다.

• 결핵, 성병(특히 chlamydia), 치은염, 잇몸의 부종, 발적
• 출혈, 염증의 치료, 대상포진
• 천식, 암, 감기, 신장염
• 당뇨, 만성기관지염, 탈모, 신경통, 혈당을 저하시킨다.

파슬리

파슬리는 봄에 나오는 첫 나물로 apiol, apiginin을 함유하고 있어 혈관을 확장시키고 냄새를 중화시키며 특히 뿌리의 약효가 강하다. 몸에서 독소를 제거하는 역할을 하며 신장에서 요산을 비롯한 노폐물의 배출을 촉진하며 이뇨제로서 효과가 있다. 비타민 A, C, 철분을 다량 함유하고 있다.

• 결석, 요도염, 전립선비대증
• 혈당 저하(마늘, 물냉이와 함께 복용하면 극적 효과가 있다)
• 갱년기 여인의 관절염 등 일부 류머티즘에 효과
• 탈장의 예방
• 알레르기 억제, 히스타민 분비 억제

샐러리

- 요산을 중화시켜 통풍을 치료한다.
- 이뇨제 역할로 체중을 감소시킨다.
- 혈압 강화, 혈당 저하 콜레스테롤 수준 저하
- 좌골신경통, 안면신경통 치료
- 부정맥 예방 및 치료, 백내장의 제거

애기수영(sheep sorrel)

애기수영도 최후의 만찬에 나온 쓴 풀 중의 하나로 하나님의 양으로부터 온 선물로 불린다.

- 강력한 감염 방지 능력, 당뇨
- 위와 장의 부조화 구제, 황달, 발열
- 환자의 식욕 회복, 구역질과 토기(吐氣)의 억제
- 위궤양과 암의 개선, 상피증

암 치료를 위한 4가지 중요한 약초는 애기수영(sheep sorrel), 우엉(burdock), 느릅나무껍질(slippery elm bark), 터키 대황뿌리(Turkish rhubarb root)이다.

우엉(buedock)

우엉의 주성분은 arctigenin으로 일반적으로 해독성이 크며 면역체계를 자극하는 것으로 알려져 AIDS를 일으키는 바이러스에 대한 실험에서 효과가 있었다고 한다.

- 간기능장애, 신결석, 담석
- 요도 이상, 체중 감소
- 당대사에 문제가 있는 경우

- 상기도 점막의 항균성 증진
- 급만성 피부질환 : 습진, 좌창, 포진, 동창, 구강궤양 등

대황(rhubarb)

대황의 약리 성분은 rhein과 emodin으로 알려져 있다.

- 대장염, 십이지장궤양
- 악성 흑색종 등 항종양성 활성
- 급성 취장염, 급성 담낭염, 황달
- 복통, 치통

느릅나무(slippery elm)

느릅나무는 그 속껍질이 진통제로 효과가 있다.

- 목의 통증 완화, 화상
- 유두염증, 궤양, 대장염 기타 위장 질환
- 임질, 매독, 치질
- 골절의 회복에 도움을 준다.

면류관의 가시나무

면류관의 가시나무는 전설에 따르면 서양 산사나무(hawthorn)로 만들었다고 전하고 있다. 이 풀은 기적적인 치료 능력을 가지고 있다고 알려져 있다.

- 잎, 열매 : 소화, 비뇨기계 질병
- 열매, 씨 : 신장 결석, 수종(水腫)
- 차 : 신경계 문제
- 고저혈압 치료, 빈맥

- 동맥경화증, 심장근의 염증, 협심증, 심장근을 강화시킴
- 심게항진증(심박급속증), 부정맥, 낮은 맥박
- 심판막 잡음, 부종, 얼굴 피부의 창백증, 피부 냉증, 손발 창백증
- 관상동맥 순환 개선, 중풍(반산불수)
- 고혈압, 심근 손상에 의한 저혈압, 그중에도 유명한 것은 심장과 순환기계 문제의 치료 역할이 크다는 것이다.

안젤리카(angelica)

안젤리카는 멧두릅속으로 부인병에 특별히 효과가 있다고 알려져 있지만 남성에게도 똑같이 심장 박동을 정상화시키고 궤양, 종양, 위장통, 편두통, 신경통, 성욕 증진제로 알려져 있다. 동양에서는 월경과 관계된 질병이나 여성 성기에 관계된 질환에 이용하였다. 안젤리카의 기름은 자궁과 장의 평활근의 긴장을 풀어주는 역할을 한다고 알려져 있다.

옛 이집트인들은 건선을 막기 위하여 무화과를 건선 부분에 바르고 태양 자외선을 쪼이면 피부질환이 치료되는 것으로 알려져 있는데 무화과에는 psoralens가 함유되어 있어 피부가 광선에 민감하게 작용하고록 한다. psoralens는 안젤리카를 비롯하여 샐러리, 무화과, 파슬리, 서양방풍나물(parsnip) 등에 함유되어 있으며 모두 성서에 기록된 식물들이다.

- 당뇨, 고혈압, 암, 협심증, 통증 완화제, 부정맥, 폐경기 관절염

땅총나무무리(black elder)

땅총나무무리는 갈보리 십자가를 만든 나무로 생각되며 유다가 목매어 죽은 나무로도 알려져 있다. 나무 전체가 마취 냄새를 가지며 이

휘발성 방향유 때문에 이 나무 밑에는 식물이 자라지 않는다고 한다.

- 간경련, 좌골신경통, 류머티즘신경통

엉겅퀴(thistle)

엉겅퀴는 정유 성분으로 쓴맛을 갖는 cnicin을 가지고 있으며 과량 섭취하면 구토와 통증을 가져온다.

- 구강암, 피부암과 같은 암의 항종양성
- AIDS바이러스의 활성을 저하시킴
- 비유 촉진 기능, 혈전 방지, 황달 구제, 식욕 증진
- 항박테리아, 항이스트 활성
- 알레르기, 관절염, 건초열, 전립선염, 류머티즘
- 천식, 간경변증, 발열, 간염, 흉막염, 건선, 비장염

양배추(cabbage)

양배추는 로마서 14장 2절의 채소를 말한다고 주장하는 사람도 있다.

- 천식, 기관지염 : 샐비어와 비슷한 효과가 있으며 적어도 4가지 항천식 성분이 있다.
- 궤양 : 글루타민(glutamine)과 메틸메치오닌(S-methyl methionine)을 함유하고 있는데 이들이 항궤양성 기능이 있다.
- 골다공증 : 붕소(boron)를 다량 함유하고 있는데 이것이 혈중 에스트로겐의 함량을 높여 골다공증을 예방한다.
- 부종 : 칼륨의 함량이 높기 때문이다.
- 종기 : 외용으로 쓰며 양파도 비슷한 효과가 있다. 고름과 통증을 제거한다.

- 해독 : 숙취 예방(음주 전 섭취)
- 관절통, 습진, 신경과 방광의 염증, 요통

무(radish)

무는 이집트의 피라미드 건설 시 근로자들에게 노임으로 양파, 마늘과 함께 지급한 것이다. 무는 파라오 시대 이집트에서 광범위하게 재배되었으며 단맛이 높았다. 무씨 기름은 피부질환용, 요리용, 의식용으로 쓰였다.

- 담석, 신장결석
- 갑상선기능 항진증, 저하증에 모두 좋다. 갑상선 호르몬의 균형을 맞추는 raphanin을 함유하고 있다.
- 위암, 유방암, 횡격막 질병에 특효가 있다.

샐비어(sage, salvia는 라틴어 'to be served'의 뜻에서 유래)

샐비어를 고대 히브리인들은 그들의 상징물로 쓴 경우가 많다. 솔로몬 궁전의 수련, 석류꽃과 열매는 솔로몬 시대부터 현재까지 성전의 왕관에서 성전 장식물로 이용되고 있다. 일곱 가지 촛대는 예부터 하나님께서 7일 동안 세상을 창조했다는 것을 상징하는데 그것은 팔레스타인의 산과 언덕에서 자라고 있는 샐비어에 기원을 두고 있다. 샐비어를 납작하게 눌러보면 정확히 7가지 촛대처럼 그 모양과 형태가 이루어져 있다.

- 노화 억제, 생명 연장
- 심근경색, 심장통, 심장부종, 고혈압
- 중추 신경 안정제

뿌리에는 oleoresin이 있어 심장, 간, 신장, 방광, 혈류에 강력한 활력을 부여한다. 자주샐비어(purple sage)와 중국샐비어(Chinese sage)의 뿌리가 좋으나 구하기 어렵기 때문에 일반 정원의 샐비어 잎을 이용한다.

감각과 기억을 도와주어 알츠하이머병의 예방과 치료에 효과가 있다. 대뇌피질에 작용하여 정신적 피로를 막아주고 집중력을 향상시킨다.

- 후두염, 포도상구균의 감염 치료
- 수유 종료된 수유부의 비유 정지
- 장 경련 억제, 체열을 내려준다.
- 모발의 탈색 방지, 새로운 모발 성장
- 제2형 당뇨에서 혈당 저하
- 신장 감염 치료
- 간 조직 재생 : 주요 효과가 있는 3개의 식품은 샐비어, 사탕무, 토마토이다.
- 구강 세척제
- 잇몸 출혈, 혀통증, 편도선염, 인두염

샐비어는 thujone을 상당량 함유하고 있어 과량 섭취하면 경련을 일으킬 수 있다.

수박(watermelon)

수박에는 다른 멜론류나 오이처럼 cucurbocitrin을 함유하고 있어 모세관, 신장 등의 투과력을 향상시킨다. 이는 소변의 양을 증가시키고 몸에서 과잉의 물을 제거하므로 부종을 가라앉혀 준다. 수박은 칼륨의 좋은 급원으로 우리 몸에서 수분을 제거하는 효과가 있다. 수박은 식사와 식사 사이에 먹는 것이 좋고 적어도 식후 1시간이 지나서 먹고 함께 먹지 않도록 한다. 한꺼번에 과량을 먹지 말고 빨아먹는 것처럼 소량씩 먹는 것이 좋다.

- 편두통, 메스꺼움 제거, 체취 제거, 통증 제거, 방광염, 소화불량, 임질, 발열, 전립선염, 습진, 주근깨, 월경 출혈

쓴쑥(wormwood)

쓴쑥은 우리나라의 일반적인 쑥(mugwort)과는 다른 종류이지만 성분이 같은 것이 많아 비슷하게 쓸 수 있다.

- 마취와 진통 효과, 무좀, 외상
- 신경통, 류머티즘, 좌골신경통, 기침, 감기
- 식욕 증진, 변비
- 간 기능 항진, 설사 예방, 구충제, 기관지염

과잉 섭취 시 두통, 현기증, 결막염을 일으킬 수 있기 때문에 임산부나 수유부는 사용하지 말아야 하며, 위나 장에 출혈이 있는 사람도 이용해서는 아니 된다.

떡갈나무(oak, 성서에 따라서는 great tree, terebinth로 표시)

떡갈나무는 그 거대한 크기와 힘 있게 뻗은 모습이 성서 시대 늘 존경의 대상이었다. 큰 것은 50m가량으로 하늘을 향하여 솟아 올라 있다.(다니엘서 4 : 10~12) 떡갈나무를 가지고 로마 사람들이 만든 방패가 아직도 남아 있고, 아더 왕의 둥근 탁자도 윈체스터에 남아 있을 정도로 거의 파괴되지 않았다. 1000년 전에 파묻힌 떡갈나무 목재가 아직도 나오고 있으며 떡갈나무는 500년 심지어 2000년까지 사는 경우도 있다.

심장질환을 위하여 가시 돋친 식물(bur), 붉은 떡갈나무, 미루나무

의 속껍질을 다른 식물의 성분과 섞어서 사용한다. 치료에 관계하는 성분은 quercitrin인 것으로 보이며 심장 근육을 강화시켜 심장 박동을 강하게 하는 것으로 알려져 있다.

- 폐질환, 천식, 기관지 감염
- 백내장을 효과적으로 지연시킨다.
- 간장장애, 동맥경화
- 치질, 독성물질과 약품의 해독제, 이질, 피부궤양
- 더운 차는 발열, 피부 발적, 목의 염증
- 차가운 차는 혈뇨, 혈변, 구강염증, 월경불순, 출혈
- 설사, 대장염, 임질, 궤양, 감기
- 류머티즘, 부종, 백선
- 다량 함유된 탄닌은 수렴성, 항균성, 항바이러스성, 항종양성, 항암 활성을 가지고 있다.

가시나무(nettle, 쐐기풀)

가시나무는 초라한 부랑자의 식물로 알려질 만큼 하잘 것 없는 것으로 야생식물의 특성을 가지고 있다. 'nettle'은 독일어 'netel'에서 유래된 것으로 needle(바늘, 가시)을 뜻한다. 가시는 이 나무가 생존을 위하여 존재하는 것처럼 나무를 보호하는 역할을 한다. 차를 만들기 위하여 물에 넣고 끓이면 가시는 부드러워져 잎을 안전하게 먹을 수 있다.

- 심장 부종, 정맥 기능 부전
- 이뇨제, 수분 저류에 따른 부종, 신염, 방광염
- 고혈압, 천식, 관지염, 결핵, 건초열 : 항히스타민 효과가 강력하다

- 갑상선종, 화상, 두드러기
- 탈모 예방 및 모발 근육 자극
- 출혈을 지혈시킨다.(코, 폐, 위, 자궁, 혈우병) : 수렴성을 가진 질산칼륨, 탄닌, 개미산, 갈산(gallic acid)을 갖기 때문이다.
- 관절염, 류머티즘, 통풍
- 근육통, 인대, 관절, 손목의 통증, 신경통, 좌골신경통
- 최음 효과, 전립선비대증 : 남성호르몬 testosterone이 dihydrotestosterone으로 전환될 때 전립선의 세포가 커지도록 한다. 가시나무는 이 화학적 변화를 저해하는 것으로 본다.

우슬초

우슬초는 성서에서 여러 번 나오며 부정한 것을 깨끗하게 하는데 사용하였다.

- 모든 기구, 사람, 시체, 무덤을 만진 자의 정화(민수기 19 : 18)
- 몸을 깨끗이 하는데 사용(시편 51 : 7)
- 우슬초에 피를 적시어 문설주에 뿌림(출애굽기 12 : 22)
- 문둥병 환자를 정결하게 한다.(레위기 14 : 4)
- 화상, 암, 배뇨 곤란, 간질, 독감, 홍역, 신경염, 위통

파, 부추(onion and leak)

암, 당뇨, 고혈압, 후두염, 소화불량, 고콜레스테롤혈증, 부종, 통증, 류머티즘, 소유방증, 비유곤란, 백대하

오이(cucumber)

종기, 화상, 감기, 포진, 열사병

근채(cumin)

천식, 피부염, 이질, 음위, 가사(기절), 심계항진증

4. 향신료(spices), 향미식물(herbs)

흑후추(black pepper)

흑후추는 성지에서 흔한 향신료이다. 성서 시대와 같은 시대인 람세스 Ⅱ세의 미이라에서 신체의 방부 목적으로 후추를 사용하였다. 후추알을 콧구멍이나 뱃속에 넣은 것이 발견되었다. 신경통 치료를 위하여 달걀흰자와 함께 섞어서 이용하였다.

계피(cinnamon)

계피는 관유의 제조 성분으로 향미생물의 특성이 있어 부패나 질병 발생시키는 세균의 억제에 효과가 있다. *Clostridium botulinum*(식중독균), *Escherichia coli*(대장균), *Candida*(효모)의 발육 억제에 효과가 있는 것으로 알려졌다

- 타박상, 자상, 통증, 발열, 류머티즘, 질염
- 지방분해기능, 소화기능 촉진
- 혈당 저하 : 육두구, 심황, 월계수잎도 인슈린의 활성화로 같은 효과를 얻을 수 있다.

자궁을 자극하기 때문에 임신 중에는 사용하지 않아야 한다.

번홍화(saffron)

번홍화는 아주 비싼 향미식물로 여러 약리 효과가 있는 것으로 알려져 있다.

- 진통, 경련 진정, 발한약, 간장약, 백일해, 암, 홍역
- 통경, 갱년기장애, 월경불순, 수두, 유행성이하선염

박하류(mints)

박하류는 최후의 만찬에 들어 있던 또 하나의 향미식물로 특히 페퍼민트의 효과가 큰 것으로 알려져 있다.

- 구역질이나 위장 내 가스 제거 등 소화에 도움을 준다.
- 경련, 발작 완화, 급격한 복통
- 관절염, 섬유종, 건염(tendinitis), 피부염, 류머티즘
- 두통, 치통에는 아스피린보다 효과가 빠르고 안전하다.
- 뇌신경, 뇌혈행을 왕성하게 하므로 노쇠 예방, 정신적 각성을 가져온다.
- 부인병, 자궁 자극으로 월경을 순조롭게 한다.
- 배멀미, 과민성 대장염, 음위
- 담석을 녹인다.
- 불면증 치료 : 운향 등 다른 향미식물과 함께 사용
- 대상포진, 화상, 외상, 감기나 고열로 입가의 발진
- 감기, 독감, 부비강염, 폐기종

로즈메리(rosemary)

로즈메리는 또 다른 박하류 효과를 갖는 식물이다.

- 백내장, 가슴 두근거림
- 발모 촉진, 원기회복, 피로회복
- 기억력 항진, 알츠하이머병 완화
- 갑상선기능항진증(Grave's disease)에 효과

카밀레, 카모밀라(chamomile)

카모밀라는 사과향 같은 좋은 향기가 매우 강하게 난다. 다른 식물들이 병들고 시들었을 때 그 옆에 함께 두면 거의 회생하기 때문에 식물들의 의사로 부르기도 한다. 휘발 성분은 쓴맛으로 약효의 성분이며 anthemic acid, tannic acid, glucoside 등을 함유한다.

- 말라리아의 열을 내려준다.
- 가슴앓이와 위장병에 제일 먼저 추천하는 식물
- 외부 부종, 감염, 염증, 토증, 신경통, 치통, 이통, 편두통
- 담석을 녹일 수 있다.
- 신경안정제, 월경촉진제, 악몽에서 구원한다.
- 항균력이 바닷물보다 120배나 강하다.

정향(clove)

정향은 관유의 주성분으로 그 기름은 강력한 항산화력을 가진다. 정향유(clove oil)의 60~90%는 eugenol로 항균 및 마취 효과가 있다.

- 치아 통증은 치아 구멍에 이 식물의 기름 몇 방울을 넣으면 진통이 된다.
- 인슐린의 이용도를 높인다. 다른 식물 중에는 월계수잎, 계피, 심황도 같은 효과를 낸다.

생강(ginger)

생강은 수천 년 동안 류머티즘 관절염에 항염증제로 쓰였다.

- 골, 관절염의 통증과 염증의 치료
- 현기증, 아침 구토증, 어지러움증, 메스꺼움, 멀미
- 월경 촉진, 남성의 정자 운동력과 정자 수 증가

• 탈모 치료 및 발모제

곱향나무(juniper, white cedar)

곱향나무는 시나이 반도와 성지의 불모지에서 숲을 이루어 자라고 있으며 예레미야 17장 6절에 떨기나무(영어 성서에서는 'bush')가 곱향나무일 것이라고 전문가들은 생각하고 있다. 곱향나무에 있는 휘발성 기름의 주성분은 terpinen-4-ol로 사용상 제한 요인이 많아 주의를 요한다. 임산부, 소아, 신경 질환자는 복용을 금하며 과량 사용 시 설사, 신장 통증, 혈뇨, 빈맥, 혈압 상승이 나타날 수 있으며 장기간 사용하면 신장에 손상이 올 수 있다.

- 잎과 열매는 조충을 제거하고 천식, 두통을 완화시키며 월경을 촉진한다.
- 결석, 요결석, 요통, 통풍, 류머티즘 관계 질환에 곱향나무 열매에서 추출한 기름 성분이 효과가 있다.
- 천식, 이뇨작용, 수종, 이질, 변비, 음위
- 폐기종, 부비강염, 인플루엔자, 당뇨, 불임

라벤더(lavender)

라벤더는 아가서에서 말하는 감송과 비슷하다. 신랑 신부에 비유하여 사랑스런 식물로 말하고 있으며 일반 라벤더는 예수님께 부었던 향유의 성분이다. 라벤더유를 주성분으로 만든 바르는 약제는 영국 약전에 등록되어 발작, 중풍, 경련, 현기증, 건망증, 우울증에 효과가 인정되고 있다.

- 두통, 메스꺼움
- 천식, 일반적인 허약, 인플루엔자, 감기, 기관지염, 폐렴, 기침

- 간, 비장의 염증, 황달, 충혈
- 남성 최음제
- 어린이 대장염에 쓰이며 곤충 기피제로 매우 효과가 있다.

겨자(mustard)

겨자는 그 주성분이 sinigrin, myrosin 등으로 자극성이 있다. 향신료의 종류는 달라도 자극성이 있는 향신료들은 미생물의 생육 억제에 다양한 영향을 준다. 이런 식품은 멕시코, 중국, 브라질, 한국의 음식 중에 많이 들어 있다.

의사에 의하여 생존에 대한 기대를 포기한 AIDS 환자들 중 매일 어떤 향신료를 섭취한 사람들은 장기 생존하였으며, 이 환자들의 T-4 세포(면역관련 세포) 수준이 높고 활동적이며 체중 증가를 보였다고 한다. 여기서 말하는 향신료란 중국겨자(Chinese mustard), 와사비(Japanese green mustard), 양고추냉이(horse radish) 등을 넣어 만든 양배추 음식으로 대부분 성서에 기록된 식품들이다. 특히 이 음식으로 만든 한국의 김치찌개는 액체성 불이라 할 만큼 강한 자극성을 가지고 환자들의 생존력 향상에 크게 기여하는 것으로 보인다.

- 천식, 폐렴, 기관지염, 암, 감기
- 갑상선기능저하증 : 갑상선은 요오드와 티로신으로 형성되는데 겨자잎은 티로신 함량이 매우 높은 급원이다. 티로신 함량이 풍부한 식품은 콩나물, 대두, 오트밀, 땅콩, 시금치, 물냉이, 배추 등이다. 요오드는 해조류에 풍부하다.
- 레이노병(Raynaud's disease) 치료 : 신체의 말단 부위의 혈액 순환을 왕성하게 하므로 치료 효과가 있다.

몰약(myrrh)

몰약은 고대 히브리 사람들에게 세상에서 가장 귀중하고 다양하게 쓸 수 있는 선물이라고 생각하였다. 몰약은 신체를 치료하고 마음을 기쁘게 하고 정신을 들게 하는 것이라고 하였다. 자궁 수축 작용이 있기 때문에 주로 임산부들이 이용하고 있으며 일반적으로 장기간 사용은 하지 않는 것이 좋다.

- 방부제, 살균제
- 몰약 수지의 세 가지 작용은 소화, 감염 방지, 여성 재생산 조직의 활성이다.
- 구강 세척제, 구취, 치은염, 구강 인후 궤양, 위장염
- 디프테리아, 기침, 결핵, 천식, 관절염, 류머티즘, 카타르
- 질염, 월경불순, 백대하, 치질, 욕창, 외상, 회저, 농루

층층이꽃(savory)

층층이꽃은 솔로몬의 아가서에 나오는 향미식물이다. 에담(Etham)의 솔로몬 성전에는 라벤더, 로즈메리, 백리향, 세이지와 같은 식물들이 심어져 있었다고 추측한다.

- 최음 효과가 우수하여 스님들은 이 식물을 정원에 심지 않는다.
- 통풍, 중풍, 류머티즘, 신장결석, 급만성설사, 질염
- 천식, 거담제(cineole을 함유하고 있기 때문), 기침, 감기
- 당뇨, 위경련, 위와 장의 가스 제거, 복통
- 회충과 조충의 제거

백리향(thyme)

백리향은 달콤한 향내가 나며 귀하고 비싸다. 예로부터 회향, 캐

러웨이, 박하와 함께 출산의 고통을 완화시켜 준다고 한다. 이집트의 투탕가문 무덤에서도 보이며 오늘날에도 자라고 있다. 이 식물은 휘발 성분으로 티몰(thymol)을 함유하고 있는데 그 향으로 세균과 바이러스를 죽일 수 있다.

- 감염성 일반 질환, 화상, 장티푸스, 결핵, 생인손, 백일해, 늑막염
- 가슴 두근거림, 기침, 위경련, 천식, 불면증
- 신장과 방광 허약 치료, 이뇨제
- 호흡기계 질환 : 감기, 기관지염, 인후염, 폐렴
- 외과적 이용 : 외상, 종기, 화상, 타박상
- 통풍, 류머티즘, 치통, 안면신경통

마늘(garlic)

마늘은 천연 항생제로 성지에서 약 67종이 있어 히브리인들이 마늘을 좋아했다는 사실은 조금도 이상한 것이 아니다. 성서 시대에 마늘이 의학적으로 질병 치료에 널리 이용된 것은 바빌론과 니푸르(Nippur)의 고대 유적지 발굴 중에도 발견할 수 있었다. 그 시대에도 이용했던 사례를 보면

① 열을 내리는 차로 이용

② 변을 묽게 하는 달인 물로 이용

③ 통증이 있는 부위에 찜질약으로 이용

④ 인대가 늘어나거나 근육이 긴장할 때 바르는 약으로 이용

⑤ 장내 기생충 제거를 위한 이용

⑥ 심장을 튼튼하게 소화를 왕성하게 하는 일반적인 강장제로 이용

또한, 식품이 변질되거나 질병의 발생을 막기 위하여 마늘을 넣어 조리하므로 질병을 막을 수 있다고 하였다. 고대 히브리인들은 악마

를 쫓기 위하여 문간에 마늘을 매달아 놓기도 하였다. 이와 같은 여러 질병에 대한 효과가 현대 과학에서도 상당 부분은 증명되었다.

- 치통 제거
- 호흡기계 질환 : 천식, 기종(氣腫), 폐종양, 기관지염, 알레르기
- 흑사병(pest)으로부터 보호

흑사병이 유럽 대륙을 휩쓸 때 영국의 한 지역에서 거의 모든 사람이 죽었으나 마늘이 가득한 창고에서 산 사람은 생명을 건질 수 있었다고 한다. 1722년 프랑스 마르세이유에서 흑사병이 창궐할 때 죽거나 죽어가는 사람의 집과 몸에서 돈과 보석을 도둑질하는 도둑이 잡혔다. 사형이 선고되자 살려주면 흑사병에 걸리지 않는 비법을 알려주겠다고 하여 알려진 것이 초마늘액의 이용이다. 순수한 자연 식품의 형태로는 알려진 식품 중 가장 강력한 항생력을 가지고 있다.

- 감기, 인플루엔자, 거담, 폐를 깨끗하게 하며 나병균이나 임질균도 죽일 수 있다.

아래와 같은 성분들이 강력한 항균성을 나타내는 것으로 보인다.

- alliin : 살모넬라식중독균, 이질균, 포도상구균, 연쇄상구균(성홍열, 디프테리아, 류머티즘열, 패혈증의 원인균)
- allicin : 결막염, 부패, 장티푸스, 콜레라, 결핵을 일으키는 균 억제
- germanium : 항암 성분
- selenium : 심장병과 암 예방
- ajoene : 혈액 응고 방지, 곰팡이 억제(캔디다증, 질염 유발)
- 다른 함황 성분 : 100종 이상으로 대장암, 식도암, 피부암의 진전을 막는다. 혈압, 혈당의 저하
- 폐기종 : 폐세포를 파괴시키는 유리기(free radical)를 마늘 성분 중

sulfhydryl기(-SH)가 중화시켜 준다.

- 정신장애 진정(생식 시)
- 목 쉬는 증세 치료 : 날것 혹은 죽처럼 끓인 것
- 구충 효과 : 꿀이나 식초와 함께 조리한 마늘
- 어린이의 뇌와 척추장애
- 경련에는 찜질약으로 발에 붙인다.
- 코피를 멈추게 하는 강력한 효과를 갖는다.
- 늑막염 : 발과 환부에 찜질약 사용
- 당뇨병의 혈당 저하 기능
- 방광염
- 위장장애, 장내 가스 제거, 점막염증
- 이질 설사 치료, 만성 변비나 격한 설사를 즉시 멈추게 한다.
- 변비 : 양파, 우유나 요구르트와 함께 섞어 먹는다. 장벽의 연동 운동을 자극하여 변비를 막아 준다.
- 이통, 화상의 응급 처치에 마늘유 사용
- 이명, 난청
- 코와 목의 감염증 : 기적적인 항균 효과가 있다고 알려졌다. 감기 초기에 마늘 한 쪽을 볼과 치아 사이에 넣고 있으면 감기를 물리칠 수 있다고 한다.
- 빈혈 : 약한 소화력, 마비, 피로, 잦은 숨, 식욕부진, 체중 감소
- 부인과 질환 : 약한 우울증, 화를 잘냄, 걱정, 메스꺼움, 두통, 피로, 흥분, 복부 팽만, 현기증, 시력 혼탁, 갑상선 기능 등으로 나타난 것
- 농가진 : 심한 가려움증
- 물집 : 부적절한 신발에 의하여 생긴 물집에 마늘유로 처리

- 욕창, 대장경련, 성장통
- 무좀 : 마늘을 잘 부셔서 환부에 바르면 약 5분 후 화끈거리나 30분 정도 그대로 둔다. 그 후 물로 씻어버린다. 1주일에 한 번 정도면 효과적으로 무좀을 퇴치할 수 있다. 너무 화끈거리면 떼어내어 물로 희석하여 바른다.
- 관절염, 류머티즘, 신경통
- 동맥벽의 지방 축적을 지연시킨다.
- 혈중 콜레스테롤 수준을 낮게 한다.
- 동맥의 흐름을 방해하는 물질의 제거
- 혈액을 응고시키는 피브리노겐의 수준을 낮게 해줌

혈압 강하제로서 완벽한 조건을 갖춘 마늘을 먹으면 다음과 같은 효과가 있다.

- 절대 안전하다.
- 부작용이 없으며 용량의 한계가 없다.
- 혈압이 서서히 떨어지며 급격한 혈압 강하로 쇼크를 받지 않는다.
- 다른 약과의 상호 방해 작용이 없다.
- 현기증, 두통, 이명, 흉통 등의 증세를 없애 준다.
- 연령이나 신체적 조건과 관계없이 결과가 좋다.
- 냄새가 나지 않게 정제로 만들기 쉽다.

분명한 것은 마늘이 고혈압 치료제가 아니라 단지 증세를 없애 주는 것이며 마늘요법을 그치면 증세가 돌아올 수 있다. 그러나 계속 장기 복용으로 오랫동안 혈압을 낮게 유지할 수 있다.

마늘은 남성의 정력을 증강시켜 발기를 일으키게 한다. 강장 효과에 의하여 호르몬선을 자극하는 것이기 때문에 완전히 신체의 건강함에 따라 얻어지는 현상과는 다르다. 간기능 보호에 대한 마늘의 가치는 대장에서 부패 세균에 의하여 생성된 독소를 제거하여 간에 휴식을 준다는 데 있다. 위액의 분비를 촉진시켜 소화를 돕고 간으로 들어가는 혈행을 왕성케 한다.

마늘을 즐겨 먹는 지역과 거의 먹지 않는 지역의 주민들의 위암 발생률을 비교한 연구에서 즐겨 먹는 지역이 발생률이 훨씬 낮은 것으로 밝혀졌다. 이들은 마늘뿐만 아니라 양파, 부추 등 비슷한 성질의 식품을 매일 섭취하고 있었다. 후두암 연구에서도 정상군은 암발생 환자군에 비하여 마늘, 과실, 녹색채소를 많이 먹는 것으로 알려졌다.

마늘을 먹는 사람은 먹지 않는 사람들보다 암세포를 죽이는 힘이 2.5배가량 더 강한 것으로 알려졌다. 프랑스 사람들은 암 발생률이 낮은 국민 중의 하나라는 것도 마늘을 다량 섭취하기 때문으로 추정하고 있다.

기원전 5~4세기경 히포크라테스는 자궁 종양에 마늘을 먹을 것을 권하였고, 인도에서는 서기 450년 문헌에 복부 종양의 치료에 마늘을 이용한다고 기록하였다. 1986년 미국 아이오와 주에서 4만 명의 여자들을 실험 대상으로 127개 일상 식품을 먹고 대장암 발생을 관찰한 바 마늘을 제외하고는 암 예방에 효과적인 식품은 없었다고 보고하였다.

7명의 AIDS 환자에 대한 12주간의 연구에서 마늘 섭취는 생체 면역 체계를 정상 수준으로 끌어올려 정상화시켰으며 여러 가지 증세도 사라졌다고 1989년 제5차 국제 AIDS 회의에서 압둘라 박사가 발표하였다. AIDS 환자에서 HIV바이러스 전파를 억제하는데 그 억제 성분은 ajoene으로 알려졌다.

회향(dill, anise)

복통, 소화불량, 발정 촉진

창포(calamus)

관절염, 기관지염, 소화불량, 인후염, 류머티즘, 염증, 림프선염, 화상, 간질, 발열, 독감, 간염, 황열, 진정제, 이뇨제, 건위제, 거담제

풍자향(galbanum)

알레르기, 기관지염, 암, 충치, 감기, 염증, 소화불량

소회향(caraway)

관절염, 천식, 기관지염, 복통, 기침, 피부염, 월경불순, 고환염, 류머티즘

운향(rue)

복통, 경련, 소화불량, 간질, 히스테리, 류머티즘, 백반

육계(cassia)

천식, 기관지염, 콜레라, 기침, 피부염, 천연두, 소화불량, 위통, 결핵

나감향(onycha)

기관지염, 암, 후두염, 유선염, 대상포진, 백선

소합향(stacte)

관절염, 기관지염, 암, 감기, 히스테리, 통증, 정액루

향목(thyne)

피부염, 편두통, 목 아픈데

나드(nard)

부정맥, 심장병, 콜레라, 경련, 월경불순, 전간, 두통, 불면증, 나병

베델리엄(bdellium)

소화불량, 경련, 발열, 간염, 안염

고벨화(henna, camphire)

고벨화는 'camphor'의 성분을 가지고 있으나 고대에는 잘 알려져 있지 않고 동양에서는 매우 좋아하는 식물이었다. 잎을 분말화시키면 등적색의 색소 물질을 추출할 수 있는데, 이것은 여인들이 손톱과 발톱에 물을 들이고 머리 염색을 하는데도 쓰였다. 암, 피부염, 염증, 햇볕 화상, 두드러기, 류머티즘에 효과가 있다.

고수풀(coriander seed)

소화불량, 입 냄새, 음위, 신경통, 치통, 류머티즘

5. 과실, 견과류(fruits and nuts)

포도(grapes)

5세기경 의학의 아버지라 할 수 있는 히포크라테스는 인체에 미치는 포도주의 효과에 대하여 매우 흥미로운 기록을 남겼다. 그는 적포도주와 끓인 포도주는 소화에 좋고 백포도주는 방광에 이롭다고

하였다. 그러나 그는 그의 환자들에게 단포도주를 멀리하도록 하였는데 단포도주는 위를 팽창시킨다고 믿었다. 로마의 자연과학자인 플리니는 전갈, 거미, 벌에 쏘였을 때 포도주를 바를 것을 권하였다. 로마의 의사 갈루스는 검투사가 검투장에서 상처를 입었을 때 포도주로 처리하면 상처가 악화되지 않는다고 하였다.

포도주는 약리적 장점이 있음에도 불구하고 후기 로마 시대 유대 현인들은 모든 죄의 뿌리에 술 취함이 있다고 경고하였다. **"술 취하지 말라. 이는 방탕한 것이니……"**(에베소서 5 : 18)라고 하였으며, 또 술 취하는 것이 이방인의 행위라고(베드로전서 4 : 3)하여 음란, 정욕, 술취함, 방탕, 연락, 무법, 우상 숭배를 같은 시각으로 바라보았다.

신선한 포도, 포도주, 포도씨 모두가 훌륭한 약용 성분을 가지고 있다. 포도에서 발견되는 미량금속인 붕소(boron)는 여성들의 에스트로겐 분비를 촉진시켜 골다공증이나 뼈가 약해지는 것을 방지한다. 폐경 이후 붕소를 적게 섭취하면 칼슘과 마그네슘의 손실을 촉진한다. 또 뇌의 정신 기능을 활성화시킨다. 붕소의 훌륭한 급원은 사과, 배, 복숭아 등도 추천할 만하다.

포도씨 추출물에는 식물성 flavonoid인 procyanidin을 함유하고 있어 건강 증진에 유익하다. 생체 내에서 유해한 과산화 물질과 유리기를 제거하므로 노화를 억제할 수 있다. 만성 퇴행성 질병인 심장병, 관절염, 암에도 좋은 영향을 준다.

이 procyanidin은 비타민 C나 E보다 항산화력이 50배 정도 강력한 효과를 갖는다. procyanidin은 정맥류와 같은 정맥 관련 질환, 당뇨성 망막염의 치료 효과도 있다. 포도주는 성서에서도 여러 치료 효과를 기록하고 있다.

- 상처를 깨끗하게 하여 미생물의 침입을 방지(누가복음 10 : 34)
- 이성과 지혜를 마비시킨다.(잠언 20 : 1)
- 위장병 치료제(디모데전서 5 : 23)
- 약한 마음을 강하게, 기쁘게(시편 104 : 15)
- 가난과 고통을 잊게 한다.(잠언 31 : 6, 7)

적포도주는 많은 페놀성 화합물을 가지고 있어 체조직을 보호하며 암조직으로 전환되는 것을 막아준다. 페놀 화합물에는 caffeic acid, ellagic acid, ferulic acid 등이 포함되어 있다. 포도주는 콜레라균, 대장균, 장티푸스균을 죽일 수 있는데 이 효과가 알코올에 의한다고 생각되었으나 포도주에서 알코올을 제거하여도 효과가 있어 그 성분이 polyphenols일 것으로 추정하였다.

포도주는 항생제와는 달리 바이러스에도 효과가 있다고 알려져 소아마비 바이러스, 단순포진(simplex herpes) 바이러스, 인플루엔자 바이러스, 설사성 바이러스에도 강력한 항바이러스 기능을 가지며 포도주가 포도즙보다 강력한 효과가 있다고 알려져 있다. 포도주는 균들로 오염된 생굴의 위험을 제거할 수 있으나 *Vibrio vulnificus*에는 효과가 없다고 한다.

심장에 좋은 적포도주는 협심증의 통증을 완화시킨다. 프랑스 사람들은 미국 사람과 같이 지방성 식품을 섭취하고 높은 콜레스테롤, 고혈압을 가지고 있으나 심장 발작은 3분의 1에 불과하다. 이것은 식사 중 적포도주를 마시는 습관 때문인 것으로 생각된다.

적포도주는 동맥에 혈전을 녹여주는 역할을 하는 것으로 보인다. 적포도주의 항응고성 약리 성분은 resveratrol로 백포도주는 껍질을 제거하였기 때문에 거의 없으며 생포도는 미생물의 침입을 막기 위하여 쓰기 때문에 많이 함유되어 있지 않다.

잎을 말려서 가루로 만들어 지혈제로 썼다. 익은 열매의 즙을 must라 부르는데 이뇨, 피로회복, 천연두, 불면증 등에 잘 듣는다고 했다.

올리브(olive)

올리브유는 성서에서 가장 중요한 식품으로 성서에 200회 이상 등장한다. 올리브유는 선함, 순수함 또 영생의 상징이기도 하다. 의사인 누가가 기록한 것처럼 예수님이 언급한 몇 안 되는 치료 식품 중의 하나이다.

겟세마네의 올리브동산에는 올리브농장이 있었으며 그 뿌리가 깊어 로마 사람들이 서기 70년에 이를 제거하고자 하였으나 뿌리까지 제거할 수는 없었다. 예수님은 십자가에 못 박히시기 전날 밤 겟세마네 동산에서 새벽을 기다리며 지내셨고 올리브 동산에서 하늘로 올라가셨다. 올리브의 약효를 보면

- 관절염의 통증 제거
- 심장질환 경감 : 그리스, 이탈리아, 스페인, 남프랑스와 같이 지중해 연안 국가 사람들은 식품 중 지방을 동물성 지방보다 올리브유에서 75%를 섭취하고 있다. 이들에게 심장질환이 아주 적은 것으로 알려져 있으나 지방의 총섭취량이 적었던 것은 아니다.
- 올리브유는 LDL-cholesterol(소위 나쁜 코레스테롤)을 감소시키고 혈압을 낮추는 것으로 알려진 HDL-cholesterol 함량을 높여주며 혈소판이 서로 붙거나 응고되는 것을 방지한다. 옥수수 기

름, 콩기름, 사프라워 기름, 해바라기씨 기름과 같은 식물성 기름은 LDL-cholesterol과 HDL-cholesterol을 모두 낮게 하지만 올리브유와는 다른 특성을 갖는다.

- 올리브유에는 항산화제가 함유되어 있어 노인이 되어 가면서 발생하기 쉬운 암이 발생하지 않도록 세포를 보호하기 때문에 유방암, 전립선암, 난소암, 대장암과 같은 질병의 발생률을 낮게 하여 장수식품으로 알려지게 되었다.
- 출혈성 마진(black measles)으로부터 유래된 시력과 청력의 손실이 올리브유 처방으로 회복된다.
- 척추, 둔부, 어깨, 무릎이 나이 먹어 가면서 관절 경화 현상이 일어나는 것을 부드럽게 해준다.
- 심장, 동맥, 정맥에 콜레스테롤의 침착을 억제한다.
- 성인이 되어 생긴 당뇨병의 혈당을 저하시키고 당뇨로 인한 복합 합병증의 발생 위험을 감소시킨다.
- 담석증 치료 및 예방 : 올리브유는 담낭에 강하고 정상적인 신축 기능을 부여한다. 그래서 담석을 녹이고 제거할 수 있다. 한 연구 보고에서 순수한 올리브유에 담석을 담가 놓았을 때 68%의 무게를 감소시켰다는 보고를 하여 수술이나 다른 방법으로 제거하지 않아도 작은 결석은 제거가 가능하다.
- 위궤양의 치료 효과
- 어깨 관절의 활액낭염(bursitis)으로 어깨를 들 수 없을 때 뜨거운 올리브유 마사지로 증세를 경감시킬 수 있다.
- St. Vitus dance(신경장애 질환으로 사지와 얼굴근육이 경련성 발작을 일으키고 풀을 뜯어 먹는 등 이상한 행동을 한다) : 올리브유를 복용하고 마시지함으로써 치유 효과를 볼 수 있다.

- 귀 아픈데, 속귀 감염에는 비타민 E 마늘 기름과 함께 써서 치료한다.
- 얼굴과 목의 주름살 : 달걀노른자 2개에 올리브유 반 컵을 잘 섞어 얼굴에 바르고 10분 기다렸다가 그 위에 달걀흰자를 덧바르고 30분 지나서 제거한다.
- 올리브유를 이용한 의사의 치료 경험 : 홍역, 성홍열, 폐렴, 결핵, 말라리아, 장트푸스의 발열은 올리브유를 피부에 바르면 피부를 통하여 흡수되는 특성 때문에 체온이 내려간다. 기름 마사지로 열이 나는 질병의 해열이 가능하다.
- 방광과 신장의 통증 완화, 부종, 화상, 외상
- 장관계 질환 : 단순 설사, 이질, 결장통증, 고창증, 변비
- 해독제 : 독버섯을 해독하기 위하여 숯가루와 섞어서 바른다.

호두(walnut)

ellagic acid를 함유하여 인후, 식도, 간, 피부, 폐의 암을 예방하고 진정 효과가 있다.

- serotonin을 함유하여 식욕을 조절하고 비만을 예방한다.
- 관절염, 류머티즘, 심장병, 신장결석, 담석, 갑상선기능저하증
- 고혈압, 근육경련, 독감, 치은염, 두통, 입내
- 부스럼, 버짐, 사마귀, 변비, 대머리

대추야자(dates)

성서의 종려나무는 대추야자나무로 추정하고 있다.

- 위암, 자궁암, 복부 종양
- 붕소가 풍부히 함유되어 있어 나이 먹어 뼈가 약해지는 것을 예방

하고 혈중 에스트로겐의 수준을 증가시켜 골다공증을 예방한다.

사과(apples)

- 펙틴 공급 : 혈중 콜레스테롤을 감소시킨다.
- 칼륨의 공급으로 조직을 부드럽게 유지시켜 동맥이 경화되는 것을 예방한다.
- 사과 식초는 폐와 장의 나쁜 세균을 억제하며 냄새가 나지 않도록 한다.
- 생체 조직 내에 칼슘과 다른 무기질이 축적되면 다양한 통증을 가져오는 원인이 되나 사과식초의 산은 무기질이 축적되는 것을 막고 용해시키기 때문에 통증 예방이 가능하다.
- 신장과 방광의 염증, 알레르기(눈, 코), 부비강염, 안면통, 신경통, 신우염, 변비
- 질염, 캔디다증, 트리코모나스증
- 지방을 분해시키는 강력한 효소 함유

아몬드(almond)

아몬드는 옛 히브리어로 'Gift from God'를 뜻한다. 아몬드나무는 성지에서 제일 먼저 꽃이 피는 나무로 예쁜 분홍색 꽃이 잎도 없는 죽은 듯한 나무에서 핀다. 그래서 봄의 첫 표시이며 새 생명의 탄생, 창조주의 기지개로 불릴 수 있다.

아몬드는 두 가지 종류로 나눌 수 있는데 단 아몬드(sweet almond)는 식용과 약용으로 쓰이지만 쓴 아몬드(bitter almond)는 시안(cyan)이라는 독성 물질이 있기 때문에 주의를 하여야 한다.

- 위와 장의 통증 제거

- 신장, 방광, 담낭의 결석 치료에 이용
- 젊음을 유지하게 하고 주름살이 생기지 않고 장수하게 한다. 아몬드유를 라드, 경랍 등과 함께 제조한 것을 바른다.
- 혈중 콜레스테롤 함량을 감소시킨다.
- 종기, 천식, 기침, 피부염, 후두염, 신경통, 암

쓴 아몬드의 쓴맛은 배당체인 amygdalin 때문이다. 이것은 암 치료를 위한 화학요법의 물질로 쓰이며 'laetrile'로 흔히 부른다. laetrile은 신체에서 청산을 방출함으로써 암세포를 파괴하지만 정상 세포에는 작용하지 않는다고 한다. 세계에서 암이 발생하지 않는 유일한 지역은 훈자(Hunza) 지방인데 이 지역에서는 살구씨 기름을 요리에 주로 사용한다. 뉴멕시코 푸에블로 인디언들도 암 발생이 극히 낮은데 그들도 살구, 복숭아, 체리의 씨로 만든 음료를 마시고 있는데 이 세 가지 씨에는 amygdalin이 모두 함유되어 있다.

비자(nut)

부스럼, 기침, 이질, 음위, 소양증, 류머티즘

살구(apricot, apples of gold)

천식, 암, 후두염, 안염, 류머티즘

석류(pomegranate)

- 기관지염, 암, 결막염, 이질, 월경불순, 치질, 불임, 치통
- 고대 이집트에서는 석류즙에 최음 효과가 있다고 생각하여 석류로 술을 만들기도 하였고 피클로 만들어 먹기도 하였다. 또 석류는 장내 기생충에 효과가 있다고 믿었으며 붉은 꽃은 염료로,

석류 속껍질은 가죽을 가공하는데 쓰이기도 했다.

6. 기타 약이 되는 식품

1 꿀(bee honey)

꿀은 팔레스타인과 아라비아에 풍부하고 즐겨 이용되었다. 종종 무화과, 대추야자, 단맛이 있는 과실즙으로부터 시럽을 만들거나 나무의 침출액을 꿀이라 불러 혼란을 가져오는 경우도 있으나 꿀이라면 벌이 만든 것을 말한다.

성서에서 약속된 땅은 '젖과 꿀이 흐르는 땅'으로 21번 기록하고 있으며 실제 벌집에서 꿀이 흘러넘쳐 나오는 것은 나무에 매달린 벌집에서 자주 있는 일이라고 하였다. 성서에서 꿀이란 말은 60회 이상 나오는데 이렇게 많이 나오는 것은 무엇을 말하려고 하는 것일까? 꿀의 놀라운 치료 효과에서 그 해답을 찾을 수 있다. 꿀이 세균에 훌륭한 항균 효과를 갖는 것은 수분 흡착 능력 때문이다. 꿀을 넣은 미생물 배양액에 장티푸스균, 폐렴균, 이질균, 복막염균, 늑막염균을 일으키는 균을 넣었을 때 수 시간 혹은 수일 내에 사멸하는 것으로 알려졌다.

약 3300년 전 고대 이집트인의 무덤에서 발견된 꿀 항아리에는 그렇게 많은 세월이 흘렀는데도 발견 당시 아직도 반고체형으로 꿀이 남아 있어 향기를 내고 있었다고 한다.

- 외상, 화상의 응급 처치
- 뾰루지, 욕창, 수술 후 회복제
- 활동성 결핵, 심장병, 알레르기성 기관지 천식, 건초열
- 당뇨병 : 흡수가 느리며 과당이 흡수 지연의 주체인 것으로 보

인다. 당뇨병 환자에게 꿀을 주면 소변에 당의 증가를 보이지 않는다고 한다. 소아 당뇨에는 꿀이 적절하지 않으며 꿀을 당뇨의 치료 목적으로 이용하는 것은 적합지 않다.

- 위, 장궤양, 근육경련, 숙취
- 백내장, 불면증, 편두통
- 뱀에 물렸을 때
- 야뇨증 : 꿀 섞은 빵이 습기를 머금은 것처럼 꿀은 물을 몸속에 유지하게 하고 진정 효과를 갖는다.

오메가-3(omega-3) 지방산 함유 식품

동물의 혈액 성분과 비슷한 바닷물에는 생명 유지에 필요한 모든 성분이 녹아 있다. 이러한 바다에서 자라는 어류는 또한 생명의 식품이 될 수 있다. 성서에서도 생선을 통하여 기적을 베푸신 것을 알 수 있고 바다와 생선이 자주 나오는 것은 단지 우연만은 아닌 것으로 본다.

지난 역사에 대한 연구에서 생선이 얼마나 많은 질병의 치료 역할을 하고 있는지를 알게 되었고, 결국 성서에서 생명의 기원이 되었던 것과 같은 맥락으로 이해할 수 있다. 생선 성분에 의한 치료와 관련된 질병을 보면 AIDS, 관절염, 천식, 시각장애, 혈전, 유방암, 동맥경화, 대장암, 당뇨, 대장염, 녹내장, 심장발작, 고혈압, 편두통, 건선, 고콜레스테롤증, 피부결핵, 골다공증, 류머티즘, 궤양 등으로 실로 많은 질병과의 관계가 연구되었다.

많은 염증과 통증이 나타나는 물질들은 화합물로 prostaglandins, thromboxanes, leukotrienes의 물질군이다. 이러한 화합물은 지방으로부터 만들어지는데 특히 마가린, 육류 지방, 옥수수

기름, 사플라우어 기름, 샐러드 기름 등으로부터 만들어진다.

아레르기와 다양한 염증을 나타내는 앞의 물질들은 오메가-6 지방산으로 알려져 있는데 이는 천식, 류머티즘, 다양한 경화증, 피부결핵, 크론병(Crohn's disease, 급성국한성소장염), 궤양성 대장염, 부종, 건선 등과 관련이 있다. 이들 질병들이 만들어내는 위의 화합 물질을 억제하고 중화시켜 주는 좋은 약으로 아스피린, 코티코스테로이드, 또 비스테로이드성 항염증 약품들을 예로 들 수 있다. 이러한 약품들의 문제점은 가격이 비싸고 부작용이 있을 수 있다는 것이다. 그 부작용 중에는 체중 증가, 수분저류, 감염에 쉽게 걸림, 우울증, 고혈압, 당뇨, 위궤양, 위와 장의 출혈, 안면발모증, 정신질환, 허약증, 골다공증 등이 의심을 받고 있다. 그러나 생선은 위의 부작용이 없고 저렴한 가격으로 강력한 항염증 효과를 갖는다. 질병을 발생시키는 prostaglandins과 leukotrienes를 중화시키고 생성을 억제하는 생선 기름의 주성분은 오메가-3 지방산으로 불린다. 오메가-3 지방산은 정어리, 참치, 넙치, 연어, 청어, 고등어와 같은 어류에 많이 함유되어 있다.

이 생선 기름은 두 가지 형태로 존재하는데 하나는 EPA(eicosapentaenic acid)로 심장질환 예방에 중요한 역할을 하며 또 하나는 DHA(docosahexanoic acid)로 뇌기능에 중요한 역할을 하는 것으로 알려져 있다.

어유(fish oil)는 감기 치료와 구루병 예방에도 효과가 있다. 어유에는 비타민 D가 많으며 만일 비타민 D가 부족하면 인(P)도 부족하게 되어 당을 효율적으로 이용할 수가 없다. 그래서 당이 요와 분으로 그냥 배출되며 결국 영양 결핍에 걸리게 된다.

생선이나 해산물을 좋아하지 않는 사람을 위하여 하나님은 오메가-3 지방산을 함유하는 다른 식물성 재료를 준비해 주셨다. 그것은 아마씨 기름, 카놀라(canola) 기름, 앵초 기름, 호두 기름 등이다. 예를 들어 아마씨 기름은 오메가-3 지방산인 리놀렌산(linolenic acid)을 함유하고 있는데 이것은 몸에서 EPA로 전환될 수 있는 것이다. 리놀렌산은 EPA와 같은 효과를 낼 뿐 아니라 다른 효과도 가지고 있다. 그러나 식물성 기름의 오메가-3 지방산은 어류의 지방보다 절반 효과도 미치지 못한다.

- 대장폴립, 유방암
- 편두통 : 편두통을 일으키기 쉬운 식품은 치즈, 초콜릿, 핫도그, 베이컨, 가공육으로 즉 아질산염을 함유한 식품, 글루타민산 나트륨을 함유한 식품, 맥주, 요구르트, 싸우어크라우트, 효모와 같은 발효식품, 아스파탐을 함유한 식품들이다. 이상의 식품들에 의한 편두통은 알레르기를 일으키는 물질을 함유하거나 tyramine을 함유한 경우가 많다. 그래서 어유는 편두통을 경감시킬 수 있다.
- 천식, 기관지염, 폐기종, 녹내장
- HDL-cholesterol을 정상 수준으로 유지시켜 혈압을 안정시킨다.
- 미숙아 분만 억제 : prostglandin이 자궁을 자극하여 수축하므로 조산될 수 있는 것을 오메가-3 지방산이 prostaglandin의 기능을 억제한다.
- 레이노씨병(Raynaud's disease)
- 술, 담배, 부적절한 식품을 섭취하여 고달픈 삶을 살아와 몸과 정신이 피폐한 사람들에게 오메가-3 지방산을 섭취시키면 건강이 좋아지고 활력을 얻게 된다.
- 대부분의 해산물은 셀레니움을 풍부히 가지고 있다. 셀레니움은 심장질환, 암의 예방, 노화 과정을 지연시킨다.

- 관절염 예방, 백내장 발생 억제, 감염성 질병의 저항성 항진
- 낭포성 섬유종
- 피부를 부드럽게 하고 주름을 없애며 젊게 보이게 한다.
- 자궁 경부암 등의 종양 크기 축소
- 유방암, 전립선암, 췌장암의 증세를 경감시킨다.

7. 증세별 관련 약효 식물

성서에 기록된 식물의 질병 치료 혹은 예방에 관한 앞의 내용을 독자들의 편의를 위하여 질병 혹은 증세별로 효과를 갖는 식품을 일부 정리하였다.

호흡기계 질환

- 천식 : 양배추, 마늘, 꿀, 곱향나무, 라벤더, 겨자, 서양산사나무, 오메가-3 지방산 함유 식품(이하 오메가-3 식품), 간유(상어), 다임
- 기관지염 : 양배추, 마늘, 겨자, 서양산사나무, 떡갈나무, 오메가-3 식품, 페퍼민트, 다임, 물냉이
- 만성 폐질환 : 몰약
- 감기 : 마늘, 곱향나무, 라벤더, 겨자, 오리브유, 페퍼민트, 층층이꽃, 다임
- 감기 염증 : 양배추, 페퍼민트
- 기침 : 올리브유
- 낭포성 섬유종 : 셀레니움 함유 식품
- 호흡 곤란 : 서양산사나무
- 폐기종 : 마늘, 곱향나무, 오메가-3 식품, 페퍼민트, 밀싹 주스

- 인플루엔자 : 곱향나무, 겨자, 페퍼민드, 라벤더
- 폐질환 : 떡갈나무
- 폐렴 : 마늘, 겨자, 올리브유, 다임
- 경련성, 천식성 기관지염 : 알로에 베라
- 결핵 : 계피, 마늘, 꿀, 쐐기풀, 물냉이

소화기계 질환

- 위장 경련 : 페퍼민트, 떡갈나무, 상추
- 담관 이상 : 아몬드
- 복통 : 라벤더
- 대장염 : 떡갈나무, 밀 싹 주스
- 대장 폴립 : 오메가-3 식품
- 변비 : 보리, 마늘, 올리브유
- 설사 : 마늘, 떡갈나무, 올리브유, 층층이꽃
- 소화불량 : 민들레
- 장염 : 상어 연골
- 담즙 문제 : 올리브유
- 담석 : 카모밀, 치커리, 민들레, 포도, 페퍼민트, 무씨 기름
- 내장 문제 : 아몬드, 마늘, 올리브, 샐비어, 녹엽채소
- 황달 : 치커리 뿌리, 민들레, 쓴쑥
- 췌장염 : 엽록소 함유 식물
- 소화성 궤양 : 엽록소 함유 식물
- 위장질환 : 아몬드, 보리, 양배추, 포도, 올리브유, 다임
- 위궤양 : 알로에 베라
- 궤양성 대장염 : 오메가-3 식품

• 궤양 : 아로에 베라, 안젤리카, 양배추, 카밀레, 녹엽채소, 꿀, 호두

피부질환

• 종기 : 카밀레, 다임, 양배추, 겨자
• 좌창 : 알로에 베라, 양배추, 물냉이
• 무좀 : 마늘, 쓴쑥
• 대머리 : 올리브유
• 욕창 : 마늘, 몰약
• 화상 : 알로에 베라, 녹엽 채소, 마늘, 꿀, 라벤더, 떡갈나무, 올리브유, 페퍼민트, 다임
• 피부냉증 : 서양산사나무 열매
• 피부염 : 알로에 베라, 떡갈나무, 물냉이
• 습진 : 양배추, 떡갈나무, 오메가-3 식품
• 부종 : 양배추, 민들레, 서양산사나무, 올리브유, 쐐기풀, 카밀레
• 괴저 : 양배추
• 모발 성장, 탈모 : 알로에 베라, 생강, 로즈메리, 샐비어, 물냉이
• 치질 : 양배추, 몰약, 떡갈나무
• 농가진 : 마늘
• 피부 늘어짐 : 올리브유
• 건선 : 안젤리카, 오메가-3 식품, 상어 연골
• 농루증 : 몰약
• 백선 : 검은 호두
• 대상포진 : 알로에 베라, 양배추, 페퍼민트, 물냉이, 밀배아유
• 피부 일반 : 양배추, 올리브유, 검은 호두

- 사마귀 : 검은 호두, 양배추, 민들레
- 상처 : 양배추, 녹엽식물, 꿀, 몰약, 올리브유, 페퍼민트, 다임
- 주름 : 아몬드, 오리브유, 정어리

비뇨생식기계 질환

- 야뇨증 : 꿀
- 방광 칼슘 : 알로에 베라
- 방광 이상 : 아몬드, 양배추, 곱향나무, 서양산사나무, 올리브유, 다임
- 방광염 : 민들레, 마늘
- 전립선비대증 : 쐐기풀(가시나무)
- 생식기 사마귀 : 포도, 올리브유
- 요결석 : 치커리 뿌리
- 신장 문제 질환 : 아몬드, 감염(알로에 베라, 샐비어), 염증(사과 식초, 파슬리), 겨자, 곱향나무, 쐐기풀, 올리브유, 다임
- 신장 결석 : 민들레, 파슬리, 층층이꽃
- 정자의 수와 운동성 : 생강 뿌리
- 소변통 : 파슬리
- 전립선 문제 : 파슬리
- 신우염 : 사과 식초
- 성기능 강화 : 마늘, 쇄기풀, 올리브유
- 비뇨기 일반 질환 : 파슬리, 곱향나무

내분비계 질환

- 갑상선종(goiter) : 쐐기풀, 올리브유

- 갑상선기능저하증 : 겨자잎
- 갑상선기능항진증 : 로즈메리

신경계 질환

- 알츠하이머병 : 로즈메리, 샐비어
- 신경성 무식욕증 : 쓴숙
- 뇌 마비 : 밀배아유
- 뇌신경장애 : 마늘
- 안면신경통 : 샐러리, 다임
- 편두통 : 양배추, 카밀레, 꿀, 수박, 오메가-3 식품
- 신경통 : 양배추, 카밀레, 마늘, 겨자, 쐐기풀
- 마비, 중풍 : 층층이꽃, 밀배아유
- 파킨슨씨병 : 잠두
- 좌골신경통 : 양배추, 샐러리, 겨자, 쐐기풀
- 대장 경련 : 마늘
- 발작(뇌졸중 등) : 오메가-3 식품

산부인과 질환

- 유선염 : 민들레
- 유방염 : 오메가-3 식품
- 캔디다증 : 계피, 페퍼민트, 호두
- 클라미디아증 : 물냉이
- 월경불순 : 안젤리카
- 젖응어리 : 밀배아유
- 폐경 후 류머티즘 : 안젤리카

- 폐경 관계 질환 : 안젤리카, 파슬리
- 월경 관계 질환 : 페퍼민트
- 임신 초기 아침 구토증 : 생강
- 조산 : 오메가-3 식품
- 자궁수축, 경련 : 안젤리카, 샐러리
- 질감염 : 마늘
- 질염 : 사과 식초, 층층이꽃
- 여성 관련 질환 : 마늘, 밀배아유

안과 질환

- 눈이 안 보임 : 밀배아유
- 백내장 : 샐러리, 포도, 꿀, 떡갈나무, 로즈메리
- 눈병 : 민들레
- 녹내장 : 오메가-3 식품, 상어 연골
- 야맹증 : 민들레

이비인후과 질환

- 이통 : 마늘, 올리브유
- 내이염 : 올리브유
- 후두염 : 샐비어
- 코와 목의 질환 : 마늘
- 부비강염 : 사과식초, 녹엽채소, 곱향나무, 페퍼민트
- 편도선염 : 샐비어, 라벤더유, 다임
- 이명 : 마늘
- 혀 염증 : 샐비어

치과 질환

- 잇몸 출혈 : 샐비어
- 치음염 : 물냉이
- 치통 : 알로에 베라, 마늘, 올리브유, 페퍼민트, 다임

내과 질환

- 위축증(영양부족으로 인한 생리기능 장애) : 마늘
- 수지 청색증 : 서양산사나무 열매
- 암 : 아몬드, 안젤리카, 보리, 치커리, 정향유, 간유, 꽃상추, 마늘, 올리브유, 오메가-3 식품, 무씨 기름, 셀레니움 함유 식품, 밀 싹 주스
- 소아지방변증 : 샤로세
- 당뇨 : 알로에 베라, 콩, 민들레, 마늘, 포도, 꿀, 곱향나무, 올리브유, 오메가-3 식품, 파슬리, 층층이꽃, 상어 간유, 물냉이
- 간질 : 다임, 밀배아유, 박하
- 건초열 : 마늘, 꿀, 곱향나무, 쐐기풀
- 간염 : 민들레, 포도주
- 탈장 : 올리브유, 파슬리
- 불면증 : 샤로세, 꿀, 상추(차), 페퍼민트, 다임
- 간질환 : 양배추, 치커리, 민들레, 올리브유, 마늘, 떡갈나무, 샐비어
- 요통 : 양배추
- 다발성 경화증 : 알로에 베라, 사과 식초, 서양산사나무, 오메가-3 식품, 상어 간유, 밀 싹 주스
- 근육경련 : 꿀

- 근위축증 : 셀레니움 함유 식품, 밀배아유
- 근육통 : 물냉이
- 메스꺼움 : 보리, 생강
- 늑막염 : 양배추, 다임
- 경화증(간, 비장, 자궁) : 올리브유
- 건염 : 겨자

심장 혈관계 질환

- 빈혈 : 마늘
- 협심증, 판막 심장병 : 서양산사나무 열매
- 부정맥 : 안젤리카, 서양산사나무
- 동맥경화증 : 서양산사나무
- 아테롬성 동맥경화증 : 알로에 베라
- 혈전 : 올리브유, 오메가-3 식품, 몰약, 샐비어
- 혈압 : 마늘, 오메가-3 식품
- 콜레스테롤증 : 보리, 콩, 대구 간유, 올리브유, 오메가-3 식품,
- 순환기계 질환 : 마늘, 서양산사나무 열매
- 혈관 막힘 : 마늘
- 관상동맥 부전 : 알로에 베라
- 심장병 : 아몬드, 알로에 베라
- 심장근육질환, 약한 맥박 : 서양산사나무 열매
- 심장통 : 샤로세, 서양산사나무 열매, 호두
- 가슴 두근거림 : 서양산사나무, 로즈메리
- 고혈압 : 알로에 베라, 샐러리, 마늘, 서양산사나무 열매, 꿀, 쐐기풀, 올리브유, 오메가-3 식품, 상어 간유

• 저혈압 : 서양산사나무 열매, 올리브유
• 승모판 협착증, 심근 손상, 정맥염 : 알로에 베라
• 빈맥 : 치커리 뿌리, 서양산사나무 열매

골 관절계 질환

• 관절염 : 알로에 베라, 양배추, 간유, 민들레, 마늘, 생강, 가시나무, 페퍼민트, 보리싹 주스
• 뼈와 관절의 경직화 : 올리브유
• 통풍 : 양배추, 샐러리, 치커리 뿌리, 라벤더유, 겨자, 쐐기풀, 다임, 층층이꽃, 물냉이
• 골다공증 : 양배추, 샤로세, 민들레
• 류머티즘 관절염 : 치커리 뿌리, 마늘, 쐐기풀, 파실리, 층층이꽃, 다임, 오메가-3 식품, 상어 연골
• 척추 변형 : 알로에 베라

감염성 질환(전염병 포함)

• AIDS : 알로에 베라, 마늘, 상어 간유, 오메가-3 식품
• 뇌감염증 : 마늘
• 콜레라, 살모넬라식중독 : 포도주
• 홍역, 성홍열, 말라리아 : 올리브유
• 피부결핵 : 오메가-3 식품
• 성병 : 물냉이
• 포도상구균 감염 : 계피, 포도주
• 바이러스성 간염 : 쓴쑥
• 바이러스성 질환 : 마늘, 포도주

응급처치

- 동물에 물린 데 : 양배추
- 오한 : 올리브유
- 출혈, 울혈 : 겨자
- 현기증 : 생강
- 발열 : 상추 우려낸 물, 겨자, 올리브유, 샐비어
- 숙취 : 양배추
- 두통 : 양배추, 페퍼민트
- 머리 상처 : 알로에 베라
- 출혈 : 올리브유
- 두드러기 : 쐐기풀, 알로에 베라, 마늘, 보리, 파슬리
- 곤충에 물렸을 때 : 꿀, 밀배아유
- 해독 : 양배추, 올리브유
- 다리 통증 : 서양산사나무 열매
- 다리 궤양 : 알로에 베라
- 통증 : 녹엽 채소, 상추 진액(opium), 올리브유, 페퍼민트, 쓴쑥
- 재채기 : 마늘

기타 질환

- 노화 : 아몬드, 오리브유, 오메가-3 식품, 페퍼민트
- 보툴리누스 식중독 : 계피
- 골절 : 올리브유
- 간헐성 파행(절뚝거림) : 서양산사나무
- 기억력 증진 : 로즈메리, 알로에 베라
- 장수식품 : 올리브유

- 얼굴 창백증 : 서양산사나무 열매
- 레이노병 : 사과, 겨자, 오메가-3 식품
- 원기회복 : 민들레, 로즈메리
- 종양 : 양배추, 치커리, 꽃상추, 포도 주스, 올리브유
- 체중감소 : 사과 식초, 샐러리, 샤로세, 민들레, 엘더베리, 밀싹 주스

8. 약용식물 복용을 위한 준비

차(tea)

- 일반적인 차보다 약용 차는 오래 담가 놓는다. 건조시킨 잎이나 꽃 약 30g에 뜨거운 물(끓는 물) 500ml가량을 붓고 10~15분간 우려낸다.
- 일반적인 차는 물 양의 약 1/7가량의 양이 되도록 차봉지를 넣되 오랫동안 두지 않는다.
- 약용 차는 일반 차보다 맛이 좋지 않으나 이는 너무 많이 먹지 않도록 보호하기 위한 자연의 방법이다. 먹기 좋게 꿀이나 감미료를 넣어 먹는 것도 권할 만하지만 많이 먹기 위한 방편이 되어서는 아니 된다.

침출액(infusion)

- 어떤 사람은 차와 침출액(우려낸 물)을 섞어 쓰기도 하지만 침출액은 차가 아니다. 침출액은 더 오래 추출해 냈기 때문에 더 강한 맛을 갖는다.
- 20분에서 수 시간까지 식물의 치료 효과를 내는 성분을 우려내

기도 하지만 15분 정도 이상이면 침출액이라고 할 수 있다.

- 침출액은 식물의 약효가 있는 부분 30g을 용기에 넣고 끓는 뜨거운 물 500ml를 붓고 뚜껑을 덮은 다음 15~20분간 두되 종종 흔들어 준다. 침출액은 결코 끓이는 것이 아니다. 하루에 500ml 정도면 충분한 양이다.

다제(茶劑)

침출액은 오래 보존할 수 없기 때문에 필요할 때마다 만들어야 한다. 즉시 섭취하기 위하여 1컵 정도의 소량을 만드는 것을 말한다. 컵에 1차술(tea spoon)의 약용식물을 넣고 끓는 물을 부어 10~15분간 우려낸 후 따라내어 가미하여 먹는 것을 말한다.

달여낸 물(decoction)

약용식물의 유효 성분이 뿌리, 껍질, 종자 등에 존재할 때 달여낼 필요가 있다. 이 식물 30g에 찬물 750ml를 넣고 뚜껑을 덮은 상태에서 30분 동안 끓인다. 달인 액이 500ml가 되도록 가열을 하고 따라내어 가미하여 먹어도 좋다.

팅크(tincture), 알코올 추출액

경우에 따라 식물에서 필요한 성분을 추출하는 데는 물보다 강력한 추출제가 필요하다. 알코올과 같은 추출제가 이용되며 가열할 필요가 없고 가열로 잃게 될지 모르는 성분이 있을 때에 유익한 방법이다.

팅크를 만들기 위하여 물 100ml와 술(브랜디, 보드카, 진) 300ml를 분말약초 약 30g과 섞는다. 이것을 2주간 추출하여 내는데 매일 밤마다 잘 흔들어 놓는다. 액을 깨끗이 따라내어 병에 넣고 나머지는 버린다.

주의사항

- 물은 순수한 물 사용(염소 소독한 물은 사용하지 않는다)
- 건조한 약초를 필요로 하나 건조하지 않은 것밖에 없을 때는 약초를 2배가량 넣는다.
- 유리나 도자기 그릇을 사용한다.(알루미늄, 철, 주석 용기는 사용하지 않는다)
- 뜨거운 물을 붓고 다시 가열하지 않는다.
- 생약초를 쓸 때는 손바닥으로 비비든가 약사발에 갈아서 쓴다.

시럽(syrup)

기침, 감기, 목이 아플 때 부드럽게 완화시키기 위하여 약초 시럽을 필요로 한다. 약초 시럽은 큰 그릇에 물 1,000ml와 마른 약초 90g 정도를 넣고 반 정도로 줄 때까지 끓이고 꿀을 1~2큰술(table spoon)을 넣는다. 이것은 냉장고에서 1개월가량 저장할 수 있다.

습포(compress)

습포는 충혈, 긴장, 근육통, 부종, 염좌(삠)에 적절하다. 뜨거운 약초물에 수건을 적셔 환부에 놓는다. 수건이 식으면 다른 것으로 바꾸어 약 30분간 계속한다. 따끔거리거나 벌겋게 되는 것은 약효가 피부로 통하여 들어가 혈행을 왕성하게 하는 것으로 식혀서 열을 방출하도록 한다.

찜질약(poultice)

찜질약은 상처나 통증이 있는 부위의 치료를 빠르게 하고 감염을 차단하기 위하여 쓴다. 약초를 끓는 물에 잠깐 넣어 부드럽게 하고 잘게 빻고 환부에 직접 바른다. 기분이 좋을 만큼 따뜻하게 유지하도록 마른 수건으로 덮어 둔다.

제9장 식품 관련 성서 구절의 해설(개역 개정판)

성서의 구절 해설은 톰슨Ⅱ 주석성경을 중심으로 다른 주석성경, 해설성경의 내용과 단행본 해설서의 내용을 보강하고 정리하였으며 정리자의 주관적 의견을 최소화하고 공인된 해설을 존중하였다.

성서의 구절이나 단어는 성서 전체의 흐름 중의 하나이기 때문에 문장의 흐름을 중시하여 이해하지 않으면 안 된다. 성서 구절 중 식품에 관련된 단어 혹은 구절만을 대상으로 하였기에 의미의 연결에 도움이 되지 못하는 경우도 있을 수 있다. 더구나 식품이나 음식이 그 자체의 뜻보다 상징적 의미를 나타낼 때는 더욱 다양한 해석을 가질 수 있다.

하나의 단어에 집착하여 전체를 보지 못하고 또 같은 단어를 다른 곳에서 다른 뜻으로 쓰였는데도 동일하게 해석하는 오류를 범할 수 있다. 해설은 현재의 지식으로 풀어 이해를 돕고자 한 것이기 때문에 절대적일 수 없으며 앞으로도 다양한 의견이 제시될 가능성을 배제할 수 없다.

【창세기 1 : 29, 30】

하나님이 이르시되 내가 온 지면의 씨 맺는 모든 채소와 씨 가진 열매 맺는 모든 나무를 너희에게 주노니 너희의 먹을 거리가 되리라 또 땅의 모든 짐승과 하늘의 모든 새와 생명이 있어 땅에 기는 모든 것에게는 내가 모든 푸른 풀을 먹을 거리로 주노라 하시니 그대로 되니라

【해설】

최초의 인간과 동물의 먹거리로 식물을 주셨다. 최초의 음식에는 살상이 없었다. 대홍수 이후 육식이 허락된 것은 하나님이 기뻐하시는 뜻이 아니며 단지 금기의 해제이며 처음 낙원의 포기이자 상실을 의미한다.

【창세기 2 : 9】

여호와 하나님이 그 땅에서 보기에 아름답고 먹기에 좋은 나무가 나게 하시니 동산 가운데에는 생명 나무와 선악을 알게 하는 나무도 있더라

【해설】

보기에 아름답고 먹기에 좋은 열매를 맺는 온갖 나무를 말하며 열매의 시각적, 미각적 기호도를 충족시키고 있다. 나무는 사람을 건강하고 젊게 해주며 그 열매를 먹음으로 생명의 근원이 늘 하나님으로부터 온다는 것을 알려주고 있다.

【창세기 2 : 17】

선악을 알게 하는 나무의 열매는 먹지 말라 네가 먹는 날에는 반드시 죽으리라 하시니라

【해설】

열매 중에는 먹을 수 있는 것과 독이 있는 것이 있다는 것을 알려주신 것으로 현재 지구상의 식물도 독성이 있는 것이 있어 식용에 부적합하여 창세기 1장 29절에 허락하신 것과 상충되는 것 같으나 하나님은 항상 선택의 여유를 주고 계신다.

【창세기 3 : 6】

여자가 그 나무를 본즉 먹음직도 하고 보암직도 하고 지혜롭게 할 만큼 탐스럽기도 한 나무인지라 여자가 그 열매를 따먹고 자기와 함께 있는 남편에게도 주매 그도 먹은지라

【해설】
먹어서 안 되는 열매도 보기에는 기호성을 자극하기에 충분하였다. 창세기 2장 9절의 내용과 비슷한 묘사이나 열매의 내용이 아주 다르게 보였던 것은 하와의 눈이 탐욕에 어두어 판단의 착오로 생각할 수도 있다.

【창세기 3 : 7】
이에 그들의 눈이 밝아져 자기들이 벗은 줄을 알고 무화과나무 잎을 엮어 치마로 삼았더라

【해설】
최초로 거명된 과실나무로 그 시대에 가장 보편적으로 볼 수 있는 역사가 깊은 나무이다.

【창세기 4 : 2】
그가 또 가인의 아우 아벨을 낳았는데 아벨은 양 치는 자였고 가인은 농사하는 자였더라

【해설】
가장 오래된 인류의 생존 방법의 형태를 알려주고 있으며 직업 형태로도 최초의 직업은 농업과 목축업인 것으로 보인다. 농경사회와 유목사회의 갈등으로 보기도 하며 이들의 감사 제물이 다른 것은 당연한 것이다.

【창세기 8 : 11】
저녁 때에 비둘기가 그에게로 돌아왔는데 그 입에 감람나무 새 잎사귀가 있는지라 이에 노아가 땅에 물이 줄어든 줄을 알았으며

【해설】
감람나무는 성장 속도가 빠르며 사철 그 잎이 푸르고 물에 견디는 힘이 강하다. 아르메니아(Armenia) 지역 낮은 평지에서 호두나무, 뽕나무와 함께 자란다.

【창세기 9 : 3, 4】
모든 산 동물은 너희의 먹을 것이 될지라 채소 같이 내가 이것을 다 너희에게 주노

라 그러나 고기를 그 생명 되는 피째 먹지 말 것이니라

【해설】
대홍수 이후 육식을 허용하는 구절이다. 아담은 채식주의자였음이 틀림없다. 피는 생명으로 영혼이 머무는 곳이며 생명과 영혼은 하나님의 통치 영역이다.

【창세기 9 : 20】
노아가 농사를 시작하여 포도나무를 심었더니

【해설】
아라랏산(5,185m)에 인접해 있는 아르메니아의 서북편에는 넓은 야산 지대가 있는데 이곳이 고대의 유명한 포도 생산지였다. 노아는 이곳에서 포도농사를 시작했던 것으로 보이며 처음으로 포도주를 제조하였다.

【창세기 14 : 18】
살렘 왕 멜기세덱이 떡과 포도주를 가지고 나왔으니 그는 지극히 높으신 하나님의 제사장이었더라

【해설】
떡이 성서에서 처음으로 나타나며 떡이 일상식량이었던 것으로 볼 수 있다. 밀농사 혹은 보리농사를 지었던 것으로 보이며 그때의 밀은 야생 밀에 가까운 에머밀이나 스펠트밀이었을 것이다.

【창세기 15 : 9】
여호와께서 그에게 이르시되 나를 위하여 삼 년 된 암소와 삼 년 된 암염소와 삼 년 된 숫양과 산비둘기와 집비둘기 새끼를 가져올지니라

【해설】
가축이 출현하는 첫 장면으로 식용보다 제물용으로 쓰였다. 아브라함과 언약을 세우기 위하여 제물을 드릴 것을 여호와께서 명하심으로 언약과 제물의 중요성을 잘 나타내고 있다.

【창세기 18 : 8】
아브라함이 엉긴 젖과 우유와 하인이 요리한 송아지를 가져다가 그들 앞에 차려 놓고 나무 아래에 모셔 서매 그들이 먹으니라

【해설】
발효유와 우유의 이용이 나타났으며 엉긴 젖은 발효유, 치즈, 버터 등으로 해석하나 구분이 명백지 않았을 것으로 보인다.

【창세기 19 : 3】
롯이 간청하매 그제서야 돌이켜 그 집으로 들어오는지라 롯이 그들을 위하여 식탁을 베풀고 무교병을 구우니 그들이 먹으니라

【해설】
비 발효빵의 첫 등장으로 다른 음식보다 빨리 준비할 수 있기 때문에 응급 시, 손님이 있을 때 만드는 경우가 많았으며 제물로 이용하였다.

【창세기 25 : 34】
야곱이 떡과 팥죽을 에서에게 주매 에서가 먹으며 마시고 일어나 갔으니 에서가 장자의 명분을 가볍게 여김이었더라

【해설】
죽 한 그릇은 별로 중요하지 않고 하찮은 것의 표현으로 '학식 있는 사람이 팥죽 그릇에 빠져들었다'와 비슷한 의미로 쓰여 하찮은 음식 때문에 장자권을 팔았던 에서의 경솔한 행동을 묘사하고 있다.

【창세기 26 : 12】
이삭이 그 땅에서 농사하여 그 해에 백 배나 얻었고 여호와께서 복을 주시므로

【해설】
가인, 노아, 이삭으로 이어지는 세 번째 족장의 농사에 관한 기록으로 유목생활과 함께 땅을 개간하여 농사를 지었다. 농사나 목축만으로 생계를 유지하기 힘들고, 전업으로 하기에는 기술의 축적이 부족하여 생계를 위하여 할 수 있는 모든 방법이 총동원되었을 것이다.

【창세기 27 : 4】
내가 즐기는 별미를 만들어 내게로 가져와서 먹게 하여 내가 죽기 전에 내 마음껏 네게 축복하게 하라

【해설】
별미 음식은 소금, 향료, 양파, 마늘 그리고 다양한 향내 나는 식물들이 사용되었으며 사프란이나 박하가 고기 양념에 사용되었다.

【창세기 30 : 14】
밀 거둘 때 르우벤이 나가서 들에서 합환채를 얻어 그의 어머니 레아에게 드렸더니 라헬이 레아에게 이르되 언니의 아들의 합환채를 청구하노라

【해설】
합환채는 노란색이 나는 향기로운 식물로 식욕 및 성욕 증진, 수태 증진제로 쓰였다. 합환채(mandrake)의 열매는 사랑의 과실로 부르며 최음제, 임신 촉진제로 역시 쓰이며 냄새가 좋고 꽃이 아름답다. 이 식물의 뿌리가 사람 신체의 하체와 비슷하여 이것을 먹으면 임신 능력을 얻을 수 있다고 하였다.

【창세기 40 : 1】
그 후에 애굽 왕의 술 맡은 자와 떡 굽는 자가 그들의 주인 애굽 왕에게 범죄한지라

【해설】
'술 맡은 자와 떡 굽는 자'는 고대 국가(이집트, 페르시아)에서 왕의 사사로운 일을 맡는 관원들이다. 느헤미아도 페르시아 왕궁에서 이런 관직을 맡았다.(느헤미아 2 : 1) 왕을 직접 가까이 대하는 고위 직책으로 왕의 신변에 위협을 줄 음모에 가담할 염려가 없는 신망이 높은 자들이었다. 술 맡은 관원은 왕의 음료수 일체를 책임지는 관리로 왕의 자문역이다. 떡 굽는 자는 왕의 음식을 만드는 자로 왕의 특별한 신임을 얻었다.

【창세기 40 : 11】
내 손에 바로의 잔이 있기로 내가 포도를 따서 그 즙을 바로의 잔에 짜서 그 잔을 바로의 손에 드렸노라

【해설】
왕의 술 맡은 관원이 바로 왕의 잔에 포도즙을 짜서 마시게 했다는 내용으로 흔히 발효시키지 않은 포도즙을 먹었으나 발효주를 먹은 기록과 유물이 있어 포도즙과 함께 포도주가 음용되고 있었던 것을 알 수 있다.

【창세기 43 : 11】
그들의 아버지 이스라엘이 그들에게 이르되 그러할진대 이렇게 하라 너희는 이 땅의 아름다운 소산을 그릇에 담아가지고 내려가서 그 사람에게 예물로 드릴지니 곧 유향 조금과 꿀 조금과 향품과 몰약과 유향나무 열매와 감복숭아이니라

【해설】
- 꿀 : 이집트에서도 흔한 벌꿀을 예물로 선택하지는 않았을 것이다. 여기에서는 포도송이를 끓여 만든 달콤한 시럽을 가리키는 것 같다.
- 향품 : 향유나 향수 같은 향기 나는 물건
- 감복숭아 : 파단향, 아몬드, 편도로 부르며 기근이 들어도 구할 수 있는 것들이다.
- 유향나무 열매(비자) : 소아시아, 시리아, 팔레스타인이 원산지인 자그마한 나무의 열매로 지방질이 풍부하기 때문에 날로 먹거나 과자를 만들어 먹었다.
- 유향 : 의약적 효과가 있다고 알려져 있으며 향유나무의 수지 성분
- 몰약 : 중동 지역에서 재배하는 관목에서 추출한 연노랑 수지로 향신료와 의약품, 시신 처리, 성전 성화에도 쓰였다.

【창세기 49 : 12】
그의 눈은 포도주로 인하여 붉겠고 그의 이는 우유로 말미암아 희리로다

【해설】
풍요로운 음식과 음료 덕분에 사람들이 건강함을 누릴 것이라는 의미를 갖는다.

【출애굽기 3 : 8】
내가 내려가서 그들을 애굽인의 손에서 건져내고 그들을 그 땅에서 인도하여 아름답고 광대한 땅, 젖과 꿀이 흐르는 땅 곧 가나안 족속, 헷 족속, 아모리 족속, 브리스 족속, 히위 족속, 여부스 족속의 지방에 데려가려 하노라

【해설】

젖과 꿀이 흐르는 땅은 원래 목축지인 가나안 본토를 가리킨다. 식물이 잘 자라서 목축이 수월하기 때문에 많은 젖을 얻을 수 있고 꽃이 만발한 곳이 많아 아름답고 벌이 꿀을 모아 야생 꿀을 쉽게 얻을 수 있는 곳을 말한다.

(출애굽기 9 : 31, 32)

그때에 보리는 이삭이 나왔고 삼은 꽃이 피었으므로 삼과 보리가 상하였으나 그러나 밀과 쌀보리는 자라지 아니한 고로 상하지 아니하였더라

【해설】

- 삼 : 이집트인들이 즐겨 입는 옷의 재료
- 보리 : 이집트인들의 음료수인 맥주의 원료로 사용하였으나 가난한 사람들은 식용으로 하였다.
- 쌀보리(나맥) : 귀리라고 부르기도 하였다.
- 삼, 보리는 1월에 개화하여 3~4월에 수확하였고, 밀과 나맥은 4월에 익어 6~7월에 수확하였다.

【출애굽기 12 : 8】

그 밤에 그 고기를 불에 구워 무교병과 쓴 나물과 아울러 먹되

【해설】

불에 구워 먹는 것은 불의 신성함과 관련이 있는 듯하며 제사의 형식 중에도 불을 이용하고 거룩하게 생각했던 것으로 보인다.

- 무교병 : 구속받은 거룩한 자가 먹을 신령한 음식의 상징. 이를 먹을 때 노예였던 자신의 신분을 겸손히 깨닫고 하나님께 감사드린다.(신명기 5 : 15, 15 : 15) 또한, 서둘러 떠남의 상징으로 누룩으로 발효시켜 빵을 만들 만큼의 시간이 없는 긴박한 상황을 뜻한다.
- 쓴 나물 : 꽃상추, 치커리, 민들레 중의 하나이거나 둘 이상일 수 있다. 이스라엘 자손이 겪은 괴로움에 대한 슬픔, 비탄의 상징(예레미야애가 3 : 15)

【출애굽기 12 : 9】

날것으로나 물에 삶아서 먹지 말고 머리와 다리와 내장을 다 불에 구워 먹고

【해설】

희생 제물을 날고기로 바치고 먹는 행위는 고대 이방 나라에서 흔한 관습이며 삶아서 먹는 행위도 이집트의 일반적인 풍습이었기 때문에 구별하기 위해서 금지시키고 구워 먹는 것을 허용하였다. 한 예로 아프리카의 타도모가족은 쇠고기를 먹을 때 굽지 않고 쪄서 먹는다. 고기를 구워 먹는 방법은 원수인 마사이족이 먹는 방법이기 때문에 차별화하고자 하였다.

【출애굽기 12 : 10】
아침까지 남겨두지 말며 아침까지 남은 것은 곧 불사르라

【해설】
모든 제사 음식에 적용되었으며 그리스도의 몸을 예표했던 성물이 더럽혀지거나 소홀히 취급되지 않도록 하기 위함이다.

【출애굽기 12 : 15】
너희는 이레 동안 무교병을 먹을지니 그 첫날에 누룩을 너희 집에서 제하라 무릇 첫날부터 일곱째 날까지 유교병을 먹는 자는 이스라엘에서 끊어지리라

【해설】
무교병은 고난의 떡을 상징하나 유교병은 부패한 옛 생활로 인해 멸망할 수밖에 없었던 옛 이스라엘 음식을 상징한다.

【출애굽기 12 : 22】
우슬초 묶음을 가져다가 그릇에 담은 피에 적셔서 그 피를 문 인방과 좌우 설주에 뿌리고 아침까지 한 사람도 자기 집 문밖에 나가지 말라

【해설】
꿀풀과 식물이며 줄기가 곧고 향기가 매우 좋은 식물로 영적 청결을 상징한다. 그 특징을 보면

- 잎에 털이 많아 액체가 잘 붙는다.
- 이집트와 팔레스타인에 흔하게 분포되어 있다.
- 구속과 청결의 도구로 사용하였다.

【출애굽기 12 : 34】
그 백성이 발교되지 못한 반죽 담은 그릇을 옷에 싸서 어깨에 메니라

【해설】
발효 중에 있는 반죽으로 일상 음식은 발효식품을 이용하였다는 증거이기도 하다. 발효시킬 시간이 없어 급히 반죽을 그릇에 담아 어깨에 메고 떠났다.

【출애굽기 16 : 3】
이스라엘 자손이 그들에게 이르되 우리가 애굽 땅에서 고기 가마 곁에 앉아 있던 때와 떡을 배불리 먹던 때에 여호와의 손에 죽었더라면 좋았을 것을 너희가 이 광야로 우리를 인도해 내어 이 온 회중이 주려 죽게 하는도다

【해설】
애굽에서 종노릇 시에 고기 끓이는 일과 떡 굽는 일에 종사하였으므로 약간 얻어먹을 수 있었겠지만 비참한 종노릇을 미화시키는 것은 노예근성을 보여주는 것이다. 고기는 쇠고기(암소 고기는 먹지 않음)와 거위, 생선, 떡은 식물성 음식을 총칭하는 것이다. 실제 그들이 애굽을 떠날 때 수많은 가축을 데리고 나왔기 때문에 고기를 먹기 원하면 도축할 수도 있었으나 소중한 재산을 먹어버리는 데 대하여 주저하였을 것이다.

【출애굽기 16 : 13】
저녁에는 메추라기가 와서 진에 덮이고 아침에는 이슬이 진 주위에 있더니

【해설】
꿩과 멧닭과 유사한 이 새는 팔레스타인과 아라비아에서 가을에 남으로 중앙 아프리카까지 이동하고 봄에 돌아온다. 꼬리와 날개가 짧고 땅딸막한 새로 둥근 머리를 가졌다. 주로 산악 지대에 서식한다. 발이 붉고 사냥감으로 적합하다. 이스라엘 민족은 광야에서 메추라기를 먹었으며 그 후에는 이로 인하여 재앙을 받는다.

【출애굽기 16 : 14】
그 이슬이 마른 후에 광야 지면에 작고 둥글며 서리 같이 가는 것이 있는지라

【출애굽기 16 : 31】

이스라엘 족속이 그 이름을 만나라 하였으며 깟씨 같이 희고 맛은 꿀 섞은 과자 같았더라

【해설】

- 모양 : 갓씨(허브의 일종, 고수풀의 씨앗) 같이 희고 약 3mm 정도로 굵은 모래알 크기의 서리 같았다.
- 맛 : 꿀 섞은 과자, 빛깔이 엷고 끈하다는 뜻. 건포도와 같기도 하며(민수기 11 : 7) 기름 섞은 과자 같다.(민수기 11 : 8)
- 가식 기간 : 새벽(채취)~다음 날 새벽(아침까지 남겨두지 마라) 사막 지역에서 식품의 보존 기간이 짧다.(매일의 양식으로 당일 효용성)
- 조리법 : 갈거나 절구에 찧거나 굽고 삶을 수 있었으며 보존성이 향상되었다.
- 일상식으로의 가치 : 그 외 희생제물, 우유, 또 다른 음식도 먹었다.
- 다른 표현 : 하늘 곡식(시편 78편 24절), 하늘로부터 온 양식(시편 105 : 40), 신령한 식물(고린도전서 10 : 3), 이기는 자가 받을 상금(요한계시록 2 : 17)

【출애굽기 21 : 28】

소가 남자나 여자를 받아서 죽이면 그 소는 반드시 돌로 쳐서 죽일 것이요 그 고기는 먹지 말 것이며 임자는 형벌을 면하려니와

【해설】

범죄한 동물은 저주를 받는다. 유목민에게 아주 소중한 소도 인간의 생명만큼 존엄성과 고귀성을 갖지 못한다.

【출애굽기 22 : 31】

너희는 내게 거룩한 사람이 될지니 들에서 짐승에게 찢긴 동물의 고기를 먹지 말고 그것을 개에게 던질지니라

【해설】

상처 난 짐승은 종교 의식상 부정하고 성결치 못한 것으로 인정한다.

【출애굽기 23 : 15】

너는 무교병의 절기를 지키라 내가 네게 명령한 대로 아빕월의 정한 때에 이레 동안 무교병을 먹을지니 이는 그 달에 네가 애굽에서 나왔음이라 빈 손으로 내 앞에

나오지 말지니라

【해설】
이스라엘의 3대 절기는 무교절(유월절), 맥추절(칠칠절, 오순절), 수장절(초막절, 성막절, 장막절)이다. 무교병은 십자가에 죽으신 '그리스도의 몸'의 예표, 참교회, 하나님께 전적 헌신 봉사를 뜻하며 무교절에는 유교병을 먹는 것이 금지되어 있으며, 이 기간에 무교병만을 먹도록 한 것은 나머지 날에는 유교병을 먹는 것으로 생각할 수 있다.

【출애굽기 23 : 18】
너는 네 제물의 피를 유교병과 함께 드리지 말며 내 절기 제물의 기름을 아침까지 남겨두지 말지니라

【해설】
성물을 소홀히 취급하거나 방치하여 변질되거나 다른 동물의 먹이가 되지 않도록 하기 위함이다.

【출애굽기 23 : 19】
네 토지에서 처음 거둔 열매의 가장 좋은 것을 가져다가 너의 하나님 여호와의 전에 드릴지니라 너는 염소 새끼를 그 어미의 젖으로 삶지 말지니라

【해설】
아랍인들의 습관으로 새끼 염소를 신 우유에 삶아 양파를 비롯한 매운 양념을 섞어 끓였다. 히브리인들은 우상 숭배로 보고 먹지 않는다.

【출애굽기 25 : 33】
이쪽 가지에 살구꽃 형상의 잔 셋과 꽃받침과 꽃이 있게 하고 저쪽 가지에도 살구꽃 형상의 잔 셋과 꽃받침과 꽃이 있게 하여 등잔대에서 나온 가지 여섯을 같게 할지며

【해설】
살구꽃은 깨우는 자, 지키는 자의 의미가 있으며 부활, 소망, 각성, 보호의 뜻을 갖는다.

【출애굽기 27 : 20】
너는 또 이스라엘 자손에게 명령하여 감람으로 짠 순수한 기름을 등불을 위하여 네게로 가져오게 하고 끊이지 않게 등불을 켜되

【해설】
등불을 밝히는데 관유와 같이 여러 향품을 섞어 만들 수도 있으나 순결성을 확보하기 위하여 순수한 기름을 택한 것이다.

【출애굽기 29 : 2】
무교병과 기름 섞인 무교 과자와 기름 바른 무교 전병을 모두 고운 밀가루로 만들고

【해설】
무교병은 누룩(죄, 부패 상징)을 넣지 않은 떡으로 성도들의 순결 생활을 상징한다.

【출애굽기 29 : 7】
관유를 가져다가 그의 머리에 부어 바르고

【해설】
관유를 제조하기 위한 재료와 양은 다음과 같다.

- 올리브유 1힌(3.5~3.9ℓ)
- 몰약 50세겔(5.65~5.74kg)
- 창포 250세겔(2.83~2.87kg)
- 육계 250세겔(2.83~2.87kg)
- 계피 500세겔(5.65~5.74kg)

제조 방법(출애굽기 30 : 22~25)은 몰약, 창포, 육계, 계피를 혼합하여 말려서 삶고 올리브유를 넣고 모든 수분이 증발할 때까지 끓인다.

【출애굽기 30 : 23, 24】
너는 상등 향품을 가지되 액체 몰약 오백 세겔과 그 반수의 향기로운 육계 이백오십 세겔과 향기로운 창포 이백오십 세겔과 계피 오백 세겔을 성소의 세겔로 하고 감람 기름 한 힌을 가지고

【해설】

- 액체 몰약 : 감람나무과 나무의 껍질을 벗겨 나오는 수액으로 주로 방부제로 사용했다. 또 하나의 견해는 씨스터스 장미나무의 진액으로 화장품, 의약품, 요리 등에 널리 사용한다고 주장하기도 한다.
- 육계 : 월계수와 같은 나무의 외피 및 내피로 아주 귀한 것이다.
- 창포 : 진흙에서 자라는 식물로 방향제 역할을 한다.
- 계피 : 계피나무 껍질로 은은한 향기의 방향제

【출애굽기 30 : 34】

여호와께서 모세에게 이르시되 너는 소합향과 나감향과 풍자향의 향품을 가져다가 그 향품을 유향에 섞되 각기 같은 분량으로 하고

【해설】

- 소합향 : 팔레스타인산 어떤 나무의 진액(고무진과 같은 인도산 나무의 향이라는 주장도 있다.)
- 나감향 : 인도의 바다나 홍해에서 생산된 갑각류 껍질로 만든다. 아라비아에서 향수로도 쓰였다.
- 풍자향 : 아라비아산 나무의 수지에서 만든다. 시리아산 관목의 껍질에서 채취한 자극적이고 약간 쓴 냄새의 향
- 유향 : 감람나무 종류에 속하는 나무에서 채취한 수지로 만든다.

【출애굽기 30 : 35】

그것으로 향을 만들되 향 만드는 법대로 만들고 그것에 소금을 쳐서 성결하게 하고

【해설】

- 소금은 부패 방지 역할(열왕기하 2 : 19~22)
- 향에 소금을 치는 것은 향기로운 향을 그대로 보존하여 하나님께 사르기 위함이다.
- 죄 짓지 않고 순결한 가운데 기도해야 함을 암시(시편 5 : 3, 이사야 59 : 1, 2)
- 변치 않는 하나님의 언약 상징(민수기 18 : 19, 레위기 2 : 13)

【레위기 2 : 1】

누구든지 소제의 예물을 여호와께 드리려거든 고운 가루로 예물을 삼아 그 위에

기름을 붓고 또 그 위에 유향을 놓아

【해설】
고운 가루+기름+유향. 고운 가루는 겉모양이 깨어지고 속 심령이 흘러나와 하나님께 드림을 상징하며 기름은 올리브유를 말한다.

【레위기 2 : 4~7】
네가 화덕에 구운 것으로 소제의 예물을 드리려거든 고운 가루에 기름을 섞어 만든 무교병이나 기름을 바른 무교전병을 드릴 것이요 철판에 부친 것으로 소제의 예물을 드리려거든 고운 가루에 누룩을 넣지 말고 기름을 섞어 조각으로 나누고 그 위에 기름을 부을지니 이는 소제니라 네가 냄비의 것으로 소제를 드리려거든 고운 가루와 기름을 섞어 만들지니라

【해설】
성전에 제물을 드릴 때 조리기구와 조리법을 설명한 것이다.
화덕 : 구운 것, 철판(번철) : 부친 것(무교병 제조 시 사용), 냄비 : 끓인 것, 볶아 찧은 것(이삭)

【레위기 2 : 11~13】
너희가 여호와께 드리는 모든 소제물에는 누룩을 넣지 말지니 너희가 누룩이나 꿀을 여호와께 화제로 드려 사르지 못할지니라 처음 익은 것으로는 그것을 여호와께 드릴지나 향기로운 냄새를 위하여는 제단에 올리지 말지며 네 모든 소제물에 소금을 치라 네 하나님의 언약의 소금을 네 소제에 빼지 못할지니 네 모든 예물에 소금을 드릴지니라

【해설】
- 누룩(발효) : 누룩은 대체로 악으로 표현되어 있으며 전염성과 부패성이 악의 전파와 퍼짐을 뜻하며 위선을 경계하는 의미로도 쓰였다.(출애굽기 13 : 7, 마태복음 16 : 6, 11, 12, 마가복음 8 : 15, 고린도전서 5 : 6, 8, 갈라디아서 5 : 9) 좋은 뜻으로는 하나님 나라의 확장을 위하여 누룩의 퍼짐성을 비유하기도 하였다.
- 꿀(발효) : 세상적 연락, 쾌락을 상징(잠언 5 : 3) 제물로 금지한 것 중 누룩과 꿀은 쉽게 변하기 때문이며, 젖을 금지한 것은 빨리 시어지기 때문이며 돼지고기는 쉽게 부패 변질되기 때문인 것으로 생각된다.
- 소금(발효 억제) : 부패, 변화의 억제와 지속성을 상징

【레위기 3 : 3】
그는 또 그 화목제의 제물 중에서 여호와께 화제를 드릴지니 곧 내장에 덮인 기름과 내장에 붙은 모든 기름과

【해설】
내장 주변의 기름은 기름 중에 가장 좋은 것(창세기 4 : 4, 45 : 18)으로 여겨 제물로 사용하였다.

【레위기 3 : 17】
너희는 기름과 피를 먹지 말라 이는 너희의 모든 처소에서 너희 대대로 지킬 영원한 규례니라

【해설】
- 기름 : 생명을 일으키고 유지시키는 힘의 근원이며 또 기름이 소중한 것은 올리브유나 육류의 지방은 불에 태울 때 새로운 불길을 일으키고 불이 오래 타도록 불길을 유지시켜 줌으로 가치가 있으며 소중히 여겼을 것이다. 예부터 집안에서 불씨를 끄는 것을 금기시했기 때문에 불의 영속성은 매우 소중한 것이다.
- 피 : 생명의 근원(창세기 9 : 4~5, 레위기 17 : 11) 전쟁이나 사고, 동물의 도살 등에서 피 흘린 것을 보고 피를 많이 흘리면 생명을 잃게 됨을 알았고 결국 피흘림은 생명의 흘림으로 이해하였을 것이다. 우리나라에서도 어떤 물건에 피를 묻히면 그것이 귀신이나 도깨비가 된다고 하여 피는 생명의 근원으로 생각했었다.

【레위기 6 : 9】
아론과 그의 자손에게 명령하여 이르라 번제의 규례는 이러하니라 번제물은 아침까지 제단 위에 있는 석쇠 위에 두고 제단의 불이 그 위에서 꺼지지 않게 할 것이요

【해설】
석쇠는 번제물을 굽는 조리 기구

【레위기 6 : 28】
그 고기를 토기에 삶았으면 그 그릇을 깨뜨릴 것이요 유기에 삶았으면 그 그릇을 닦고 물에 씻을 것이며

【해설】
유기그릇은 씻으면 고기의 냄새와 찌꺼기를 완전히 없앨 수 있으나 토기 그릇은 완전히 제거하기가 어렵다.(토기는 유약 처리 전의 그릇이었다) 거룩한 제물과 일반 음식과의 접촉을 차단하고자 할 때 그 흔적을 제거하기 어려운 것은 부술 것을 명하셨다.

【레위기 7 : 13】
또 유교병을 화목제의 감사제물과 함께 그 예물로 드리되

【해설】
화목제에 유교병이 허락된 것은 화목제가 친교와 화평을 도모하는 축제와 제사를 겸하였기 때문에 공동 식사를 위하여 허락하였다.

【레위기 7 : 15, 16】
감사함으로 드리는 화목제물의 고기는 드리는 그 날에 먹을 것이요 조금이라도 이튿날 아침까지 두지 말 것이니라 그러나 그의 예물의 제물이 서원이나 자원하는 것이면 그 제물을 드린 날에 먹을 것이요 그 남은 것은 이튿날에도 먹되

【해설】
제물을 둘 수 있는 기간의 설정
- 감사제(화목제물) : 당일만 먹을 수 있다.
- 서원제, 자원제 : 그 이튿날까지 먹을 수 있다.

【레위기 7 : 19】
그 고기가 부정한 물건에 접촉되었으면 먹지 말고 불사를 것이라 그 고기는 깨끗한 자만 먹을 것이니

【해설】
부정한 것을 먹는 것을 금지한 것은 물론이려니와 부정한 사람, 짐승, 물건 즉 살아 있거나 죽어 있거나 생명이 없거나 부정한 것은 직간접으로 전염성이 있는 것으로 보았다.

【레위기 8 : 16】
또 내장에 덮인 모든 기름과 간 꺼풀과 두 콩팥과 그 기름을 가져다가 모세가 제단 위에 불사르고

【해설】
콩팥(내장 기름, 간꺼풀 포함)은 히브리인들에게 생명이나 영혼 혹은 감정이 깃들어 있다고 생각하였다.

【레위기 8 : 25】
그가 또 그 기름과 기름진 꼬리와 내장에 덮인 모든 기름과 간 꺼풀과 두 콩팥과 그 기름과 오른쪽 뒷다리를 떼어내고

【해설】
팔레스타인 지역에서 꼬리에 살찌고 기름진 양의 종류가 많았으며 그 기름 때문에 소중히 여겼다.

【레위기 10 : 9】
너와 네 자손들이 회막에 들어갈 때에는 포도주나 독주를 마시지 말라 그리하여 너희 죽음을 면하라 이는 너희 대대로 지킬 영영한 규례라

【레위기 10 : 14】
흔든 가슴과 들어올린 뒷다리는 너와 네 자녀가 너와 함께 정결한 곳에서 먹을지니 이는 이스라엘 자손의 화목제물 중에서 네 소득과 네 아들들의 소득으로 주신 것임이니라

【해설】
술은 육체적 성품을 드러나게 하며 정신을 혼미하게 한다.(엡 5 : 18)

【레위기 10 : 18】
그 피는 성소에 들여오지 아니하는 것이었으니 그 제물은 너희가 내가 명령한 대로 거룩한 곳에서 먹었어야 했을 것이니라

【해설】
제물을 먹는 행위도 제사의 연속 선상에 포함되므로 먹는 장소도 정결한 곳, 거룩한

곳에서 먹도록 하였다.

【레위기 11장】

정한 짐승과 부정한 짐승

【해설】 식용 적부의 결정 요소

- 위생, 섭생 : 금지된 동물은 대부분 더럽고 질병 전파 매개체가 되는 경우가 많다.
- 종교의식 ; 이교도들의 제사와 관련된 것이다.
- 생태학 및 상징 : 생태적 포악성, 이방적이다.

식용동물

- 다른 짐승에 해를 주지 않고 평화로운 짐승
- 소, 염소, 사슴, 노루, 양 등(신명기 14 : 4~6)

금지된 동물

- 피와 함께 고기를 먹는 맹금류
- 고독하고 슬픈 모습의 새
- 정상 환경에서 살지 않는 새
- 더럽고 불결한 새
- 자연적으로 죽은 새(먹을 수 있는 짐승이라도)

【레위기 22 : 22】

너희는 눈 먼 것이나 상한 것이나 지체에 베임을 당한 것이나 종기 있는 것이나 습진 있는 것이나 비루먹은 것을 여호와께 드리지 말며 이런 것들은 제단 위에 화제물로 여호와께 드리지 말라

【해설】

창조의 원형을 벗어난 것으로 비자연적인 것은 죄의 영향을 상징한다.

【레위기 24 : 5】

너는 고운 가루를 가져다가 떡 열두 개를 굽되 각 덩이를 십분의 이 에바로 하여

【해설】

곡식 낟알을 갈아서 만든 고운 가루는 밀가루를 뜻하며 이스라엘 백성들이 자신을 온전히 헌신하는 것으로 상징

【레위기 26 : 10】
너희는 오래 두었던 묵은 곡식을 먹다가 새 곡식으로 말미암아 묵은 곡식을 치우게 될 것이며

【해설】
거듭되는 대풍작으로 인해 지난해 수확한 곡물을 다 소비하기 전에 새로 수확한 곡물이 대치할 것이라는 표현이다. 강우량이 부족하고 척박한 팔레스타인의 지리적 조건을 감안할 때 이러한 풍부한 농작물의 축복은 오로지 자연과 토지의 주관자이신 하나님만 약속할 수 있다.

【레위기 26 : 26】
내가 너희가 의뢰하는 양식을 끊을 때에 열 여인이 한 화덕에서 너희 떡을 구워 저울에 달아 주리니 너희가 먹어도 배부르지 아니하리라

【해설】
동방의 대부분의 가정들은 각 가정에서 직접 빵을 구워 먹었는데 하나님의 징계로 열 가정이 한 화덕에서 빵을 구워 인색하리만큼 정확히 나누어 먹음으로 빈궁하고 궁핍한 상태를 말한다.

【민수기 6 : 3, 4】
포도주와 독주를 멀리하며 포도주로 된 초나 독주로 된 초를 마시지 말며 포도즙도 마시지 말며 생포도나 건포도도 먹지 말지니 자기 몸을 구별하는 모든 날 동안에는 포도나무 소산은 씨나 껍질이라도 먹지 말지며

【해설】
술이 부패한 인간의 감정을 자극하고 이성을 마비시켜 끝내 하나님의 말씀을 분별치 못하고 하나님 이외의 다른 즐거움을 탐익하게 함을 경계한 것이다.

【민수기 9 : 11, 12】

둘째 달 열넷째 날 해 질 때에 그것을 지켜서 어린 양에 무교병과 쓴 나물을 아울러 먹을 것이요 아침까지 그것을 조금도 남겨두지 말며 그 뼈를 하나도 꺾지 말아서 유월절 모든 율례대로 지킬 것이니라

【해설】
무교병은 죄 없는 생활을 상징하고(고린도전서 5 : 6), 쓴 나물은 이집트에서 이스라엘 백성이 겪었던 고난을 상징하는 것이다. 아침까지 두지 말라는 것은 외인과 짐승에게 남은 것이 더럽혀지지 않게 하기 위함이다. 거룩한 것을 개에게 주어서는 아니 된다는 말씀과 같은 뜻이다.(마태복음 7 : 6)

【민수기 11 : 5】
우리가 애굽에 있을 때에는 값없이 생선과 오이와 참외와 부추와 파와 마늘들을 먹은 것이 생각나거늘

【해설】
생선, 오이, 수박, 부추, 파, 마늘은 애굽에서 가장 가난한 사람들이라도 사 먹을 수 있을 정도로 값이 쌌기 때문에 애굽 노동자들의 주식이었다.

【민수기 11 : 6~9】
이제는 우리의 기력이 다하여 이 만나 외에는 보이는 것이 아무것도 없도다 하니 만나는 깟씨와 같고 모양은 진주와 같은 것이라 백성이 두루 다니며 그것을 거두어 맷돌에 갈기도 하며 절구에 찧기도 하고 가마에 삶기도 하여 과자를 만들었으니 그 맛이 기름 섞은 과자 맛 같았더라 밤에 이슬이 진영에 내릴 때에 만나도 함께 내렸더라

【해설】
만나는 밤에 내리었다. 그래서 영적, 육적으로 부지런해야 채취할 수 있으며 늦어 해가 뜨면 사라졌다. 만나는 대가 없이 주시는 하나님의 은혜의 선물(로마서 5 : 17, 에베소서 2 : 8)이며 인간의 필요를 충족시켜 주는 것이다.(요한복음 1 : 16, 16 : 24, 6 : 58)

【민수기 11 : 18】
또 백성에게 이르기를 너희의 몸을 거룩히 하여 내일 고기 먹기를 기다리라 너희

가 울며 이르기를 누가 우리에게 고기를 주어 먹게 하랴 애굽에 있을 때가 우리에게 좋았다 하는 말이 여호와께 들렸으므로 여호와께서 너희에게 고기를 주어 먹게 하실 것이라

【해설】
고기를 주시는 것은 기쁜 배려가 아니다. 만나만으로도 생존에 문제가 없었으나 영양만을 충족시키는 식생활을 계속하기에는 지루하였고 이 또한 연단의 기간임을 이스라엘 사람들은 알지 못하였다.

【민수기 11 : 20】
냄새도 싫어하기까지 한 달 동안 먹게 하시리니 이는 너희가 너희 중에 계시는 여호와를 멸시하고 그 앞에서 울며 이르기를 우리가 어찌하여 애굽에서 나왔던가 함이라 하라

【해설】
만나를 경멸하고 여호와를 멸시하므로 또 가나안을 바라보기보다는 애굽을 떠난 것을 후회하는 백성들에게 대한 징계 차원의 조치이다.

【민수기 11 : 33】
고기가 아직 이 사이에 있어 씹히기 전에 여호와께서 백성에게 대하여 진노하사 심히 큰 재앙으로 치셨으므로

【해설】
씹히기 전 재앙을 받은 것으로 보아 집단 식중독은 아니며 탐욕의 무덤으로 재앙이 다가왔다.

【민수기 13 : 23】
또 에스골 골짜기에 이르러 거기서 포도송이가 달린 가지를 베어 둘이 막대기에 꿰어 메고 또 석류와 무화과를 따니라

【해설】
가나안의 비옥함을 나타내는 말로 포도, 석류, 무화과가 흔하게 재배되고 있는 것을 알 수 있으며 지금도 팔레스타인에서는 포도 한 송이가 매우 무겁게 달린다.

【민수기 28 : 7】
또 그 전제는 어린 양 한 마리에 사분의 일 힌을 드리되 거룩한 곳에서 여호와께 독주의 전제를 부어 드릴 것이며

【해설】
독주는 포도주와는 달리 보리를 알코올 발효시켜 알코올 성분을 증류시켜 만든 증류주로 알코올 함량이 매우 높기 때문에 포도주와 비교하여 독주로 부르고 있다. 지금도 증류주는 알코올 함량이 거의 40% 이상이기 때문에 일반 양조주와는 비교가 된다.

【신명기 8 : 3】
너를 낮추시며 너를 주리게 하시며 또 너도 알지 못하며 네 조상들도 알지 못하던 만나를 네게 먹이신 것은 사람이 떡으로만 사는 것이 아니요 여호와의 입에서 나오는 모든 말씀으로 사는 줄을 네가 알게 하려 하심이니라

【해설】
만나가 자연의 소산물이 아니고 광야를 여행하던 중인 이스라엘 백성을 위하여 하나님께서 특별히 만들어 내려주신 것이다. 먹거리에 대한 정보가 전승되어 오는데 만나는 조상들도 알지 못하던 것이므로 듣지도 보지도 못하던 것이었다.

【신명기 8 : 8】
밀과 보리의 소산지요 포도와 무화과와 석류와 감람나무와 꿀의 소산지라

【해설】
가나안 땅은 풍부한 꿀(신명기 8 : 7), 풍부한 농산물(신명기 8 : 8), 풍부한 광물(신명기 8 : 9)이 있어 지나온 광야에 비하여 실로 젖과 꿀이 흐르는 땅으로 볼 수 있다.

【신명기 11 : 9】
또 여호와께서 너희의 조상들에게 맹세하여 그들과 그들의 후손에게 주리라고 하신 땅 곧 젖과 꿀이 흐르는 땅에서 너희의 날이 장구하리라

【해설】
가나안 땅은 비옥하고 축복받은 땅이지만 모두 비옥한 것은 아니다. 기온차가 심하고 물이 적은 곳이 많다. 결국, 실제로 현실적인 의미와 함께 축복과 약속이 있는 땅의

언약적 의미를 내포하고 있다.

【신명기 11 : 10】
네가 들어가 차지하려 하는 땅은 네가 나온 애굽 땅과 같지 아니하니 거기에서는 너희가 파종한 후에 발로 물 대기를 채소밭에 댐과 같이 하였거니와

【해설】
이집트에서는 수차(水車)를 발로 돌려 물을 대는 농경 방식이었다.

【신명기 11 : 14】
여호와께서 너희의 땅에 이른 비, 늦은 비를 적당한 때에 내리시리니 너희가 곡식과 포도주와 기름을 얻을 것이요

【해설】
이른 비는 우기의 첫 번째 비로 10~11월에 시작하는 비로 파종을 돕도록 토양을 부드럽게 한다. 한편 늦은 비는 건기가 시작될 즈음인 3~4월에 내리는 봄비로 결실을 풍요롭게 한다. 그래서 이른 비와 늦은 비가 적절한 시기에 적절한 양을 내려주는 것은 농산물을 많이 수확할 수 있는 결정적인 조건으로 하나님의 섭리를 기다릴 뿐이다.

【신명기 12 : 16】
오직 그 피는 먹지 말고 물 같이 땅에 쏟을 것이며

【해설】
피는 생명이기 때문에 먹을 수 없으며 나온 흙으로 돌아가게 하기 위함이다.

【신명기 12 : 17】
너는 곡식과 포도주와 기름의 십일조와 네 소와 양의 처음 난 것과 네 서원을 갚는 예물과 네 낙헌 예물과 네 손의 거제물은 네 각 성에서 먹지 말고

【해설】
곡식, 포도주, 기름은 히브리인들이 하나님의 특별한 선물이라고 생각했던 가나안의 3개의 소산물이다.(예레미야 31 : 12, 요엘 2 : 19)

【신명기 12 : 23】
다만 크게 삼가서 그 피는 먹지 말라 피는 그 생명인즉 네가 그 생명을 고기와 함께 먹지 못하리니

【해설】
피를 식용으로 금지한 이유
- 피는 생명과 동일시(창세기 9 : 4, 레위기 17 : 11, 14)
- 피로 상징된 생명은 하나님의 주권 영역으로 신성 모독이다.
- 이방 우상 숭배자들의 제사 양식으로 피를 마시는 행위가 있었다.
- 피는 속죄의 유일한 수단으로 그리스도의 보혈을 상징한다.

【신명기 14 : 8】
돼지는 굽은 갈라졌으나 새김질을 못하므로 너희에게 부정하니 너희는 이런 것의 고기를 먹지 말 것이며 그 사체도 만지지 말 것이니라

【해설】
하나님께서 특정 동물을 먹지 말라 한 이유 중의 하나는 이스라엘 백성으로 하여금 우상을 숭배하면서 사는 가나안인과 구별되는 삶을 살도록 한 것이다.

【신명기 14 : 21】
너희는 너희의 하나님 여호와의 성민이라 스스로 죽은 모든 것은 먹지 말 것이나 그것을 성중에 거류하는 객에게 주어 먹게 하거나 이방인에게 파는 것은 가하니라 너는 염소 새끼를 그 어미의 젖에 삶지 말지니라

【해설】
스스로 죽은 것은 피가 동물의 몸 안에 그대로 있기 때문이며 생명인 피가 그대로 있으면 쉽게 부패한다. 생명의 공급원인 어미의 젖에 새끼를 삶는 행위는 생명의 존엄성을 경멸하는 야만적 행위이다. 이와 같은 행위는 맛있는 요리를 만들 목적으로, 주술적인 목적으로 고대 가나안 족속들 사이에서 행해졌던 잔인한 습관이다.

【신명기 14 : 26】
네 마음에 원하는 모든 것을 그 돈으로 사되 소나 양이나 포도주나 독주 등 네 마음에 원하는 모든 것을 구하고 거기 네 하나님 여호와 앞에서 너와 네 권속이 함께

먹고 즐거워할 것이며

【해설】
독주는 곡류나 과실로 만든 독한 술이며 제사장이나 나실인은 마시지 못하였다.(예레미야 20 : 1, 민수기 6 : 2~3, 레위기 10 : 9) 마음이 괴롭거나 심한 육체적 고통을 당할 때 마셨다.

【신명기 20 : 6】
포도원을 만들고 그 과실을 먹지 못한 자가 있느냐 그는 집으로 돌아갈지니 전사하면 타인이 그 과실을 먹을까 하노라

【해설】
포도나무를 심으면 4년째 되는 해에 열매가 열린다. 4년째 열리는 열매는 하나님께 드리고 5년째 수확부터 심은 자가 먹을 수 있다. 싸움터에 나가지 않아도 되는 4가지 조건 중의 하나가 포도원을 만들고 그 과실을 먹지 못하였을 경우에는 병역이 면제되었다.

【신명기 22 : 9】
네 포도원에 두 종자를 섞어 뿌리지 말라 그리하면 네가 뿌린 씨의 열매와 포도원의 소산을 다 빼앗길까 하노라

【해설】
신앙적 혼합주의, 타협주의를 배격하고 신앙생활의 순수성을 유지하도록 하는 명령이다. 불신자와 명예를 같이 하지 말라는 뜻으로 볼 수 있다.

【신명기 23 : 24, 25】
네 이웃의 포도원에 들어갈 때에는 마음대로 그 포도를 배불리 먹어도 되느니라 그러나 그릇에 담지는 말 것이요 네 이웃의 곡식밭에 들어갈 때에는 네가 손으로 그 이삭을 따도 되느니라 그러나 네 이웃의 곡식밭에 낫을 대지는 말지니라

【해설】
굶주린 이웃에게 관용과 긍휼로 농작물의 취함을 허용하되 재산이 지나치게 침해당하지 않도록 굶주림을 면하는 정도만 허락한 것이며 반출이나 절취를 금한 것이다.

【신명기 24 : 20, 21】
네가 네 감람나무를 떤 후에 그 가지를 다시 살피지 말고 그 남은 것은 객과 고아와 과부를 위하여 남겨두며 네가 네 포도원의 포도를 딴 후에 그 남은 것을 다시 따지 말고 객과 고아와 과부를 위하여 남겨두라

【해설】
감람 열매를 수확할 때 나무를 흔들어 열매를 떨고 남은 것은 그대로 두어 가난한 자, 불쌍한 자(고아, 과부), 고객을 위하여 사랑과 긍휼을 베풀라는 뜻이다.

【신명기 28 : 51】
네 가축의 새끼와 네 토지의 소산을 먹어 마침내 너를 멸망시키며 또 곡식이나 포도주나 기름이나 소의 새끼나 양의 새끼를 너를 위하여 남기지 아니하고 마침내 너를 멸절시키리라

【해설】
가축(소, 양) 새끼, 토지 소산(곡식, 포도주, 기름)은 식생활의 가장 중요한 요소들이며 가족의 생명이며 전 재산을 뜻한다.

【신명기 29 : 6】
너희에게 떡도 먹지 못하며 포도주나 독주를 마시지 못하게 하셨음은 주는 너희의 하나님 여호와이신 줄을 알게 하려 하심이니라

【해설】
광야 생활 40년 동안 농경 행위를 금한 이유는 소산물인 떡과 포도주 대신 하나님의 권능과 은혜의 상징인 만나로 살도록 하기 위함이다.

【신명기 29 : 18】
너희 중에 남자나 여자나 가족이나 지파나 오늘 그 마음이 우리 하나님 여호와를 떠나서 그 모든 민족의 신들에게 가서 섬길까 염려하며 독초와 쑥의 뿌리가 너희 중에 생겨서

【해설】
독초, 쑥은 자생력과 번식력이 왕성한 야생식물인데 독성이 강할 뿐만 아니라 쓴맛을

내기 때문에 먹었을 때 치명적일 수 있다. 우상 숭배를 주장하는 자들로 비유되기도 한다.(호세아 10 : 4, 아모스 6 : 12, 히브리서 12 : 15) 독초는 악독한 교훈, 쑥 뿌리는 회개하지 아니하며 끝까지 마음을 강퍅하게 하는 자들로 비유하였다.

【신명기 32 : 13, 14】
여호와께서 그가 땅의 높은 곳을 타고 다니게 하시며 밭의 소산을 먹게 하시며 반석에서 꿀을, 굳은 반석에서 기름을 빨게 하시며 소의 엉긴 젖과 양의 젖과 어린 양의 기름과 바산에서 난 숫양과 염소와 지극히 아름다운 밀을 먹이시며 또 포도즙의 붉은 술을 마시게 하셨도다

【해설】
가나안 땅의 기름지고 풍요로움을 그 소산물과 가축을 통하여 구체적으로 표현하였다. 특히 바산은 갈릴리 동북쪽 고원으로 기름진 땅과 풍요로운 초지가 있어 밀 경작과 가축 사육으로 유명하며 살진 짐승이 바산의 상징이었다(에스겔서 39 : 18)

【신명기 32 : 32】
이는 그들의 포도나무는 소돔의 포도나무요 고모라의 밭의 소산이라 그들의 포도는 독이 든 포도이니 그 송이는 쓰며

【해설】
- 독이 든 포도 : 우상 숭배를 비롯한 온갖 범죄를 상징하는 말로 이스라엘의 죄악 행위를 가르키는 말
- 포도나무, 포도주 : 이방 대적들의 죄악의 산물 비유
- 그들의 포도나무 ; 이스라엘 총칭한다. (호세아 10 : 1, 요엘 1 : 7) 하나님께서 극상품의 포도나무를 이집트에서 가져다 가나안 땅에 심었다.(시편 80 : 8, 이사야 5 : 2)

【여호수아 5 : 11, 12】
유월절 이튿날에 그 땅의 소산물을 먹되 그 날에 무교병과 볶은 곡식을 먹었더라 또 그 땅의 소산물을 먹은 다음 날에 만나가 그쳤으니 이스라엘 사람들이 다시는 만나를 얻지 못하였고 그 해에 가나안 땅의 소출을 먹었더라

【해설】
신 광야에서 먹기 시작한 만나는 40년이 지난 해의 정월 17일에 중단되었다. 인간의 노력으로 불가능할 때는 하나님이 이루어 주시지만 사람의 힘으로 해결할 수 있을

때에는 각자의 노력으로 해결하길 요구하신다.

【사사기 4 : 19】
시스라가 그에게 말하되 청하노니 내게 물을 조금 마시게 하라 내가 목이 마르다 하매 우유 부대를 열어 그에게 마시게 하고 그를 덮으니

【해설】
우유 부대란 우유가 든 가죽 부대를 말하며 가죽 부대는 액체 식품의 이동용, 가공용, 저장용 용기로 널리 쓰였다.

【사사기 5 : 25】
시스라가 물을 구하매 우유를 주되 곧 엉긴 우유를 귀한 그릇에 담아 주었고

【해설】
우유는 일상 음료수처럼 이용하였다. 엉긴 우유는 요구르트의 한 종류로 생각되며 시큼한 맛이 나기 때문에 침샘을 자극해 갈증을 풀어 주었을 것으로 생각된다. 귀한 그릇에 담아 주었다는 것은 엉긴 우유가 귀하게 취급받았음을 나타낸다.

【사사기 6 : 11】
여호와의 사자가 아비에셀 사람 요아스에게 속한 오브라에 이르러 상수리나무 아래에 앉으니라 마침 요아스의 아들 기드온이 미디안 사람에게 알리지 아니하려 하여 밀을 포도주 틀에서 타작하더니

【해설】
약탈자들의 눈을 피해 기드온은 좁은 공간인 포도주 틀에서 밀을 타작하였다. 포도주 틀은 돌이 많은 땅이나 바위에 구멍을 파서 만들었다. 가축 대신(타작에 타작용 마차나 황소의 발굽을 이용하는 것이 일반적임) 지팡이나 막대기로 타작하므로 소량씩밖에 타작할 수 없었다.

【사사기 8 : 2】
기드온이 그들에게 이르되 내가 이제 행한 일이 너희가 한 것에 비교되겠느냐 에브라임의 끝물 포도가 아비에셀의 맏물 포도보다 낫지 아니하냐

【해설】
끝물 포도는 본격적인 추수가 끝난 다음에 남아 있는 것을 주어 모은 것으로 열등한 것, 찌꺼기의 뜻을 갖는다. 한편, 만물 포도는 한창 때 거두어들인 좋은 포도를 뜻한다.

【사사기 9 : 8~13】
하루는 나무들이 나가서 기름을 부어 자신들 위에 왕으로 삼으려 하여 감람나무에게 이르되 너는 우리 위에 왕이 되라 하매 감람나무가 그들에게 이르되 내게 있는 나의 기름은 하나님과 사람을 영화롭게 하나니 내가 어찌 그것을 버리고 가서 나무들 위에 우쭐대리요 한지라 나무들이 또 무화과나무에게 이르되 너는 와서 우리 위에 왕이 되라 하매 무화과나무가 그들에게 이르되 나의 단 것과 나의 아름다운 열매를 내가 어찌 버리고 가서 나무들 위에 우쭐대리요 한지라 나무들이 또 포도나무에게 이르되 너는 와서 우리 위에 왕이 되라 하매 포도나무가 그들에게 이르되 하나님과 사람을 기쁘게 하는 내 포도주를 내가 어찌 버리고 가서 나무들 위에 우쭐대리요 한지라

【해설】
감람나무, 무화과나무, 포도나무는 가나안 지역의 대표적인 산물로 이스라엘 사람들의 생활이요, 생명을 지켜주는 중요한 식물이다.

- 감람나무 : 기름으로 하나님과 사람을 영화롭게 할 뿐 아니라 열매는 식료품으로 나무는 연료, 목공예품, 의약품으로 널리 쓰였다.
- 무화과나무 : 단 것과 아름다운 열매로 사랑을 받았다.
- 포도나무 : 포도주로 사람을 기쁘게 하였다.

【사사기 9 : 27】
그들이 밭에 가서 포도를 거두어다가 밟아 짜서 연회를 베풀고 그들의 신당에 들어가서 먹고 마시며 아비멜렉을 저주하니

【해설】
포도 수확은 축제의 계절이다. 향연은 종종 타락의 온상이 되기도 했다. 포도는 심은 지 3년이 지나 4년째 과실을 맺기 시작한다. 포도의 수확은 6월 말이나 7월 초에 시작한다. 포도송이들은 칼과 낫으로 끊어 큰 바구니에 넣어 포도가 발효되기 전 즙을 짜기 위하여 압착기에 넣는다. 즙 짜는 구유는 단단한 바위를 조금씩 파내어 깊이 30~60cm, 지름 2~4m의 원형이나 사각통을 만들었다. 여기에 포도송이를 넣고 발로 밟아 즙을 짜는데 이 일을 즐겁게 하기 위하여 피리에 반주를 맞추어 밟았다.

【사사기 9 : 45】
아비멜렉이 그 날 종일토록 그 성을 쳐서 마침내는 점령하고 거기 있는 백성을 죽이며 그 성을 헐고 소금을 뿌리니라

【해설】
여기에서 소금을 뿌리는 것은 성읍의 영원한 황폐를 비는 저주 행위이다. 현재 우리나라의 관습에 상가에 다녀오거나 저주스런 사람이 다녀갔을 때 소금을 뿌리거나 "소금 뿌려라"는 말로 불행과 차단하거나 분별하고자 하는 행위가 남아 있다.

【룻기 2 : 14】
식사할 때에 보아스가 룻에게 이르되 이리로 와서 떡을 먹으며 네 떡 조각을 초에 찍으라 하므로 룻이 곡식 베는 자 곁에 앉으니 그가 볶은 곡식을 주매 룻이 배불리 먹고 남았더라

【해설】
초는 포도즙을 발효시켜 만든 산성 음료와 기름을 섞은 것으로 신선한 맛과 기운을 회복시키는 효력이 있다. 로마 군인들도 물과 식초를 섞어 만든 포스카(posca)라는 음료를 마셨다.
볶은 곡식은 곡식이 익기 전에 그 대를 잘라서 작은 단으로 묶은 다음 이 단들을 마른 잔디나 가시나무 위에 올려놓고 곡식 낟알만 남도록 대를 태운다. 그리고 다 볶은 후에 손으로 비벼서 먹었다. 이렇게 익지 않은 곡식은 곡식의 대를 잘라서 볶은 곡식을 만들어 먹는 것은 도둑질이 아니었다. 추수철에는 완전히 여물지 않은 밀알을 모닥불에 굽거나 철판에 볶아서 대용식으로 먹었다.

【사무엘상 2 : 13~15】
그 제사장들이 백성에게 행하는 관습은 이러하니 곧 어떤 사람이 제사를 드리고 그 고기를 삶을 때에 제사장의 사환이 손에 세살 갈고리를 가지고 와서 그것으로 냄비에나 솥에나 큰 솥에나 가마에 찔러 넣어 갈고리에 걸려 나오는 것은 제사장이 자기 것으로 가지되 실로에서 그 곳에 온 모든 이스라엘 사람에게 이같이 할 뿐 아니라 기름을 태우기 전에도 제사장의 사환이 와서 제사 드리는 사람에게 이르기를 제사장에게 구워 드릴 고기를 내라 그가 네게 삶은 고기를 원하지 아니하고 날 것을 원하신다 하다가

【해설】

이 시대의 취사 도구를 보여주는 것으로 세살 갈고리(삼지창), 냄비, 솥, 큰솥, 가마가 있었으며 조리의 내용물의 종류에 따라 다른 것이라기보다 요리의 양에 따라 그릇의 크기를 달리 했을 것이다. 조리법은 단순하여 굽기, 삶기, 날것으로 이용하는 이스라엘 사람들의 식생활의 단편을 보여주고 있다.

【사무엘상 8 : 13】
그가 또 너희의 딸들을 데려다가 향료 만드는 자와 요리하는 자와 떡 굽는 자로 삼을 것이며

【해설】
별도 임무가 부여된 궁중의 직책 중에는 향료 제조하는 자, 요리하는 자, 떡 굽는 자가 각각 있었던 것으로 보인다.

【사무엘상 14 : 25, 26, 29】
그들이 다 수풀에 들어간즉 땅에 꿀이 있더라 백성이 수풀로 들어갈 때에 꿀이 흐르는 것을 보고도 그들이 맹세를 두려워하여 손을 그 입에 대는 자가 없었으나
요나단이 이르되 내 아버지께서 이 땅을 곤란하게 하셨도다 보라 내가 이 꿀 조금을 맛보고도 내 눈이 이렇게 밝아졌거든

【해설】
당시 가나안 땅은 야생 꿀이 많았으므로 '젖과 꿀이 흐르는 땅'이라고 불리었다. 이스라엘 백성들은 반석에서, 나무에서도 꿀을 취하여 먹었다. 이 꿀은 목청과 석청을 말하며 실로 야생 꿀이 어디에나 흔히 있는 것으로 그 꿀을 입에 대어 눈이 밝아졌다는 것은 기력이 회복됨을 의미한다. 나무나 바위틈의 꿀이 흘러 땅에 꿀이 있었는지 땅벌의 꿀이 있었는지는 확실치 않다.

【사무엘상 15 : 22】
사무엘이 이르되 여호와께서 번제와 다른 제사를 그의 목소리를 청종하는 것을 좋아하심 같이 좋아하시겠나이까 순종이 제사보다 낫고 듣는 것이 숫양의 기름보다 나으니

【해설】
형식이나 제물보다는 듣고 순종하는 행위의 중요성을 강조한 말로 그 시대에 제사 행

위와 숫양의 기름은 대체로 하나님께 가장 좋은 것을 드리는 것으로 생각할 수 있다.

【사무엘상 17 : 17, 18】
이새가 그의 아들 다윗에게 이르되 지금 네 형들을 위하여 이 볶은 곡식 한 에바와 이 떡 열 덩이를 가지고 진영으로 속히 가서 네 형들에게 주고 이 치즈 열 덩이를 가져다가 그들의 천부장에게 주고 네 형들의 안부를 살피고 증표를 가져오라

【해설】
기원전 1020년경 다윗이 전장의 형들에게 가지고 간 휴대 식량으로 볶은 곡식, 떡, 치즈는 보관성이 있었을 것으로 생각된다. 특히 떡은 우리가 생각하는 떡이라기보다 지금 중동 지역에서 먹고 있는 저장성이 큰 구운 빵으로 생각된다.

【사무엘상 21 : 4】
제사장이 다윗에게 대답하여 이르되 보통 떡은 내 수중에 없으나 거룩한 떡은 있나니 그 소년들이 여자를 가까이만 하지 아니하였으면 주리라 하는지라

【해설】
보통 떡은 일상 식량으로 보통 때 먹을 수 있는 것이지만 거룩한 떡은 성소 안에 놓여 있는 12개의 진설병으로 이 떡은 제사장만 먹을 수 있는 떡으로 성결한 헌신의 상징이다.

【사무엘상 25 : 18】
아비가일이 급히 떡 이백 덩이와 포도주 두 가죽 부대와 잡아서 요리한 양 다섯 마리와 볶은 곡식 다섯 세아와 건포도 백 송이와 무화과 뭉치 이백 개를 가져다가 나귀들에게 싣고

【해설】
6종류의 음식 준비를 세심하고 정성스런 배려로 다윗의 맹렬한 노로부터 남편 나발을 지킬 수 있었다.

【사무엘하 6 : 19】

모든 백성 곧 온 이스라엘 무리에게 남녀를 막론하고 떡 한 개와 고기 한 조각과 건포도 떡 한 덩이씩 나누어 주매 모든 백성이 각기 집으로 돌아가니라

【해설】
언약궤를 예루살렘으로 옮기는 축복의 제전 뒤에 국민들과 기쁨을 같이 하고자 공급한 식품이었다.

【사무엘하 13 : 6】
암논이 곧 누워 병든 체하다가 왕이 와서 그를 볼 때에 암논이 왕께 아뢰되 원하건대 내 누이 다말이 와서 내가 보는 데에서 과자 두어 개를 만들어 그의 손으로 내게 먹여 주게 하옵소서 하니

【해설】
과자는 간식용으로 궁중의 왕자들의 간식이 되기도 하였다. 특히 누룩을 넣지 않은 무교과자는 제사장의 위임식 때 예물로 바쳤다.

【사무엘하 13 : 8】
다말이 그 오라버니 암논의 집에 이르매 그가 누웠더라 다말이 밀가루를 가지고 반죽하여 그가 보는 데서 과자를 만들고 그 과자를 굽고

【해설】
암논이 누어서 다말이 떡 굽는 광경을 볼 수 있다는 사실은 방과 부엌의 구분이 없었던 것으로 보인다. 침실은 부엌의 안쪽에 있었다.

【사무엘하 16 : 1】
다윗이 마루턱을 조금 지나니 므비보셋의 종 시바가 안장 지운 두 나귀에 떡 이백 개와 건포도 백 송이와 여름 과일 백 개와 포도주 한 가죽부대를 싣고 다윗을 맞는지라

【해설】
떡, 건포도, 여름 과일(일반적으로 무화과를 지칭한다), 포도주를 함께 가지고 왔다. 떡, 건포도, 여름 과일은 청년들이 먹고 힘을 얻도록 하기 위함이요, 포도주는 들에서 일하는 피곤한 사람들을 위한 배려라고 시바가 대답하였다.

【사무엘하 17 : 29】
꿀과 버터와 양과 치즈를 가져다가 다윗과 그와 함께 한 백성에게 먹게 하였으니 이는 그들 생각에 백성이 들에서 시장하고 곤하고 목마르겠다 함이더라

【해설】
전장의 다윗과 그의 병사들에게 암몸 족속의 사람들이 제공한 음식의 일부였다. 꿀은 감미료로 사용되거나 그 자체로서도 좋은 음식으로 여겨졌으나 누룩과 마찬가지로 제물에 첨가되는 것이 금지되었다.

【열왕기상 4 : 22, 23】
솔로몬의 하루의 음식물은 가는 밀가루가 삼십 고르요 굵은 밀가루가 육십 고르요 살진 소가 열 마리요 초장의 소가 스무 마리요 양이 백 마리이며 그 외에 수사슴과 노루와 암사슴과 살진 새들이었더라

【해설】
가는 밀가루, 굵은 밀가루, 살진 소(외양간에서 먹인 소), 초장의 소(방목 소), 양, 수사슴, 노루, 암사슴, 새 등으로 많은 육류가 음식물의 주체가 되어 솔로몬 왕국의 번영을 말해주고 있으나 영양 균형 측면에서 보면 훌륭한 식탁이라고는 볼 수 없다.

【열왕기상 4 : 33】
그가 또 초목에 대하여 말하되 레바논의 백향목으로부터 담에 나는 우슬초까지 하고 그가 또 짐승과 새와 기어다니는 것과 물고기에 대하여 말한지라

【해설】
이스라엘 사람들은 동물을 짐승, 새, 기어다니는 것, 물고기로 서식처별로 4종류로 구분하였다. 창세기에는 동물을 그 움직임에 따라 구분하였던 적이 있었다.

【열왕기상 6 : 29】
내 외소 사방 벽에는 모두 그룹들과 종려와 핀 꽃 형상을 아로새겼고

【해설】
에덴동산을 상징하고 있으며 종려는 상록수로 번영과 아름다움을 상징하고 있다.

【열왕기상 7 : 18】
기둥을 이렇게 만들었고 또 두 줄 석류를 한 그물 위에 둘러 만들어서 기둥 꼭대기에 있는 머리에 두르게 하였고 다른 기둥 머리에도 그렇게 하였으며

【해설】
석류 장식은 석류가 속이 겉보다 아름다워 가식적이지 않은 진실을 표시한다.

【열왕기상 14 : 3】
그대의 손에 떡 열 개와 과자와 꿀 한 병을 가지고 그에게로 가라 그가 그대에게 이 아이가 어떻게 될지를 알게 하리라

【해설】
이스라엘 백성들이 선지자들의 사역에 대한 보답 예물로 평민이 보통 준비할 수 있는 품목으로 식품을 선택했으며 준비하기에 크게 힘들지 않는 정도의 양으로 볼 수 있다.

【열왕기하 2 : 20】
엘리사가 이르되 새 그릇에 소금을 담아 내게로 가져오라 하매 곧 가져온지라

【해설】
소금은 음식물의 양념(욥기 6 : 6), 제사용품(레위기 2 : 13, 에스겔 43 : 24), 신생아 소독(에스겔 16 : 4), 방부와 폐허를 상징하기도 하였으며(사사기 9 : 45, 신명기 29 : 23) 생명의 신실한 언약으로의 의미를 갖기도 하였다.(민수기 18 : 19, 역대하 13 : 5)

【열왕기하 4 : 39】
한 사람이 채소를 캐러 들에 나가 들포도 덩굴을 만나 그것에서 들호박을 따서 옷자락에 채워가지고 돌아와 썰어 국 끓이는 솥에 넣되 그들은 무엇인지 알지 못한지라

【해설】
들포도 덩굴(야등)은 들에서 자라는 박과의 덩굴식물로 콜로신드(colocynd)로 알려져 있다. 열매는 오이와 같은데 매우 쓴맛이 나며 강한 독성이 있다. 설사를 일으키기도 하기 때문에 보통은 식용하지 않으나 익혀서 음식으로 쓰려고 했던 것을 보면 혹독

한 기근을 느끼게 한다.
들호박(들외)은 일반적으로 큰 오렌지만한 크기로 달걀 모양이며 누런색의 열매이다. 맛이 너무 쓰기 때문에 복통을 일으켜 때로는 생명까지도 위협한다.

【열왕기하 7 : 18】
하나님의 사람이 왕에게 말한 바와 같으니 이르기를 내일 이맘 때에 사마리아 성문에서 보리 두 스아를 한 세겔로 매매하고 고운 밀가루 한 스아를 한 세겔로 매매하리라 한즉

【해설】
고운 밀가루 값은 보리 값의 두 배가량 되는 비싼 고급 식품 재료이다.

【열왕기하 18 : 31】
너희는 히스기야의 말을 듣지 말라 앗수르 왕의 말씀이 너희는 내게 항복하고 내게로 나아오라 그리하고 너희는 각각 그의 포도와 무화과를 먹고 또한 각각 자기의 우물의 물을 마시라

【해설】
평온하고 행복하게 사는 모습을 묘사하고 있다. 당시 외부의 침략이 많아 자기가 지은 농작물을 자기가 먹지 못하는 경우가 많았기 때문에 자기의 포도와 무화과를 먹을 수 있다는 것은 바로 평안한 상태를 말한다.

【열왕기하 18 : 32】
내가 장차 와서 너희를 한 지방으로 옮기리니 그 곳은 너희 본토와 같은 지방 곧 곡식과 포도주가 있는 지방이요 떡과 포도원이 있는 지방이요 기름 나는 감람과 꿀이 있는 지방이라 너희가 살고 죽지 아니하리라 히스기야가 너희를 설득하여 이르기를 여호와께서 우리를 건지시리라 하여도 히스기야에게 듣지 말라

【해설】
앗수르의 군대장관이 예루살렘 성민들에게 이주하여 갈 지역이 풍요롭고 유토피아 같은 지역이라는 것을 설명하고 있다. 떡은 밀을 갈아서 만든 검은 소맥분이나 보리 등으로 반죽하여 만든 것으로 보통 누룩을 첨가하였으며 이스라엘 사람들의 주식이었다.

【열왕기하 20 : 7】
이사야가 이르되 무화과 반죽을 가져오라 하매 무리가 가져다가 그 상처에 놓으니 나으니라

【해설】
악성 종양을 치료하는 처방으로 고대 근동 지역에서는 민간 요법으로 무화과를 사용하였다. 그러나 무화과 반죽이나 진흙으로 장님을 치료하는 것은 하나님의 권능을 나타낸 것이며 단지 그것들이 도구로 사용되었을 뿐이다.

【역대상 9 : 32】
또 그의 형제 그핫 자손 중에 어떤 자는 진설하는 떡을 맡아 안식일마다 준비하였더라

【해설】
진설하는 떡은 화제를 위하여 매 안식일마다 여호와 앞에 진설하는 거룩한 떡으로 누룩 없는 무교병이며 12개의 떡을 6개씩 두 줄로 배열한다.

【역대하 2 : 10】
내가 당신의 벌목하는 종들에게 찧은 밀 이만 고르와 보리 이만 고르와 포도주 이만 밧과 기름 이만 밧을 주리이다 하였더라

【해설】
성전 건축을 위하여 레바논의 벌목공들에게 솔로몬이 노임 성격의 식품을 제공한 것이다. 후기에는 보리가 동물의 사료로 쓰였다.

【역대하 31 : 5】
왕의 명령이 내리자 곧 이스라엘 자손이 곡식과 포도주와 기름과 꿀과 밭의 모든 소산의 첫 열매들을 풍성히 드렸고 또 모든 것의 십일조를 많이 가져왔으며

【해설】
곡식, 포도주, 기름, 꿀, 밭의 모든 소산의 첫 열매는 이스라엘 국민의 십일조이기 때문에 히스기야 왕의 명령이었다고는 하나 기쁘게 드린 것으로 보인다.

【에스라 4 : 14】
우리가 이제 왕궁의 소금을 먹으므로 왕이 수치 당함을 차마 보지 못하여 사람을 보내어 왕에게 아뢰오니

【해설】
고대에 소금은 의료, 식품, 경제면에서 또 실생활에서도 매우 중요하였으며 교환 가치도 커서 소금을 장악하는 것은 곧 권력의 장악을 의미하였다. 이집트에서는 왕실이 소금 생산을 독점하였는데 페르시아도 마찬가지였을 것이다. 따라서 "소금을 먹는다"는 것은 소금을 준 사람의 보호 속에 있다는 것을 뜻하였다.

【에스라 6 : 9】
또 그들이 필요로 하는 것 곧 하늘의 하나님께 드릴 번제의 수송아지와 숫양과 어린 양과 또 밀과 소금과 포도주와 기름을 예루살렘 제사장의 요구대로 어김없이 날마다 주어

【해설】
수송아지, 어린 양 등은 히브리인들이 제사의 제물로 사용하는 주요 동물들이었다. 암송아지나 암양은 젖을 생산하고 번식에 필요하기 때문에 제물로는 주로 수컷이 사용되었다.

【에스라 7 : 22】
은은 백 달란트까지, 밀은 백 고르까지, 포도주는 백 밧까지, 기름도 백 밧까지 하고 소금은 정량 없이 하라

【해설】
언급된 식료품들은 제사에 쓰이는 것들이다. 특히 소금은 하나님께 소제나 번제를 드릴 때에 없어서는 안될 물건이었다.(레위기 2 : 13)

【느헤미야 1 : 11】
주여 구하오니 귀를 기울이사 종의 기도와 주의 이름을 경외하기를 기뻐하는 종들의 기도를 들으시고 오늘 종이 형통하여 이 사람들 앞에서 은혜를 입게 하옵소서 하였나니 그때에 내가 왕의 술 관원이 되었느니라

【해설】
술 관원은 왕의 신임을 받는 고관급 직책으로 일반적으로는 환관이 맡고 있었다. 왕의 음료를 관장하거나 그 음료를 들고 왕 앞에 시중드는 자로 아마 요즈음의 경호와 비서 업무의 우두머리 격이었던 것 같다.
왼손에 술잔, 오른손에 종려나무 잎으로 만든 부채를 들고 어깨에는 화려하게 수놓은 냅킨을 둘러 왕의 입술을 닦을 준비를 하고 있게 된다.

【느헤미야 5 : 18】
매일 나를 위하여 소 한 마리와 살진 양 여섯 마리를 준비하며 닭도 많이 준비하고 열흘에 한 번씩은 각종 포도주를 갖추었나니 비록 이같이 하였을지라도 내가 총독의 녹을 요구하지 아니하였음은 이 백성의 부역이 중함이었더라

【해설】
닭은 기원전 2000년 까지 인더스 강 계곡에서 번식되었다가 투트모스 3세 때인 기원전 15세기에 이집트에 알려졌고 기원전 8세기에는 메소포타미아와 그리스까지 알려졌다. 팔레스타인의 고대 비문에도 닭 모양이 그려져 있다.

【느헤미야 8 : 15】
또 일렀으되 모든 성읍과 예루살렘에 공포하여 이르기를 너희는 산에 가서 감람나무 가지와 들감람나무 가지와 화석류나무 가지와 종려나무 가지와 기타 무성한 나무 가지를 가져다가 기록한 바를 따라 초막을 지으라 하라 한지라

【해설】
- 감람나무 : 당시 지중해 지방에서 널리 식목하던 나무로 성장하는데 30년 이상 걸리기 때문에 나라가 평안한 상태에서만 재배가 가능하다.
- 들감람나무 : 이 나무의 기름은 성전의 나무그릇을 만드는 데 쓰였다. 화석류나무, 종려나무 등 여러 종류의 나무가 자라고 있어 건축의 재료로 이들을 이용하였다.

【느헤미야 10 : 37】
또 처음 익은 밀의 가루와 거제물과 각종 과목의 열매와 새 포도주와 기름을 제사장들에게로 가져다가 우리 하나님의 전의 여러 방에 두고 또 우리 산물의 십일조를 레위 사람들에게 주리라 하였나니 이 레위 사람들은 우리의 모든 성읍에서 산

물의 십일조를 받는 자임이며

【해설】
여기에서 기름은 올리브유를 말하며 성서에 수많은 용도가 기록된 것처럼 소중하게 쓰였다.

- 조리용 : 출애굽기 29 : 2, 23, 레위기 : 2 : 1, 2, 4~7, 열왕기상 17 : 12, 14
- 등화용 : 출애굽기 25 : 6, 27 : 20
- 왕, 제사장, 성기를 성별하기 위해 주유용 : 레위기 8 : 10~12, 사무엘상 10 : 1, 열왕기상 1 : 39
- 의약용 : 이사야 1 : 6, 마가복음 6 : 13, 야고보서 5 : 14
- 예물용 : 레위기 6 : 15

【욥기 5 : 5】
그가 추수한 것은 주린 자가 먹되 덫에 걸린 것도 빼앗으며 올무가 그의 재산을 향하여 입을 벌리느니라

【해설】
은밀한 장소에 타작한 곡식을 감추고 가시나무로 덮어 도둑과 동물의 침입을 막았다.

【욥기 6 : 6】
싱거운 것이 소금 없이 먹히겠느냐 닭의 알 흰자위가 맛이 있겠느냐

【해설】
소금을 넣지 않은 음식은 무미건조하고 핵심에서 이탈해 있다는 것을 의미한다.

【욥기 20 : 17】
그는 강 곧 꿀과 엉긴 젖이 흐르는 강을 보지 못할 것이요

【해설】
가나안에 대한 묘사와 비슷하며 비옥한 땅에서 얻어지는 현실적 축복을 의미한다.

【욥기 24 : 11】
그 사람들의 담 사이에서 기름을 짜며 목말라 하면서 술 틀을 밟느니라

【해설】
술틀은 포도즙을 짤 때 즙을 짜는 곳에서 관을 통하여 포도즙이 고이도록 만든 두 개의 구덩이를 말한다. 때로는 즙을 빨리 만들기 위하여 무거운 돌을 사용했지만 주된 방법은 발로 밟는 것이었다. 목말라하면서 술틀을 밟는 것은 악인을 위하여 노동을 하면서 타오르는 갈증을 포도즙을 보면서도 목을 축이지 못한다는 뜻을 갖는다.

【욥기 32 : 19】
보라 내 배는 봉한 포도주통 같고 터지게 된 새 가죽 부대 같구나

【해설】
발효를 목적으로 술을 가죽 부대에 담아둘 경우 점점 가스가 차서 마침내 가죽 부대가 터지기 직전까지 이르는 경우를 말한다.

【시편 19 : 10】
금 곧 많은 순금보다 더 사모할 것이며 꿀과 송이꿀보다 더 달도다

【해설】
율법에 대한 사랑과 애착심을 보여준 것이다.

【시편 41 : 9】
내가 신뢰하여 내 떡을 나눠 먹던 나의 가까운 친구도 나를 대적하여 그의 발꿈치를 들었나이다

【해설】
'내 떡을 먹던'의 뜻은 가장 믿었던 친구의 은유적 표현이다.

【시편 45 : 8】
왕의 모든 옷은 몰약과 침향과 육계의 향기가 있으며 상아궁에서 나오는 현악은 왕을 즐겁게 하도다

【해설】
몰약, 침향, 육계는 거룩한 관유 제조에 소요되는 향품(출애굽기 30 : 23~25)으로 일반 사용은 엄금하였다. 여기에서 인류의 구속자이신 예수 그리스도의 인품과 성령의 인치심을 상징한다. 또 몰약 등의 향기는 인격의 감화력을 뜻한다. 결국, 관유의 사용은 메시아의 전인격에서 흘러나오는 감화력이 주위를 향기롭게 감동시킨다는 의미를 갖는다.

【시편 50 : 13】
내가 수소의 고기를 먹으며 염소의 피를 마시겠느냐

【해설】
- 제물이 소중하여도 제물 자체로서 하나님을 기쁘게 할 수 없다.
- 원래 하나님의 소유이므로 선심 쓰듯 드리는 것은 무의미하다.
- 하나님은 영이시므로 물질과 함께 영적 헌신을 받기 원하신다.
- 물질이 가지 않으면 영적 충성이 따르지 않기 때문에 물질을 바치도록 요구하신 것으로 생각할 수 있다.

【시편 55 : 21】
그의 입은 우유 기름보다 미끄러우나 그의 마음은 전쟁이요 그의 말은 기름보다 유하나 실상은 뽑힌 칼이로다

【해설】
"우유 기름보다 미끄러우나…… 기름보다 유하나……"는 아첨하는 말이 우선 듣기 좋다는 말이다.

【시편 60 : 3】
주께서 주의 백성에게 어려움을 보이시고 비틀거리게 하는 포도주를 우리에게 마시게 하셨나이다

【해설】
포도주는 생활의 즐거움을 표현하는데 상징적으로 사용되기도 하지만(전도서 9 : 7), 하나님의 진노를 비유하는 말로 많이 사용되었다.(시편 75 : 8, 이사야 51 : 17, 예레미

야 25 : 15~18, 51 : 7)

【시편 63 : 5】
골수와 기름진 것을 먹음과 같이 나의 영혼이 만족할 것이라 나의 입이 기쁜 입술로 주를 찬송하되

【해설】
다윗이 압살롬의 모반으로 인하여 유다 광야로 쫓겨나갔을 때의 기록이므로 영양이 많고 기름진 음식을 먹을 형편은 못 되었을 것이다. 그러나 주께서 그에게 베푸신 인자하심은 그 이상의 기쁨이 된다는 말이다.

【시편 69 : 21】
그들이 쓸개를 나의 음식물로 주며 목마를 때에는 초를 마시게 하였사오니

【해설】
쓸개는 쓴맛의 상징이고, 초는 신맛의 상징으로 인간의 기호에 적절하지 못한 것이다. 쓸개는 당시에 독으로 생각하고 마취제로 쓰기도 하였다. 자연 상태에서 쓴것이 독이 된다는 생각은 너무나 당연하고 자연스러운 것이다. 쓸개 탄 포도주를 예수님께 마시게 하였다.(마태복음 27 : 34). 마가복음에서는(15 : 23) 몰약을 탄 포도주로 기록하고 있다. 두 개의 내용은 모두 십자가의 고통을 잊기 위하여 사용한 마취제였다.

【시편 78 : 30】
그러나 그들이 그들의 욕심을 버리지 아니하여 그들의 먹을 것이 아직 그들의 입에 있을 때에

【해설】
배를 채웠으나 탐욕에 눈이 어두워 훗날을 위해 긁어 모았다. 탐욕이 죄악의 뿌리임을 알 수 있다.(야고보서 1 : 15, 디모데전서 6 : 9~11)

【시편 81 : 16】
또 내가 기름진 밀을 그들에게 먹이며 반석에서 나오는 꿀로 너를 만족하게 하리

라 하셨도다

【해설】
반석의 꿀은 석청으로 최고급 품질을 의미한다. 또한, 순종하는 자들이 받을 영적, 육적 축복의 상징이다.

【시편 104 : 15】
사람의 마음을 기쁘게 하는 포도주와 사람의 얼굴을 윤택하게 하는 기름과 사람의 마음을 힘있게 하는 양식을 주셨도다

【해설】
하나님은 위와 같이 풍요와 양식을 주관하시는 분이기 때문에 기근과 결핍은 죄의 결과이며 하나님께서 바라는 바가 아니시다.(아모스 8 : 11)

【시편 128 : 3】
네 집 안방에 있는 네 아내는 결실한 포도나무 같으며 네 식탁에 둘러 앉은 자식들은 어린 감람나무 같으리로다

【해설】
결실한 포도나무는 팔레스타인의 필수 농작물로 다른 것에 의지하여 자라고 그 열매는 귀히 여김을 받는다. 자녀 생산 및 양육을 잘하고 남편을 따르는 현숙한 아내의 상징이다. 한편 어린 감람나무는 힘차고 새롭게 뻗어가는 생명력을 표현한 것이다.

【잠언 5 : 4】
나중은 쑥 같이 쓰고 두 날 가진 칼 같이 날카로우며

【해설】
'쑥같이 쓰다'는 것은 비통함과 슬픔에 대한 비유적 표현이다(예레미야 9 : 15, 23 : 15, 예레미야애가 3 : 19, 암모스 6 : 12). 항상 저주의 의미와 연관되어 있다.

【잠언 9 : 5】
너는 와서 내 식물을 먹으며 내 혼합한 포도주를 마시고

【해설】
혼합한 포도주는 꿀이나 향료를 혼합한 포도주를 가리킨다. 포도주에 물을 섞은 것이 맛이 있으며 향료를 섞은 포도주를 마시면 쉽게 취하게 된다고 한다. 그 외에도 꿀, 몰약, 아편 등 독한 약제를 첨가하여 더 강도가 높고 쉽게 취하게 하는 포도주를 만들 수 있다.

【잠언 12 : 10】
의인은 자기의 가축의 생명을 돌보나 악인의 긍휼은 잔인이니라

【해설】
여기에서 가축은 집에서 기르는 6가지 가축 즉 소, 말, 돼지, 양, 닭, 개를 가리킨다.

【잠언 16 : 24】
선한 말은 꿀송이 같아서 마음에 달고 뼈에 양약이 되느니라

【해설】
꿀송이는 과자를 만들 때 단맛을 내기 위하여 사용하였다.(출애굽기 16 : 31) 이 구절에서 꿀송이가 의약품의 재료로도 사용되었음을 보여준다. 꿀송이는 바위에 뚫린 구멍이나 나무에서 주로 얻었다.

【잠언 20 : 1】
포도주는 거만하게 하는 것이요 독주는 떠들게 하는 것이라 이에 미혹되는 자마다 지혜가 없느니라

【해설】
독주는 밀, 대추야자, 석류로 만든 술로 마시면 쉽게 취한다.(이사야 28 : 7) 따라서 제사장이나 나실인은 독주를 마실 수 없다. 잠언에서 술에 취하는 것을 금하는 다른 구절도 많다.(잠언 23 : 20, 21, 29~35, 31 : 4~5)

【잠언 25 : 20】
마음이 상한 자에게 노래하는 것은 추운 날에 옷을 벗음 같고 소다 위에 식초를 부음 같으니라

【해설】
소다는 탄산나트륨(Na_2CO_3)을 가리키는 것 같다. 여기에 식초를 붓게 되면 산과 알칼리의 격렬한 반응이 일어난다. 이 말은 고통 위에 고통을 더하는 행위의 비유적 표현이다.

【잠언 30 : 33】
대저 젖을 저으면 엉긴 젖이 되고 코를 비틀면 피가 나는 것 같이 노를 격동하면 다툼이 남이니라

【해설】
가축의 젖을 염소나 들소의 가죽으로 만든 부대나 병에 담은 후 엉긴 젖이 될 때까지 휘젓는다. 가죽 부대를 흔들거나 두들기거나 발로 밟기도 하여 응고시킨다.

【전도서 2 : 24】
사람이 먹고 마시며 수고하는 것보다 그의 마음을 더 기쁘게 하는 것은 없나니 내가 이것도 본즉 하나님의 손에서 나오는 것이로다

【해설】
수고하여 얻은 것을 즐긴다는 뜻이다. 무절제와 방종이 아니라 하나님이 장차 심판하실 것을 마음에 두고 하나님의 뜻 안에서 즐거움을 누린다는 것을 의미한다.

【전도서 12 : 5】
또한 그런 자들은 높은 곳을 두려워할 것이며 길에서는 놀랄 것이며 살구나무가 꽃이 필 것이며 메뚜기도 짐이 될 것이며 정욕이 그치리니 이는 사람이 자기의 영원한 집으로 돌아가고 조문객들이 거리로 왕래하게 됨이니라

【해설】
'살구나무가 꽃이 필 것이며'는 머리털이 희어진다는 뜻을 시적 언어로 표현한 것이다.

【아가 1 : 12】
왕이 침상에 앉았을 때에 나의 나도 기름이 향기를 뿜어냈구나

【해설】
나드(Nard)는 인도에서 자라나는 다년생 초목의 뿌리로부터 채취하는 향기로운 기름이다.

【아가 2 : 3】
남자들 중에 나의 사랑하는 자는 수풀 가운데 사과나무 같구나 내가 그 그늘에 앉아서 심히 기뻐하였고 그 열매는 내 입에 달았도다

【해설】
사과나무는 남성미를 상징하며 평안한 쉼(그늘)과 힘(열매)을 제공하는 것으로 묘사되어 있다.

【아가 2 : 5】
너희는 건포도로 내 힘을 돕고 사과로 나를 시원하게 하라 내가 사랑하므로 병이 생겼음이라

【해설】
여기에서 건포도는 건포도떡으로 근동의 여행자들이 재충전을 위하여 종종 이용하였다.(사무엘하 6 : 19, 역대상 16 : 3, 호세아 3 : 1)

【아가 3 : 6】
몰약과 유향과 상인의 여러 가지 향품으로 향내 풍기며 연기 기둥처럼 거친 들에서 오는 자가 누구인가

【해설】
몰약과 유향은 신부를 치장하기 위한 향료들이다. 유향은 감람과에 속하는 나무로 줄기에 상처를 내어 뽑아낸 수지이다.

【아가 4 : 6】
날이 저물고 그림자가 사라지기 전에 내가 몰약 산과 유향의 작은 산으로 가리라

【해설】
몰약 산과 유향의 산은 하나님과의 교제를 나누는 경건한 만남의 장소이다.

【아가 7 : 7, 8】
네 키는 종려나무 같고 네 유방은 그 열매송이 같구나 내가 말하기를 종려나무에 올라가서 그 가지를 잡으리라 하였나니 네 유방은 포도송이 같고 네 콧김은 사과 냄새 같고

【해설】
팔레스타인에서 가장 풍성한 열매를 맺는 나무가 종려나무와 포도나무로 풍성한 생산력을 칭찬하는 것이다. 종려나무는 열대나 아열대 지방에서 많이 자라는 상록수로 곧게 자라는 성질을 여인의 키가 크고 곧은 것에 비유하였다.

【아가 8 : 2】
내가 너를 이끌어 내 어머니 집에 들이고 네게서 교훈을 받았으리라 나는 향기로운 술 곧 석류즙으로 네게 마시게 하겠고

【해설】
석류나무는 아름답고 귀한 것으로 가정의 평화와 자손의 번영을 상징한다. 석류즙을 마시게 하겠다는 말은 너로 하여금 나의 가정에서 평화와 자손 번영을 이루게 하겠다는 뜻이 들어 있다.

【아가 8 : 5】
그의 사랑하는 자를 의지하고 거친 들에서 올라오는 여자가 누구인가 너로 말미암아 네 어머니가 고생한 곳 너를 낳은 자가 애쓴 그곳 사과나무 아래에서 내가 너를 깨웠노라

【해설】
여기에서 사과나무는 임신이나 출산을 과목(果木)과 결부시키는 고대의 사고방식의

하나이다. 첫사랑을 상기시키는 말로 믿음이 연약해지고 산란해질 때 영적 생활을 처음 시작했던 큰 기쁨을 다시 얻을 수 있다는 의미도 있다.

【이사야 1 : 8】
딸 시온은 포도원의 망대 같이, 참외밭의 원두막 같이, 에워 싸인 성읍 같이 겨우 남았도다

【해설】
그 시대에도 과수원에 도둑이나 짐승의 침입이 자주 있었던 것으로 보인다. 이를 막기 위하여 망대를 세우고 원두막이라는 가건물을 세웠다. 이는 선택된 백성의 영광의 상징인 시온 산이 처참한 몰골로 비하된 것을 드러낸 것을 비유하기 위하여 원용된 것이다.

【이사야 5 : 11】
아침에 일찌기 일어나 독주를 마시며 밤이 깊도록 포도주에 취하는 자들은 화 있을진저

【해설】
육신의 쾌락만을 위하여 생활하므로 부도덕하고 방탕한 마음을 갖는 것을 뜻한다. 독주는 인공 포도주를 말하며 대추, 사과, 석류, 꿀, 보리 등을 섞어 만든 혼합주이다.

【이사야 5 : 20】
악을 선하다 하며 선을 악하다 하며 흑암으로 광명을 삼으며 광명으로 흑암을 삼으며 쓴 것으로 단 것을 삼으며 단 것으로 쓴 것을 삼는 자들은 화 있을진저

【해설】
쓴 것은 악을 상징하며(민수기 5 : 18, 신명기 32 : 32), 단 것은 여호와의 계명이 송이꿀처럼 달다는 시편의 표현(19 : 10)에서 비롯된 것이다.

【이사야 7 : 15】
그가 악을 버리며 선을 택할 줄 알 때가 되면 엉긴 젖과 꿀을 먹을 것이라

【해설】
새로 올 메시아는 인간의 본성을 가지고 태어났기 때문에 보통 어린아이들과 같이 엉긴 젖과 꿀 등 인간의 음식을 먹으며 자라갈 것이라는 뜻을 갖는다. 꿀은 유제품과 섞어서 빵에 사용하였으며 여행 중에는 꿀 가죽병을 가지고 다녔다. 꿀을 지나치게 많이 먹어서 나타나는 불쾌한 증상을 경감시키기 위하여 엉긴 젖의 기름 성분이 중화제 역할을 한다.(잠언 25 : 16, 27)

【이사야 11 : 6~8】
그때에 이리가 어린 양과 함께 살며 표범이 어린 염소와 함께 누우며 송아지와 어린 사자와 살진 짐승이 함께 있어 어린 아기에게 끌리며 암소와 곰이 함께 먹으며 그것들의 새끼가 함께 엎드리며 사자가 소처럼 풀을 먹을 것이며 젖 먹는 아이가 독사의 구멍에서 장난하며 젖 뗀 어린 아이가 독사의 굴에 손을 넣을 것이라

【해설】
메시아 재림 시 완벽한 평화의 상징을 표현하고 있다.(요한계시록 21 : 1~7, 22 : 1~5) 이리와 양, 표범과 어린 염소, 송아지와 사자, 암소와 곰은 서로 피식자와 포식자의 관계에 있으나 육식은 하지 않고 서로 즐기는 평화로운 관계를 갖게 된다. 또 사자가 풀을 먹고 젖 먹는 아이가 독사의 구멍에 두려움 없이 손을 넣을 수 있는 것은 에덴동산의 회복으로 볼 수 있다. 채식만을 먹거리로 주셨던 초기의 평등과 화평이 묘사되어 있다.

【이사야 22 : 13】
너희가 기뻐하며 즐거워하여 소를 죽이고 양을 잡아 고기를 먹고 포도주를 마시면서 내일 죽으리니 먹고 마시자 하는도다

【해설】
마지막 회개의 권유를 순간적 쾌락을 위하여 흘려버리고 육신의 욕구에 따르는 시대착오적인 쾌락주의를 표현하고 있다.

【이사야 24 : 9】
노래하면서 포도주를 마시지 못하고 독주는 그 마시는 자에게 쓰게 될 것이라

【해설】

여호와의 징벌로 종말에는 죄인이 어떤 방법으로도 위로를 받지 못하는 절망적인 상황을 말한다.

【이사야 24 : 13】
세계 민족 중에 이러한 일이 있으리니 곧 감람나무를 흔듦 같고 포도를 거둔 후에 그 남은 것을 주움 같을 것이니라

【해설】
하나님의 철저한 심판을 비유한 것으로 남은 것이 하나도 없고 모두, 철저히, 완벽히 심판을 받을 것이라는 뜻이다.

【이사야 25 : 6】
만군의 여호와께서 이 산에서 만민을 위하여 기름진 것과 오래 저장하였던 포도주로 연회를 베푸시리니 곧 골수가 가득한 기름진 것과 오래 저장하였던 맑은 포도주로 하실 것이며

【해설】
기름진 것은 음식의 진미와 호사스러움으로 영적 축복을 상징하며 오래된 포도주는 찌꺼기가 완전히 분리되어 맑게 된 최상의 포도주를 말한다.

【이사야 28 : 4】
그 기름진 골짜기 꼭대기에 있는 그의 영화가 쇠잔해 가는 꽃이 여름 전에 처음 익은 무화과와 같으리니 보는 자가 그것을 보고 얼른 따서 먹으리로다

【해설】
처음 익은 무화과는 7월에 수확하는 무화과로 나중 것보다 맛이 좋다.

【이사야 28 : 7】
그리하여도 이들은 포도주로 말미암아 옆걸음 치며 독주로 말미암아 비틀거리며 제사장과 선지자도 독주로 말미암아 옆걸음 치며 포도주에 빠지며 독주로 말미암아 비틀거리며 환상을 잘못 풀며 재판할 때에 실수하나니

【해설】
여기에서는 포도주도 독주와 마찬가지로 신앙을 마비시키는 탐욕, 음란, 지적 교만, 부패 등을 상징한다.
포도주는 좋게 혹은 나쁘게 묘사되는 경우를 본다. 이것은 성서의 해석에서 실제의 물질이나 단어 그 자체를 해석하고자 할 때 많은 오류를 범하기 쉽다. 그 배경과 상황에 따라 해석하는 것이 중요하다. 상황에 따라 선악, 의·불의가 달라지기 때문에 상황에 따라 상대적으로 해석할 필요가 있다. 물질은 그 상징성이 중요한 것이지 물질 자체의 선악을 말하는 것은 아니다.

【이사야 28 : 25】
지면을 이미 평평히 하였으면 소회향을 뿌리며 대회향을 뿌리며 소맥을 줄줄이 심으며 대맥을 정한 곳에 심으며 귀리를 그 가에 심지 아니하겠느냐

【해설】
소회향은 1년생 식물로 50cm 정도 자라며 씨는 약용, 식용으로 쓴다. 대회향은 당근과의 식물로 씨앗은 고대에 향료나 양념으로 사용하였다.(오늘날에는 사용하지 않는다)

【이사야 28 : 27】
소회향은 도리깨로 떨지 아니하며 대회향에는 수레바퀴를 굴리지 아니하고 소회향은 작대기로 떨고 대회향은 막대기로 떨며

【해설】
소회향은 작대기로 떨고 대회향은 막대기로 떨고 곡식은 수레바퀴를 굴리고 말굽으로 밟아 수확하는 방법이 기록되어 있어 농산물의 수확법이 발전되기 전의 모습을 보여주고 있다.

【이사야 38 : 21】
이사야가 이르기를 한 뭉치 무화과를 가져다가 종처에 붙이면 왕이 나으리라 하였고

【해설】
당시 무화과는 몸에 난 종기를 치료하는 일종의 치료약으로 쓰여 식물의 치료 효과

에 대하여 이미 많이 알려져 있는 것으로 보인다.

【이사야 41 : 19】
내가 광야에는 백향목과 싯딤나무와 화석류와 들감람나무를 심고 사막에는 잣나무와 소나무와 황양목을 함께 두리니

【해설】
화석류(花石榴)는 예언서에서만 나오는 나무로 향기로운 잎과 꽃으로 유명한 상록관목이다.

【이사야 43 : 24】
너는 나를 위하여 돈으로 향품을 사지 아니하며 희생의 기름으로 나를 흡족하게 하지 아니하고 네 죄짐으로 나를 수고롭게 하며 네 죄악으로 나를 괴롭게 하였느니라

【해설】
고대에 향품은 음식과 생활환경은 좋게 하기 위하여 여러 가지 형태로 쓰였다. 향품은 맛을 내는데 뿐만 아니라 그것이 발하는 향기 때문에 포도주에 넣기도 하였다. 시신의 방부 처리와 냄새의 중화용으로도 쓰였다.

【이사야 55 : 1】
오호라 너희 모든 목마른 자들아 물로 나아오라 돈 없는 자도 오라 너희는 와서 사먹되 돈 없이, 값 없이 와서 포도주와 젖을 사라

【해설】
물, 포도주, 젖은 사치품이 아닌 일상생활에 꼭 필요한 것으로 영적 생활에 비유하여 육적인 것 중 필요한 모든 것을 말한다.

【이사야 55 : 2】
너희가 어찌하여 양식이 아닌 것을 위하여 은을 달아 주며 배부르게 하지 못할 것을 위하여 수고하느냐 내게 듣고 들을지어다 그리하면 너희가 좋은 것을 먹을 것

이며 너희 자신들이 기름진 것으로 즐거움을 얻으리라

【해설】
물질을 추구하는 것은 영혼의 빈곤을 초래한다는 의미이며 기름진 것은 영적 큰 축복의 잔치에 비유하고 있다.(이사야 25 : 6, 시편 22 : 22, 예레미야 21 : 14)

【이사야 66 : 3】
소를 잡아 드리는 것은 살인함과 다름이 없이 하고 어린 양으로 제사드리는 것은 개의 목을 꺾음과 다름이 없이 하며 드리는 예물은 돼지의 피와 다름이 없이 하고 분향하는 것은 우상을 찬송함과 다름이 없이 행하는 그들은 자기의 길을 택하며 그들의 마음은 가증한 것을 기뻐한즉

【해설】
회개하는 마음 없이 다만 제사의 한 방편으로 짐승을 잡는 것은 불경죄임을 알려준 것으로 형식만 중시하는 형식주의자, 종교 위선자, 우상 숭배자에 대한 질책이다.

【예레미야 1 : 11】
여호와의 말씀이 또 내게 임하니라 이르시되 예레미야야 네가 무엇을 보느냐 하시매 내가 대답하되 내가 살구나무 가지를 보나이다

【해설】
살구나무는 '깨어 있다, 지키다'라는 뜻을 내포하고 있어 살구나무는 졸지도 주무시지도 아니하시며 영원히 당신의 백성을 떠나지 않고 지키실 하나님의 보호하심이 느껴지게 하는 뜻을 갖는다.

【예레미야 9 : 15】
그러므로 만군의 여호와 이스라엘의 하나님께서 이와 같이 말씀하시니라 보라 내가 그들 곧 이 백성에게 쑥을 먹이며 독한 물을 마시게 하고

【해설】
이 지역의 쑥은 광야에서 자라는 독초의 일종이다. 그 수액은 써서 음료로 사용할 수 없는데 이 독한 물을 마신다는 것은 엄한 심판을 예고하는 것이다. 환난과 고난을 상

징하는 쑥을 먹는다는 것은 곧 하나님의 심판으로 인하여 육체적 정신적으로 극심한 고통을 당하게 될 것을 가리킨다. 독한 물을 마시면 곧 죽게될 것을 암시하고 있으며 쑥의 즙 외에도 양귀비의 잎즙 등은 하나님의 가혹한 심판을 상징한다.

【예레미야 25 : 30】
그러므로 너는 그들에게 이 모든 말로 예언하여 이르기를 여호와께서 높은 데서 포효하시고 그의 거룩한 처소에서 소리를 내시며 그의 초장을 향하여 크게 부르시고 세상 모든 주민에 대하여 포도 밟는 자 같이 흥겹게 노래하시리라

【해설】
포도주를 만들기 위하여 술 빚는 틀에서 함성을 지르며 포도를 밟는 사람을 묘사한 것으로 성서에서는 하나님의 심판을 상징하는 말로 자주 쓰인다.

【예레미야 35 : 5~9】
내가 레갑 사람들의 후손들 앞에 포도주가 가득한 종지와 술잔을 놓고 마시라 권하매 그들이 이르되 우리는 포도주를 마시지 아니하겠노라 레갑의 아들 우리 선조 요나답이 우리에게 명령하여 이르기를 너희와 너희 자손은 영원히 포도주를 마시지 말며 너희가 집도 짓지 말며 파종도 하지 말며 포도원을 소유하지도 말고 너희는 평생 동안 장막에 살아라 그리하면 너희가 머물러 사는 땅에서 너희 생명이 길리라 하였으므로 우리가 레갑의 아들 우리 선조 요나답이 우리에게 명령한 모든 말을 순종하여 우리와 우리 아내와 자녀가 평생 동안 포도주를 마시지 아니하며 살 집도 짓지 아니하며 포도원이나 밭이나 종자도 가지지 아니하고

【해설】
레갑 족속의 순종적 생활방식은
- 금주 : 술을 의약용으로 사용하기도 했으나 대개 만악의 뿌리로 여긴다.(시편 4 : 6, 7)
- 장막 생활 : 소유욕으로부터 해방되었다.(마태복음 6 : 19~21)
- 떠돌이 생활 : 세상의 어느 한 곳에 정착에 미련을 두지 않고 천국 본향에 소망을 두었다.

【예레미야 40 : 12】
그 모든 유다 사람이 쫓겨났던 각처에서 돌아와 유다 땅 미스바에 사는 그다랴에게 이르러 포도주와 여름 과일을 심히 많이 모으니라

【해설】
바빌론의 시위대장 느부사라단이 예루살렘에 도착한 것은 기원전 586년 8월이었다. 팔레스타인에서 포도와 무화과 등 여름 실과의 추수는 8~9월 중에 이루어진다. 도망했던 사람들이 돌아오자 여름 실과의 수확 때가 된 것이다.

【예레미야 41 : 8】
그중의 열 사람은 이스마엘에게 이르기를 우리가 밀과 보리와 기름과 꿀을 밭에 감추었으니 우리를 죽이지 말라 하니 그가 그치고 그들을 그의 형제와 마찬가지로 죽이지 아니하였더라

【해설】
밀, 보리, 기름, 꿀은 응급할 때를 대비하여 저장하는 일상적인 식품이지만 이스마엘에게 중요한 것을 감추었으므로 죽이지 말라고 간청한 것은 생명과 바꿀 만큼 소중한 것을 의미한다.

【예레미야 48 : 12】
그러므로 여호와께서 말씀하시니라 날이 이르리니 내가 술을 옮겨 담는 사람을 보낼 것이라 그들이 기울여서 그 그릇을 비게 하고 그 병들을 부수리니

【해설】
그릇 속에 들어 있는 것은 평안한 모압을 말하며 그릇을 기울이는 자는 모압을 치는 자로 하나님의 심판에 대항하여 모압을 치는 바빌론 군대를 의미하고 있다.

【예레미야애가 3 : 15】
나를 쓴 것들로 배불리시고 쑥으로 취하게 하셨으며

【해설】
쓴 것은 유월절에 먹는 쓴나물을 말하며 괴로움으로 가득찬 상황을 의미하며 쑥은

독초, 독물로 상징되어 혹독한 시련을 뜻한다.

【예레미야애가 4 : 3】
들개들도 젖을 주어 그들의 새끼를 먹이나 딸 내 백성은 잔인하여 마치 광야의 타조 같도다

【해설】
들개는 이리보다 몸집이 작고 꼬리가 짧으며 황무지와 폐허 지역에서 떼 지어 다닌다.(이사야 13 : 22, 예레미야 10 : 22) 일부 성서에서는 시랑(豺狼)으로 번역되기도 했다. 이는 원수를 징벌하는 수단 또는 하나님의 심판을 받은 곳의 황량함을 나타낸다. 타조는 성서에서 잔인하며(예레미야애가 4 : 3), 쓸쓸하며(욥기 30 : 29), 불결하고(레위기 11 : 16), 어리석은 동물(욥기 39 : 13,17)로 나온다.

【에스겔 4 : 12】
너는 그것을 보리떡처럼 만들어 먹되 그들의 목전에서 인분 불을 피워 구울지니라

【해설】
더러운 것으로 연료를 삼아 요리하는 것은 부정한 행위이다(신명기 23 : 13). 하나님께서 연료가 떨어질 것을 예고하신 것이다.

【에스겔 13 : 19】
너희가 두어 움큼 보리와 두어 조각 떡을 위하여 나를 내 백성 가운데에서 욕되게 하여 거짓말을 곧이 듣는 내 백성에게 너희가 거짓말을 지어내어 죽지 아니할 영혼을 죽이고 살지 못할 영혼을 살리는도다

【해설】
여선지자들이 점쳐 주는 대가로 받은 최소한의 복채 또는 점치는 도구로 사용되는 보리나 조각떡을 말한다. 여선지자들이 자기들의 생계를 유지하기 위해 거짓말을 하나님의 에언이라고 사칭하여 백성들에게 받아낸 온갖 뇌물 성격의 복채를 말하며 하찮은 것 때문에 큰 죄를 범하였다.

【에스겔 16 : 4】
네가 난 것을 말하건대 네가 날 때에 네 배꼽 줄을 자르지 아니하였고 너를 물로 씻어 정결하게 하지 아니하였고 네게 소금을 뿌리지 아니하였고 너를 강보로 싸지도 아니하였나니

【해설】
신생아를 물로 정결하게 한 후 소금으로 문지르는 것은 고대 근동 지방에서 널리 행해졌던 관습이다. 소금은 여기에서 단순히 아이의 피부를 건조하고 단단하게 해주기 위하여 사용된 것이 아니고, 아마 방부의 효능이 있는 소금을 사용하므로 아이의 건강에 대한 강한 소망의 기원을 표시할 수도 있다. 그러나 소금을 뿌리는 것은 모든 병균으로부터 보호하기 위한 제균 행동임에는 틀림없다. 소금을 뿌리지 아니하면 다른 민족들로부터 멸시와 천대를 받았고 본질상 부정하다는 것을 가리킨다.

【에스겔 16 : 13】
이와 같이 네가 금, 은으로 장식하고 가는 베와 모시와 수 놓은 것을 입으며 또 고운 밀가루와 꿀과 기름을 먹음으로 극히 곱고 형통하여 왕후의 지위에 올랐느니라

【해설】
값이 비싸고 기름진 음식을 대표하는 것으로서 당시 온갖 산해진미가 집결하던 두로 시장에서도 귀한 것으로 취급되었다.(에스겔 27 : 17) 가루와 꿀로 만든 과자는 보통 그리스의 여러 제례의식에 사용하였으나 히브리인의 제례의식에서는 꿀과 누룩은 더불어 금지되었다.

【에스겔 18 : 2】
너희가 이스라엘 땅에 관한 속담에 이르기를 아버지가 신 포도를 먹었으므로 그의 아들의 이가 시다고 함은 어찌 됨이냐

【해설】
포로된 히브리인이 하나님의 심판에 대한 불평, 자신들의 유배가 조상들의 죄 때문이라고 그 죄를 다른 사람에게 전가시키는 것을 비유한 것이다.

【에스겔 27 : 17】
유다와 이스라엘 땅 사람이 네 상인이 되었음이여 민닛 밀과 과자와 꿀과 기름과

유향을 네 물품과 바꾸어 갔도다

【해설】
유다, 이스라엘 사람이 밀, 과자, 꿀, 기름, 유황을 가져왔고 다른 물건으로 바꾸어 갔다. 교역 상품으로 보아 유다, 이스라엘에서 식료품이 다량 생산된 것으로 추정할 수 있다. 두로는 이런 물물교역의 중심지였다.

【에스겔 36 : 29, 30】
내가 너희를 모든 더러운 데에서 구원하고 곡식이 풍성하게 하여 기근이 너희에게 닥치지 아니하게 할 것이며 또 나무의 열매와 밭의 소산을 풍성하게 하여 너희가 다시는 기근의 욕을 여러 나라에게 당하지 아니하게 하리니

【해설】
기근을 면하게 하는 하나님의 약속은 곡식, 나무의 실과, 밭의 소산을 풍성하게 하여 건강하게 살 수 있도록 하는 것이다.

【다니엘 1 : 8, 16】
다니엘은 뜻을 정하여 왕의 음식과 그가 마시는 포도주로 자기를 더럽히지 아니하리라 하고 자기를 더럽히지 아니하도록 환관장에게 구하니 그리하여 감독하는 자가 그들에게 지정된 음식과 마실 포도주를 제하고 채식을 주니라

【해설】
다니엘과 세 친구가 왕의 진미와 포도주를 거부하고 채식과 물만 먹기로 결심하였다.
왕의 진미에 나오는 고기가
① 피를 뿌려 잡은 고기이거나(신명기 12 : 23, 24)
② 부정한 동물의 고기(레위기 11 : 10~12)
③ 우상 숭배에 바쳤던 음식물일 수도 있기 때문에 거부하였다.
따라서 다니엘과 세 친구가 채식하기로 결심한 동기는 단순히 감정적 민족주의에서 나온 것이 아니라 유대 율법의 음식에 관한 규례를 지키고 부정에 빠지는 것을 방지하기 위함이었다. 출처나 생산 과정이 불명확한 것은 부정의 가능성만으로도 먹지 않았다. 다니엘과 세 친구의 얼굴이 다른 사람보다 더 윤택하고 아름답게 된 것은 채소와 물이 왕의 진미와 포도주보다 영양가가 많고 건강에 좋기 때문 만은 아니다. 하나님의 초자연적 능력이 신실하고 충성된 성도에게 보상의 확실성을 보여준다.

【요엘 2 : 19】
여호와께서 그들에게 응답하여 이르시기를 내가 너희에게 곡식과 새 포도주와 기름을 주리니 너희가 이로 말미암아 흡족하리라 내가 다시는 너희가 나라들 가운데에서 욕을 당하지 않게 할 것이며

【해설】
여호와의 응답으로 곡식과 새 포도주와 기름을 주시겠다고 약속하였고 고기가 없어도 백성들이 흡족히 여길 것을 알고 계셨다.

【미가 6 : 15】
네가 씨를 뿌려도 추수하지 못할 것이며 감람 열매를 밟아도 기름을 네 몸에 바르지 못할 것이며 포도를 밟아도 술을 마시지 못하리라

【해설】
이스라엘 사람들이 사악해져서 하나님께서 재앙을 내려 농사가 침체될 뿐 아니라 지은 농사의 수확물도 적의 침략으로 그들의 것이 되지 못할 것임을 나타낸 것이다.

【스가랴 9 : 7】
그의 입에서 그의 피를, 그의 이사이에서 그 가증한 것을 제거하리니 그들도 남아서 우리 하나님께로 돌아와서 유다의 한 지도자 같이 되겠고 에그론은 여부스 사람 같이 되리라

【해설】
블레셋 사람들은 그들의 신에게 제사드릴 때 제물의 피와 살을 먹고 마신다.

【스가랴 9 : 17】
그의 형통함과 그의 아름다움이 어찌 그리 큰지 곡식은 청년을, 새 포도주는 처녀를 강건하게 하리라

【해설】
하나님의 은혜는 어른들의 독점물인 새 포도주가 어린 소년 소녀들에게까지 풍성히 공급될 정도로 물질적으로 풍요로움을 뜻한다.

【마태복음 3 : 4】
이 요한은 낙타털 옷을 입고 허리에 가죽 띠를 띠고 음식은 메뚜기와 석청이었더라

【해설】
세례 요한이 광야 생활할 때 생명을 유지시켜준 음식들로 메뚜기는 정결한 음식 중의 하나이고 석청은 야생 꿀로 광야에서 흔히 발견되는 것이다.

【마태복음 13 : 27】
집주인의 종들이 와서 말하되 주여 밭에 좋은 씨를 뿌리지 아니하였나이까 그런데 가라지가 어디서 생겼나이까

【해설】
가라지는 팔레스타인의 밀밭, 보리밭에 나는 잡초이며, 독보리이다. 밀보다 강한 뿌리를 가졌기 때문에 이것을 뽑을 때 어린 밀이 함께 뽑혔다. 가라지는 독이 있어 많이 섭취하면 구토, 설사, 현기증을 일으킨다.

- 위장성(僞裝性) : 곡식과 비슷하다.
- 해독성(害毒性) : 인체에 유독하다.
- 잠복성(潛伏性) : 곡식이 팰 때에야 알곡과 구분이 가능하다.

【마태복음 13 : 31, 34】
또 비유를 들어 이르시되 천국은 마치 사람이 자기 밭에 갖다 심은 겨자씨 한 알 같으니
또 비유로 말씀하시되 천국은 마치 여자가 가루 서 말 속에 갖다 넣어 전부 부풀게 한 누룩과 같으니라

【해설】
겨자, 누룩을 천국에 비유한 것은 둘 다 시작은 미약하나 나중은 심히 창대하다는 뜻이다. 다른 점은 겨자는 외적 성장, 누룩은 내적 변화를 가져오는 점이 차이가 난다. 겨자씨는 팔레스타인 농부들이나 정원사가 심었던 씨들 가운데 가장 작은 씨였다.

【마태복음 14 : 17】
제자들이 이르되 여기 우리에게 있는 것은 떡 다섯 개와 물고기 두 마리뿐이니이다

【해설】
떡과 물고기는 일상의 완전한 한 끼의 식사로서 가치가 있었으며 밀이나 보리로 만든 떡은 유대인의 주식이었다. 보리떡은 가난한 사람들의 주식이었으며 굽거나 소금에 절인 물고기는 대체로 빈약한 반찬으로 여겨졌다. 어린이가 가지고 있는 음식은 내용도 보잘것없을 뿐 아니라 분량도 적었을 것이다. 이렇게 보잘것없는 것도 주님께서 쓰고자 하실 때는 요긴하고 풍성하게 하신다는 뜻이 포함되어 있다.

【마태복음 15 : 2】
당신의 제자들이 어찌하여 장로들의 전통을 범하나이까 떡 먹을 때에 손을 씻지 아니하나이다

【해설】
식사 전 수세 습관은 먼지가 많은 팔레스타인의 풍토와 손으로 음식을 먹는 풍습에서 생긴 것이다.

【마태복음 15 : 11】
입으로 들어가는 것이 사람을 더럽게 하는 것이 아니라 입에서 나오는 그것이 사람을 더럽게 하는 것이니라

【해설】
밖에서 안으로 들어가는 음식물이 사람을 더럽히는 것이 아니라 오히려 사람에게서 나오는 악한 생각, 말, 행동이 문제라는 뜻이다. 자연의 산물인 음식물이 선악에 영향을 주는 것이 아니라 인간의 결단이 사람됨에 결정적 영향을 끼친다는 것이 예수님 말씀의 주요한 의의라고 볼 수 있다.

【마태복음 24 : 32】
무화과나무의 비유를 배우라 그 가지가 연하여지고 잎사귀를 내면 여름이 가까운 줄을 아나니

【해설】
공관복음에 모두 나오는 무화과는 팔레스타인 지역에서 얼마 되지 않는 낙엽수이다. 이 지역의 나무가 거의 상록수인 점을 볼 때 낙엽이 생기고 지는 이 나무는 계절을

알게 하는데 많은 주목을 받았다.

【마태복음 27 : 34】
쓸개 탄 포도주를 예수께 주어 마시게 하려 하였더니 예수께서 맛보시고 마시고자 하지 아니하시더라

【해설】
식초에 넣어 예수님께 주었던 쓸개는 양귀비의 아편이었다. 이 식물의 꽃은 성지에서 번성하고 있다. 이 식물은 깊은 잠을 들게 하는 마취 성분을 만든다. 골고다 언덕에서 로마 군사가 죽어가는 그들의 죄수들을 불쌍히 여겨 신 포도주에 양귀비즙을 넣어 마시게 하였다. 예수님은 맛을 본 후 마시기를 거절하셨다. 예수님은 인류를 구원하기 위해 십자가의 고뇌를 온전하게 감당하고자 결심하였던 것이다.
가장 가치 있는 약 중의 하나인 아편은 양귀비의 꼭대기로부터 나온다. 꽃이 떨어진 뒤 2~3일 후 과피의 옆으로 상처를 내어 진액이 흘러나오도록 하면 24시간이 지난 다음 단단하게 된다. 꽃은 하얀 아름다운 모습이다. 4개의 꽃잎에 짙은 자색의 점이 있다. 허리 높이까지 자라고 은색, 청록색의 잎무리를 보인다.

【마가복음 2 : 23】
안식일에 예수께서 밀밭 사이로 지나가실새 그의 제자들이 길을 열며 이삭을 자르니

【해설】
시장할 때 이삭을 잘라 비벼 먹을 수 있는 밀이다. 바리새인들이 안식일에 이루어진 일을 비난하였지만, 남의 밀을 먹은 것에 대하여는 말이 없는 것을 보아 죄가 되지 않는다는 것을 알 수 있다.

【마가복음 7 : 2, 3】
그의 제자 중 몇 사람이 부정한 손 곧 씻지 아니한 손으로 떡 먹는 것을 보았더라 (바리새인들과 모든 유대인들은 장로들의 전통을 지키어 손을 잘 씻지 않고서는 음식을 먹지 아니하며……)

【해설】
씻는 것은 좋은 것이나 그것이 형식으로 정착되면 형식주의, 의식주의에 빠지는 것을

경계하고자 한 것이다.

【마가복음 14 : 3】
예수께서 베다니 나병환자 시몬의 집에서 식사하실 때에 한 여자가 매우 값진 향유 곧 순전한 나드 한 옥합을 가지고 와서 그 옥합을 깨뜨려 예수의 머리에 부으니

【해설】
히말라야 산맥에서 자라는 나드(nard)의 뿌리와 잎사귀에서 뽑은 향유이다. 동인도 지역에 서식하는 매우 향기로운 이 식물로 만든 향유는 매우 값이 비싼 향유이다. *Nardostachys jatamansi* 라 불리는 향나무의 뿌리에서 추출된 점액성 액체를 가리킨다. 이 나무는 팔레스타인에서 재배되지 않고 주로 히말라야 산맥이나 인도 지방에서 재배되었기 때문에 이를 수입하는 가격이 매우 비쌌다. 유대인들과 로마인들은 시신에 향유를 발라 악취가 나는 것을 방지하였으며 때로는 자기 집에 귀한 손님이 방문했을 때 이를 그 사람의 머리에 발라주기도 했다.

【마가복음 14 : 20】
그들에게 이르시되 열둘 중의 하나 곧 나와 함께 그릇에 손을 넣는 자니라

【해설】
무화과, 대추야자, 아몬드 등으로 만든 과즙 과물, 그리고 식초를 섞은 국물이 담긴 그릇에 무교병을 찍어 먹었다.

【마가복음 14 : 22】
그들이 먹을 때에 예수께서 떡을 가지사 축복하시고 떼어 제자들에게 주시며 이르시되 받으라 이것은 내 몸이니라 하시고

【해설】
유대인의 유월절 만찬 순서는 다음과 같다.
① 가장의 기도 - 포도주 첫 한 잔
② 쓴 나물과 채소를 먹음 - 유월절의 의미 회상
③ 그 의미를 풀어 놓은 설교집 일부 통독
④ 두 번째 포도주 잔, 무교병, 어린 양고기를 함께 먹음

⑤ 세 번째 축복의 잔, 감사기도, 찬양
⑥ 마지막 네 번째 잔을 마심

【마가복음 15 : 36】
한 사람이 달려가서 해면에 신 포도주를 적시어 갈대에 꿰어 마시게 하고 이르되 가만 두라 엘리야가 와서 그를 내려주나 보자 하더라

【해설】
예수께서 신 포도주를 받은 것은 시편 69편 21절의 예언을 성취하기 위함이다. 요한복음 19장 29절에서는 "해융을 우슬초에 매어……"라고 기록하고 있다. 우슬초는 마조람(majoram)이라 부르는 식물로 갈대와 같은 줄기가 있다. 길이 100~120cm로 십자가의 예수님 입까지는 높이가 3m가 넘지 않았을 것으로 추정할 때 충분히 닿을 수 있는 거리였을 것이다.

【누가복음 5 : 37】
새 포도주를 낡은 가죽 부대에 넣는 자가 없나니 만일 그렇게 하면 새 포도주가 부대를 터뜨려 포도주가 쏟아지고 부대도 못쓰게 되리라

【해설】
고대 사람들은 동물의 가죽으로 부대를 만들어 그 속에 여러 가지 액체를 보관하였다. 이 가죽 부대는 동물을 죽인 후 머리 부분과 다리 부분을 잘라내고 그 가죽을 벗겨낸 다음 털이 나있는 부분을 바깥쪽으로 하여 목 부분만을 제외하고는 모든 구멍을 꿰맨 다음 가죽의 기름을 제거하고 손질하였다. 탄력성이 약하므로 발효력이 강한 새 술을 넣으면 오래되어 탄력이 떨어진 부대는 터져버리게 된다.
비교적 최근까지도 팔레스타인, 유럽, 남미에서 사용했던 적이 있으며 발효력이 강한 새 포도주를 여기에서는 생명력이 넘치는 그리스도의 복음으로 생각해야 한다.

【누가복음 6 : 1】
안식일에 예수께서 밀밭 사이로 지나가실새 제자들이 이삭을 잘라 손으로 비비어 먹으니

【해설】

율법주의자들의 기준으로 두 가지 범죄를 범하였다. 이삭을 자르는 것은 안식일에 추수한 것과 같으며 이삭을 손으로 비비는 것도 타작과 같아서 안식일에 해서는 안 되는 행동이었다.

【누가복음 7 : 46】
너는 내 머리에 감람유도 붓지 아니하였으되 그는 향유를 내 발에 부었느니라

【해설】
올리브유는 매우 다양한 곳에 사용하였다.
① 등유로 사용(출애굽기 25 : 6)
② 제사장 및 성물을 거룩하게 하는 관유 구성(출애굽기 30 : 23~25)
③ 피부 화장(신명기 28 : 40)
④ 의약품(이사야 1 : 6)
⑤ 음식 조리용(출애굽기 29 : 9, 23)

【누가복음 11 : 11, 12】
너희 중에 아버지 된 자로서 누가 아들이 생선을 달라 하는데 생선 대신에 뱀을 주며 알을 달라 하는데 전갈을 주겠느냐

【해설】
위 기록으로 보아 팔레스타인 지역의 식재료의 일부를 알 수 있으며 생선과 알은 이미 생활 중에 보편화된 것으로 짐작할 수 있다.

【누가복음 11 : 42】
화 있을진저 너희 바리새인이여 너희가 박하와 운향과 모든 채소의 십일조는 드리되 공의와 하나님께 대한 사랑은 버리는도다 그러나 이것도 행하고 저것도 버리지 말아야 할지니라

【해설】
운향은 야생 식물이었지만 박하는 정원에 심었다. 박하는 꿀풀과의 식물로 1m 크기의 다년생 풀이다.
줄기와 잎에서 향료를 채취하는 방향식물로 잘 알려져 있다. 운향은 1~1.5m 크기의

다년생 초본으로 궁궁이(산형과의 풀)라고도 부른다. 뿌리에서 향료를 채취하여 구충, 통경(痛經) 등에 약재로 쓴다.

【누가복음 13 : 19】
마치 사람이 자기 채소밭에 갖다 심은 겨자씨 한 알 같으니 자라 나무가 되어 공중의 새들이 그 가지에 깃들였느니라

【해설】
겨자씨는 굉장히 작으나 이 식물은 1.2~2.7m나 되는 큰 식물로 자란다.

【누가복음 14 : 34】
소금이 좋은 것이나 소금도 만일 그 맛을 잃으면 무엇으로 짜게 하리요

【해설】
음식의 부패 방지나 음식의 맛을 돋우는 일을 하는 소금은 사용 후 형체가 없어지지만, 그 기능은 없어지지 아니하고 계속 작용한다.

【누가복음 15 : 16】
그가 돼지 먹는 쥐엄 열매로 배를 채우고자 하되 주는 자가 없는지라

【해설】
유대인들은 돼지를 부정한 동물로 여겨 돼지고기를 먹지 않을 뿐 아니라 만지지도 않는데 돼지를 친다는 것은 상상할 수 없을 만큼 수치스러운 일이다. 그런 돼지가 먹는 것도 그의 배를 채울 만큼 풍족하지 않은 것은 극도의 비참상을 나타낸 것이다. 쥐엄 열매는 동부 지중해 연안에서 볼 수 있는 상록 교목인 구주콩나무(carob tree)의 열매로 먹을 것이 극히 없을 때만 먹고 거의 동물들의 사료로 사용하는 약간 단맛이 나는 열매이다.

【누가복음 19 : 4】
앞으로 달려가서 보기 위하여 돌무화과나무에 올라가니 이는 예수께서 그리로 지나가시게 됨이러라

【해설】
돌무화과나무는 뽕나무과에 속하는 낙엽교목으로 성서에서 말하는 뽕나무는 주로 무화과 뽕나무를 말하는데 이 나무의 열매가 무화과와 비슷한데서 연유하였다. 보통 10~13m의 크기로 가구, 문, 궤 등을 만드는 재료로 사용되었다. 이 나무는 가지가 넓게 퍼지고 아래로 늘어져 있어 사람들이 비교적 쉽게 올라갈 수 있다. 일명 애굽 무화과로 불리기도 하며 잎은 뽕나무와 비슷하다. 열매 맛은 무화과만은 못하지만 가난한 서민들의 식료품으로 쓰이기도 하였다.

【누가복음 22 : 17】
이에 잔을 받으사 감사 기도하시고 이르시되 이것을 갖다가 너희끼리 나누라

【해설】
유월절 음식을 먹을 때는 네 차례의 포도주 잔을 들었다. 주된 식사 뒤에 마시는 세 번째 잔이 축복의 잔으로 이 잔이 예수님께서 마지막 만찬에서 제자들에게 준 잔에 해당한다.

【요한복음 6 : 5】
예수께서 눈을 들어 큰 무리가 자기에게로 오는 것을 보시고 빌립에게 이르시되 우리가 어디서 떡을 사서 이 사람들을 먹이겠느냐 하시니

【해설】
유대인들의 떡은 보통 밀가루와 보릿가루로 만들었다. 모양은 대개 지름이 45cm 정도의 크기로 납작하고 둥근 접시 모양이었다.

【사도행전 10 : 15】
또 두 번째 소리가 있으되 하나님께서 깨끗하게 하신 것을 네가 속되다 하지 말라 하더라

【해설】
레위기 11장에 기록된 음식 규례는 매우 까다롭기 때문에 복음이 세계에 전파되기 위하여는 음식 문제가 해결되어야 했다. 예수님은 형식에 사로잡힌 유대인의 예법을 질책하고 있다.

【로마서 11 : 17】
또한 가지 얼마가 꺾이었는데 돌감람나무인 네가 그들 중에 접붙임이 되어 참감람나무 뿌리의 진액을 함께 받는 자가 되었은즉

【해설】
참감람나무의 뿌리에 돌감람나무의 접붙임을 설명하는 구절은 실제 실행되는 것은 아니다. 보통 대목은 수확이 부실해도 환경 적응성이 강하여 건강하게 잘 자라는 야생종이나 유연종을 쓰는 경우가 많아 이해가 힘든 내용이다. 그러나 18절에서 가지는 원가지나 뿌리에 붙어 있음으로 열매를 맺고 뿌리가 튼튼해야 훌륭한 열매를 맺을 수 있다는 것을 알려주는 뜻으로 예수님을 포도나무로 비유한 내용과 맥을 같이 한다고 할 수 있다.(요 15 : 4, 5)

【로마서 14 : 20】
음식으로 말미암아 하나님의 사업을 무너지게 하지 말라 만물이 다 깨끗하되 거리낌으로 먹는 사람에게는 악한 것이라

【해설】
음식 자체에 선악이 있는 것이 아니라 마음가짐에 거리낌이 있느냐 여부에 따라 악한 것도 선한 것이 된다.

【고린도전서 3 : 16, 17】
너희는 너희가 하나님의 성전인 것과 하나님의 성령이 너희 안에 계시는 것을 알지 못하느냐 누구든지 하나님의 성전을 더럽히면 하나님이 그 사람을 멸하시리라 하나님의 성전은 거룩하니 너희도 그러하니라

【해설】
일부 종교단체에서 특별히 강조하고 있는 건강 생활의 기초가 되는 말씀으로 식생활을 간결하게, 적당하게 또 충분한 운동과 휴식을 강조하기도 한다. 그래서 몸에 자극이 되는 차, 커피, 주류, 담배, 겨자, 고추, 후추 등의 사용을 금지하고 있다.

【갈라디아서 5 : 9】
적은 누룩이 온 덩이에 퍼지느니라

【해설】
적은 누룩은 거짓 교사를 의미한다. 거짓된 이단 사실을 성장과 전파 속도가 빠르기 때문에 경계해야 한다는 뜻으로 죄와 옛 생활로 상징된 누룩을 경계해야 한다는 뜻도 있다. 성서에서 누룩은 그 대상이 무엇이든 퍼짐성에 중점을 두고 있기 때문에 대상과 누룩을 동일하게 해석하여 선악의 대상으로 판단하여서는 안 된다.

【골로새서 4 : 6】
너희 말을 항상 은혜 가운데서 소금으로 맛을 냄과 같이 하라 그리하면 각 사람에게 마땅히 대답할 것을 알리라

【해설】
헬라인들은 말의 재치를 상징하는 말로 소금이라는 단어를 썼다. 소금이 맛을 내고 썩지 않게 하듯 그리스도인들은 지혜롭고 경건한 말로 대화함으로써 불신자들이 복음을 관심 있게 들을 수 있도록 해야 한다.

【디모데전서 4 : 3】
혼인을 금하고 어떤 음식물은 먹지 말라고 할 터이나 음식물은 하나님이 지으신 바니 믿는 자들과 진리를 아는 자들이 감사함으로 받을 것이니라

【해설】
금욕생활을 위해 음주와 육식을 금한다. 특히 엣세네파는 극단적인 금욕주의 생활을 하는 것으로 유명하다.

【디모데전서 5 : 23】
이제부터는 물만 마시지 말고 네 위장과 자주 나는 병을 위하여는 포도주를 조금씩 쓰라

【해설】
지나친 금욕생활의 무익성을 강조하고 있으며 포도주가 위장병의 치료에 효과가 있다는 것을 가르쳐 주고 있다. 하나님은 병을 고치는데 기도나 이적을 통해서만 아니라 자연적, 합리적, 치유 수단을 통해서 병을 고쳐주신다는 것을 알려주고 계신다.

【디도서 2 : 3】

늙은 여자로는 이와 같이 행실이 거룩하며 모함하지 말며 많은 술의 종이 되지 아니하며 선한 것을 가르치는 자들이 되고

【해설】

술이 인간의 행동에 미치는 악영향을 강조하고 있다. 같은 위치에 '모함하지 말며'를 기록하여 한 묶음으로 술의 사악함을 강조하고 있다.

【요한계시록 6 : 6】

내가 네 생물 사이로부터 나는 듯한 음성을 들으니 이르되 한 데나리온에 밀 한 되요 한 데나리온에 보리 석 되로다 또 감람유와 포도주는 해치지 말라 하더라

【해설】

군대의 침입이나 극심한 가뭄으로 인하여 생필품의 품귀 현상이 일어나서 일상적인 가격보다 엄청난 가격(평상시의 10배 정도)을 지불해야 얻을 수 있음을 뜻한다.

【요한계시록 8 : 11】

이 별 이름은 쓴 쑥이라 물의 삼분의 일이 쓴 쑥이 되매 그 물이 쓴물이 되므로 많은 사람이 죽더라

【해설】

쓴 쑥은 근동 지방에 자라나는 풀로 그 맛이 아주 쓴데 구약성서에서부터 쑥의 쓴맛은 항상 불순종하고 거역하는 이스라엘 백성에 대한 하나님의 심판을 의미한다. 쓴 쑥은 쓴맛 때문에 상징적으로 비애, 혹독함, 심판, 재난 등을 가르킨다.

【요한계시록 14 : 18, 19】

또 불을 다스리는 다른 천사가 제단으로부터 나와 예리한 낫 가진 자를 향하여 큰 음성으로 불러 이르되 네 예리한 낫을 휘둘러 땅의 포도송이를 거두라 그 포도가 익었느니라 하더라 천사가 낫을 땅에 휘둘러 땅의 포도를 거두어 하나님의 진노의 큰 포도주 틀에 던지매

【해설】

악한 자들의 불신과 죄악이 절정에 달하였고 고난 중의 성도들의 부르짖음이 하나님께 상달되어 최후의 심판날이 가까워져 온 것을 말한다.

【요한계시록 18 : 13】
계피와 향료와 향과 향유와 유향과 포도주와 감람유와 고운 밀가루와 밀이요 소와 양과 말과 수레와 종들과 사람의 영혼들이라

【해설】
바빌론의 권력자들이 불의, 부정으로 부를 축적하기 위한 상거래 상품들이다.

① 고급 향유
- 계피(육계) : 인도산 사치품으로 로마에서 값이 비쌌다.
- 유향은 아프리카산으로 술의 향료와 등유로 썼다.

② 식료품류
- 포도주 : 대부분의 사람들이 마셨으나 매우 묽게 마셨다.
- 감람유(올리브유) : 요리나 취임식 때 사용되었다.

③ 가축류
- 소 : 젖과 고기의 공급원이었다.
- 양 : 중요한 재산 품목의 하나이다.

【부록 1】

가나안 지역의 식품관련 역사

시기	지역	식품관련 사건
도기(陶期) 신석기 BC 6000~4300	베트셰안	도자기의 발명, 농업 및 축산의 시작, 도끼, 낫, 칼, 끌의 발굴
청동기 전기 BC 4300~3300	브엘세바, 가자, 아랏	• 브엘세바 근처 강 연안에서 홍수 후 작은 구덩이를 만들어 관개와 식수의 이용법이 시작 • 사해 근처 엔게디에서 물구덩이가 발견되고 밀, 보리, 올리브, 마늘, 양파, 석류, 렌틸콩, 너트류 발견 • 올리브의 교역이 시작됨 • 야자수의 경작 • 골란고원에 올리브가 재배되고 올리브유 생산 • 대부분의 가정에서 도자기 생산 • 최초의 치즈 생산
초기 청동기 1기 BC 3300~3040	므깃도	• 산악지역에서 포도와 무화과 재배 • 이집트 무덤에서 호리병 박씨 발견
초기 청동기 2, 3기 BC 3050~2300	아이	• 네게브 아랏에서 보리, 밀, 콩류 발견 • 포도와 올리브가 구릉지역의 주산물이며 평야의 도시지역에서 올리브유와 포도주가 유통됨 • 곡류를 재배하는 평지사람들과 고기와 가죽을 생산하는 반유목민들 사이의 교역이 이루어짐 • 돌물을 이용한 경작이 시작됨 • 대형 저수조의 건설 • 초기 양봉의 유적 발견
초기 청동기 4기 (중기 청동기 1기) BC 2300~2000	족장시대의 시작	이집트의 침공으로 도시문화가 붕괴되고 농업과 목축업의 복합형태가 생존의 방편이 됨
중기 청동기2A기 BC 2000~1750		• 아모리인이 메소포타미아에 처음 나타남(창 10 : 16)

		• 이집트에서 BC 1900년 경의 것으로 보이는 벌꿀을 담았던 토기를 발견
중기 청동기 2기 BC 1800~1550		설형문자로 쓰인 아카디아어가 첫 기록 문서로 나타남
후기 청동기 1기 BC 1550~1400		• 이스라엘 사람들이 이집트에서 노예 생활 • 헷 족속이 그들의 나라를 세웠다 • 해안의 몇몇 도시에서 해상무역이 이루어짐 • 소규모의 농업사회가 몰락하고 유목민 증가 • 키프러스에서 도자기 첫 수입 • 이집트는 가나안에서 포도주와 캐롭을 수입 • 그리스의 미케네 도자기 수입
후기 청동기 2기 BC 1400~1200		BC 1220년경에 제작된 이집트 석비에 이스라엘땅의 히브리인을 처음으로 기록
철기 1A기 BC 1200~1150		• 이스라엘 사람들이 정착에 위기를 맞는다. • 동지중해의 섬에서 블레셋 사람과 다른 해안 사람들이 가나안 땅에 들어옴(암 9 : 7) • 큰 규모의 가축사육장과 곡물저장고 설치 • 목축이 경제의 큰 역할 • 농사를 위한 광장과 저수조의 건설(수 17 : 15)
철기 1B기 BC 1150~1000	사사의 시대	
철기 2A기 BC 1000~925		• 솔로몬의 상업 중심도시 건설 • 네게브 샘물 주변에 정착자들의 증가, 물은 큰 저수조에 저장
철기 2B기 BC 925~720		• 앗시리아의 침공으로 군주제 붕괴 • 대규모 공공 식량 저장시설 설치 • 농장수의 급격한 증가
철기 2C기 BC 720~586		• 바빌로니아에 의하여 최초 성전 파괴 • 일반 가정에 착유장치가 있었다. • 포도주를 만드는 시설이 바위 위에 만들어짐

페르시아시대 BC 586~332		• 페르시아의 고레스 왕 때 시온에 돌아옴(스 1 : 1~2) • 요단계곡에 농업의 발전 • 곡류 가공용 큰 절구 사용(이스라엘 외에는 발견되지 않음)
헬레니즘 시대 BC 332~37		• 유다지파가 지배하던 곳을 로마가 접수 • 향료의 국제 교역 • 지중해지역 어류의 성지로 수입 증가
로마시대 BC 37~AD 324		• 예수 탄생 및 십자가에서 죽음 • 성전의 파괴 • 상품교역을 위하여 로마에서 도로 건설 • 성지에 사탕수수 전래 • 성지에 키프로스 포도주 도입 • 올리브유 생산에 돌압착기 대신 회전식 압착기 등장

【부록 2】

성서의 식물

한 글 명	학 명	영어명	히브리어명	원산지
감람나무	*Canarium album*	chinese olive		중국남부, 베트남
올리브	*Olea europaea*	olive	zayit	중동지역,지중해연안
포도	*Vitis vinifera*	grape vine	gephen	메소포타미아지역
무화과	*Ficus carica*	fig	teenah	서남아시아, 지중해연안
대추야자	*Phoenix dactylifera*	date palm	tamar	북아프리카
종려나무	*Trach ycarpus excelsus*			중국, 일본
쥐엄나무	*Ceratonia siliqua*	locust tree	haruvim	지중해연안
석류	*Pumica granatum*	pomegranate	rimmon	서남아시아
돌무화과	*Ficus sycomorus*	sycamore fig, mulberry fig	shikmin	팔레스타인,동아프리카
뽕나무	*Morus alba*			동아시아
아몬드	*Amygdalus communis*	almond	shaked	서남아시아
사과나무	*Malus pumila*	apple		코카사스지방
살구나무	*Prumus armeriaca*	apricot	tappuach	중국
호도나무	*Juglans regia*	walnut	egoz	서남아시아
피스타쇼	*Pistacia vera*	pistacium	pistachio	중앙~서아시아
검은뽕나무	*Morus nigra*	black mulberry	tut	페르시아지역
밀	*Triticum aestivum*	common wheat	chittah	메소포타미아 주변지역
보리	*Hordeum vulgare*	barley	seorah	메소포타미아 주변지역

조	*Setaria italica*	foxtail millet	dochan	동부아시아
기장	*Panicum miliaceum*	millet	dohan	메소포타미아 주변지역
콩	*Glycine max*	soybean		동북아시아
팥	*Phaseolus radiatus*	lentil	adasha	동아시아
잠두	*Vicia faba*	broad bean	pol	북아프리카,메소포타미아,
불콩(편두)	*Lens esculenta*	lentil	adashim	지중해연안
부추(리크)	*Allium porrum*	leek	hasir	지중해연안
부추	*Allium odorum*	chinese chive	chatzir	중국서부
파(양파)	*Alliu cepa*	onion	bsalim	지중해동편, 서북인도
마늘	*Alliu sativum*	garlic	shum	중앙아시아
오이	*Cucumis sativa*	cucumber	kishuim	인도
메론	*Cucumis melo*	melon	kishuim	
수박	*Citrullus vulgaris*	watermelon	avatihim	지중해연안
들외	*Citrullus colocynthis*	wild gourd		아프리카, 팔레스틴
겨자	*Brassica nigra*	mustard	sinapi	지중해연안
깟(고수풀)	*Coriandrum sativum*	coriander	gad	지중해연안
운향	*Ruta graveolens*	rue		지중해연안
몰약	*Commiphora abyssinica*	myrrh	mor	동부아프리카해안
유향	*Boswellia carteii*	frankencense	lebonah	남아라비아, 동아프리카,인도
(양)유향	*Pistcia lentiscus*	mastick	tzrai	지중해연안, 남유럽
육계	*Cinnamomum zeylanicum*	cinnamon	kinnamon	중국, 인도
계피	*Cinnamomum cassia*	cassia, chinese cinnamon		남아시아

창포	*Acorus calamus*	calamus, sweet flag	kaneh	남아시아, 아프리카
박하(서양)	*Mentha longifolia*	mint	becain	유럽
번홍화(사프란)	*Crocus sativus*	saffron crocus	karkom	지중해연안
침향	*Aquilaria agallocho*	aloes wood	ahaloth	인도
나드	*Nardostchys jatamanse*	spike nard	nerd	인도동북부, 히말라야
고벨화	*Lawsonia inermis*	henna plant	kopher	동북아프리카, 중동, 인도북부
소합향(서양때죽나무)	*Styrax officinalis*	oriental sweet gum	mataf	서남아시아
화석류	*Myrtus communis*	myrtle	hadas	지중해연안
우슬초	*Achyranthes japonica*	hyssop	ezob	동아시아
마조람	*Origanum syriacum*	marjoram	ezov	지중해연안, 북아프리카, 서남아시아
회향	*Anethum graveolens*	anise, dill	sebet	지중해연안, 남유럽, 인도, 이란
대회향	*Cuminum cyminum*	cumin	kammon	지중해연안, 중동
소회향	*Nigella sativa*	dill, fitch	ketyaeh	남유럽, 북아프리카, 중동
쑥	*Arthemisia monosperma*	wormwood	laanah	북반구 건조지대

【참고 문헌】

- 이광, 박영태 : 구약성서에서 인급되는 화합물(금기식품), 화학세계, 1999년 8월호
- 이광, 박영태 : 생태계 위기에 대응하는 제사장 신학, 구약논단, 제3집 (1997) P.108~128
- 팻 알렉산더(모수관 역) : 콘사이스 성경사전, 크리스챤 다이제스트, 서울, 1992
- 구천서 : 세계의 식생활문화, 향문사, 서울, 1995
- 김태정, 손주영, 김대성 : 음식으로 본 동양문화, 대한교과서(주), 서울, 1998
- 제임스 프리만(김일우, 이세구 역) : 성경 속의 생활 풍속 따라 잡기-구약편, ㈜아가페, 서울, 1998
- 김승일 : 인간을 지배한 21가지 음식, 도서출판 예문, 서울, 1997
- 요시무라 사쿠지(오근영 역) : 파라오의 식탁, 푸른미디어, 서울, 2000
- 마빈 해리스(서진영 역) : 음식문화의 수수께끼, 한길사, 서울, 1999
- 재레드 다이아몬드(김진준 역) : 총, 균, 쇠, 문학사상사. 서울, 1999
- 존헤나 드웨인린지(김태훈 역) : 출애굽기, 레위기, 도서출판 두란노, 서울, 1999
- 데이비드 롤(김석희 역) : 문명의 창세기 Ⅰ, Ⅱ, 해냄, 서울, 1999
- 톰슨성경편찬위원회 : 톰슨 Ⅱ 주석성경, 기독지혜사, 서울, 1988
- 톰슨성경 · 라이프성경 편찬위원회 : 큐티라이프성경, 기독지혜사, 서울, 1991
- Norton Locke : the land of milk and honey-A cooking book a epicurean tour of Israel with history of foods in the holy land., A shley Publishing co. Inc., Fl, 1992
- kitty Morse : A Biblical feast(Food from the Holy Land) ; Ten Speed Press, Berkeley, Ca, 1998
- Arlene Stadd : Cooking with the Ancients, Glenbridge Publishng, Ltd., Lakewood, Coloredo, 1997

■ 이길상 : 성서에서 본 식생활과 건강법, 기독문화사, 서울, 1984
■ 찰스 헤이저2세(장동현 역) : 문명의 씨앗, 음식의 역사, 가람기획, 서울, 2000
■ Lester Brown(박진도 역) : Tough Choices : Facing the challenge of Food Scarcity(식량대란) : 도서출판 한송, 서울, 1997
■ John Robbins(이무열 역) : 육식, 건강을 망치고 세상을 망친다, 아람드리미디어, 서울, 2000
■ Carol A. Bryant, Anita Courtney, Babara A. Markskery and Kathleen M. Dewalt : The Cultural Feast-An introduction to food and society, West Publishing co., 1985
■ Pamela G. Kittler and Kathryn P. Sucher : Food and Culture in America, 2nd ed., West/Wadworth Publishing co., 1998
■ Reese P. Dubin : Miracle food cures from the Bible, Prentice Hall Press Paramus, NJ, 1999
■ 아더 클린저(유재원 역) : 성경시대의 가정생활, 총신대 출판부, 서울, 1993
■ 제임스 패커(노광우 역) ; 성서시대의 일상생활, 성광문화사, 서울, 1999
■ William L. Coleman : 성경시대의 상황과 풍습, 서울말씀사, 서울, 2000
■ 유재덕 : 성경시대 사람들은 어떻게 살았을가? 도서출판 작은행복, 서울, 2000
■ C. O. 사우어(장보웅 역) : 농업문화의 기원, 서문당, 서울, 1981
■ 피에르 라즐로(김병욱 역) : 소금의 문화사, 가람기획, 서울, 1998
■ 이상구 : 이상구 박사의 복음과 건강, 홍성사, 서을, 1996
■ 맛시모 몬타나리(주경철 역) : 유럽의 음식문화, 새물결출판, 서울, 2001
■ 이성동, 박홍현, 김동원, 방병호 : 쑥의 생리활성 물질과 이용, 한국식품영양학회, 13(5), 490, 2000
■ Harold N. Moldenke and Alma L. Moldenke : Plants of the Bible, Kegan Paul Ltd., New York, 2002
■ 최영전 : 성서의 식물, 아카데미서적, 서울, 1996
■ Y. 아하로니(이희철 역) : 구약성서 지리학, 대한기독교출판, 서울, 2005
■ 김성 : 성서고고학이야기, 동방미디어, 서울, 2002
■ 마겔론 투생-사마(이덕환 역) : 먹거리의 역사, 서울, 2002

■ 나성훈 : 아라비안나이트, (주)예림당, 서울, 2004
■ 와타나베 레이코(박유미 역) : 레오나르도 다 빈치의 식탁, 시그마북스, 서울, 2012
■ 이창복 : 원색 성서식물, 향문사, 서울, 1994
■ 유재덕 : 맛있는 성경이야기, 강같은평화, 서울, 2009
■ 김정희 : 성서 속의 음식, 효일, 서울, 2007
■ 조후연 : 크리스천의 바른 먹거리, 태웅출판, 서울, 2008
■ A. P.&A. H. 휘터만, 성서 속의 생태학, 황소걸음, 서울, 2008
■ Miriam Feinberg Vamosh : Food at the time of the Bible, Palphot Ltd, Herzlia(Israel), 2006
■ Miriam Feinberg Vamosh : Daily life at the time of Jesus, Palphot Ltd, Herzlia(Israel), 2006
■ 류모세 : 열린다 성경 식물이야기, 두란노서원, 서울, 2008
■ 류모세 : 열린다 성경 동물이야기, 두란노서원, 서울, 2010
■ Millenium.fortunecity.com/safari/626(성서시대 올리브유 생산, 성서시대 경제, 향수생산)
■ www.biblical.pe.kr(이스라엘 바로 알기- 강우, 토양, 농사)
■ www.karalte-korner.org(Abib-barley)
■ www.kcm.co.kr/bible(eocndiwk, 무화과, 밀, 살구나무, 감람나무, 석류나무, 포도나무, 고수풀, 운향)
■ www.poweritup.com/daniel,htm(Secret Bible Food Rediscovered by Brain Garden)
■ www.value.net/~bromike/food(the Bible according to food)
■ www..pbc.net/dp/stedmam/Leviticus/0512.html
■ www.Israelstudy.co.kr(kosher 음식정결법, 성서 식물)
■ users.unitel.co.kr(성서의 식물들, 젖과 꿀이 흐르는 땅)
■ www.geocities.com(biblical botany)
■ www.bibarch.com(geography and topology)
■ www.infidels.org(Old Testment life and literature)
■ members.tripod.com(팔레스타인 가자지역의 특성, 식물)
■ www.personal.umich.edu(Food in the Ancient World)

- bible.crosswalk.com(manna, bread, oil, fruit)
- www.acsh.org(Food Safety through the ages)
- www.ariga.com(Food of the bible- barley)
- logia.net/biblicalnutrition
- bible.org(The clean and unclean)
- www.newadvent.org(plants in the Bible)
- www.tau.ac.il/~botany/flora.htm(Remarks of flora and veggetation in the land of Israel)
- en.wikipedia.org
- catholic.cafe24.com
- www1.agaric.gov.ab.ca
- www.segibak.or.kr(세계기독교 박물관)

먹거리와 함께하는
성서여행

2013년 11월 13일 1판 1쇄 인 쇄
2013년 11월 19일 1판 1쇄 발 행

지은이 | 박홍현 · 이영남
펴낸이 | 박정태
편집이사 | 이명수 감수교정 | 정하경
편집부 | 전수봉, 위가연, 김안나
마케팅 | 조화묵, 고범석 온라인마케팅 | 김찬영, 박용대
펴낸곳 | 북스타
출판등록 | 2006. 9. 8. 제 313-2006-000198호
주소 | 경기도 파주시 문발동 파주출판문화도시 500-8 광문각빌딩
전화 | 031-955-8787 팩스 | 031-955-3730
E-mail | kwangmk7@hanmail.net
홈페이지 | www.kwangmoonkag.co.kr

ISBN 978-89-97383-22-1 03200
값 25,000원